現代社会におけるスポーツと体育のプロモーション

――スポーツ・体育・からだからの展望

The Promotion of Sport and Physical Education in Contemporary Society

清水諭 責任編集
髙橋義雄
下竹亮志
木原慎介
笠野英弘 編著

大修館書店

現代社会におけるスポーツと体育のプロモーション　目次

第2部——現代社会における体育のプロモーション

序章 「からだ」論からみたスポーツと体育

1 二つの「からだ」観——苦しい身体と楽しい身体

(1)なぜ身体は、「からだ」なのか

我々人間にとって、身体に対する殊更（ことさら）な意識というのは、普段の生活場面ではあまり起こらない。それは、あらゆる社会や文化と結びついた普段の生活の中で、人間の肉体的行動が自ら言語化した目的と結びついた行為となり、そのいわば「ことばの圏」（池井、２００８、16頁）への囚われが行為の土台となっている「肉体」を忘却させてしまうからであろう。我々が病気になると途端に自分の肉体に身体としてのまなざしを向けるのは、普段意識化されない肉体に対して「健康」という意味をもつことばを付与し、それを「ありがたいこと」として特殊化して、まさにそのフィルターを通して「肉体」を「身体」として意識するからである。その意味で、人間の肉体は本来、抽象的＝脱特殊化された「まっさらな」状態、すなわち「カラ」なのであり、その的確な表現としての「からだ」なのである。だからこそ、肉体（からだ）は、人間が作り出す制度や文化という環境によって「身体」化されることとなり、時代や社会の状況によってそこにさまざまな特殊な意味や価値が付与され、操

作される対象となるのだ（菊、２００８）。

このように、人間の肉体は動物と同じ先天的な本能＝統御作用をもたないわけであるから、肉体への意識や感覚は当該社会との関係において極端な秩序への統制と逸脱との間を揺れ動く特徴を示すことになるようだ。例えば、人間の肉体はあらゆる環境に従順であることから、一方では暴力をふるう解放的な身体にもなれば、他方であらゆる暴力をタブー視する禁欲的な身体にもなりえる。では、そのような観点から考えると、我々の肉体は、社会からみて苦しい身体と楽しい身体の、どちらの身体の状態を強く意識してその概念が捉えられてきたのだろうか、という問いが生まれてくる。

(2)苦しい身体は、まじめな身体＝道具的身体か

歴史的に振り返ると、生活する身体は、そのほとんどが「労働する」身体として意識されてきたと言ってよいだろう。それによって生活が成り立つわけであるから、苦しくても肉体労働に耐え、我慢する対象として「からだ」が捉えられてきた。このような苦しい身体を経験する時間は、人々にとってもう早く終わってほしい、その苦しさから早く解放されたいと願う身体だったであろう。このような身体は、どちらかというと大変まじめで、理性の支配下に置かれることが多い。まじめに「からだ」を使わなければ、生活ができないのだから、労働する身体は、相手の指示や命令をよく聞いて、その通りにやらなければならない従順さを求められることになる。

しかし、労働する身体は学校体育で求められる身体より、まだ「まし」と言えるのかもしれない。同じ指示や命令でも、学校体育の中で「気をつけ、前へならえ、右向け右」と命令される身体というのは、労働する身体と比べてその内容に自分にとっての、あるいは生活にとっての手段的な意味合いが当事者からは見えてこない。自分にとって意味がない「からだ」の動きを外から命令されれば、子どもたちがそのような身体をつまらない、苦しい身体だと思うのは当然であろう。労働なら生活の糧を得るという目的があるから耐えられるが、学校ではむしろ意味のないことだからこそ、「耐えさせるという教育の目的」（＝耐育？）を達成させるためにはより一層意

味があり、教育的手段としてのみ、身体を捉える歴史が長かったのである。あるいは、その意味のなさが指示・命令を出す教師の評価によってのみ意味ある身体となるとすれば、結果的には教師の権威を高めることに寄与するということになるだろう。いずれにせよ、つまりそれは、「からだ」を道具化しているということ、すなわち「道具的身体」として「からだ」を捉えていることに他ならない。我々は、そういう「からだ」観に基づく身体を無意識のうちに受容し、受容させられてきたのである。

また、苦しい身体は年齢の中の身体、年をとる身体としても現れる。この老いる身体とは、今までできたことが段々できなくなっていく「からだ」になる、ということだ。長寿とは、自分が死に近づいていく中で、このような老いる身体と自然と向きあう時間が長くなるということを意味するが、同時に老いる身体＝病気というラベルを貼り、病人としての身体として認識してしまいがちになる。しかし、このような認識は、生命体としての人間の肉体が老いるということがごく自然なことであるのに対して、あたかもそれが病気＝「悪い」かのようなイメージを社会的に付与してしまうことにもなるだろう。医学は、高齢者を相手にして、その老いる身体をなんとか食い止めようとする（アンチ・エイジングの対象としての身体とする）わけだが、結果としてそのような行為は医療費を高騰させて大きな社会問題となると同時に、「健康でなければならない」という、いわば健康に対する「強迫観念」にも結びついていく（上杉、２０００／菊、２００４）。いずれにせよ、その対象としての「からだ」は、当事者本人にとって、やはり苦しい身体としてしか捉えられないであろう。老いるということはつらいというイメージ、あるいはこれまでできたことができなくなっていく身体に対する嫌悪感というのは、自他ともに極めて一般的な感情として出てこざるをえないというわけである。

(3)楽しい身体は、ふまじめな身体＝遊ぶ身体か

さて、こういう「からだ」観に対してもう一方では、同じ生活の中に遊ぶ身体というのがある。スポーツやダンス、あるいは散歩といった軽スポーツなど、それらが運動による競争であれ、模倣であれ、あるいはちょっと

した気分転換であれ、身体を動かして本当に楽しい思いをする、汗をかいて楽しい、みんなとワイワイガヤガヤやって楽しい、こういう身体のことである。まさに、これは前述した苦しい、まじめな道具的身体から解放してくれるような（それとの対比では）一見「ふまじめな」遊びがもたらす身体の楽しさといってよいだろう。同じ身体でも、そういう正反対の状態が「からだ」に対して身体化されているということなのである。

また、同じように年をとっていく身体に対して、若い身体にはこれからそれが発育発達していくという見方があり、そこに含意されるのは、今までできなかったことができていく「からだ」に対する肯定である。人間は生理的早産といわれるが、人間ほど欠落した状態のまま誕生してくる、いわば欠陥動物はいない（ゲーレン、２００８）。しかしながら、発達していく若い「からだ」は、自由な身体、すなわち自由な範域を広げていく身体であるから、このような身体は当然のことながら楽しい。今までできなかったことがどんどんできるようになっていくということは、楽しい身体なのだ。

ところが、教育の世界では、特にこの楽しいはずの身体を「わざわざ」苦しめるのである。いわゆる鍛える身体であり、その発育発達を教育目標に到達させるために、能力以上の負荷をかけることによってわざわざ苦しい身体にしてしまう。これまでの体育は、ややもするとその急先鋒の役割を果たしてきたのではないか。

このように同じ生活の中の「からだ」や年齢の中の「からだ」を見たとき、二つの違う身体の見方が出てくることが理解できよう。その一方は苦しい身体、他方は楽しい身体であるから、これは明らかに対立する見方である。そして、社会がこれまでどちらの身体観を支持してきたかと言えば、明らかに苦しい身体の方であろう。苦しい身体に追い込むことで人間は鍛えられ、成長するのだという考え方や信念が大勢であったと思われる。我々は、そういう価値観の中で「からだ」を見つめ、考えさせられてきたのではないだろうか。

そこで次に、そのような苦しい身体観を克服して、むしろ「面倒くさい」身体運動を楽しい身体に転換させた近代スポーツの発祥とその社会的意味について考えてみることにしよう。

2　近代スポーツの発祥と自己規律化

(1)スポーツをする「からだ」の不思議――なぜ楽しいのか

スポーツをする「からだ」とは、前述した二項対立的な身体観からすれば、ある意味で非常に不思議な身体観をもたらしてくれているといえるかもしれない。普段、我々の生活は、利便性の追求が第一に求められる。これは自由でありたい、非常に機能的でありたい、そしてその拡大を求めようとする人間の欲求であろう。なかでも、身体にとって自由を拡大させてくれるのは手や腕であり、これを失うと途端に我々は生活の利便性を失う。ところが、サッカーをする身体というのは、これを「わざと」使えないようにしている。通常であれば、生活の中で手や腕を使うなと言われたら、皆怒るであろうし、そんな不自由なことは困ると言うはずである。ところが、私たちはサッカーのゲームに参加するとき、喜々として手や腕を使わないで遊ぶのである。同じ「からだ」なのに、なぜ一方では非常に苦しくてつらい身体となり、他方でスポーツという場面になるとそれがむしろ楽しい身体に一八〇度変わってしまうのか（菊、２０１３ａ）。

これはまず、それがプレイ（遊び）であるということだからだ。つまり、自らが求めて活動しているということが大事なのである。自分から楽しいことを求めていったときに、それは道具的な身体ではなくて、自ら動こうとする自己目的的な身体になっているわけである。スポーツというのは、すべて基本的にはそういう身体に基づくプレイ運動である。自ら動こうとする身体の中でわざわざ不自由な身体にする、そのことを皆が共有することによってより楽しさが増すという、普段の生活身体にはない身体であり、それとは全く逆のベクトルが働いていると考えられる。つまり、拘束をかけられた身体の方が楽しく遊べるのだということ、それは中世までのスポーツにあるような束縛された生活から解放されて乱暴に遊ぶのとは違うスポーツのやり方だということ、そしてこのようなスタイルを近代になって発明・発見した人たちがいるということなのである（菊、2013b）。では、その人たちとは、どういう人たちだったのであろうか。

(2)パブリック・スクールで起きたスポーツ革命

今日のスポーツの原型である近代スポーツの誕生の地は、19世紀のイギリスにおけるパブリック・スクールである。そこは寄宿制で当時の上流・中産階級の子弟たちが集まる私学のエリート校を指していた。このパブリック・スクールで、ある変化が起きたのである。

当時のパブリック・スクールの子どもたちは、長らくヨーロッパでも禁止の対象になってきた近代以前のスポーツにみられるような、激しい肉体と肉体がぶつかり合うゲーム（例えば、モブフットボール）を非常に好んで行っていた。そのような乱暴な行為は、これまでが人間の肉体的なエネルギーに頼らざるを得ない社会であったからこそ、周り（社会）から受け入れられたということもあったであろう。しかし、学校生活である以上、当然のことながら先生たちはこのような行為を抑えようとする。訓話や説教によって強制的にこれを抑えようとするが、全然彼らは言うことを聞こうとしない。この背景には、当時の上流・中産階級の子弟である生徒たちが先生役である牧師たちより身分が上という認識があり、言っても効果がなかったということがあったようである。

このような事態に対して、ラグビーを発明したことで有名なラグビー校というパブリック・スクールの校長であったトーマス・アーノルド（Thomas Arnold）は、これまでの解決法とはまったく逆の発想でこれを解決しようとした。子どもたちをよく見ていると、先生たちの言うことは全然聞かないけれど、モブフットボールをやっているときだけは、先輩の言うことを後輩はよく聞いており、お互いに熱中してプレイに興じている。彼はこの様子を見ていて、彼らに何々をするなと禁止したり、何々をしなさいと命令したりするのではなく、とにかく自分たちにとっての楽しい身体運動をもっと楽しくするためにはどうしたらよいのかということを考えさせようとした。すなわち、自分たちで問題を解決するように仕向ける「自治」のシステムを考えたのである。そして、生徒自らが楽しいと思っていることを出発点にして、むしろ安全に行うためにスポーツのルールやマナーをつくり出すように導いた方が、楽しさが延長できる（レジャーとしてのスポーツ）ということを理解させたのである。このような、まさに楽しさを享受するためのセルフ・ディシプリン（self-discipline＝自己規律化）が、安全な競争の楽しさを延長するために必要なことを強調し、そのことを生徒自らに発見させるように仕向けたということなのである（菊、２０１８）。

⑶近代以降の社会における自己規律化の重要性

ところで、考えてみると自己規律化していくというのは、私たちの現在の社会を「成立」させていく上でも非常に重要な社会的性格の一つであろう。近代以降の社会とは、一言で言えば見知らぬ者同士が遭遇することが当たり前の社会である。その見知らぬ相手が自分に対して、かつての中世までの地域共同体のように暴力を振るわない相手なのだとは１００％言い切れない。なぜなら、知らない人なのだから。それでも、平気ですれ違えるのは、そこに「根拠がない信頼」としか言いようがない相互依存関係が暗黙裡に了解されているからであろう（菊、２０１３ｃ）。

このような原理に基づく現象と近代以降のスポーツ・ゲームが「成立」していることとは同じ原理や現象として捉えることができるのではなかろうか。相手とラグビーやサッカーを行うとき、同じルールの下で、相手は私たちに対して最低限暴力を振るうなどといった、ルール違反をしてこない「はずだ」と思うから、互いにピッチに立てるわけである。これは相手に対する「根拠のない信頼」以外の何物でもない。だけれども、そこには私も信じるからあなたも私のことを信じてね(自分の尊厳を相手の尊重に委ねる)という暗黙の相互コミュニケーションが働いている。同じピッチに立つというのは、まさにそういう行為なのだ。つまり、我々は普段の社会生活の中で、スポーツというゲームを行っているのと同じように、見知らぬ人とすれ違っていることになる。それを実現させるのが、スポーツのゲーム場面を成立させる自己規律化ということなのである。これが崩れると、私たちの社会自体が、そしてそのゲーム自体が成り立たなくなってしまうのである。

3 日本人のスポーツ観と身体観からみた体育

(1)「身体の教育」の対象としてのスポーツ=体育

これまでイギリスのパブリック・スクールで発祥した近代スポーツが、実は楽しい身体の追求ということの中で生まれてきたことを述べてきた。にもかかわらず、日本のスポーツの受け入れ方というのは、そのようなスポーツの起源である「文化」としてこれを受け入れるのではなくて、まさに苦しい身体、トレーニングをする対象としての身体、つまり「体育」としてスポーツを受容してきた。スポーツ(sport)ではなくて、フィジカル・エデュケーション(physical education)、すなわち身体の教育としてこれを受け入れたのである、これはまさに「道具的身体」としての受け入れ方であろう。なぜなら、日本は明治期以降、近代国家としては遅れた状態にあり、対外的にも治外法権を受け入れさせられ関税自主権を奪われて、それでも何とか先進国に追いつかなければいけないという状況にあったから、ゆとりをもって自発性だとか、自分たちでルールを開発していけばいいのだ、などといった、いわば悠長なスポーツ観なり「からだ」観というものを持つ教育的な余裕がなかったからである。

それに基づく身体観は、常に体育の中で強制される身体、あるいは楽しさ享受に向かう自己規律化ではなく他者から規律化されるという他律化された身体であった。そういう規律訓練の対象としての身体は、スポーツにおける文化的な質的享受の向上ではなく、運動する「からだ」そのものの量的成果をめざすことに偏っていくことになる。このことが結局は、日本における近代体育がスポーツの社会的性格をはじめとして、その後の日本人のスポーツ観なり、スポーツの性格というものを規定していったと考えられる。

そういう意味で、まず日本社会では多くのエリートを促成栽培し輩出したいという思いから、手っ取り早く効率がよいのは、形を覚えさせ、形の模倣を中心とする教育であり、それによってわかりやすく評価することが優先された。まさに教え込み、上意下達といった教育方法の優先である。その観点からみると、今日の日本の教育や体育も当時からあまり発展しているとはいえないのかもしれない。その中心的な課題は、まさに誤った勝利至上主義や結果万能主義にあり、それに関連した技術の巧拙だけに焦点を当てようとする技術中心主義をいかに克服するのか、にある。それは、広く文化としてスポーツを捉えて体育におけるスポーツを考えるのではなくて、当初から体育としてスポーツを捉えている日本的なエートスや思考のハビトゥスがもたらす課題である。これによって体育が、指示・命令される「からだ」を通して苦しい対象としての身体と向きあう時間を提供しているとするならば、そのような体育としてのスポーツを通した苦しい身体観に加えて、自己の「からだ」に対する否定的感情が、外に対する恥ずかしい身体観にもつながっていくと考えられよう。

⑵体育的身体観の克服をめざして

他方、これまで述べてきたのとは真逆に一部のスポーツエリート、すなわち与えられた運動課題がすぐにできてしまう一部の子どもたちは、褒めたたえられる。そういう人たちが自分の身体を肯定的に捉えるわけだが、しかし、結局は彼ら/彼女らもトーナメント、すなわちノックダウン方式のスポーツ経験によって、一人や一チームを除いて最後は必ず敗者になる運命にある。学生時代に一生懸命スポーツと向き合い、あれだけ運動部で活躍していた子どもたちが「スポーツはもういいよ」と、最後は時間をかけても（勝利を得られず）思うようにならない自分の身体を否定していくのである。いったい日本人は、どういう「からだ」観からみた身体をこれまで育ててきたのだろうか。

やはり日本人は、前述した「楽しい身体」というプレイとしてのスポーツに、もっと可能性を見出すべきなのではなかろうか。そして、これを正しく理解することによって、若い時のスポーツ観にも影響を与えるべきであろうと考える。それは、老いる身体に対しても同じである。老いるからこそ、何々ができなくなった身体だからこそ、むしろ近代スポーツの起源を辿れば、ルールさえ工夫することで楽しめる身体になるのだという、そういう考え方をむしろ我々日本人は今、必要としているのではなかろうか。なぜなら、そこでは面倒くさい「からだ」の方がむしろその「面倒くささ」を克服する次なる可能性に拓かれていることで楽しい、できないことの方がむしろできる可能性に拓かれているから楽しいのだ、という挑戦意識に通じるからである。できないということは、そこを起点にして新たなできるチャンスに拓かれているという捉え方である。そういうビジョンや見方でもって、かつてのモブフットボールがサッカーやラグビーという近代スポーツになっていったように、自分たちがむしろ拘束をかけ、不自由にしていく「からだ」の中にこそ身体の楽しさがあるのだという、そういう身体観に基づくスポーツ観をさらに追求していくべきではないかと思う。

そのような観点からみれば、我々は、障害をもった人たちが何をもってそこから新たな生きがいなり、生きる希望なりを彼らの身体を通して見出しているのかというところに、実は体育的身体観を克服するために学ぶべき点が多くあるのではないかと考える。長く生きていれば、将来私たちの身体も確実に不自由（老いる身体）になり、かつ認知症になって「からだ」だけが残されていく可能性がある。つまり、何らかの障害を持つ人の生活とその工夫のありようというのは、私たちの未来を先取りしてくれている大切な存在なのであり、学ぶべきモデルなのである。

⑶ライフスタイルからスポーツと身体を考える

さて次に、我々の普段の生き方や暮らし方（ライフスタイル）ということとスポーツや身体とは、どのように関係しているのかという問いから、体育的身体観の克服について考えてみよう。それは、前述したスポーツや身体へのネガティブなまなざしをどのように変えていくのかということと関係している。それは、生活の中にスポーツが単にイベントとして存在している、あるいは「スポーツのある暮らし」ということではなくて、スポーツが何か生きることを積極的に励ましたり、何らかのやる気を引き起こしたり、あるいはスポーツにかかわる（その内なる）「からだ」への障害が逆に何か今まで気づかなかった生活上の文化的工夫を引き起こしたりするといった、そういうプロモーション的な関係のあり方なのだろうと思われる（佐伯、２００６）。

つまり、そこでの見方は、スポーツや身体が最初から別の手段として役立つから「生活の中でスポーツを」というのではなく、喜びや楽しさを享受する主体としてのスポーツや身体が「新たな生活スタイルを創造する」あるいは「スポーツによる暮らし」を実現できるとする見方である。このように見方を一八〇度変えて、スポーツが自分たちの生活に何らかのプラスになる「楽しい身体」というものを与えてくれる（giftとしてのスポーツ）と考えれば、「スポーツのある暮らし」を起点にしながら、新たなライフスタイルを創造していける「スポーツによる暮らし」が可能なのではないか、そういう人生や生活（ライフ）というものが考えられるのではないかと思うのである。その実現のために必要なのは、自分の「からだ」を生涯にわたって肯定する思想＝身体観、をもつということだろう。

このような思想を持ち続ける可能性に拓かれているのは、やはり「人間」しかいないのではないか。他の動物は、環境と「からだ（肉体）」が固定的な関係の中でセッティングされていて、身体は決して環境に逆らうことはない。猫が自分で飛び降りて怪我をすることはないが、自分で飛び降りて怪我ができるのは人間だけだ。このような環境に逆らう、壊れた「からだ」のしくみをもっているのは人間だけなのである。だからこそ、逆に環境に対していろいろな工夫を行い、さまざまな「からだ」に対するおもしろさや楽しさというものを独自に発見する学習をしてきたのだろうと考えられる。その最大の発明こそが、「スポーツする身体」なのだ。

4 幸福な身体(フィジカルハッピネス)を求めて——今の「からだ」を肯定するということ

(1)アンチ・エイジング再考

　これまで述べてきたことから考えると、アンチ・エイジングという考え方を少し批判的に捉える必要があるように思われる。それは、人間社会がその「からだ」を考えるときに、若い身体を理想とすること、すなわち青少年期の「からだ」をモデル化することへの偏りがもたらす弊害に対する反省と批判が、あまりにもなさすぎると思うからである。このモデルに引き寄せて出てくる結論は、自分は劣っているとか、こんなことができないとかという「ない」「ない」づくしの考え方である。高齢社会とは、言うまでもなく、多くの中・高齢者を生み出す社会である。だとすれば、青少年期モデルは彼らのモデルになりようがない。やはり中・高年には、そのライフステージに適した「からだ」論に基づく身体観が必要なのではないだろうか。

　そこでの基本は、あるがままの自分の「からだ」を受容し、肯定することから始まる。ゆっくり歩ける、早く歩ける、どちらも正しいのである。何々はできるが何々はできない、どちらも正しい身体なのである。そこに「からだ」からみたプラスやマイナスはない。絶対値のみが受容され、表現されるのである。皆がそれぞれの立場で、それぞれに行えることを行っているという、そういうあるがままの人間の姿(「からだ」)を肯定する社会からみた身体観が形成されるとすれば、それこそがやさしい社会(環境)の中に「からだ」が包摂される(「からだ」論からみた共生社会の実現)ということになるだろう。加齢(エイジング)は今の若者にも必然であるから、今できることが、いつかはできなくなる。そうしたとき、常に自分たちの若い頃を基準にして現在を評価し、「できることができなくなった」という見方で、自分の身体を否定していく生き方ではつまらない。だから、これからは多様なエイジングモデル、あるいは多様なライフステージにおける身体やスポーツとの向き合い方におけるそれぞれのモデルや基準を、相互に認め合う社会の形成（プロ・エイジングモデルの形成）が基本的に重要であり、それが『「老い」の公共性』（高尾、２０２０、67頁）を形成していくのであろうと考えられる。

(2)「今できる力」で楽しむ身体――フロー体験へ

先に述べたプロ・エイジングの社会原理は、どのような年齢のステージにおいても「今できる力で楽しむ」身体の存在を自らが肯定する社会を形成するということにつながる。今できる力は、障害をもっている人であれ、あるいは子ども、高齢者等々、皆がどのようなレベルにおいても存在する。人間は何が楽しいかというと、今できる力と目標が合致するときに一番の楽しさ（フロー）を覚える。今できる力でもう少しがんばってみようとか、もうちょっとやれるのではないかと思った瞬間、夢中になって楽しむのである。これが逆に、今できる力よりも低い目標でずっと推移していると退屈になってしまう。これとは逆に、今できる力に対して、あまりに高い目標を掲げてもこれは不安になるだけだ。我々にとって重要なのは、目標と今できる力がいかにフィット（一致）するのかということであろう。このフィットするラインは、やはり自らがまずそれを学んで知ることからしか出てこない。「からだ」というのは、どういう目標（の質やレベル）を持ったときに楽しい身体になるのか。逆に言えば、それは今の自分ができる力とは何かが感じられ、積み重ねられたときに明確化してくるのであろう。このような感覚を見極め、確認し、評価する「身体の言葉」を持つ学習が重要なのだ。ただ頭の中だけで考えるのではなく、「からだ」を使って身体を考えるのである。

ここでもう一つ重要なポイントを指摘しておきたい。我々が、どうしてもアンチ・エイジング指向になるのは、高い目標と低い目標にはその楽しさにも高低の違いがあるとつい思ってしまうからだ。つまり、高い目標の楽しさは、低い目標のそれよりもレベルが高い、あるいは強いに違いないと思うのである。しかし、決してそのようなことはない。カナダの研究者チクセントミハイ（１９７９）によれば、高い目標も低い目標も、その楽しさに変わりはないと述べている。我々がアンチ・エイジング指向になるのは、若い時に高い目標の楽しさを経験できたと思うからである。だから、年をとったら当然その楽しさを享受する能力は衰え、できないことが多くなって目標が低くなると楽しくないと思ってしまう。自分の身体能力が衰えれば、それに応じて目標をむしろ下げることで同じ楽しさを享受できるというモデルがないから、どうしても無理をしてしまう。そのことが、三日坊主やいらぬ劣等感につながるのである。

このように考えれば、我々は、この長い人生の中でそれぞれの質やレベルが違えども同じ楽しさを享受できる身体やカルチャー（スポーツ）と出会うことができるのだと思えばよいことになる。これが生涯学習であり、生涯スポーツということの内実であろう。若い時だと突き進んでいく、しかしまた戻ることも大事だよと。それはやはり、自分の身体を肯定し、今できる力を肯定してこそできる目標の立て方ではないか。これは、以前と単純に比較することによってはできないのである。そのように自分の身体を見つめること、それが今、実は求められている私たちの「からだ」観であり、「からだ」論ではないだろうか。我々は、スポーツとのかかわりにおいてどのような「からだ」であっても、プレイヤー（player）として身体の楽しさを享受できる可能性に拓かれているのだから。

⑶幸福な身体（フィジカルハッピネス）を求めて

これからの社会では、それぞれが生きがいをもって楽しめるように身体をめぐる環境を整備していくと同時に、今自分ができる力を肯定して、自発的に何かにチャレンジしていくための的確な目標設定を考えることが大切だ。そのためには、やはりそうなるための学習が必要であろう。ところが、我が国では、そのような学習を組織化する教育体制がいまだ不十分である。その背景には、急速な高齢化社会のスピードに追いつくことができず、そのような社会に適合する学習のビジョンを描き、それに基づいてモデルを多様化する教育的な猶予がなかったことが挙げられる。その遅れ（ズレ）によって、高齢者の「からだ」に病気というラベルを自動的に貼り、治療して病院に入れる対象としての身体にしてしまう。そうすると、治療される身体をもった当事者は、自分が社会から否定される身体、いわば不健康な身体をもったという自己意識と自己嫌悪を社会から強制されることになる。

体育社会学やスポーツ社会学は、今後このような「からだ」をめぐるエイジング論に関する問題を取り上げ、その解決に向けた研究を発展させていかなければならないように思われる。そしてスポーツも、ごく一部のエリートのもの、あるいは若者のものというのではなくて、みんなが今できる力で楽しめるものなのだという、そういうスポーツとして考えていくための「からだ」論を深化させていかなければならないだろう。なぜなら、近代スポーツ発祥の原点を辿れば、人間の「からだ」を意図的に不自由にし、拘束してまで楽しむ「身体」を発見したことに行きつくのだから。また、その発見に基づく「からだ」論からみたスポーツと体育のありようを追究していく限り、その「身体」は若い人からお年寄りまで多様な意味をもって楽しめる、幸福な身体（フィジカルハッピネス）につながる可能性に常に拓かれているのだから。

（菊　幸一）

■文献

・チクセントミハイ：今村浩明訳（１９７９）楽しみの社会学．思索社．〈Csikszentmihalyi, M. (1975) Beyond boredom and anxiety. Jossey-Bass〉
・ゲーレン：池井望訳（２００８）人間―その性質と世界の中の位置―．世界思想社．〈Gehlen, A. (1993) Der Mensch-Seine Natur und seine Stellung in der Welt. Karl-Siegbert Rehberg Vittorio Klostermann GmbH〉
・池井望（２００８）なぜ身体ではなく肉体か．池井望・菊幸一編著、「からだ」の社会学．世界思想社、１‐28頁．
・菊幸一（２００４）健康の政治学２―所謂「健康」を超えて―．体育の科学、54（９）：７３９‐７４３頁．
・菊幸一（２００８）スポーツ社会学における身体論．池井望・菊幸一編著、「からだ」の社会学．世界思想社、67‐94頁．
・菊幸一（２０１３ａ）スポーツ文化の視点と生活者の「からだ」．CEL (Culture, Energy, and Life)、１０３：23‐29頁．
・菊幸一（２０１３ｂ）スポーツと暴力の関係―スポーツは極めて暴力的だった．菅原哲朗ほか編、スポーツにおける真の勝利．エイデル研究所、41‐47頁.
・菊幸一（2013c）競技スポーツにおけるIntegrityとは何か―八百長、無気力試合とフェアネス―．日本スポーツ法学会年報、20：6‐40頁.
・菊幸一（2018）スポーツと教育の結合、その系譜を読み解く．現代スポーツ評論、38：32‐45頁.
・佐伯年詩雄監修（2006）スポーツプロモーション論．明和出版.
・高尾将幸（2020）「老いる」身体とスポーツ．井上俊・菊幸一編著、よくわかるスポーツ文化論改訂版．ミネルヴァ書房、66‐67頁.
・上杉正幸（2000）健康不安の社会学―健康社会のパラドックス―．世界思想社.

第1部

現代社会における
スポーツのプロモーション

第1章 甲子園大会の物語——その位置と意味

…球児が手にしたときから、ただの白球ではなくなります。一球ごとに土がつき、汗がしみこみ、勇気とか信頼とか、友情とかの物語がつづられていきます。ボールはそうして、お金では買えない、かけがえのない思い出となり、多くの名勝負を生み出してきたのです。（白球に思いを込めて、朝日新聞社説、２０００年8月8日）

被災地ではすべての方々が一丸となり、仲間とともに頑張っておられます。人は、仲間に支えられることで大きな困難を乗り越えることができると信じています。私たちにできること。それはこの大会を精いっぱい元気を出して戦うことです。がんばろう！日本。生かされている命に感謝し、全身全霊で正々堂々とプレーすることを誓います。（第83回選抜野球大会開会式での選手宣誓、日刊スポーツ、２０１１年3月24日）

…僕たち大人が過ごしてきた高校生活とは全く違うんです。…青春って、すごく密なので。でも、そういうことは全部ダメだ、ダメだと言われて。活動してても、どこかでストップがかかってしまうような苦しい中で。でも本当にあきらめないでやってくれた。全国の高校生のみんなが本当にやってくれた。（第１０４回全国高校野球選手権大会で優勝した仙台育英高校監督の優勝インタビュー、朝日新聞、２０２２年8月24日）

1　甲子園大会、そしてスポーツの物語を問うこと

各都道府県で予選を行い、その代表校の中から優勝校を決定する夏の全国高校野球選手権大会、そして1923年に起こった関東大震災からの復興を期して翌年からスタートした春の選抜高校野球大会は、共に日本の高校野球を代表する大会（本稿では、両大会を合わせて甲子園大会とする）として、甲子園球場で行われてきた。

菊（1993）らによる野球に関する研究がなされてきたことを踏まえ、清水はその著書（1998）の中で、NHKのテレビ中継を取り上げ、テレビカメラの位置及び映像の内容分析に加え、アナウンサーと解説者などの言説がもたらす意味作用について、記号論をもとに明らかにした。そこでは、出場校の地元での応援風景に焦点を当て、アルプス席で応援する人々の声を取り上げることで、「応援団と選手の一体感」や「地元での盛り上がり」が強調されるとともに、「全員一丸」「あきらめずに努力する」といった意味作用がもたらされ、物語が構成されていた。そして、優勝経験のある徳島県池田高校の関係者及びその地元の人々やテレビ局によって「さわやかで、伸び伸びした、高校生らしい池高」の物語が歴史的に共有され、堆積していることを明らかにした上で、甲子園野球の物語が歴史的に構築されてきたことを述べた。この思考の背景には、「一個の文化あるいは、一個の社会として我々が自らを鏡に映し出し、自らを定義し、その集合的神話と歴史を劇化」（マッカルーン、1988）するものとして、儀礼、舞台劇、カーニバルなどを文化的パフォーマンスとして捉え、社会的出来事の意味を探求しようとする象徴人類学の思考があった。

日本高等学校野球連盟（高野連）と共に全国高校野球選手権大会の主催者となっている朝日新聞社は、県予選から試合結果を中心とした記事のほか、特集あるいは投書欄において全国津々浦々の高校野球ファンたちの声を

届け、テレビ朝日による『熱闘甲子園』（１９９８年から大会期間中、毎晩放送されてきた）は甲子園野球の物語を凝縮して放送している。甲子園野球の物語は、地上波テレビと大手新聞社、いわゆるマス・メディアによって、「純真で、男らしく、すべてに正しく、模範的な青少年がスポーツマンシップとフェアプレーの精神で、地方の代表として、溌剌たる妙技をみせるもの」として認識できる。すなわち、「青春」「若者らしさ」の物語が甲子園を舞台にして、毎年繰り広げられ、再生産されているのだ。

私たちの日常生活において、戦争をはじめとして震災やパンデミック等の災害、主要国の王室や政府高官に関わる事案など、マス・メディアで取り上げられる社会的出来事はニュースによって拡散している。その中で、オリンピック・パラリンピック競技大会、ＦＩＦＡワールドカップサッカー、そして箱根駅伝などのスポーツイベントは、特に多くの視聴者が引きつけられる社会的出来事として、大きく取り上げられてきた。それゆえ、日常生活を送る人々に対し、これらのイベントがどのような物語を伝えているのか、あるいは何を伝えていないのかについて、分析・考察する必要がある。なぜなら、こうした社会的出来事としてのスポーツイベントがシンボリックな意味のみならず、人々の日常生活にどのような影響を及ぼしているのかを捉える必要があるからだ。そして、こうしたスポーツイベントを成立させている構造は、１９８０年代前後から、スポーツ競技団体（高野連、国際オリンピック委員会〈ＩＯＣ〉、国際サッカー連盟〈ＦＩＦＡ〉など）―メディア企業―スポンサー企業の三者に加え、それらの関係を取り結ぶ広告代理店によって構築されてきており、さまざまな物語を用いて、自社及び自社製品のイメージ戦略を繰り広げるマーケティングビジネスが支配している。スポンサーシップやオフィシャル・サプライヤーの権利を獲得するライセンシング契約、テレビ放映権、そして公式エンブレムや大会ロゴ入りグッズの販売などマーチャンダイジング（商品化計画）とそのための契約の数々は、メディアが関わるスポーツイベントの企画・開催にとって欠かせないものとなっている。

私たちは、スポーツの物語を生起させるスポーツイベントの構造とその変容過程、及びその行方を見ていく必要がある。そして、それらの物語を生むスポーツイベントの主催者である高野連をはじめとするスポーツ団体の戦略を問う必要があろう。そのことから、数多くのさまざまなまなざしを浴びるアスリートたちの位置と意味を捉え、アスリートたちが人々から分断され、孤立するような状況が生まれないようにしていくことが重要である。

2 スポーツの物語――その分析視点

ここでは、2000年以降に出されたいくつかの論文を取り上げ、甲子園大会の物語を探求する際の重要な視点を提示する。森田浩之は「3・11とメディアスポーツ：物語の過剰をめぐって」（2012）の中で、2001年9月11日に起こった同時多発テロから1年後に、ピュリツァー賞作家のハルバースタム（D. Halberstam）が「スポーツがテロを経験した人びとを癒やしたり、アメリカをひとつにするという見方は当を得ていない」と書き、さらに彼が「スポーツの世界はスポーツの世界であり、現実は現実である」と断言したことに触れている。そして、この言及に対して、2005年にピュリツァー賞最終候補になったトムリンソン（T. Tomlinson）が悲劇とスポーツの関係について記事にした中で、「ハルバースタムは、9・11後にスポーツが果たしうる癒やしの力を認めなかった。私はここで、スポーツには癒やしのパワーがあるのではないかという反論を、やんわりと試みたい」との言及をしていることを紹介し、以下のように述べた。

トムリンソンが主張したのは、たとえハルバースタムの言うとおりスポーツそのものには癒やしの効果がないとしても、もう少しべつの、なんらかの力があるだろうということだった。悲劇によって傷を負った人たちは、みずからの努力によってしか癒やされることはないのかもしれない、しかしスポーツはその癒やしにつながる時間と「避難場所」を提供することはできるのではないか、と。（森田、2012、46－47頁）

森田は、こうした悲劇とスポーツが接合される物語の意味合いの一つが「儀礼」としての物語にあり、ニュースこそ社会を維持し、前に進めるための儀礼と捉えた。そして、村上直之の言説を引用する。メディアは「私たちの感情を集合的にたえず更新させ、私たちを、強度の神経刺激に満ちたそのめまぐるしいテンポとリズムに適応させることにより、ほかならぬ私たちの社会を維持しているのである。ニュースとは、私たちが〈今、そしてここ〉で生きているという感情をたえず更新するための日用の糧であると同時に、私たちの社会が絶え間なく現前しつづけるために日々捧げられている供物なのである」（村上、1999、221頁）。

森田は「未曾有の国難」とも形容された2011年3月11日に起きた東日本大震災と福島第一原子力発電所の崩壊に端を発する状況の中、FIFA女子ワールドカップドイツ大会で優勝した日本代表（「なでしこジャパン」）に関する夥しい量のニュースが、まさに「供物」として提供され、多くの人々が消費したと述べ、以下のように言う。

> 私たちをつつみこんだのは、ある種の曖昧な安心のようなものだったかもしれない。ああ、地震と津波の被害に遭った人たちも、これでいくらかは励まされたのだろう、というような了解である。そう思うことができれば、「日常」は前に進む。ただし、被災地と非・被災地の日常は何かが決定的に違うのである。（森田、2012、48頁）

森田が9・11同時多発テロとスポーツの位置に関して、ハルバースタムとトムリンソンを引き合いに出し、3・11東日本大震災と福島第一原子力発電所の崩壊に係る状況となでしこジャパンが世界一になった報道からスポーツと日常生活との位置関係を検討しようとするその視点に着目したい。さらに、悲劇とスポーツが接合されるもう一つの意味合いとして、そこに権力作用が存在する点がある。森田は大石裕（2000）を引いて、物語とは「人々の日常生活における『常識』が具体化したものであり、常識とは日常生活のなかに埋め込まれ、それゆえに人々の欲望や価値に枠をはめ、無意識のうちにそれらを一定の方向へ仕向けることが可能なもの」（大石、2000、236頁）なのである。スポーツの物語を探求する上で、森田が指摘するスポーツと日常生活との位置関係、そして物語がもつ権力作用の二つの側面は重要である。

物語を考える上で、以上の森田の指摘に加え、1995年1月17日に発生した阪神・淡路大震災後のメディア報道などによるオリックス・ブルーウェーブ優勝の物語を追った髙橋豪仁（2000）の研究を見ておきたい。髙橋はアルバックス（M. Halbwachs）による社会的（集合的）記憶に着目し、集合的記憶の形成のされ方について、ダヤーン（D. Dayan）とカッツ（E. Katz）（1992）より以下を引用している。

> メディア・イベントは、集合的記憶にその実質を与えるだけでなく、枠組みをも与える。つまり、それは個人的時間と歴史的時間を組み立てる際の、記憶システムなのである。同じ世代に属する人々にとって、メディア・イベントは、共通の参照点、共通の過去という感覚、個人史と集団の歴史の架け橋となる。…オリンピックを見る視聴者は、自分の人生の出来事をさまざまなオリンピック大会と結びつける。（ダヤーンとカッツ、1992、281頁）

ここから髙橋は、ある社会的出来事の時空間を共に体験することにより、個人的体験に裏打ちされた集合的な記憶の枠組みが、メディアによる物語によって形成されていることについて、オリックス・ブルーウェーブの優勝（1995年及び1996年）が阪神・淡路大震災に関連づけられた物語として語られ、集合的記憶として堆積しているとした。つまり、「阪神淡路大震災で多くの人が被災したが、彼らは地元球団のオリックス・ブルーウェーブの活躍によって勇気づけられた」という物語として集合的記憶化されていたとするのである（髙橋、2000、63頁）。

そして、髙橋は神戸新聞の社説を時間的経過に沿って読み解くことから、「被災地の試練」↓「オリックスの躍進と被災地復興の重なり」→「優勝による被災地への勇気・元気」→「ありがとう（感謝）」→「復興への希望」という筋書きがあったことを示した（髙橋、２０００、63頁）。

しかし、被災経験をもつ献身的なオリックス・ファンの一人を髙橋が追うと、このファンは「物語が示す支配的意味に自ら進んで従属する一方で、その物語に対して抵抗するという不安定なものであった」と述べ、「…球場から出たら、元の生活に戻るんやさかい、球場から帰れば、自宅は壊れて跡形もないし、現実はそんなに甘いもんとは違います」（髙橋、２０００、70頁）と彼が述べた言葉で結んでいる。

髙橋は、物語は日常生活を営む人々にとって、ある社会的出来事を集合的記憶として留め、堆積させる枠組みを提示すると考えられるが、その物語の先に実際の日常生活があるとはいえないことを明確に示している。では、物語は人々の日常生活において、あるいはアスリートたちにとって、いかなる位置と意味があるのだろうか。

大橋充典は「東日本大震災と結びつけられた甲子園の物語」（２００１）において、アダム（Jean-Michel Adam）に基づき、六つの物語の構成要素として、A．諸事件の継起：事件が突発する時間的展開、B．テーマの単一性：演技者としての主体の存在、C．変換される述語：主体を関連付ける述語、D．事行：一全体を形成する単一行為（筋）の統合、E．物語の因果関係：継起及び結果の関連、F．評価（教訓）：要素連続に組織的意味を与える最終的評価、を参考に、朝日新聞の社説及びブログにおける東日本大震災と甲子園大会の物語の構造を分析した。

ブログにおける物語について分析していることのほかに、大橋が朝日新聞の社説に描かれた甲子園大会開幕の物語と閉幕の物語を時系列で追ったことに新たな可能性を見出せよう。つまり、物語の変容を見ていくことで、刻々と変化する日常生活の営みと社会的出来事との関係を追い、社会的出来事の意味を問い直すヒントがあるように思う。この点からすれば、物語の内容の変化を歴史的に追いながら分析しようと試みた中山ら（２０２１）の研究も参考になろう。

3 高野連が考える甲子園大会の意味——3・11後の選抜高校野球大会の事例

では、甲子園大会を主催する高野連は、甲子園大会にどのような意味をもたらそうと考えているのか。高野連の戦略ともいえる甲子園大会を開催する意味に関する言及は、歴史的に震災などが発生した際に大会開催をめぐる議論に表れる。ここでは、2011年3月11日に起きた東日本大震災と福島第一原子力発電所の崩壊直後に開催された第83回選抜高校野球大会（主催：毎日新聞社、日本高校野球連盟。後援：朝日新聞社。特別協力：阪神甲子園球場）を事例にして考えてみたい。

第83回選抜高校野球大会は、3月23日に開幕する予定だった。開催の是非や大会運営の仕方については、3月18日に大阪市西区にある高野連において、大会の臨時運営委員会（定員31名のうち出席委員26名、5名は委任）が開催され、約1時間15分の議論が交わされた。

委員からは「全国の高校球児のための大会。出場しないチームの中には学校が避難場所となり、部活動どころではないところもある」「阪神大震災の時と規模が違い過ぎる」などの意見が出る中で、順延の可能性が検討された。しかし、「センバツ大会はイベントではなく、教育活動の一環として部活動の成果を（長期休暇中に）試す場所。新学期に入って開催するものではない」として、順延の可能性はなくなった。そこで再度、開催か中止かで議論をし、結果として「被災地のチームが出場の意向を示している」ことがポイントとなり、「選手にとっては、甲子園出場が一生に一度のチャンスとなる場合もある。夢の舞台を提供することが主催者としての役割」との方向性が示された。そして、「被災地では深刻な状況が続いている」ことを考慮して、「被災者にエールを送れるような特別な大会とする」という理念を掲げて開催することが全会一致で決まった（毎日新聞〈大阪本社版〉、2011年3月19日スポーツ面）。

臨時運営委員会後に開催された会見において、大会会長として当時の毎日新聞社社長は以下のように述べている。

大災害の状況の中で開催するのはどうかぎりぎりまで話し合った。選手たちの意向を最大限尊重しよう、球児の夢を実現させたいと考えた。…必死のプレーを通じて被災者の一部にでも気持ちが伝わるようにしたい。ひたむきなプレーを続けることで、被災地の皆さんとの連帯を表していきたい。（毎日新聞〈大阪本社版〉、２０１１年３月19日スポーツ面）

また、当時の高野連会長は、以下のように述べた。

こういう時期にもかかわらず甲子園でプレーした。この思いをかみしめればかみしめるほど、『がんばろう！日本』の思いを強くして、復興に努力していくと思う。…（福島第一原発の）放射能の状況などでは、大会直前や大会中でも中止することもあり得る。（毎日新聞〈大阪本社版〉、２０１１年３月19日スポーツ面）

そして、大会開催の意図を以下のようにまとめ、発表した。

選手の夢 実現させたい（毎日新聞〈大阪本社版〉、２０１１年３月19日）

11日に発生した東日本大震災の犠牲になられた方々のご冥福をお祈りするとともに、被災者の皆様に心よりお見舞い申し上げます。また一日も早い復興を願っています。被災地では現在も懸命な捜索・救護活動や東京電力福島第一原発の事故対応が続いており、第83回選抜高等学校野球大会の主催者として、私たちが何をなすべきかを考え、さまざまな議論を交わしました。被災地の選出校が出場の意向を示し、全国から集まった出場校がサポートを約束してくれる中で、この伝統ある大会を開催する道を選ぶことを本日の臨時運営委員会で決定するに至りました。

選抜大会は、関東大震災の傷跡が生々しく残る1924（大正13）年に誕生しました。緒についたばかりの復興を後押しし、国民に希望の灯をともしたいとの願いを込めました。

1995（平成7）年に発生した阪神大震災では大会会場となる阪神甲子園球場の周辺地域も大きな被害を受けました。私たちは「災害復興に寄与する大会とする」など五つの大会理念を掲げ開催を決定。被災地の兵庫から3校を選出し、地元の皆さんのご協力もいただき、第67回大会を行いました。

今回については「開催すべきでない」との声もあれば「こういう状況だからこそ開催を」との意見も寄せられています。大震災後に開いた過去2度の大会と状況は異なりますが、甲子園の土を踏むという一生に一度かもしれない選手たちの機会をなくしたくない、日々厳しい練習を重ねてきた選手たちの夢を実現させたいと考えました。そして高校球児の姿が、大震災で打ちひしがれた被災地のみならず、日本中の人たちにとって一筋の光となることを強く願うものです。

私たちは「がんばろう！　日本」をスローガンに掲げ、救援に協力してくれる世界各国にも発信していきたいと思います。簡素な大会運営を図りながら、次のような理念のもとに、大会を開催する所存です。選手たちへの温かいご声援をお願いいたします。

1．被災者及び災害救助、救援、復旧に携わる人々を応援する大会とする。

2．全国の高校球児の夢を実現し、すべての国民の励ましとなることを願う。

3．出場チーム、応援団、ファンの方々には、被災地の皆さんの生活と心情を理解してもらうよう努める。

２０１１年3月18日

日本高等学校野球連盟

毎日新聞社

未曾有の被害を出しているその真っ最中に大会を開催するにあたって、高野連会長をはじめ臨時運営委員会の出席者たちは、教育活動の一環であることを確認し、甲子園で活躍する姿を見たいという被災者の声がある一方で、球児たちにとっては一生に一度のチャンスかも知れない夢の舞台に立たせてあげたいという思いを示している。そして、彼らが「必死のプレー」「ひたむきなプレー」をすることで、被災者とつながり、エールを送ってもらう。すなわち、この大会によって日本全国が復興に向けた力、「がんばろう！　日本」を甲子園大会から感じて欲しい、こうした意図を表しているといっていいだろう。

さらに、上記の大会開催の意図には選抜大会が「復興を後押しし、国民に希望の灯をともしたいとの願い」が込められて1924年に誕生したことに加え、1995年の阪神大震災後に「災害復興に寄与する大会」として開催されたことが示されている。その上で、「高校球児の姿が、大震災で打ちひしがれた被災地のみならず、日本中の人たちにとって一筋の光となることを強く願」い、「救援に協力してくれる世界各国にも発信していきたい」と記されている。

まさに、髙橋（2000）が示したように、社会的出来事に重ねられる物語の集合的記憶を呼び起こし、物語を再生産し、積み重ねようとする戦略的展開がここに見られる。そして、森田（2012）が指摘しているように、未曾有の被害が各地で生起している社会的状況において、甲子園大会というスポーツイベントとその物語を媒介にして、国民をある「一定の方向へ仕向ける」権力的作用が示されたといえよう。

4　インテグリティをいかに推進するか

『日本学生野球憲章』（日本学生野球協会、2022）には、以下の前文が記されている。

国民が等しく教育を受ける権利をもつことは憲法が保障するところであり、学生野球は、この権利を実現すべき学校教育の一環として位置づけられる。この意味で、学生野球は経済的な対価を求めず、心と身体を鍛える場である。（日本学生野球協会、2022、1頁）

そして、「学生野球は学校教育の一環である」ことを前文で確認した上で、野球部のあり方及び日常的な活動について、学校、指導者、学生野球団体、学生野球に関わるすべての者が常に心がけ、取り組まなければならない「学生野球の基本原理」として第2条で以下のように示している。

第2条　学生野球における基本原理は次のとおりとする。
①学生野球は、教育の一環であり、平和で民主的な人類社会の形成者として必要な資質を備えた人間の育成を目的とする。
②学生野球は、友情、連帯そしてフェアプレーの精神を理念とする。
③学生野球は、法令を遵守し、健全な社会規範を尊重する。
④学生野球は、学生野球、野球部または部員を政治的あるいは商業的に利用しない。
⑤学生野球は、一切の暴力を排除し、いかなる形の差別をも認めない。
⑥学生野球は、アンチ・ドーピングの教育、啓発、対策への取り組みを推進する。
⑦学生野球は、部員の健康を維持・増進させる施策を奨励・支援し、スポーツ障害予防への取り組みを推進する。
⑧学生野球は、国、地方自治体または営利団体から独立した組織による管理・運営を理念とする。
（学生野球協会、2022、2-3頁）

ここからは、甲子園大会の物語と社会的出来事に沿った集合的記憶の根源にこうした基本原理があると理解することができる。しかし、一方で、「③法令の遵守や健全な社会規範の尊重」「④野球部または部員を商業的に利用しないこと」「⑤一切の暴力の排除やいかなる差別も認めないこと」「⑦部員の健康の維持・増進に向けた施策の奨励・支援」といった内容については、それに反する事例が多々見受けられ、収まる気配はない。

日本学生野球協会の審査室会議において、不祥事の処分が決定され、新聞紙上にその報告がほぼ毎月のように掲載されている。そこからは「対外試合禁止」や「謹慎」あるいは「除名」などの処分を受けるその原因として、部員による「喫煙」「飲酒」「無免許運転」「ネット上のトラブル」「無銭飲食」「部内いじめ」「部内暴力」が後を絶たず、また部長、監督、コーチによる「部内暴力」「部内暴言」「部内の不適切指導」のほかに「児童買春・児童ポルノ禁止法違反」「地方自治体における青少年を保護する条例違反」「盗撮」「酒気帯び運転」などの事案が多々生起していることがわかる。

甲子園大会の物語と集合的記憶が歴史的に堆積している高校野球界において、高校生及び指導者が日常生活における法令や社会規範を守ることのできない状況が生まれてくる背景に真摯に向き合い、対応することが求められている。２０１８年12月にスポーツ庁が「スポーツ・インテグリティの確保のためのアクションプラン」を取りまとめ、２０１９年1月にスポーツ審議会において、ガバナンスコードの策定に関する諮問が行われるなど、日本におけるスポーツ政策の重要なテーマとして展開されてきている。『学生野球憲章』第2条「③学生野球は、法令を遵守し、健全な社会規範を尊重する」は、２０１７年2月に「学生野球に携わる者のガバナンス強化をより明確にした」(日本学生野球協会、２０２２、22-23頁) 条項であるが、教育としての活動であるとするならば、民主的な運動部集団の運営と科学的根拠に則ったコーチングのあり方の徹底をローカルな実践現場から進めていく必要がある。

学生野球が「国民が等しく教育を受ける権利を実現すべき学校教育の一環として位置づけられる」としている中、社会生活を送る一人ひとりの選手や指導者が、それを見て応援する人々と分断されることなく、あらゆる差別を許さない人権擁護のありようを意識した物語の展開をめざすべきだろう。甲子園大会がそれを見ている人々から距離が離れ、関係者と人々との分断がさらに進んでしまう前に新たな戦略を企画・立案すべきと考える。

（清水 諭）

■文献

・アダン：末松壽・佐藤正年訳（2004）物語論―プロップからエーコまで．白水社．
・ダヤーン・カッツ：浅見克彦訳（1996）メディア・イベント―歴史をつくるメディア・セレモニー．青弓社．
・アルヴァックス：小関藤一郎訳（1989）集合的記憶．行路社．
・菊幸一（1993）「近代プロ・スポーツ」の歴史社会学―日本プロ野球の成立を中心に．不昧堂出版．
・マッカルーン：光延明洋他訳（1988）文化的パフォーマンス、文化理論．マッカルーン編，世界を映す鏡―シャリバリ・カーニヴァル・オリンピック．平凡社、11‐12頁．
・森田浩之（2012）3・11とメディアスポーツ―物語の過剰をめぐって．スポーツ社会学研究、20（1）：37‐48頁．
・村上直之（1999）マス・メディアと逸脱．宝月誠編，講座社会学10 逸脱．東京大学出版会、217‐233頁．
・中山健二郎・松尾哲矢（2021）高校野球にまつわる「物語」の再生産に関するメディア・テクスト分析―「完投型」から「継投型」への変化に着目して．年報体育社会学、2：59‐75頁．
・日本学生野球協会（2022）日本学生野球憲章．学生野球要覧．1‐16頁．
・大橋充典（2021）東日本大震災と結びつけられた甲子園の物語．九州大学健康科学編集委員会編，健康科学、43：105‐115頁．
・大石裕（2000）第10章 ニュースの政治学．大石裕ほか編，現代ニュース論．有斐閣アルマ、227‐246頁．
・清水諭（1998）甲子園野球のアルケオロジー―スポーツの「物語」・メディア・身体文化．新評論．
・高橋豪仁（2000）新聞における阪神淡路大震災に関連づけられたオリックス・ブルーウェーブ優勝の物語とあるオリックス・ファンの個人的体験．スポーツ社会学研究、8：60‐72頁．
・高橋豪仁（2005）スポーツ観戦を介した同郷人的結合．スポーツ社会学研究、13：69‐83頁．
・髙橋豪仁（2011）スポーツ応援文化の社会学．世界思想社．
・山本教人（2010）オリンピックメダルとメダリストのメディア言説．スポーツ社会学研究、18（1）：5‐26頁．

第2章 スポーツ産業の可能性と課題

1 問題意識

フランスのコント（A. Comte）とイギリスのスペンサー（H. Spencer）によってそれぞれ創始された「社会学」という学問は、フランスのサン・シモン（C. H. de R. de Saint-Simon）が説いた産業主義思想を継承し発展した（富永、２００８、31頁）。イギリスに比べて産業化が遅れていたフランスにおいて、サン・シモンは、フランス革命後も「産業者」が権力を取らず、「産業体制」が実現されるに至っていないことを批判して、「産業主義」（インダストリアリズム）という思想を創始した（富永、２００８、31頁）。当時のイギリスやフランスの社会では、封建社会やカトリック社会の旧体制を脱して、新しい産業的で科学的な体制がつくられようとしており、産業化を進める「産業主義」は、「近代」と区分される新しい時代をめざす思想であった。

一方の日本は、フランス革命から79年遅れて明治維新が起きた。新政権は封建社会の江戸幕府から権力を奪取し、「近代」をめざして西洋文明を輸入し産業化を進めた。そのとき西洋文明と同時に輸入されたのが、産業的で科学的な体制（西洋近代）に影響を受けた「近代スポーツ」である。明治時代に西欧から移入されたスポーツは、旧体制の社会のエリート層出身者を中心に構築された高等教育機関の社会や文化の影響を受けて変容していった。このことは、我が国のスポーツが、我が国の近代の体制を形成していく社会と要素において同型的構造を示すと言える。つまり我が国の近代スポーツと近代社会は、近代という要素においては同型的構造を示す一方で、「スポーツ」と「社会」は異なる次元の領域であるため、異次元相同（同型）の関係にあると言える。

このような「スポーツ」と「社会」の異次元相同の対応関係において、諸要素間の対応を一対一の原因と結果を伴う因果的な機能関係で理解すれば、近代スポーツは近代社会の諸問題や諸矛盾を単に相同的、相補的に示す存在として道具的に説明することができても、近代スポーツ自体が近代社会の諸問題や諸矛盾を自立的に乗り越えていく認識とその方向性や可能性を示していない（菊、２００６、16‐17頁）。

日本の近代化は、封建社会の旧体制から明治維新を経て新体制へと移行する中で、資本主義的諸過程が進行していった。従来藩政の下で行われてきた自給自足的な経済活動や地域内の市場に向けた生産や、プロト工業化した問屋制家内工業において商人が形成した閉鎖的な商取引から、これまで経験したことのない商業や工業資本主義による全国規模の市場経済が形成され、国営企業をはじめとして生産や販売の産業化が進展した。この産業化のメカニズムは、これまでの家父長制や身分制度などを基盤に安定していた社会制度や経済の仕組みを急激に変革し、人々の慣れ親しんだ生活を損ない、社会的・政治的混乱をもたらすような社会的諸問題や諸矛盾を生じさせた。このとき政府は、これら社会的・政治的混乱に対して介入して、平等・公平な取引ができる制度や仕組みを導入することが期待される。資本主義による産業化は、このように急激な社会や文化の変化を破壊し、その反作用としてより多くの人が、安心して商取引に参加する制度やシステムを政治的に構築することで結果的に国内総生産を増加させるという力をもっている。特に、20世紀の資本主義の特徴の一つは、文化産業と呼ばれる領域の巨大化にある。20世紀の資本主義は新しい経済活動の領域として文化を発見した（國分、２０２２）。20世紀に入ると広く文化という領域が大衆に向かって開かれるとともに、大衆向けの作品を作り出して大量に消費させ利益を得るという手法が確立され、その手法に基づいて利益を上げる産業を文化産業という（國分、２０２２）。そしてこの文化産業の中に、スポーツ産業も含まれると言ってよい。西洋近代に影響を受けた近代スポーツは、日本の旧体制を下支えした儒教的な年功序列や身分制度、さらには聖俗の入り混じった宗教的な意思とは関係なく、ゲームの勝敗が決まり、対戦する両者に平等なルールが成立している。近代日本の「社会のゆらぎ」の様相を異次元相同の対応関係で「スポーツ」に置き換えても、近代スポーツは学校教育の中で解釈されて手を加えられた結果、当時の日本社会に適応して受け入れることができた文化であったとも考えられる。しかしながら、西洋近代スポーツによって、日本の諸制度を旧体制の頸木から解放して、平等・公平に向かわせることにも影響したのではないだろうか。

本稿では、まずスポーツの産業化の「進化」と「深化」が、「産業主義」（インダストリアリズム）という思想や産業という仕組みによって生じさせた近代スポーツにおける課題を克服しようとするものであることを論じる。さらに、菊（２００６、16‐17頁）が指摘するように、近代社会と近代スポーツが異次元相同であるからこそ、近代社会に存在する諸問題や諸矛盾を自立的に乗り越えるために、スポーツ産業の「深化」が果たす役割について論じてみたい。

2 スポーツ産業とスポーツの産業化

最初に、本稿で取り上げる「スポーツ産業」の定義を考えてみよう。前述のサン・シモンは、「産業者」を「社会の全成員の欲求や嗜好を満足させる一切の物的手段を生産し、またはそれらを届けるために働く人びと」と定義している（富永、２００８、58頁）。これを用いてスポーツに関わる「産業者」を定義すれば、「スポーツに関連した社会の全成員の欲求や嗜好を満足させる一切の物的手段を生産し、またはそれらを届けるために働く人びと」となる。このスポーツ産業の定義では、スポーツに関わる物的事物を生産する第２次産業と、それらによって産出されるスポーツ活動を届ける第３次産業を含んだものとなる。かつて通商産業省（現：経済産業省）に設置されたスポーツ産業研究会は、「スポーツ産業は『スポーツ需要』を的確に捉え、国民のスポーツの文化的享受の実現のために、このような「モノ」「場」「サービス」を提供する産業」（通商産業省、１９９０、31頁）としているが、この定義はサン・シモンの「産業者」の考え方と一致する。また、スポーツ産業研究会は、「スポーツ産業」という概念は、従来の産業分類によっては範囲を規定されず、複数の産業群から構成される概念であり、消費者サイドからスポーツという軸を中心に広がる特定生活領域に着目して、消費者の求める各種の要求を的確に提供する観点から産業を捉えた概念とした（通商産業省、１９９０、31頁）。つまり、スポーツ産業は、消費者のスポーツを軸としたライフスタイルにおいて求められる商品やサービスを提供する産業と考えることができる。例えば、スポーツを「みる」ライフスタイルに求められるサービスを提供するプロ野球やＪリーグは「みるスポーツ産業」、またスポーツを「する」ライフスタイルにはスポーツをする価値をスポーツ参加者に提供するフィットネスクラブ、ゴルフクラブ、テニスクラブなどが「するスポーツ産業」として分類できる。これらは「スポーツそのものを生み出す産業」として「狭義のスポーツ産業」と分類される。さらに、スポーツ用品メーカーやスポーツメディアのような「狭義のスポーツ産業をサポートする産業」は、「スポーツ支援産業」と位置づけられ、これらを合わせて「広義のスポーツ産業」と定義することができる（澤井、２００８、29－31頁）。

スポーツの産業化は、人々のライフスタイルの変化に合わせて、求められるスポーツ商品やサービスを生み出すイノベーションの動力となる。そしてスポーツの産業化は、スポーツ商品やサービスを充実させるために、ほかの産業を巻き込んで複合化するスポーツ支援産業を拡大させる。こうした産業化の特性によって、新しいスポーツがライフスタイルの変化から生じる文化的な差異を顕在化するために次々に誕生する。その結果、新旧のスポーツは社会・文化的な資源を取り合うことになる。さらに、スポーツ支援産業でも既存のビジネスにあった諸課題を顕在化させて既存のビジネスの変革を促す。次節では、スポーツ産業化の影響から生じる現象やその発生原因について、そしてそれらの現象に対する産業化のその後の反応について具体的な事例を挙げて考えてみたい。

3　スポーツ産業の課題や諸矛盾をスポーツ産業の深化／進化で乗り越える

スポーツが「志願者」というにふさわしいボランティア――他に収入の口があり、スポーツから収入を得ずに生活できる人々――によって自律的に自給自足で生み出されていたときは、スポーツ競技の高い技能との交換で収入を得るプロ選手はアマチュアリズムに反するとして忌避されることが長く続いた。例えば、1872年にイギリス海軍の軍人の伝えたとされる日本のサッカーでは、プロのサッカー選手を正式に認める選手登録が制度化されてプロ契約選手が現れたのは1986年以降である。この制度改正はその後のプロリーグ開幕へとつながっている（高橋、1994）。日本の1980年代は、世界に冠たる近代工業国となった時代であり、「ゆとりと豊かさのある社会」を指向して「社会貢献」「地域還元」「文化支援」などを謳い文句に企業メセナが取り上げられるようになっていた。こうした社会的な背景が、サッカー選手のプロ化とそれに続く実業団リーグのプロリーグ化という現象につながっている（高橋、1994）。工業化に成功した当時の日本では商品があふれ、企業は商品を販売するための商業化を深化させた。商業化の深化の流れにさらされたスポーツイベントは、企業のマーケティング活動に利用され、スポーツの産業化が急速に促進した。

我が国のスポーツの産業化は、スポーツ研究にも影響を与えた。1980年に大学院の博士課程入学した菊（2020）は、当時の体育研究者がプロ・スポーツを研究対象としてまともに扱っていなかったこと、そして「アマチュアスポーツこそ文化なんだ」と信じ込むような文化資本を持っており、結果的に体育研究者のイデオロギーとして研究対象の差別化につながっていたと述懐している（菊、2020）。一方で、イデオロギーとしてのアマチュアリズムを信奉しない社会学者や経済学者が産業化して文化変容をみせるスポーツに注目し、日本スポーツ社会学会や日本スポーツ産業学会といった新しい学会の設立につながり、現在は、他分野の研究者の交流が広がっている。

スポーツは言葉が通じない異文化の人々との間でも、競技のルールが共有されることによって、勝敗という目的を共有する特徴がある。このゲームの勝敗自体にはイデオロギーがあるわけではなく、スポーツに関わる人それぞれがそのゲームに意味や物語を付与することが可能である。つまりスポーツは、それに関わる人がどの色にも染めることができる白いキャンバスである。このことが西欧発の近代スポーツがグローバル化とともに、多様な社会・文化の人々が自由に受容することができた要因であり、社会の民主化とともに上流階級から大衆一般までが、それぞれの立場で意味を解釈してスポーツを受容していった理由である。

これまで19世紀の近代以降、一般的な必需品の市場の仕組みは、既存の社会制度や利害関係者同士の長期にわたる調整によって形成されてきた。一方、スポーツの産業化は１９８０年代以降の40年間で急速に進んだため、スポーツイベント（興行）の権利化と選手、所属クラブ、リーグ、競技団体などのスポーツ関係者や、スポーツイベントを利用して商業的な目的を達成したい人や企業、メディアとの利害調整を、企業の商業化を仲介してきた広告代理店や商社といった「卸」に該当する立場の人や企業が、情報や人脈を駆使して調整してきた。もちろん、時代によって変化するその時々の法律や商慣習が仲介者の行動を統制するが、権利をもったスポーツ関係者の集団に共有された倫理や常識も仲介者の行動に大きな影響を与える。この原稿執筆中にも、東京オリンピック・パラリンピック大会組織委員会の元理事による汚職の話題が大きく取り上げられているが、この事案の問題は一般社会のルールで違反とされる贈収賄と利益相反が産業化されたスポーツイベントに生じた点にある（松本、２０２２）。

贈収賄の視点で重要なのは、日本ではオリンピック・パラリンピックをはじめ、国家公務員が大会準備の組織委員会に派遣されるような国際的なスポーツ大会では、特別措置法が立法されてきたことである。今回の東京大会でも例外ではなく、大会組織委員会の役員や職員は刑法その他の罰則の適用については、法令により公務に従事する職員とみなすと規定されている。元理事は、民間出身で「みる」スポーツの利害調整を国内外で行ってきたスポーツ産業界のベテランである。元理事が日頃から贈収賄などを意識する公務員出身であれば起きなかったはずであるが、民間企業出身であったこともあり、その意識が薄かった可能性がある。今後、公務員と民間企業出身者からなる国際的なスポーツ大会の大会組織委員会では、特別措置法を立法して制度的に贈収賄を未然に防ぐとともに、役職員が会食など外部と接触する際は、常に報告をする仕組みを整えるなどが必要である。次に、利益相反の視点から言えば、大会組織委員会の元理事は、組織委員会の最大利益をめざすべき立場であるものの、一方で、スポンサーの便益や自己の利益を図る活動を行っていたようにも見える（松本、２０２２）ことが問題になる。こうした利益相反の問題は、今回の大会組織委員会に限らず、一般のスポーツ団体の役職員も意識を高くもつ必要がある。近年は、兼業が認められる風潮になってきたが、未然に事故を防ぐためには、常に取引契約においては、取引先への値引きや、自己の報酬などが利益相反になっていないかどうかのチェック機能を持たせる必要がある。

今回の事案はほかにも、産業化された「みる」スポーツ産業のマーケティングの仕組みにも影響を与える。従来の「みる」スポーツ産業のマーケティングの仕組みは、１９８４年ロサンゼルスオリンピック以降、サッカーワールドカップやその他の国際スポーツ競技大会におけるスポーツ側とスポーツを活用して売上を伸ばしたい企業とが長期にわたってWin-Winになるようにデザインされた仕組みである。今回、捜査の段階で発表される情報によれば、大会組織委員会と専属代理店契約を結んだ代理店が大会の協賛企業を集めていた。これまでブラックボックス化していた契約金額が、スポンサーのランクによって決められた同一金額で協賛契約が締結されているのではなく、企業によって異なる価格であったことが明らかになった。オリンピック・パラリンピック開催国のローカルスポンサーは、開催国に決まってから大会スポンサーになることを決めた企業であり、オリンピック・パラリンピックの協賛企業のビジネスには素人である。協賛企業となる権利を購入する買い手企業は、商品の品質（スポンサーだけが行使できる権利）に関する情報をほとんど保有しておらず、売り手（組織委員会の専属代理店）から権利を購入する際に得られる情報に依存するしかない。さらに、最終的な権利を行使した活動は、国際オリンピック委員会（ＩＯＣ）の承認を仰がなくてはならないため、売り手である組織委員会の専属代理店は、長年の経験から商品の品質（スポンサーがすることの可能なアクティベーション）に関する情報を所持していたとしても、買い手に対して協賛企業の権利の正しい活用方法をいち早く伝えるインセンティブが働かない。売り手の専属代理店は一社独占であり、販売価格を競争する代理店もないため、価格の決定は自由にできる。そして、専属代理店内でスポンサー企業をクライアントとして対応する部署の売り上げになるように社内でスポンサー企業の情報をやり取りすらできる状況にある。こうした情報の非対称性から買い手は、商品の品質に関する情報をもつ第三者のエキスパートもしくは、専属代理店に影響力を行使できたり、最終的な承認を与えるＩＯＣに対しても影響力を行使できたりする人間を起用することを考えるようになる。

今回の事例は、カスリス（T. Kasulis）の「インティマシー」と「インテグリティー」の指向性の違いによっても説明ができそうである（カスリス、２０１６、34‐35頁）。つまり、高額な長期契約を結ぶ上位スポンサーとスポーツ興行主催者は、約半世紀の国際スポーツ大会経営の経験を共有したスポーツイベントビジネス共同体を形成し、お互いに利益を得ることを理解し合うインティマシー的な関係性が支配している。それに対し、組織委員会や専属代理店は、一大会だけの関係のローカルスポンサーをインティマシー的なスポーツイベントビジネス共同体に招き入れはするものの、ローカルスポンサーを希望する企業はインティマシーの関係にない「一見さん」のお客様であるが故に行動、振る舞い、活動などが共有できず、コンプライアンス重視で競争的な市場というインテグリティー意識をもってはいても、複数社が競わされているという意識のあまり、インティマシーの共同体の「ボス」とも言えるベテランのスポーツビジネスマンである元理事に共同体でのコミュニケーションを依存せざるを得ない状態にあったと解釈できる。今回の課題は、公務員意識の低い民間出身の元理事を含んだ体制が要因となって発生してしまった。半世紀を経て、スポーツイベント興行が産業化する中で形成されたインティマシー指向の共同体の課題が浮き彫りにされ、今後オリンピック・パラリンピックのインテグリティーを維持しながらブランドを高めるためのスポーツ産業の深化／進化による新しい仕組みが問われている。

今回のスポーツイベントのマーケティングの仕組みを揺るがせた事例以降、日本で開催される国際スポーツ大会に２０２６年に開催が決定している愛知・名古屋アジア大会がある。この愛知・名古屋アジア大会組織委員会にも、開催地の自治体や政府から職員が派遣される可能性は高い。しかし、２０２２年10月の本稿執筆時点で、愛知・名古屋アジア大会特別措置法が制定されていない。そのため、公共性の高いアジア大会の実現に向け、スポーツ産業の深化／進化の観点から、大会組織委員会は特措法の整備を政府や国会に要請を検討することも必要である。

資本主義によってスポーツが産業化してきた結果、コマーシャリズムを第一にするスポーツイベントとなり、スポーツ界における一部の共同体に属する者だけが利益を得るような仕組みになってしまった。コッカ（J. Kocka, 2018）によれば、歴史上の諸経験が示すのは、社会の不安定化につながる資本主義の諸帰結が国家の諸方策によって少なくともその影響を緩和しうると述べるように、この事態を是正するためには、民主主義の力による国家の諸方策によってスポーツ産業をコントロールすることも必要である。国際的なスポーツイベントは、多くの人々に公開され、広く共有され、そして行政が税金によって支えられており、公共性の高いイベントである。こうした性質は、インティマシーな指向性が許されるスポーツ村の仲間で運営するスポーツイベントとは異なり、スポーツ村の住民が広く社会とかかわりをもつことでスポーツのインテグリティーを意識する機会でもある。このことは、公益性の高いスポーツ以外の文化的な産業の商取引のあり方にもあてはめられるのではないだろうか。

4　スポーツ産業の深化／進化が近代社会の諸問題や諸矛盾を乗り越える ——求められるスポーツプロモーション

２０２１年３月に閣議決定された第６期の『科学技術・イノベーション基本計画』（内閣府、２０２１）には、前回の第5期に続き、「サイバー空間とフィジカル空間を高度に融合させたシステムにより、経済発展と社会的課題の解決を両立する人間中心の社会」であるSociety 5.0を現実のものとすることがめざすべきものとされる。このSociety 5.0は、狩猟社会（Society 1.0）、農耕社会（Society 2.0）、工業社会（Society 3.0）、情報社会（Society 4.0）に続く、新たな社会を指すもので、第5期科学技術基本計画において我が国がめざすべき未来社会の姿として初めて提唱された。これらの社会区分で時間・空間・仲間というスポーツ活動で注目される資源には差があるものの、人々の「ひまと退屈」を克服するための工夫があるという点では共通すると考えられる。我が国のスポーツは、19世紀後半以降、教育による労働者の創造と企業による労働者の管理に用いられた。つまり我が国では、スポーツは、工業社会（Society 3.0）の誕生の頃に産業化が進み、スポーツ産業が誕生し、情報社会（Society 4.0）に入り、メディア主導のプロフェッショナルスポーツとして急激な発展を遂げたと言える。さらに、情報社会（Society 4.0）の高度化する90年代以降には、教育や企業とは独立する形でスポーツが産業を形成するようになり、スポーツ自体が単に個人を楽しませるだけではなく、共同体形成や健康増進などの社会が抱える諸問題の解決にも手段的に用いられるようになり、社会的価値を創造してサステナブルな文化となるための「スポーツプロモーション」が必要な時代に突入した。そして、「サイバー空間とフィジカル空間を高度に融合させたシステムにより、経済発展と社会的課題の解決を両立する人間中心の社会」であるSociety 5.0に入り、デジタル化した生活が普及することで、eスポーツという概念が生成され、社会的課題の解決に取り組む新しいスポーツがつくられている。世界的にもＩＯＣは、国連との連携した活動を開始し、スポーツ競技大会もSDGsの考え方を導入したサステナブルなものをめざす考え方が浸透し、スポーツにおけるジェンダー平等も進んできた。こうしたスポーツのイノベーションは、スポーツが社会と異次元相同な関係にあることを示す現象であると考えられる。

一方で、スポーツイベントの産業化のビジネスモデルも社会との関係で変化する。１９８４年に形成された企業や放送局に独占的な権利を販売して購入者を競わせてスポーツ組織が収益を上げる初期型の権利ビジネスのモデルが、東京2020オリンピック・パラリンピックでは、84年以前のオリンピックに見られた複数の同業他社が権利を購入することも可能なハイブリッドモデルが採用された。スポーツ組織は、愛好者からのイベント参加費や会員登録費を集めるとともに、スポーツが社会課題の解決に寄り添うことで、スポーツ愛好者がスポーツイベントを通じて社会課題を解決する組織に変貌しつつある。こうした一部の共同体のニーズだけではなく、広く社会的なニーズに応えようとする産業化が、スポーツイベントを企業やその他の組織・団体とともに社会的価値を協働して生み出すプラットフォーム化することを推進する。そして、スポーツ組織は社会的価値創造のプラットフォームを提供する組織として、あらゆるリソースの調達と最適な配分をするマネジメント（経営）や個々の事業のオペレーション（運営）が求められる。

ここまで産業化の社会の最適化に向けた変革の利点を論じてきたが、一方で産業化を駆動する資本主義には、一部の資本家に富を集中させる機能が働く。そこで、民主主義的な介入によってフェアな取引関係が成立する制度設計、本論でいう産業化の深化／進化が必要になる。このことは、競技としてのスポーツも同様であり、スポーツではどちらか一方が常に勝つような状態を是正して、勝敗の結果が予測できないように両者に勝てる可能性を残したフェアなルールに深化／進化できよう。これまで学校や企業の価値に支えられたスポーツは、学校や企業の文化と異次元相同な関係で形成されてきた。今日では、学校を卒業し、企業に属さない人々がスポーツを楽しむことができる純粋なプロフェッショナリズムを称揚するスポーツプロモーションのシステムを構想することが期待される。そのためには、産業化の光と影を理解した上で多様な利害関係者の欲がぶつかり合う産業化の力を活用し、資本主義の原理と民主主義の原理を同時に働かせながらスポーツを発展させていく、スポーツプロモーションがめざされるのではないだろうか。

（髙橋義雄）

■参考文献

・菊幸一（２０２０）豊かな生活とスポーツの成長産業化を読み解く．体育・スポーツ経営学研究、33：21‐46頁．
・菊幸一（２０１０）アマチュアリズムとプロフェッショナリズムをめぐる現代的課題．現代スポーツ評論、23：92‐１００頁．
・菊幸一（２００６）近代スポーツを超えて―近代スポーツの可能性と限界から考える．スポーツプロモーション論．明和出版、16‐32頁．
・國分功一郎（２０１１）暇と退屈の倫理学．朝日出版社．
・松本泰介．スポーツ法の新潮流 東京オリパラ組織委員会元理事問題の本質――利益相反．SPORTS BUSINESS ONLINE. https://sportsbusiness.online/2022/10/01/law-21/（参照２０２２年10月８日）
・内閣府．科学技術・イノベーション基本計画．https://www8.cao.go.jp/cstp/kihonkeikaku/6honbun.pdf（参照２０２２年10月８日）
・澤井和彦（２００８）総論「スポーツ産業で働く」ということ．SpoBiz. ガイドブック'08‐'09．プレジデント社、26‐31頁．
・髙橋義雄（１９９４）サッカーの社会学．ＮＨＫ出版．
・トマス・カスリス（衣笠正晃訳）（２０１６）インティマシーあるいはインテグリティー―哲学と文化的差異．法政大学出版局．
・富永健一（２００８）思想としての社会学―産業主義から社会システム理論まで．新曜社．
・通商産業省産業政策局（１９９０）スポーツビジョン21―スポーツ産業研究会報告書．通商産業調査会、31頁．
・ユルゲン・コッカ（山井敏章訳）（２０１８）資本主義の歴史―起源・拡大・現在．人文書院．

第3章

民間地域スポーツクラブの市民的公共性

――アーレント政治理論を手がかりに

1　学校・職場以外の居場所

「居場所が多い子ども・若者たちの自己肯定感は高い」。そんな調査結果が内閣府の「子供・若者総合調査」を通じて発表された（内閣府、2022）。自分の部屋、家庭、学校、地域、インターネット空間など、それら複数の居場所から自分が安心できる居場所はどこか。その居場所数が多ければ「自己肯定感」が高く、「チャレンジ精神」「社会貢献意欲」も高いという。[(1)]学校の外や職場の外にも複数の居場所があることを想像してみよう。そこは学校や職場とは異なる自分のプライベートな空間。自分らしさを感じ安心感が得られる居場所だ。日本人の人材育成モデルは、その多くが学校や職場という組織への協調・適合を通じて全人格的な成長が期待されてきた。個人のキャリアアップには欠かせない居場所、それが学校や職場にあった（王、2021）。だが、その居場所は自分らしさを出せない窮屈な社会空間でもある。今、学校や職場に纏わりつく規範や社会関係の窮屈さから子どもや若者たちは、易々と自分らしさを自由に表現できる居場所へ移動しようとする（日経ビジネス、2017：村木、2021）。スポーツを通して自分らしさを見つける居場所も学校や職場の外へ広がっているのだ。

2 スポーツ「需要」と自己規律性

学校や職場の外へ広がるスポーツを楽しむ空間。こうしたスポーツ「需要」[2]に対して、どのようなスポーツの「供給」領域が広がっているのであろうか。ざっと見渡すだけでもフィットネス、コミュニティ、アウトドア、エコロジカル、テクノロジカル、アーバン、ツーリズムなど、これら多様な用語に変換・接続される「する」スポーツの広がりは明らかである。これに「みる」スポーツや「ささえる」スポーツが「供給」領域として加わる。こうした「供給」領域の広がりは「ライフステージ毎のＱＯＬ（Quality of Life：生活の質）を高めるスポーツ」や「生涯にわたる自己開発を求めるライフスタイルとしてのスポーツ」という多様なスポーツ享受モデルを意味する（佐伯ほか、２００５、15頁）。学校の体育授業や学校運動部モデル、職場の実業団やサークル・レクリエーションモデルは、こうしたスポーツ「需要」と「供給」領域の質的変容に応えているとは言えないだろう。

ではここで学校や職場の外へ広がるスポーツ享受モデルの一端をウォッチしてみることにしよう。とある地域のスポーツ愛好者のグループ。たびたび和製語を用いて「クラブチーム」[3]とも呼ばれる。活動の目的を共有するメンバーの学校や職場、世代や経験年数はバラバラである。メンバー間の連絡はもっぱらＳＮＳ（Social Networking Service）を活用する。活動場所は複数の公共施設だ。施設の利用登録と利用団体を決める抽選はインターネットである。抽選の当たり外れで活動日が変更になることも珍しくない。それでもメンバー同士の話し合いで運営に必要な役割分担をしながら活動場所を確保し、定期的な活動を続けている。活動経費はメンバーの自己負担だ。メンバー間の取り決めや規約等に基づいた会計報告も欠かさない。こうしてメンバーが協力しながら自己規律的なクラブ運営がなされていく。我が国には実に多くのスポーツ集団・チーム・クラブ・サークルが結成されている。学校や職場といった母体組織に頼らない地域密着型のスポーツ愛好者グループと言ってもよい。子どもから高齢者まで、種目や人数、団体名・クラブ名もさまざまである。例えば日本のスポーツ史を遡れば、１９

62（昭和37）年、日本体育協会（現在の日本スポーツ協会）創設50周年記念事業としてスタートした「スポーツ少年団」は、地域の子どもたちを対象とすべく多くの活動種目へと広がった。またバレーボールという競技種目も一括りにはできない。9人制、ソフト、家庭婦人、トリム、キャッチ、ビーチなど、数多くのオルタナティブなバレーボールの活動形態で愛好者グループが結成されてきた（村井、2019）。

本稿が取り上げる「民間地域スポーツクラブ」とは、学校や職場など母体組織の規範性や社会関係に拘束されることなく、運動・スポーツを共通の趣味活動とする愛好者グループの総称である。メンバーシップ制の自己規律的な運営マネジメントが基本だ。スポーツ政策に目を移せば、1990年代後半から多様なスポーツ「需要」に応えるため多種目・多世代・多志向のクラブサービス(4)を備えた総合型地域スポーツクラブ（以下、総合型クラブと略す）がイメージされよう。1995（平成7）年に文部省（現在の文部科学省）の育成モデル事業としてスタートした総合型クラブ。2000年以降、我が国の生涯スポーツ政策の重要施策に位置づけられてきた（文部科学省、2001、2012、2017、2022）。

では総合型クラブの一端を、次に紹介する体操競技と陸上競技のクラブ発足に遡って簡単にイメージすることにしよう。1964（昭和39）年、東京オリンピック体操競技に出場した小野喬が翌1965（昭和40）年に民間の体操競技クラブを創設する。クラブ名には「体操」の言葉を入れずに「地域」名を入れ「池上スポーツ普及クラブ」とした（池上スポーツクラブ、online）。創設後、クラブ名のとおり地域密着型でスポーツ全般の普及をめざす。現在では太極拳・ミニテニス・ダンスのコースを増やし、総合型クラブとして活動を続けている。もう一つの陸上競技クラブ。2000（平成12）年、所属していた実業団の廃部を機に退職を決断した太田敬介が、わずか4名の会員からスタートしたNPO法人SCC（Sports Communication Circle：エス・シー・シー）。陸上競技部門を軸に幼児体操と健康体操の2部門を加えた総合型クラブである（太田、2003）。紹介した2つのクラブは体操と陸上の単一競技種目の活動形態がルーツである。しかし創設後、多様なスポーツ「需要」に応えるために、体操と陸上以外の他の活動種目をクラブ内の運営部門に加えていく。チーム・クラス・コースといった部門名がつけられたクラブ内組織だ。こうして多種目・多世代・多志向に応える総合型クラブへ発展していく(5)。総合型クラブの発展過程では、指導者を中心としたスタッフとメンバーの話し合いによる自己規律的な運営マネジメントが欠かせない。ところが、総合型クラブは公的資金を活用した国の育成モデル事業としてスタートしたため行政主導型の創設・発展過程を辿っている事例も少なくない。行政主導型では行政からの支援を受けながらクラブ運営を行っているため、スタッフやメンバーらによる主体的で自己規律的なクラブマネジメントが機能しにくい。行政からの公的資金等の支援が途絶えれば、クラブマネジメントは機能不全に陥り、クラブ存続も危うくなるのだ。

3 境界領域の言論空間

では、総合型クラブを含めた民間地域スポーツクラブが備えるべき自己規律性とは何か。前節の事例に沿って言えば、メンバー同士の話し合いを通じた自己規律的なクラブマネジメントとは何かを問うことでもある。この問いにスポーツの歴史社会学から応えた菊（２０００）は、自己規律性をクラブ内のメンバー同士の話し合いや対話といった言論空間に求めた。そして、これをスポーツにおける「市民的公共性」として読み解いた（菊、２０００）。

クラブの源流は17～18世紀のイギリス都市空間における情報交換の場であったコーヒーハウスだ。コーヒーハウスは階級や身分の差に関係なく自由に集うコミュニケーションと議論の場。大勢で会話ができるよう長テーブルや長椅子が配置されていたと言われる。個人は自由に意見を発信する。周りの人々が、その意見をどう受けとめるのかは自由だ。コーヒーハウスは経済、政治、ジャーナリズム、文学といった市民の交流の場として当時の市民社会の形成に大きな役割を果たしてきた（岩切、２００９、18～23頁）。しかし、18世紀になるとコーヒーハウスは、次第にこれまでの開放的なスタイルとは別に、私的な趣味・関心でつながる同質化が人々の閉鎖的な同好集団の空間を生み出す。「類は友を呼ぶという組織化」、これが会員制クラブの源流となったのだ（小林、1991、11‐12頁）。菊（2000）は自由に語り合う開放的なコミュニケーション空間のコーヒーハウス（カフェ）と私的な趣味・関心で人々がつながる閉鎖的なコミュニケーション空間のクラブ、この開放性と閉鎖性の相反する共存関係から「市民的公共性」を読み解いていく。「市民的な私的欲求の領域がクラブという一見閉鎖的な空間の中で、なおも自由な交流とコミュニケーションを求めて発展していくところにクラブ発展のエネルギーが存在している」（菊、2000、98頁）と。すなわち、自由に語り合う開放的なコミュニケーション空間を通じて、そこに集う人々の全人格的な相互理解を深め、それを原動力にしつつ、同好集団の自己規律的なコミュニケーション空間を創り出すことがクラブの発展を支えていると言うのだ。そして、こうしたコミュニケーション空間を「市民的公共圏としての公論」形成に位置づけ、クラブの「市民的公共性」を考える重要な視点であるとした（菊、2000、99頁）。

再び前節で紹介した体操と陸上の単一競技種目のクラブ事例を振り返ってみよう。多様なスポーツ「需要」に応えるためのチーム・クラス・コースといった部門を増やしてきたクラブマネジメント。そのプロセスでは指導者を中心としたスタッフによって部門を増やすための話し合いの場があった。こうした民間地域スポーツクラブのコミュニケーション空間は、スポーツを楽しむ人々の多様なスポーツ欲求が表われる「私的空間」に耳を傾ける。またクラブマネジメントを通して、スポーツと民間地域スポーツクラブが実社会という「公共空間」において重要な文化的役割を果たすことを伝える。すなわちスポーツを楽しむ空間である「私的空間」と実社会である「公共空間」を橋渡しする境界領域の「言論空間」である。3つの空間は「私的―言論―公共」という布置関係にあり、「私的―市民的公共圏としての公論―公共」とも言い換えられる。こうした境界領域の「市民的公共圏としての公論」（以下、公論と略す）が十分な役割を果たしていることを、スポーツにおける「市民的公共性」が生み出された、と読み解くのである。このことこそ、スポーツの公共性を「行政」による公共性から「市民」

による公共性へ切り替える主たるロジックにほかならないのである。

4　公権力による公共性

では「行政」による公共性からスポーツの公共性を、どのように理解すればよいのであろうか。橋爪（2000）は、公共性を成立させる装置に「税」「国家」「法」「宗教」「市場」「言論」の6つの条件を挙げた（橋爪、2000、453‐457頁）。この条件のうち「国家」という公権力によって正当化される公共性、これを「行政」による公共性として捉える。スポーツは国や地方自治体の行政施策として、特に学校教育制度における「体育」教育的価値を正当化する手段であった。いわばスポーツを「体育」教育の手段とする教材化ロジックをスポーツの公共性として捉えてきた。そして、このロジックは「第二次大戦直後の民主化が標榜された時期（民主化時代）には、民主的人間の育成、社会性の育成が重視され、また高度成長に伴う高度な技術的労働力が期待された時期には、スポーツ技術・運動技術の系統性とその課題の追求が強調され、さらに東京オリンピック後、体力の低下が指摘されれば体力づくりに中心点が移る」（菊、2022、39‐40頁）というように変容する社会課題や政治課題に対して、その都度、スポーツが都合よく教材（手段）化されてきたのである。こうした「行政」によるスポーツの公共性をめぐる正当化論理は、スポーツの文化的理解やスポーツ政策の推進に対して、大きな代償を払わされることになった。その一つはスポーツが「教材（手段）として体現されるのであって、スポーツ独自の文化システムとしての価値は、それ自体として目的には追求されていない」（菊、2022、40頁）こと、もう一つは「行政における執行の論理の最優先が政治課題として意識され、それに適合する多様な資源が合理的に動員されることによって、『誰のための』『なんのための』政策なのかが見失われてしまう傾向が出てくる」（菊、2006、100頁）ことである。自らの意思で目的的にスポーツをしようとしても、それがスポーツ政策における具体的な施策（事業）化・教材（手段）化にそぐわなければ、その目的も無価値なものとして排除されるのだ。このことを理由にスポーツの公共性を「行政」から「市民」による公共性へ脱構築するロジックが展開される。菊（2000）は、この主たる舞台の一つを民間地域スポーツクラブに求めたのである（菊、2000）。

5　アーレント政治理論

次に「市民」による公共性からスポーツの公共性を、どのように理解すればよいのであろうか。再びイギリス都市空間のコーヒーハウスを訪れてみよう。お気に入りのコーヒーを嗜みながら階級や身分の差に関係なく、誰もが自由に出入りできる開放的なコミュニケーション空間のコーヒーハウス、そして同じ趣味・関心で同質化した人々が交流する閉鎖的なコミュニケーション空間のクラブ。この相反する2つの空間はヨーロッパ社会の階級格差の拮抗化を背景に人々の政治思想にも同質化をもたらす集積地となっていく。1686年フランスパリ6区に開店した世界最古のカフェ「ル・プロコープ（Le Procope）」は、封建制を一掃したフランス革命の舞台であった（旦部、2017、101-102頁）。コーヒーハウスやクラブは市民の「自発的な政治表現の場」であり、政治に構造転換をもたらす公論空間の集積地でもあった（岩切、2009、93-155頁）。では、なぜコーヒーハウスやクラブが政治をめぐる公論形成の舞台であったのか。

この問いを紐解くには、政治理論家のアーレント（Arendt）が提唱する「活動的生」の概念が有効である。アーレントは「労働」は命令に従う「受け身」的な人間を生み出すだけ。また「仕事」は人間がもっていた専門知識や熟練した技能を「機械」に委ねるだけと言った。「労働」と「仕事」は人間を奴隷化させ、人間らしさを奪う。こうして「労働」と「仕事」以外の人間らしさを生み出す条件として「活動的生」を提唱したのである（アーレント、1994、2015）。「活動的生」とは、あらゆる事物や支配から被制約的な条件下にある複数の人間同士の関係＝「複数性」において生成する「行為」と「言論」の総称である。そして「複数性」という人間の共生的関係は、自然必然的に生成される「社会的なもの」、いわば「政治」領域（都市国家＝ポリス的）とは無縁ではいられないという（アーレント、２０１５、17‐35頁）。

開放的なコミュニケーション空間のコーヒーハウスと閉鎖的なコミュニケーション空間のクラブは「活動的生」によって満たされる。アーレントのロジックからクラブの公論形成を論じた菊（２００１）は「私的な欲望（本性、私利私欲）から切り離されて新たな『私的空間』としてのプライバシーを構成し、それと並行して他方では同じ基準を社会的に派生させて、弱者の立場から見た助け合い（相互扶助）や援助を体現するものとしての『社会的なもの』を新たに作り出していったのである」（菊、２００１、26頁）と読み解く。私的空間での人間の「活動的生」は「同じ基準を社会的に派生」させるパワーをもつ。このパワーこそ「社会的なもの」である公共心が生み出される原動力だ。自らが社会の公共課題に対して何らかの政治的役割を果たすという意識が、自然必然的（オートポイエーシス）に生み出される源が「活動的生」なのである（橋本、２００９、１４１‐１４４頁）[(6)]。アーレントは、このパワーを「自分と同等な者たちと交わる」（アーレント、２０１５、43頁）という同等（Gleichheit）の観念が「私的なものを公的なものと同じく吸収合併」させるのだという（アーレント、２０１５、84頁）。この観念は「民衆に政治参加の権利を行使するにふさわしい水準の者どもと同等の存在となろうとすること」（國分、２０１８）である。それは公権力が正当化してきた公共性の担保である平等（Egalitat）とは区別されるのだ。「市民」が社会の公共課題に目を向け、その解決の必要性に気づき、誰もが同等の立場で課題解決へ係わる主体になろうとすること。アーレントは、同等の観念に基づく公論形成が、意図することなく自然必然的な形で表われる「政治」領域こそ「市民的公共性」であると論じた。「活動的生」であるスポーツの豊かさを生み出すクラブマネジメントが、スポーツの社会的・公的的な政治課題に目を向けさせ、課題解決に貢献するスポーツ主体を自然必然的に生み出す。こうした「市民的公共性」から民間地域スポーツクラブの役割を捉え直す必要があるのだ。

6 「コートの外」の市民的公共性

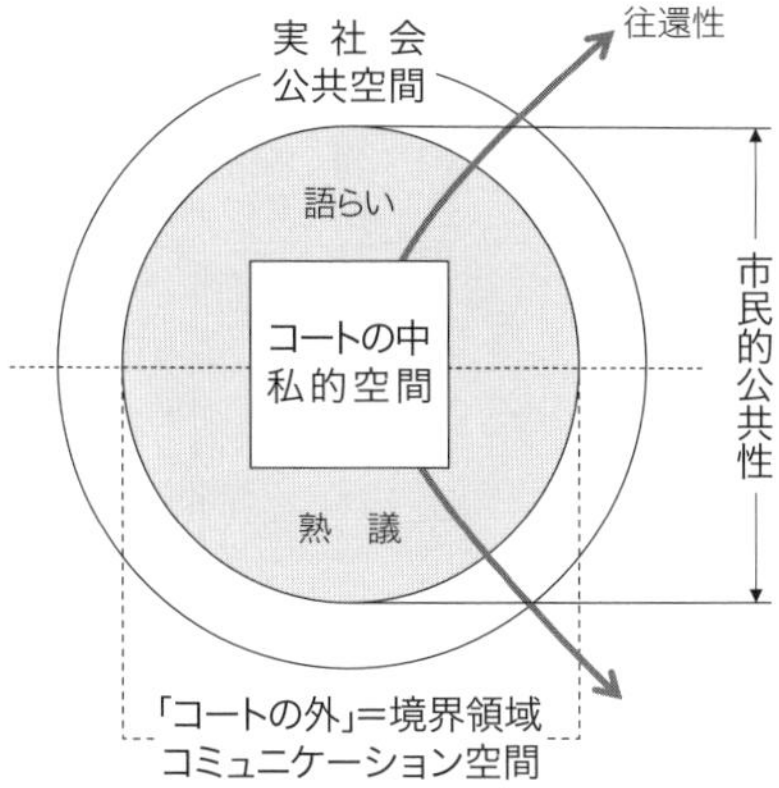

図1 クラブの市民的公共性（水上、2020、114頁をもとに筆者作図）

最後に、民間地域スポーツクラブの公論空間をスポーツ空間論から位置づけて、その意義を再確認しておくことにしよう（荒井、1987）。図1は「実社会」「コートの中」「コートの外」の3つの空間から社会とスポーツの布置関係を示したものである（水上、2020、114頁）。図中央の「コートの中」はスポーツの実践空間だ。ゲーム場面、公園でのランニング、川でのラフティングなど、あらゆるスポーツのプレイ空間である。「コートの中」は「実社会」の社会関係や利害とは無縁である。「実社会」が日常空間であれば「コートの中」は非日常的な私的空間。そして図のグレー（網掛け）部分は、二つの空間の境界領域にある「コートの外」の自由なコミュニケーション空間である。[(7)] ただし、「コートの外」は「実社会」にまとわりつく社会関係や利害関係と「コートの中」にまとわりつく能力主義や結果主義の人間関係を排除しなければならない。「コートの中」と「コートの外」はアーレントのいう事物や支配から被制約的な複数性（＝複数の人々）によって営まれる「活動的生」で満たされなければならないのだ。すなわち全人格的な行為やコミュニケーションが生成する同等の観念に基づく人間らしい共生空間なのである。

ラグビーのゲーム終了（ノーサイド）後、両チームが集い交流するアフターマッチファンクションと呼ばれる交流空間。このコミュニケーション空間をアーレントの政治理論から再解釈した三浦（２０２０）は、ゲーム後、敵味方関係なく、お互いのフェアプレイを尊重する濃密な「語らい」空間であっても、この空間では「〈つかず離れず〉の関係であること」（三浦、２０２０、12頁）への配慮が必要であるという。さらに、こうした「語らい」空間とは別に「コートの外」には、「コートの中」の多様なスポーツ「需要」に応えるための工夫やアイデアを出し合う「熟議」空間も期待される。自らの「居場所」であるスポーツ空間を求めて、一人ひとりの欲求が活かされる議論の場。そんな「コートの外」が「語らい」や「熟議」に溢れる公論空間になるようなクラブマネジメントが求められているのだ。アーレントのいう同等の観念に基づく「語らい」と「熟議」が往還する公論空間。この両者の往還性が機能することで民間地域スポーツクラブの市民的公共性は実現へ大きく近づいていくのである。

（水上博司）

■注

(1)居場所数が1箇所の場合の「自己肯定感」は1・7％、3箇所の場合は18・3％、5箇所は39・4％である（内閣府、２０２２、77頁）。

(2)スポーツ「需要」とは「スポーツに対する要求や期待の総体」である（佐伯、２００５、14頁）。

(3)「クラブチーム」とは学校や職場といった母体組織に頼らない、スポーツの目的的な縁でつながった愛好者グループ。スポーツ領域ではたびたび発せられる和製語である。

(4)クラブサービスはスポーツの継続的活動に必要な集団・組織のための条件整備の総称。主にスポーツ領域ではエリアサービス、プログラムサービス、イベントサービス、観戦サービスなど体育・スポーツの条件整備を「サービス」という言語を用いて説明する。

(5)「令和3年度総合型地域スポーツクラブ育成状況調査」によれば、総合型クラブの育成数は全国で３５８３。１７４１の市区町村中１４０８の市区町村（80・9％）で創設（創設準備中も含む）されている（スポーツ庁、online）。

(6)アーレントは「政治」領域における必然的強制力に対抗するために「市民的公共圏としての公論」が、こうした権威に拘束されずに自然必然的に社会において構築されていく力を解明する。言論（公論）空間が「恣意的な言説編成の産物」ではないことを解き明かしてこそ、言論（公論）が有する「自然必然的な力の社会的な非構築性」（オートポイエーシス）の意義を理解できるのだと説く（橋本、２００９、１４１‐１４４頁）。

(7)「コートの外」の言論空間は、スポーツ参加者の「互譲」「give and take」の社会関係を生み出し、スポーツの競技性ゆえの敵対性がもたらすギクシャクした人間関係を払拭する役割を果たす（荒井、１９８７）。

■文献

・荒井貞光（１９８７）「コートの外」より愛をこめ―スポーツ空間の人間学．遊戯社．

・アーレント：志水速雄訳（１９９４）人間の条件．ちくま学芸文庫．

・アーレント：森一郎訳（２０１５）活動的生．みすず書房．

・國分功一郎（２０１８）民主主義の内在的欠陥―「同等の観念」と政治家．朝日新聞２０１８年10月10日．

・橋爪大三郎（２０００）公共性とは何か．社会学評論、50：４５１‐４６３頁．

・橋本摂子（２００９）アーレント政治論における公／私―境界の生成―言説領域のオートポイエーシスをめぐって．社会学評論、60（１）：１４１‐１５７頁．

・池上スポーツクラブ．「当クラブについて」

https://ikegamisc.com/（参照２０２２年8月12日）

・岩切正介（２００９）男たちの仕事場―近代ロンドンのコーヒーハウス．法政大学出版局．

・菊幸一（２０００）地域スポーツクラブ論―「公共性」の脱構築に向けて．近藤英男ほか編、新世紀スポーツ文化論．タイムス、96‐１１２頁．

・菊幸一（２００１）体育社会学から見た体育・スポーツの「公共性」をめぐるビジョン．体育の科学、51（１）：25‐29頁．

・菊幸一（２００６）スポーツ行政施策からスポーツプロモーション政策へ．菊幸一ほか編、現代スポーツのパースペクティブ．大修館書店、96‐１１２頁．

・菊幸一（２０２２）学校体育のプロモーション―体育社会学からのアプローチ．創文企画．

・小林章夫（１９９１）情報が価値をもったとき―ロンドンのクラブ文化から．小林章夫ほか編、クラブとサロン―なぜ人々は集うのか．ＮＴＴ出版、10‐20頁．

・三浦隆宏（2020）活動の奇跡—アーレント政治理論と哲学カフェ．法政大学出版局．
・水上博司（2020）語らいと熟議がもたらす「つながり」—これからのミーティング空間に求められるのはどのようなコミュニケーションか．水上博司・谷口勇一・浜田雄介・迫俊道・荒井貞光、スポーツクラブの社会学—『「コートの外」より愛をこめ』の射程．青弓社．100‐120頁．
・文部科学省（2001）スポーツ振興基本計画．
・文部科学省（2012）スポーツ基本計画．
・文部科学省（2017）第2期スポーツ基本計画．
・文部科学省（2022）第3期スポーツ基本計画．
・村井俊介（2019）オールタナティブなバレーボールの普及の考え方にはどのような視点があるのか—組織代表者へのインタビュー調査の結果から．体育学研究、64：401‐418頁．
・村木厚子（2021）若者の自殺率高い日本 学校や家庭以外の居場所を社会全体で構築すべきだ．日経ビジネス2021年11月29日号：98頁．
・内閣府．「『子供・若者総合調査』の実施に向けた調査研究（令和3年度）」https://www8.cao.go.jp/youth/kenkyu/sougou/r03/pdf-index.html（参照2022年8月11日）
・日経ビジネス（2017）行き場を失った10人が辿り着いた先—私たちは農業で救われた．日経ビジネス2017年11月27日号：27‐37頁．
・太田敬介（2003）NPO多世代型陸上競技クラブを立ち上げて．現代スポーツ評論、9：109‐113．
・佐伯年詩雄・仲澤眞・菊幸一（2005）第1章　社会の中のスポーツ．財団法人日本体育協会編、公認スポーツ指導者養成テキスト共通科目Ⅱ、15頁．
・スポーツ庁．「令和3年度総合型地域スポーツクラブ育成状況調査 調査の概要」https://www.mext.go.jp/sports/b_menu/sports/mcatetop05/list/detail/1412250_00010.htm（参照2022年8月11日）
・旦部幸博（2017）珈琲の世界史．講談社現代新書．
・王英燕（2021）日米中の組織と日本企業の強み③—組織に合う人材を求める日本．日経ビジネス2021年4月5日号：70‐73頁．

第4章 パラスポーツの主体に関する再検討
――インターセクショナリティの視点から

1 問題の背景

障害者のスポーツを取り巻く社会環境は、東京2020オリンピック・パラリンピック競技大会の招致が決定した2013年を機に、パラダイム転換がなされた（藤田、2015）。例えば、オリンピックとパラリンピックがメディアなどで併記されることが当たり前のようになったことや、障害者のスポーツの所管省庁が厚生労働省から文部科学省に2014年に移管され、2015年にスポーツ庁発足後も障害の有無を超えた一元化政策が推進された。さらに東京2020オリンピック・パラリンピック競技大会組織委員会が掲げるミッションには、多様性や共生社会が謳われ、スポーツにおけるダイバーシティ&インクルージョン（D&I）の推進が強調された。こうした多様性や共生社会、D&Iが推進される背景には、一方で、一部の特定のグループに属する人たちを社会の周辺に追いやってきた歴史があるといっても過言ではないだろう。その代表的な例が、ジェンダー、障害であったことは、多くの先行研究が明らかにしてきた。こうした一部の取り残された人々、なかでも障害者に対する我が国のスポーツを読み解くに際し、参考になりうる佐伯（2011、13頁）の指摘がある。

スポーツ享受ビジョンは、これからの市民社会における生活課題の解決への貢献と、人間的成熟への文化的可能性にもとづくスポーツの意味・価値・理念を基盤とし、社会変化のなかで見通される自然成長的なスポーツの発展をその文化的・公共的意義によって政策的・戦略的に制御する目的として構想されなければならない。

佐伯が指摘する生活課題を社会課題として置き換えてみたい。スポーツにおける社会課題について、菊（2017、79頁）は、国民体育が主張されたことにより、我が国のスポーツからの公共性構築の可能性を問う視点がなかったことや、スポーツが高度に競技化し、やがては（反教育的になるほど）暴走することを食い止めることが難しく、教育や体育政策に守られてきた我が国のスポーツが反公共的な社会問題を引き起こしているのではないかと案じる。また菊（2003、335‐337頁）は、近代スポーツの思想や考え方を変えることができなければ、かえって近代スポーツの限界をそのままか、あるいは抱え込むことになり、それは障害者のスポーツも同じであると指摘する。障害者のスポーツは、障害者としての経験や社会的地位から、社会におけるスポーツ界の社会課題を読み解くレンズになりうる。だとすれば、これまでの思想や考え方を、東京2020オリンピック・パラリンピック競技大会を終え、多様性の種まきがなされた今だからこそ、障害者のスポーツに対する検討のあり方を再度多角的に検討することは、今後のスポーツの発展においても重要な検討課題になるのではないか。

本稿では、障害者のスポーツに着目し、障害者と一括りにすることに意味があることを認めつつも、今後の研究と実践において、インターセクショナリティの視点を有することが重要ではないかと主張したい。障害者もジェンダー、人種、社会経済階級、国籍などのバックグラウンドを有することはもちろん、障害種別や程度、障害者となった原因などさまざまであり、障害者の世界にも多様な世界や障害種別によるヒエラルキーが存在する。スポーツにおける高潔性に暴力やハラスメントと並び、差別もスポーツの価値を脅かす要因の一つとして認識されている（JSC、2015）。障害者のスポーツにも公共性の担保をと議論するには、障害を理由にスポーツ活動の参加に差別されないことは大前提にあるといえよう。とはいえ、社会の中にある多様性の一つとして障害者を対象とすることはもちろん重要であるが、障害の中にある多様性にも着目していくことは、今後の新たな障害者スポーツを読み解く鍵になるのではないかと考えられる。以上から、本稿はインターセクショナリティの視点をもって検討してみたい。

なお、本稿では、２０２１年に公益財団法人日本障がい者スポーツ協会が日本パラスポーツ協会と名称変更されたことを受け、障害者のスポーツ、もしくはパラスポーツと表記することがある。

2 障害者を取り巻く我が国の政策

我が国において、障害者とは、障害者基本法（１９７０年制定、２０１３年最終改正）において「障害者　身体障害、知的障害、精神障害（発達障害を含む。）その他の心身の機能の障害（以下「障害」と総称する。）がある者であって、障害及び社会的障壁により継続的に日常生活又は社会生活に相当な制限を受ける状態にあるもの」と示されている（内閣府、２０１３）。

１９９３年の法改正において精神障害も加わり3障害となったこと、そして１９９８年に開催された長野パラリンピック冬季競技大会の翌年に、障害者のスポーツを統括する組織は当時日本身体障害者スポーツ協会であった名称から身体を取り、日本障害者スポーツ協会へと組織名を改称し、身体障害、知的障害、精神障害の3障害を推進する組織になった。なお、日本障害者スポーツ協会は２０１４年に日本障がい者スポーツ協会と「害」を「がい」と平仮名表記に変更、２０２１年10月より公益財団法人日本パラスポーツ協会（以下、ＪＰＳＡ）と改称した。

障害に係る診断基準や障害者政策は、２０２２年現在、国際的に完全に統一されたものではない。我が国において、障害者であると判定した後に地方自治体が交付する障害者手帳も、国外では一般的な仕組みではない。さらに、障害者のスポーツとして国が推進する対象障害種別も、国により異なる。障害者政策においては、障害との扱いであっても障害者のスポーツとしては対象ではない障害種別もある。精神障害はその代表例であろう。例えば、デンマークでは、精神障害はデンマーク労働者スポーツ協会が所管する。また、国内のパラリンピック委員会についても、我が国はJPSA内に設置されているが、イギリスなどは独立している。換言すれば、障害認定に係る施策、障害者のスポーツを推進する母体となる組織等、世界的に障害者のスポーツに係る施策や組織構造は国により異なる。

3 マイノリティというグループ

1970年代に、フランスの社会庁の役人、ルノワール（R. Lenoir）が、ある特定のグループが社会（特に経済活動）から排除されていると指摘した。そもそも、こうした排除されているグループへの関心と共生社会が主張された背景には、失業問題からの関心（Paugam, 1993）があった。では、こうしたグループにはどのような人がいたのか。それについて、アルコック（1993）は、中でも貧困問題がみられたとされる特定の集団に、①ジェンダー、②人種、③年齢（子ども、高齢者）、④障害者を挙げ、ヒルズら（2002）は、①障害者、②ひとり親、③保険未加入の失業者、特に青年たち等とした。これらの特定のグループに属する人たちをExclusiveするような（排除する）社会ではなくInclusiveな（包摂する）社会にすべきと、1980年代後半からヨーロッパで議論が起こり始めた。この頃から、Social Inclusionといった言葉が政策を検討する言葉として広がりをみせた。ジェンダーを例に挙げればフェミニズム運動、障害であれば障害者の権利運動は世界的にも先駆的な取り組みはなされていたが、このような特定のグループを取りまとめて、社会から排除されることに対し疑問を投じたという点、さらには1980年代より特定のグループを排除するのではなく包摂する社会の構築に議論が高まった点、その後のヨーロッパにおいて共生社会への議論の拡大という点においても大きな意味があったことは間違いない。ちなみに、イギリスでは、1975年に性に係る差別禁止を謳う法（Sex Discrimination Act）が施行されているが、障害を理由に差別することを禁止する障害者差別禁止法（Disability Discrimination Act）の施行は1995年と約20年も遅い。加えて、1993年にこの法案は議会にて一度否決されている。

さまざまなマイノリティに着目したスポーツ界の取り組みとして、イタリアではあらゆるマイノリティを対象としたソーシャルフットボール（Calcio sociale）という活動がある。移民（人種）、宗教、ジェンダー、年齢、社会経済階級、家庭環境、障害などあらゆる違いを超え、フットボールを通じた社会連帯（Social solidarity）をめざすことをコンセプトに置く。特徴的なことは、チームで登録し、リーグ戦を戦うのではない。一人でそのプログラム（8人制サッカー）に参加することとされており、その人のサッカー経験等を考慮し、それぞれの選手に与えられたクラスによりチームが構成され、週2回約半年にわたり個人参加により構成された同じチームにてリーグ戦を戦う。この中には、発達障害や精神疾患患者、知的障害者、軽度の身体障害者も含まれる。

同じくサッカーでは、2016年に発足した一般社団法人日本障がい者サッカー連盟（JIFF: Japan Inclusive Football Federation）がまぜこぜサッカーやウォーキングサッカーを用いて、障害の有無、障害の種別や程度、年齢、ジェンダーを超えたサッカーの機会を提供している。他種目でいえば、東京2020オリンピック・パラリンピック競技大会前には、ボッチャが爆発的な人気となり、年齢や障害の有無にかかわらず、多くの人がボッチャを楽しんでいたことや、車いすバスケットボールでは障害者手帳を持たない人が高い持ち点（4・5点相当）が与えられ全国規模での大会に出場した。車いす使用者の世界にリ・インテグレーションをした取り組みともいえる。

4 インターセクショナリティから捉える障害

では、共生社会、多様性が強調される時代において、なぜインターセクショナリティという概念を今一度、確認する必要があるのか。その議論に入る前に、インターセクショナリティに関する議論を概観したい。堀田（2022、74頁）は、インターセクショナリティという言葉に明確な定義はないと指摘する。その上で、複数の差別を重複するマイノリティの経験または状況を指すと同時に、既存の反差別の考え方がこの状況を捉え損ねることへの批判に主眼があると指摘する。コリンズとビルゲ（2021、16頁）は、インターセクショナリティにはさまざまな理解があるとしながらも、以下のように定義した。

インターセクショナリティとは、交差する権力関係が、様々な社会にまたがる社会的関係や個人の日常的経験にどのように影響を及ぼすのかについて検討する概念である。分析ツールとしてのインターセクショナリティは、とりわけ人種、ジェンダー、セクシャリティ、階級、ネイション、アビリティ、エスニシティ、そして年齢など数々のカテゴリーを、相互に関係し、形成しあっているものとして捉える。インターセクショナリティは、世界や人々、そして人間関係における複雑さを理解し、説明する方法である。

そもそもはキンバレー・クレンショー（Kimberle Crenshow）が1989年、「人種と性の交差性を脱周縁化する」の論文において、差別の交差性（intersectionality）という概念を初めて打ち出した。清水（2022）によると、2010年代から始まる第4波フェミニズムで盛んに使用されるようになったという。インターセクショナリティを提唱したクレンショー自身も、ブラックフェミニストであった。交差性の起源は、黒人女性の被差別経験または状況が、既存のフェミニズムでもある反レイシズムでも感化されてきたことに対するブラック・

フェミニズムによる批判（堀田、２０２２）であり、反人種差別主義やホワイト・フェミニズムへの批判ともされ、以降、フェミニズムだけではなく、差別について考える上で重要な用語として広がりつつある。そして、人種やジェンダーに留まらず、階級、性的志向、年齢、宗教、障害、ジェンダー、人種などの複数の抑圧が交差して差別構造を創り出すとするクレンショーが示したインターセクショナリティという概念は、その延長線上にもある（清水、２０２２）。清水（２０２２）は、クレンショーの言葉「インターセクショナリティは足し算の問題と考えられがちだが、二つの差別の合計ではない」と指摘していることを踏まえ、「黒人女性として」の差別を経験すると述べている。

障害者という点では、２００６年に国連が提唱した障害者権利条約の前文（外務省、２０２２）には、次に示す通り、複合差別について指摘された。

人種、皮膚の色、性、言語、宗教、政治的意見その他の意見、国民的、民族的、先住的若しくは社会的出身、財産、出生、年齢又は他の地位に基づく複合的（multiple）又は加重的（aggravated）な形態（forms）の差別を受けている障害のある人の置かれた困難な状況を憂慮し、……

つまり、こうした議論や歴史的背景を理解すれば、障害者という一つの側面で捉えるだけでは、これからの共生社会や多様性を議論するには十分ではないといえよう。当然ながら、障害のある人にも多様なバックグラウンドがあり、年齢、人種、エスニシティ、社会階級、国籍、ジェンダー、宗教など、その枚挙に暇がない。障害者のスポーツ推進を公共性の担保という視点で議論するのであれば、インターセクショナリティや複合差別は重要な視座になりうるのではないか。さらにいえば、障害者のスポーツと共生社会、多様性を議論する際に、単純に「障害者」とのみ人々をカテゴリー化することには限界があるのではないかというのが、本稿の議論の一端である。イギリスで実施されているActive People Survey（Sport England, 2022）では、年齢、性、人種などに加えて、障害も障害種別、重複障害があるかなどにより、細かなスポーツ参加率のデータを入手できる。例えば白人の20代、社会経済階級の高い障害のある人は、アジア人の女性40代で障害のない人よりもスポーツ実施率が高いといったことを比較できる検索可能なデータベースとなっている。例えば、車いすを使用している身体に障害のある女性は、障害者として差別され、加えて女性として差別されるということではなく、障害のある女性としての経験をする。知的障害のある女性は、知的障害の女性として社会からの抑圧を受けることがあることを理解する。スポーツは社会における活動の一つである。だとすれば参加する個々の複合的な経験を無視することはできない。すなわち、クレンショーが主張する足し算でないとするのであれば、障害という一つのグループですべての障害者や障害者スポーツの問題を説明することには限界があるといえよう。

(1)インターセクショナリティの特性

下地（2022）は、インターセクショナリティの特徴には大きく二つあると示唆する。一つは、マイノリティグループ、その社会運動を良くしていこうという動きであり、もう一つは社会構造にある差別や抑圧が複雑に交差している現実をまなざすことができるという点である。この下地の論に依拠するのであれば、障害者のスポーツに着目した研究にもこの考え方を用いることは、大きな意味があるといえるのではないか。

例えば、一般社団法人日本パラリンピアンズ協会が2021年に東京2020パラリンピック競技大会直前に実施した調査において、パラリンピアンが「障害を理由に施設利用を断られたり、条件付きでの使用を求められた経験があるか」との問いに対し、約2割の選手が「ある」と回答したことを報告した。この2割の回答には「車いすユーザー」と想定される脊髄損傷や頸椎損傷が多かった。これは単なる一例ではあるが、多様な要因により生み出される抑圧や支配、システムがどのように構築され、関係しあうのかに着目することが重要であろう。これは、研究や実践においても同じである。

⑵障害者とインターセクショナリティ

安達（２０２２）は、ライフストーリー研究法を用いて、女性視覚障害者を対象とし、複合差別の経験とその意味付けを議論した。その結びの中で、安達（２０２２、42頁）は、以下のように指摘している。

従来の差別研究は差別を捉える際に、その被害を受けたものを悲惨な「被差別者」として位置づけることにより、無力で「かわいそうな視覚障害者」というステレオタイプを想起させ、差別を強化する危険性があった。逆に、自立を実現させた視覚障害者を取り上げた場合、その被差別経験が軽視され、視覚障害者の「生きる力」に対する過剰評価がなされる危険性を孕んでいた。

Aさんの語りにあるとおり、女性視覚障害者を悲惨な「被差別者」としてカテゴリー化せず、同時に、解消されるべき「差別」を取り上げることは、調査者及び社会に課せられた課題であるといえるだろう。

無力なかわいそうな障害者として差別を強化させる危険性があり、その一方で、自立を実現させた視覚障害者には生きる力に過剰評価がなされる危険性を孕むという。この安達の指摘には、どこか障害者のスポーツの世界にもあてはまるかもしれない。日比野（２０２１）は、スポーツ界にはロールモデルになりうるエリートが社会変化（Social change）をもたらしてきた事例は、例えば人種問題からみるとジャッキー・ロビンソンなどの活躍でも見られるとした上で、障害のあるエリートをどう捉えるかと問いかけ、エリートの存在を認める新多元主義がパターン化されてしまうと（パターナリズムが突き進むと）、エリート主義が強調される社会となる懸念もあるのではないかと指摘する。また、Apelmo（２０１７）は、障害のある人がメディアに登場する際に、障害が強調され、スポーツは二の次になることもあると指摘し、その画像そのものがステレオタイプ化されたものであり、被害者もしくはヒーローのステレオタイプを創り出すと指摘する。さらに、女性であり障害者であるということは、その社会における社会的排除を複合的に経験するとした上で、個々の事例が報告されるに留まり研究が成熟しているとは言い難いとした（著者訳）。Hargreaves（2000: 186）は、「スポーツをする身体は障害のある女性よりも障害のある男性のための、人的資源（physical capital）の重要な形態」（著者訳）であると述べる。

我が国においては、日本パラリンピック委員会内に、日本パラリンピック委員会（ＪＰＣ）女性スポーツ委員会が２０１７年に発足し、女性アスリートへの支援が本格的に始動した。障害者としての経験、女性としての経験というよりも、障害女性アスリートとしての経験を通じて複雑に絡み合う構造を読み解き、支援体制を構築することは、まさにインターセクショナリティの視点にも合致することは間違いない。とはいえ、障害女性アスリートとしての視点は、我が国ではまだ歴史は浅く、研究としてもこれからの発展が期待される領域でもある。

(3)障害者という一つのグループ

では、障害者を一つにまとめ、特に障害者のスポーツに関する人文学の研究において、インターセクショナリティとしての論点があまり着目されてこなかったことに意味がなかったのだろうか。例えば、パラリンピアンといった障害者のスポーツ界のエリートが見せるパフォーマンスは、多くの人を魅了し、障害のある人に対するマイナスなイメージや社会の態度を変容させる社会変化（Social change）を起こす力があり、我が国でも東京２０２０オリンピック・パラリンピック競技大会を前にして、パラリンピックに出場する選手は、障害者スポーツ界のエリートとしてメディアでも描かれ、「障害があるのにかわいそう」という描き方よりは「スポーツ選手として格好いい」という描かれ方も散見された（日比野、２０２１）。SilviaとHowe（２０１２）も、障害のあるエリートアスリートは、不屈の努力を英雄にふさわしい言葉とともに、障害を乗り越えたことを象徴する存在として認識されると指摘している。そうした意味においては、我が国が東京２０２０オリンピック・パラリンピック競技大会によって経験したように、障害のあるアスリートの中でも世界最高峰の大会に出場したパラリンピアンが見せるパフォーマンスは、障害のある人に対する負のイメージを払拭する役割も果たしていた。

世の中の人は、自分たちより「できない人」「かわいそうな人」、つまり、ある意味、自分たちよりも下に見ていた人が、質の高いパフォーマンスを見せる。今までの障害者に対する「偏見」が、一気に「尊敬」に変わる。その「振り幅」は本当に大きい（日本パラリンピアンズ協会、２０１２）

こうした事例を見る限りは、障害者という一つのグループを議論することは意味があるだろう。さらに、多様なバックグラウンドを有する人にスポーツの機会を担保する初期には、女性にレ点、障害者にレ点とチェックを入れる、障害者という1グループを取り残していないかを確認する作業において、障害者という1グループは有効ではあるかもしれない。しかし、より重要なことは、障害者スポーツやパラスポーツというスポーツは存在せず、実際には障害のある人もさまざまなスポーツ種目を楽しみ挑戦していることである。その一方で、障害を理由にスポーツの機会が十分ではない障害者という特性を理解するに際して、障害者という1グループとして見ることは社会に障害者のスポーツが置かれている状況を伝える点で有効であった。まさに、障害者のスポーツは広く深い世界である。それ故、障害者という1グループを強調することは歴史的にも必要とされてきたともいえる。

(4)障害種別からみる議論——可視化されにくい障害としやすい障害

前述したように、障害者にもさまざまなバックグラウンドがある。例えば、女性、歩行が可能ではない車いすユーザー、都市部に居住地を置かない、そもそもは両親が外国籍であった等である。障害種別として見た場合、田中（２００７）は、知的障害者スポーツの調査から、障害者のスポーツの中にも障害種別によるヒエラルキーが存在し、知的障害はその下層にあると報告した。Donalda（2008）は、聴覚障害者について「世間は常にろう者を知的に劣った、言葉の理解が出来ない者とみなし、市民として周縁化した存在として扱ってきた」と指摘している。

これまでパラスポーツ界では、可視化されやすい障害が主軸となり支援されてきた。一見して、その人が障害者であることがわかりやすい障害である。商業主義が入ってきたパラスポーツ界でも、可視化しやすい障害はスポンサー企業においても支援のしやすさがあることがその理由の一つであろう。車いすスポーツのアスリートには、彼ら彼女らの生活上の生きづらさは別として、可視化されやすい障害であり、企業としても障害者支援をアピールしやすい。一方で、可視化されにくい障害には、知的障害、精神障害、発達障害、聴覚障害、軽度の肢体不自由者、内部障害などが該当するだろう。可視化されにくい障害について、アメリカの特定非営利法人可視化されにくい障害連盟（Invisible Disability Association: IDA, 2019）は、可視化されにくいが故に、誤解を与えたり、友人を失ったりなどの側面があると指摘している。

障害の中にも多様性があると先述したが、今後は、こうした可視化されにくい障害、さらに多様なバックグラウンドがあることを前提に、障害者のスポーツの中にも存在する多様性を研究者、実践者が理解して進めていくことがより求められる。

5 まとめと今後の課題

２０２２年４月に打ち出された第３期スポーツ基本計画にもあるように、多様なバックグラウンドのある障害者がスポーツを楽しみ挑戦できる機会というスポーツの公共性を担保するには、社会の態度の変化は重要である。多様性への関心という種まきにより少なからずとも東京２０２０オリンピック・パラリンピック競技大会が貢献したといえるが、一方で、パラリンピックに出場できる障害、種目以外の障害者のスポーツは取り残されてきた。

菊（２０１７）は、「暴力（本稿では差別といった視点ではあったが：筆者注）を多少許容するような共同体的な集団ではなく…（略）…目的に対してきちんとパワーをコントロールして、目標を合理的に達成するために必要なものとして立ち上げるという方向が必要…（略）…その上に倫理観や価値観が成立している」と強調する。「私たちの行為自体が公共性というものを意図せざる結果として形成しており、今もそのプロセスの渦中にある」（菊、２０１７、67頁）との指摘に依拠するなら、今後は、障害にも多様性があることを認識し、政策的かつ戦略的にスポーツ推進に貢献するためにインターセクショナリティの視点を有することは研究者にも現場の実践者にも求められるのではないか。

（日比野暢子）

■引用参考文献

・安達朗子（２０２２）女性視覚障碍者における複合差別の経験とその意味付け．社会福祉学、63（1）：30‐44頁．
・Alcock Pete (1993) Understanding Poverty, the 3rd edition, London: Palgrave.
・Apelmo Elisabet (2017) Sport and the Female Disabled Body, London and New York: Routledge.
・コリンズ・パトリシア＆ビルゲ・スルマ、小原理乃（訳）（２０２１）インターセクショナリティ．人文書院．
・Crenshaw, Kimberle (1989) "Demarginalizing the Intersection of Race and Sex: A Black Feminist Critique of Antidiscrimination Doctrine, Feminist Theory and Antiracist Politics," University of Chicago Legal Forum: Vol. 1989, Article 8.
・Donalda K. Ammons (2008) Deaf Sports and Deaflympic, presented to the International Olympic Committee. https://www.jfd.or.jp/sc/files/deaflympics/resources/presrep-j.pdf（参照２０２２年８月９日）
・藤田紀昭（２０１５）障害者スポーツの過去、現在、未来．スポーツと生涯発達、7：7‐17頁．
・外務省（２０２２）人権外交 障害者の権利に関する条約（略称：障害者権利条約）(Convention on the Rights of Persons with Disabilities)
https://www.mofa.go.jp/mofaj/gaiko/jinken/index_shogaisha.html（参照２０２２年８月９日）
・Hargreaves Jennifer (2000) Heroines of sport: The Politics of difference and identity, London: Routledge.
・Hills John, Grand Le Julian, Piachaud David (2002) Understanding Social Exclusion, London: Oxford.

・日比野(田中)暢子(２０２１)パラリンピックは社会政策に影響をもたらし社会変化を起こせるのか．社会政策学誌 社会政策学、３：12‐38頁．
・堀田義太郎（２０２２）インターセクショナリティと差別論 行為集合としての差別と社会集団．現代思想、50（５）：74‐89頁．
・Invisible Disability Association (2019) 公式ＨＰ
https://invisibledisabilities.org/（参照２０２２年８月20日）
・菊幸一（２００３）文化としてのスポーツとかかわり方．大修館書店編集部、現代保健体育・教授用参考資料．大修館書店、３３０‐３３７頁．
・菊幸一（２０１７）スポーツ組織の公共性と自律性からみた課題と展望．体育・スポーツ経営学研究、30：65‐81頁．
・Misener Laura, Darcy Simon, Legg David, Gilbert Keith (2013) Beyond Olympic Legacy: Understanding Paralympic Legacy through a Thematic Analysis, Journal of Sport Management, 27, pp.329-341．
・内閣府（２０１３）障害者基本法．
https://www8.cao.go.jp/shougai/suishin/kihonhou/s45-84.html（参照２０２２年８月９日）
・日本スポーツ振興センター．スポーツ・インテグリティの強化・保護に関する業務．
https://www.jpnsport.go.jp/corp/gyoumu/tabid/516/default.aspx（参照２０２２年８月10日）
・一般社団法人日本パラリンピアンズ協会（２０１２）第２回パラリンピック選手の競技環境―その意識と実態調査．
・一般社団法人日本パラリンピアンズ協会（２０２１）第４回パラリンピック選手の競技環境―その意識と実態調査．
・佐伯年詩雄（２０１１）スポーツプロモーション・ビジョンの検討．佐伯年詩雄 監修．スポーツプロモーション論．明和出版、２‐15頁．
・清水晶子（２０２２）フェミニズムってなんですか？．文藝春秋．
・下地ローレンス吉孝（２０２２）討議 インターセクショナルな「ノイズ」を鳴らすために、インターセクショナリティ．現代思想50（５）：50頁．
・Sport England (2022) Active People Survey
https://activelives.sportengland.org/（参照２０２２年８月31日）
・田中暢子（２００７）イングランドの知的障害アスリートに対するスポーツ政策の影響―メインストリームを実践するサッカー協会と卓球協会の事例から．社会福祉学、47（４）：71‐83頁．

第5章 リスクマネジメント——柔道を事例として

1 柔道におけるリスクマネジメント

(1)高まる必要性

リスクマネジメント（Risk Management）は、さまざまな分野で行われ、その必要性が高まっている。日本国内においては、特に2011年の東日本大震災や気候変動による豪雨災害などの影響から、リスクマネジメントの重要性は年を追うごとに高まってきた。

「リスクマネジメント（Risk Management）は、アメリカ合衆国で発展してきた管理手法であり、19世紀の後半に炭鉱の労働災害から始まった」とされる（Spengler, 1997）。その後、リスクマネジメントの重要性が社会的に広く認知されるようになったのは、1929年から1933年の大恐慌に伴う経済破綻の経験から、企業のリスクを科学的に管理する必要性を認識したからであった。その内容は、リスクの鑑定、測定、コントロールを通じて最小の費用でリスクの不利益な影響を最小化することであった（石名坂、1980）。

スポーツの分野でもリスクマネジメントの必要性は高まってきており、「リスクマネジメントという考え方ないし手法がスポーツの安全管理や事故防止を効果的に行うことをねらいとして」捉えられるようになっている（諏訪、２００９）。スポーツに関わる安全管理・事故では、特に柔道事故が２０１１年に大々的に報道されてから、柔道のリスクマネジメントについて、公益財団法人全日本柔道連盟（以下、全柔連と略す）を中心にさまざまな取り組みが今日までなされている。その取り組みは、これまでの柔道界の常識を覆すものも含まれており、日本柔道の再生を願ってつくられた新たな制度設計ならびに制度の見直しであった。

ここでは、最初に過去のデータをもとに柔道事故の実態を示すことで、柔道のリスクマネジメントを検討する。そして、全柔連のこれらに対する取り組みを紹介し、柔道事故の減少や新しい制度による柔道に対するイメージの改善及びそのプロモーションの一助としたい。

⑵柔道事故

〈柔道事故の実態について〉

内田（２０１３）は、学校管理下での柔道による死亡事故は１９８３年～２０１１年度の29年間に１１８件発生していると報告している。その内容を見ると、中学校は40件、高等学校では78件発生し、平均すると毎年約４人もの生徒が、柔道によってその尊い命を落としていたことになる。学年別の死亡数の分析では、中学校全体のうち1年生が21件（52・5％）で半数以上を占め、高等学校においても1年生が51件（65・4％）で同様の傾向が見られた。また、全柔連（２０１４）は２００３年～２０１１年の「障害補償・見舞金制度」によって報告された重大事故86件の分析を行い、その特徴として中学校1年生、高等学校1年生の割合が高いことを報告している。

さらに、内田（２０１３、22頁）は「もっとも事故が起きているのは部活動である」と報告している。具体的な内容は、中学校は部活動時に発生した事故が37件（92・5％）、保健体育の授業で発生した事故が2件（5・0％）であり、高等学校は部活動時が65件（83・3％）、保健体育授業中は13件（16・7％）であった（内田、２０１３、36頁）。

これらの報告から、柔道に関わる事故は中学校1年生や高等学校1年生の部活動時に最も多く発生し、その大きな理由として柔道の初心者による事故であることが示唆された。そもそも柔道はその固有の動作から、最初に学ぶべき技術は安全に配慮した「受け身」であるとされているが、なぜ1年間に4人もの命が失われるスポーツ種目となっているのか。さまざまな要因が存在すると推察されるが、全柔連（２０１４）はその要因について以下のように分析している。

第一に、柔道の技や運動様式に内在する要因を挙げている。柔道は相手を投げる、抑え込む、関節技などを施し、相手を制することやその攻防の一連の動作に事故が起因するとしている。第二に、環境に内在する要因を挙げている。これは、柔道場の広さの問題（狭い柔道場で多人数の練習）、気温や湿度の自然条件、部員間の人間関係などである。第三は、競技者自身に内在する要因で、体力・知識・技能の関係、コンディションの問題、既往歴や健康状態などである。第四は、指導者自身に内在する要因で、専門的な知識や指導技術の欠如、安全指導・安全管理に対する意識の低さ等が挙げられている。

全柔連では、以上のような事故の発生要因を踏まえて、指導者の資質向上を目的とし、２０１３年度から公認柔道指導者資格制度を開始した。この制度は全柔連を頂点としたすべての日本柔道に関わるリスクマネジメントであり、過去にない画期的なものである。その詳細については、「全柔連の取り組み」で後述したい。

〈柔道事故の訴訟について〉

広範なスポーツ活動が行われているアメリカ合衆国では、それに関わって生じた事故が年間数百万件にものぼると報告され、このことは訴訟社会アメリカにおいて、数多くの訴訟を生むこととともなっており、訴訟の判決に至るまでの事例は約５％程度とはいえ、我が国とは比べものにならない（井上、２００１）。一方で、日本のスポーツに関わる訴訟では、齋藤（２００７）が１９９０年から１９９９年の10年間について、民事訴訟が３４３件、行政訴訟が49件、刑事訴訟が14件、スポーツ事故だけでなく、ゴルフ会員契約等の知的財産に関する裁判も起きていることを報告している。

日本のスポーツ事故による訴訟の中で、ここでは柔道に関わる事故の訴訟を取り上げ、その実態を明らかにし、その内容について論じてみたい。

柔道事故の訴訟について、三宅（２０１３）の調査によると１９７０年から２０１２年までの43年間の訴訟は32件、そのうち民事訴訟が31件で刑事訴訟が1件であった。全柔連の調査（２０２１）では、２０１３年から２０２０年までの8年間に訴訟は11件あり、民事訴訟が10件で刑事訴訟が1件であった。この調査結果から、訴訟においては圧倒的に民事訴訟が多いことが示唆されたが、刑事訴訟も存在していることは特筆すべき点であろう。

まず、柔道の民事訴訟についてその傾向を概観する。１９７０年の訴訟では、裁判所は原告側に１０００万円の支払いを命じているが、２０１１年の訴訟では2億8千万円の支払いを原告側に命じる判決を下している。この訴訟例は、扱われた訴訟に関する具体的な内容に相違があるものの、支払い金額の大きさから柔道界には衝撃が走り、その後のさまざまな改革を促す契機となったこと、指導者が自らの指導を顧みる機会、また自身の襟を正すことにつながったことは自明の理である。具体的には、全柔連はこの訴訟を機に「全柔連公認指導者資格制度」と「全柔連公認指導者賠償責任保険制度」を策定した。全柔連公認指導者資格制度は、「柔道の指導を行う者は、本連盟が公認する指導者資格を有する者でなければならない」とし、柔道を指導するためには、資格を有していなければならないことを定めている。また、全柔連公認指導者賠償責任保険は、柔道指導者が他人から法律上の損害賠償請求を受け、治療費、慰謝料等多額の出費を負担せざるを得なくなった場合の迅速な救済・補償を目的とした制度である。

次に、刑事訴訟についてであるが、過去に刑事訴訟となった判例は2件あり、1件目は指導者が小学1年生の男子児童を投げて死亡させた事例であり、２０１１年に大阪地裁はその指導者に罰金１００万円の判決を下している。2件目は、指導者が小学6年生の男子児童を片襟の体落としで投げた際に、力が抜けたように座り込み痙攣を見せたため、救急搬送となり、搬送された病院で緊急手術を受けたが、意識障害を伴う後遺症を負うに至った事例である。

後者の事例では、児童を投げた指導者は長野地検で二度にわたって不起訴となったが、長野検察審査会が起訴すべきとの議決を二度行った。そのため、2013（平成25）年5月、検察審査会で検察官役の指定弁護士が強制起訴し、2014（平成26）年4月30日に長野地裁は、指導者に禁錮1年、執行猶予3年の有罪判決を下した。この判決に対して、船山（2015）は「この判決の特色と言えるのは、『量刑の理由』の部分において、柔道界の風潮に対する言及がなされていることである」と述べている。判決によれば、「頭部さえ打ち付けなければ重大事故は起きないと考えていたのは、怪我をさせた指導者ばかりでなく、相当数の指導者が同様の思い込みで柔道を指導していた」としている。さらに判決では、「技量・体格等が未熟なものが強い力で投げられ、畳に打ち付けられれば、身体各部に無理な力が加わり、何らかの障害が発生しうることは十分に予見でき、特に技量が未熟で発達途上にあって筋力等も十分でない小学生であれば、そのような事故が生じうることは明らかであるから、このような事情によって、年少者に対する柔道指導者として重い責任を負う被告人の刑事責任を大きく減じることは相当とはいえない」としている。この判決は、柔道界に対する警告として受け止めるべきであり、特に年少者の指導では、「適切な力加減で指導を行なわなければならない」ということを柔道界全体で受け止め、事故防止に全力で努めることが求められている。

以上が特筆するべき実態とそれらに関する訴訟の報告である。これらを踏まえ、指導者が事故防止においてどのような点に注意すべきかについて考察してみたい。

これまでの柔道事故に関する調査・研究から、いくつかの配慮が必要とされる事柄がある。その第一は、初心者に対する指導である。特に、心身の発達が十分でない児童・生徒などの初心者については、全柔連が2018年に発表した初心者指導のプログラムを参考にし、段階的な指導法を用いて実施することが重要である（全柔連、2018）。第二は、体格差や体力差を考慮した指導である（全柔連、2015）。特に小学校高学年から中学生にかけて、体格・体力が著しく発達する時期で、大きな個人差が生じるためである。そして、第三は、柔道の指導時における安全配慮義務である。この安全配慮義務は、柔道だけでなく、すべてのスポーツ指導者に求められるものであるが、特に柔道の指導者は、過去の事例を参考に、何が最も優先される指導かを考慮し、現場での判断に当たらなくてはならない。不幸にも柔道事故によって訴訟に至るケースが存在するが、その際に必ず争点の一つとなるものが安全配慮義務である。

指導者は、柔道事故を未然に防ぎ、不幸な事案が発生しないように最善を尽くすことが求められる。しかし、万が一、事故が発生した時に備え、常に安全な指導法をさまざまな研修会や研究会等を受講し、学びを深め続けることが、指導者のリスクマネジメントとなることを肝に銘じて日々研鑽を積む必要がある。

2 柔道におけるプロモーション

(1)登録人口の減少

近年、柔道の登録人口の減少が著しい。全柔連(2022)の報告によれば、2004年から2021年の間の登録人口の推移をみると、2004年では20万2025人であった登録人口が2019年には12万2184人となっている。15年間で7万9841人もの減少である。その推移の概要として、小学生、中学生、高校生の減少人数が多く、それぞれ2004年と2019年の登録人口の減少人数を比較すると、小学生が2万1876人、中学生が2万1799人、高校生が2万896人であった。

また、公益財団法人日本中学校体育連盟(以下、中体連と略す)及び公益財団法人全国高等学校体育連盟(以下、高体連と略す)の統計資料(2022)から筆者が作成した図1をみると、柔道の部員数の減少が著しいことがわかる。内田(2016)も中学校及び高等学校の柔道の部員数が大きく減少していることを指摘し、その減少率は2001年から2015年の間で、中学では約5割、高等学校では約4割と報告している。

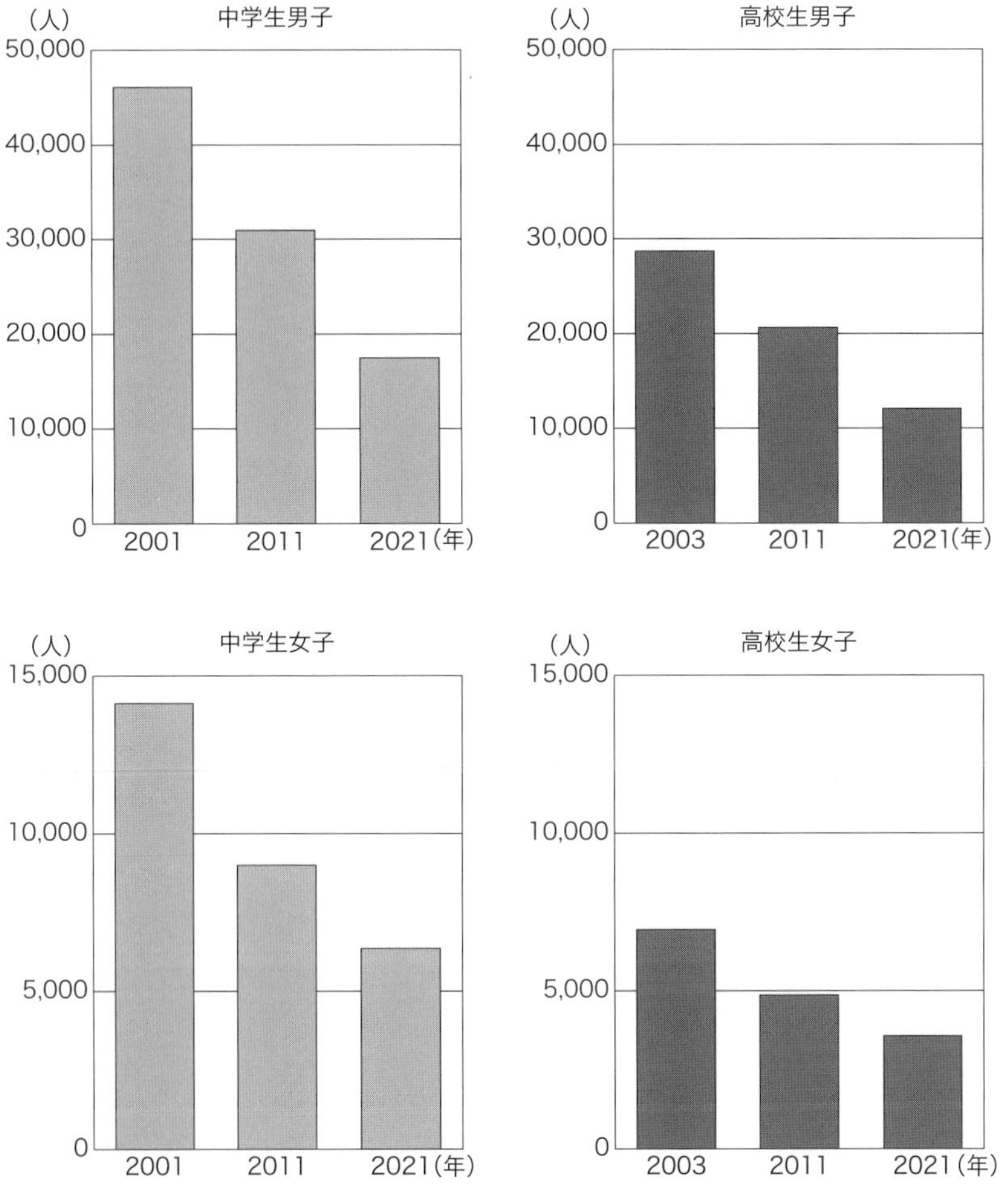

図1　中学生・高校生の柔道部員数の変化

石原（２０１９）の報告によれば、青年期まで柔道を継続する者は「柔道が好き・練習が楽しい・もっと強くなりたい」という感情を有していたと報告している。この内面的な要素は非常に重要であり、子どもの感情を考慮しない厳しい指導では「柔道が好き」という感情は生じないと指摘している。

このような過去のデータ等と現在の柔道界の取り組みを踏まえ、今後の柔道のプロモーションについて検討する。

(2) 全柔連の取り組み

〈重大事故の防止〉

２００９年に4件（すべて頭部外傷）、２０１０年に7件（5件頭部外傷・1件熱中症・1件突然死）、２０１1年（2件頭部外傷・1件熱中症）と柔道における死亡事故が多発した（内田、２０１３、２４９‐２５１頁）。そのため、全柔連の医科学委員会は、脳神経外科医の専門委員長を中心とした安全対策の取り組みを開始した。事故防止に向けた対策は数多くあるが、その中でも特に大きな役割を果たしていると考えられる事例をここでは2例取り上げたい。

事故防止に大きな役割を果たしている対策として、1例目に取り上げるのは全柔連の専門委員会として設置されている「重大事故総合対策委員会」である。この委員会の前身は「安全指導プロジェクト特別委員会」として設置されたが、その後常設の委員会として今日に至っている。その活動内容は多岐にわたり、「柔道の安全指導～事故をこうして防ごう～ 第三版」などの冊子の紹介、「稽古心得三か条」のポスター配布、大会時における脳振盪対応、熱中症事故等の防止、「柔道の安全指導」ＤＶＤ制作、初心者の重大事故抑止、「柔道事故ゼロ運動」の実施など安全に関するさまざまな啓蒙活動を柔道界全体に発信している。

また、その伝達方法は全柔連のホームページや都道府県柔道連盟（協会）を通じて行うだけでなく、都道府県代表者が集まる全体会議において、全柔連会長自らが熱心に説明するなど、柔道の安全についての重要性を訴える活動を地道に行っている。

次に、2例目に取り上げるのは「柔道公認指導者資格制度」である。これは、指導者の指導力の向上、及び安全・安心な柔道指導を確立することを柱として作られたものである。この制度は、指導者の区分として、A指導員、B指導員、C指導員、準指導員の4つの区分が設けられている（全柔連、２０２２）。A指導員は、「指導者を養成するために必要とされる程度の高度な指導力を有する者」と位置づけられ、指導者向け講習会の講師を務める資格、及び全日本柔道連盟、またはその加盟・構成団体が主催する大会において、その出場するチームまたは選手の監督を務める資格である。B指導員は、「選手の指導に必要とされる専門的な指導力を有する者」とされ、全日本柔道連盟、またはその加盟・構成団体が主催する大会において、その出場するチーム、または選手の監督を務める資格である。C指導員は、「選手の指導に必要とされる基礎的な指導力を有する者」とし、全日本柔道連盟の加盟・構成団体が主催する各都道府県大会において、その出場するチームまたは選手の監督を務める資格である。また、C指導員は全日本柔道連盟またはその加盟・構成団体が主催する全国、及び各地区レベルの大会（各都道府県大会のレベルを超える大会）において、A指導員またはB指導員が監督を務める下で、その出場するチーム、または選手のコーチとして帯同する資格となる。準指導員は、「単独での指導は認められていないが、A指導員、B指導員、C指導員による選手の指導を補佐できる者」と定められている。指導者資格を取得するには、各区分に応じた基準を満たすことが必要であるとともに、指導者資格更新のために、ほぼ毎年、指導者研修を受講し、20時間以上の研修を受けなければならない。

この制度は柔道界において画期的な取り組みであり、柔道再生のために不可欠な制度として生まれた。この制度によって、豊富な知識と高い倫理観を有した優れた指導者を育成し、指導を受ける側に安心した指導プログラムを提供されることが可能となった。例えば、A指導員の資格取得においては、B指導員までの資格取得と、22時間もの集合講習及び資格審査試験が課されている。

これらの施策は始まってから約10年が経過している。この施策の成果についての議論は時期早尚の感もあるが、

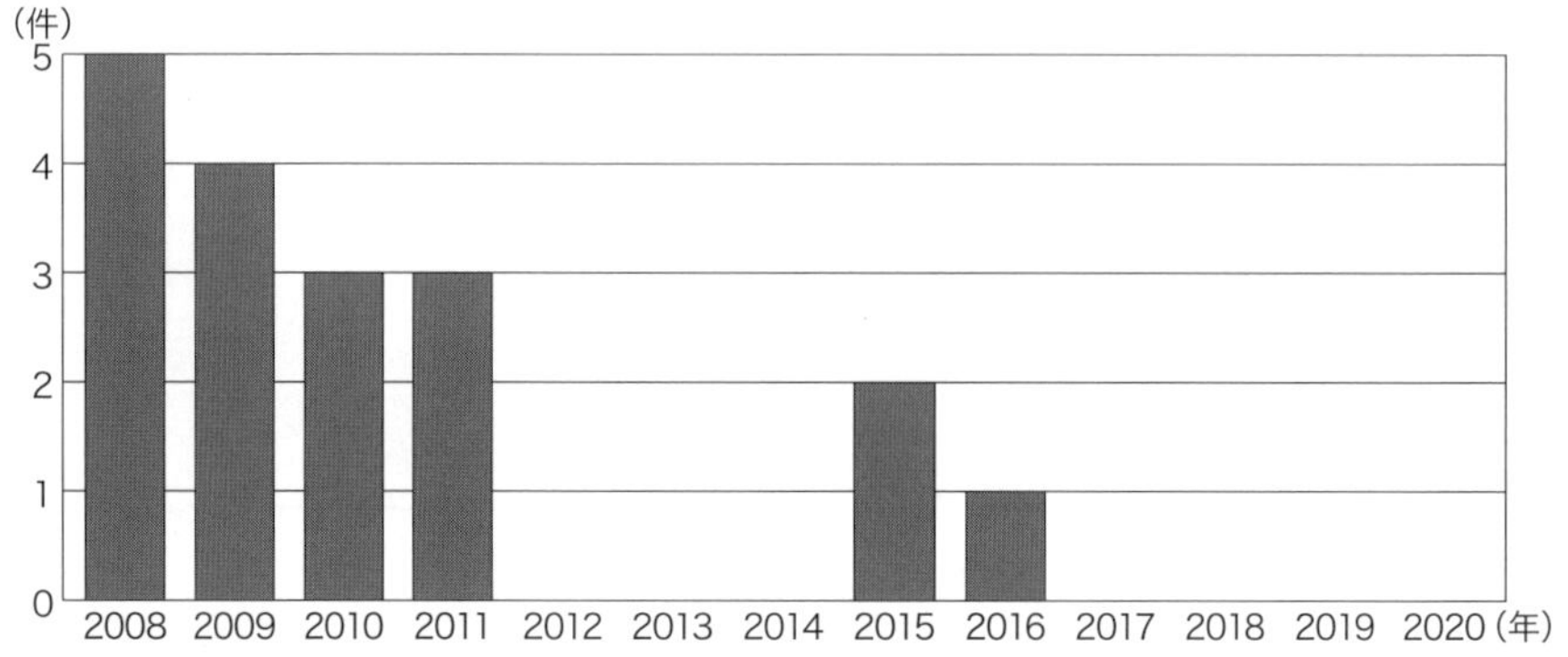

図２　学校管理下における柔道の死亡事故件数

これまでの事故データからの見解を述べたい。日本スポーツ振興センター（２０２２）の報告によると、２０１２年、２０１３年、２０１４年及び２０１７年、２０１８年、２０１９年、２０２０年については死亡事故がゼロという内容であった（図２）。２０１５年は２件、２０１６年においては１件死亡事故が発生しているが、２００９年前後の事故状況と比較すると、柔道による死亡事故は著しく減少しているといえよう。この点で言えば、全柔連の安全に対する取り組みは、一定の成果を上げていると考えたい。

しかしながら、死亡事故は減少しているものの後遺症障害については、複数件発生している報告があることを踏まえると、未だ柔道の安全対策については道半ばである。今後、より積極的な取り組みに期待したい。

〈柔道におけるブランディング〉

２０１９年９月、全柔連はブランディング戦略推進特別委員会を設置した。その事業内容は、「柔道の現代社会における役割や提供しうる価値を定義し、幅広い層に理解される明確なコンセプトを開発する。また、国内大会の振興のため、本格的な動画コンテンツの制作及び発信を行い、将来の金メダリスト候補が数多く出場する国内大会の魅力を発信するとともに、撮影、制作した映像を連盟の資産として管理し、将来に亘って多方面に活用する。その他、各専門委員会と連携の上で柔道の価値を浸透させていくために必要な事業を検討し、推進する」としている（全柔連、２０１６）。この特別委員会の設置は、柔道の魅力を積極的に発信することで、柔道の登録人口減少に歯止めを掛けることにそのねらいがあると推察される。柔道の登録人口が、過去15年間に約８万人も減少し、このままでは柔道の存続が危うい状況に陥っていることを踏まえ、柔道界全体を挙げてこの現状を打開するための組織として役割を担っている。この委員会の活動が呼び水となり、柔道界が一丸となって柔道のブランディングやプロモーションに取り組むことを願っている。

⑶嘉納治五郎師範の教え

これまで柔道に関する重大事故判例、柔道人口推移の実態や全柔連の取り組みについて、さまざまな視点から私見を述べてきたが、今後、柔道のプロモーションについては、過去の柔道における歴史的背景を抜きにして語ることはできない。存続が危機的な状況にある柔道が、将来に向けて進むべき道について論じてみたい。

柔道を創始した嘉納治五郎師範（以下、嘉納師範）は、柔道を指導する際に何を最も重要視したのか。１８８９年に嘉納師範が永昌寺にて講道館柔道を創始した際、まず取り組んだことは柔術の名称を柔道に変えることであった。その理由として、「柔術の名称では国民に危険な印象を与えるから術を道に変えて安全性を強調したのである」とし（生誕１５０周年記念出版委員会編、２０１１）、柔道を学ぶ際は、学校体育に限らず必ず「受け身」から始めるように定めている。それらは大別すると「後ろ受け身」、「横受け身」、「前受け身」、「前回り受け身」の４種類あり（木村、２０１６）、これらは講道館で柔道を始める初心者には１５０年以上経ってもなお現在に引き継がれている。

これは、嘉納師範が柔道固有の動作に内在するその危険性を熟知し、最初に学ぶべき技術は「受け身」としたことが推察される。また、柔道を普及させる上で、国民に良いイメージを抱かせるためには、どうするべきかということを念頭に置きながら普及活動を行っていたことがうかがわれる。

嘉納師範は、講道館を始めた比較的早い時期から、柔道の「教育上ノ価値」を「体育法、勝負法、修心法」の三側面から説いている（永木、２０１４）。「修心法」とは柔道によって学んだ知や徳を社会全般へ応用することであり、相手を敬うことや怪我をさせないこともこの「修心法」の中に包含されていると考えられる。

以上のことを踏まえると、柔道のプロモーションは、嘉納師範の教えの原点に立ち返り、安全を最も重視した取り組みを広めることではないだろうか。前述の通り、中学生や高校生の部活動の登録人数減少の原因の一端は、柔道に対する危険なイメージにあることは明らかである。２０１６年に全柔連重大事故総合対策委員会が、全国の柔道指導者や都道府県柔道連盟（協会）に通知した文書には、「元気に家を出た子どもたちの安全を守り、無事に家に帰すのは柔道指導者の義務です」と記載されている（全柔連、２０２２）。この文言から読み解くことのできる解釈としては、「柔道指導者として、当たり前のことを当たり前に行うこと」としたい。これは指導者の果たすべき「安全配慮」であり、責務でもある。このことがすべての指導者に啓蒙され、浸透していくことで事故が減り、柔道が日本社会に少しでも安全なイメージを持たれることを期待するとともに、これらの柔道の安全に関する取り組みが、柔道のプロモーションにつながることを願うばかりである。

（三宅 仁）

■文献

・Bruce R. Hroneck., J. O. Spengler. "LEGAL LIABILITY in Recreation and Sports". Sagamore Publishing. Champaign, 1997. p.3.
・石名坂邦昭（１９８０）リスク・マネジメント．白桃書房、９‐14頁．
・諏訪伸夫（２００９）スポーツのリスクマネジメント．ぎょうせい、５頁．
・内田良（２０１３）柔道事故．河出書房新社、33‐35頁．
・公益財団法人全日本柔道連盟（２０１４）公認柔道指導者養成テキストB指導員．６頁．
・内田良（２０１３）柔道事故．河出書房新社、22頁．
・内田良（２０１３）柔道事故．河出書房新社、36頁．

・公益財団法人全日本柔道連盟（２０１４）公認柔道指導者養成テキストB指導員．７‐８頁．
・井上洋一（２００１）アメリカのスポーツ事故と判例．日本スポーツ法学会年報、８：59頁．
・齋藤健司（２００７）スポーツ事故判例の研究―１９９０年から１９９９年のスポーツ判例の傾向と分類．筑波大学体育科学系紀要、30：１３７‐１４０頁．
・三宅仁（２０１３）柔道における事故防止に関する研究―リスク回避のプロモーションに向けて．平成国際大学スポーツ科学研究所所報、８．
・公益財団法人全日本柔道連盟（２０１２）公認柔道指導者A指導員養成講習会資料．
・公益財団法人全日本柔道連盟「初心者の練習プログラム」．
http://judo.or.jp/cms/wp-content/uploads/2018/12/beginner-program2018.pdf（参照２０２２年７月20日）
・船山泰範（２０１５）柔道指導における過失責任．日本法学、80（４）：３５７‐３８７頁．
・公益財団法人全日本柔道連盟（２０１５）柔道の安全指導（第４版）．21頁．
・公益財団法人全日本柔道連盟「登録人口の推移」．
https://www.judo.or.jp/cms/wp-content/uploads/2020/12/tourokujinkou-suii202012.pdf（参照２０２２年７月10日）
・公益財団法人中学校体育連盟「加盟校・加盟生徒数調査集計表」
https://nippon-chutairen.or.jp/data/result/（参照２０２２年８月15日）
・公益財団法人高等学校体育連盟「加盟登録状況」
https://www.zen-koutairen.com/f_regist.html（参照２０２２年８月16日）
・内田良「柔道の部員数半減に　運動部活動人気の推移」
https://news.yahoo.co.jp/byline/ryouchida/20160104-00053087（参照２０２２年８月３日）
・石原智恵子（２０１９）高校生・大学生の柔道競技継続に関する研究．順天堂大学大学院スポーツ健康科学科修士論文．
・公益財団法人全日本柔道連盟「指導者になるには」．
https://www.judo.or.jp/coach-referee/coach-howtobe/（参照２０２２年８月５日）
・日本スポーツ振興センター「学校管理下の災害」．
https://www.jpnsport.go.jp/anzen/kankobutuichiran/tabid/1961/Default.aspx（参照２０２２年８月14日）
・公益財団法人全日本柔道連盟「ブランディング戦略推進特別委員会の設置について」．
https://www.judo.or.jp/news/8307/（参照２０２２年７月30日）

・生誕150周年記念出版委員会編（2011）気概と行動の教育者　嘉納治五郎．丸善出版、24-25頁．
・木村昌彦（2016）よくわかる柔道受け身のすべて．ベースボール・マガジン社、2-3頁．
・永木耕介（2014）現代スポーツは嘉納治五郎から何を学ぶのか．菊幸一編、ミネルヴァ書房、157-158頁．
・公益財団法人全日本柔道連盟．「重大事故発生と事故防止の啓発活動に関するお願い」．
http://judo.or.jp/cms/wp-content/uploads/2016/10/ae2b13184ec6faa901d57f118b360d5c-1.pdf（参照2022年8月20日）

第6章 スポーツ統括団体の役割——イギリスを事例に

1 イギリスのスポーツ政策とスポーツ・イングランドの誕生

イギリスのスポーツ振興をプロモートする非省庁公的機関（Non-Governmental Public Body: NGPD）として1972年に最初に設立されたのが、スポーツ・カウンシル（Sport Council）であり、1990年代後半には、エリート選手育成やドーピング対策を担うUKスポーツ（UK Sport）と、主にコミュニティ・スポーツの振興を担うスポーツ・イングランド（Sport England）に分離、再編された。

スポーツ・イングランドは王立憲章（Royal Charter）によって成立した組織であり、文化・メディア・スポーツ省（DCMS）の諮問機関である。財務省（Exchequer）からの一般会計と国営くじ（以下、ロタリー）が財政基盤となる。スポーツ・イングランドはイングランドにおけるスポーツ政策の作成・実施に関わる政府からの助成金の分配を任されるなどDCMSとの関係性は強く、どの程度政府から独立した組織であるかは研究者の間でも繰り返し議論されているという（金子、2017、40頁）。本稿では、スポーツ・イングランドを中心に、イギリスにおけるスポーツ統括団体の役割についてみていく。

2 オリンピック開催に向けたスポーツ・イングランドの方向性転換

ロンドン2012オリンピック開催決定（2005年）後、国際競技力向上のための環境整備が中心的課題となったことから、UKスポーツの政策執行機関としての組織的影響力が強まり、スポーツ・イングランドの権限が縮小された。2006年以降、それまでスポーツ・イングランドが有していたイングランド・スポーツ科学機関（English Institute of Sport: EIS）の運営、ワールドクラスより下のイングランド選手の育成・強化機能と資金の管理責任もUKスポーツに移管された（山本、2007、3頁）。こうした流れを変えるべく、スポーツ・イングランドは、オリンピック開催を見据えて、オリンピック・レガシーとして世界的にも優れたコミュニティ・スポーツシステムを確立することを打ち出し、2008年に次のような目標を策定した（海老島、2013、3-4頁）。

〈目標〉

①コミュニティにおいて、より多くの人がスポーツを実践すること。

②あらゆるバックグラウンドから才能のある人材を早い段階で見つけ、しっかりと育成し、エリートレベルに達する機会を与える。

③すべてのスポーツをする人が良い環境でプレーをし、潜在能力が十分に発揮できるようにする。

中央政府が「オリンピックでのメダル獲得順位世界4位」という目標を掲げる中、競技スポーツを統括するUKスポーツが、メダルの獲得が期待できる種目に重点的に助成金を配分するなど、成果主義へ資金の配分が傾斜していった。これに対してスポーツ・イングランドはスポーツへの参加者の増加、そしてイギリスで長期にわたって社会問題となっている学校卒業後のスポーツからの離脱を解消に関して具体的な数値目標を設定していった。

　スポーツ・イングランドは、『２００８‐２０１１年におけるスポーツ・イングランドの戦略』（Sport England Strategy 2008-2011）の中で、「スポーツのためのスポーツ」（Sport for sport's sake）というタイトルの項目において、「政府、スポーツ・イングランド、各競技団体やその関連団体すべてが共通の目的を共有すべきである。つまりイングランドのスポーツでの成功において、すべての面で最大限のものをめざすという目標である。これはエリートスポーツだけの問題ではない。目標を達成するには、タレント枠の拡大やあらゆるレベルでの競技環境の質の向上を必要とするのである」（Sport England, 2008, p.2）と謳い、各競技団体との連携を確立した中で、グラスルーツレベルからトップへのパスウェイ[1]に焦点を当てている。そのコーディネーター的役割をスポーツ・イングランドが担うことが強調されている。ＵＫスポーツが競技団体との直接的関係性を強固にする中、スポーツ・イングランドはコミュニティ・レベルのスポーツ（地域クラブや組織化されていない小集団の活動レベル）と競技団体とのつながりを通して、タレント発掘や競技環境改善等、究極的には同様の競技力向上に向けた方向性へと活動を展開していった。

3　オリンピック開催後のスポーツ環境への影響

　ロンドン２０１２オリンピックにおいて、イギリスは金メダル29個を含む合計65個のメダルを獲得し、国別順位では、アメリカ、中国に次ぎ目標を上回る世界第3位となった。しかし、スポーツ・イングランドがめざしていたスポーツ実施人口の増加に関してはどうであろうか？　16歳以上の人々を対象に週1回、少なくとも30分以上スポーツを実践する人の割合は、スポーツ・イングランドの戦略が開始された２００８年から微増はしたもののほぼ横ばい状態で、オリンピックが開催された年には顕著に増加したものの、その後２０１５年まで減少傾向

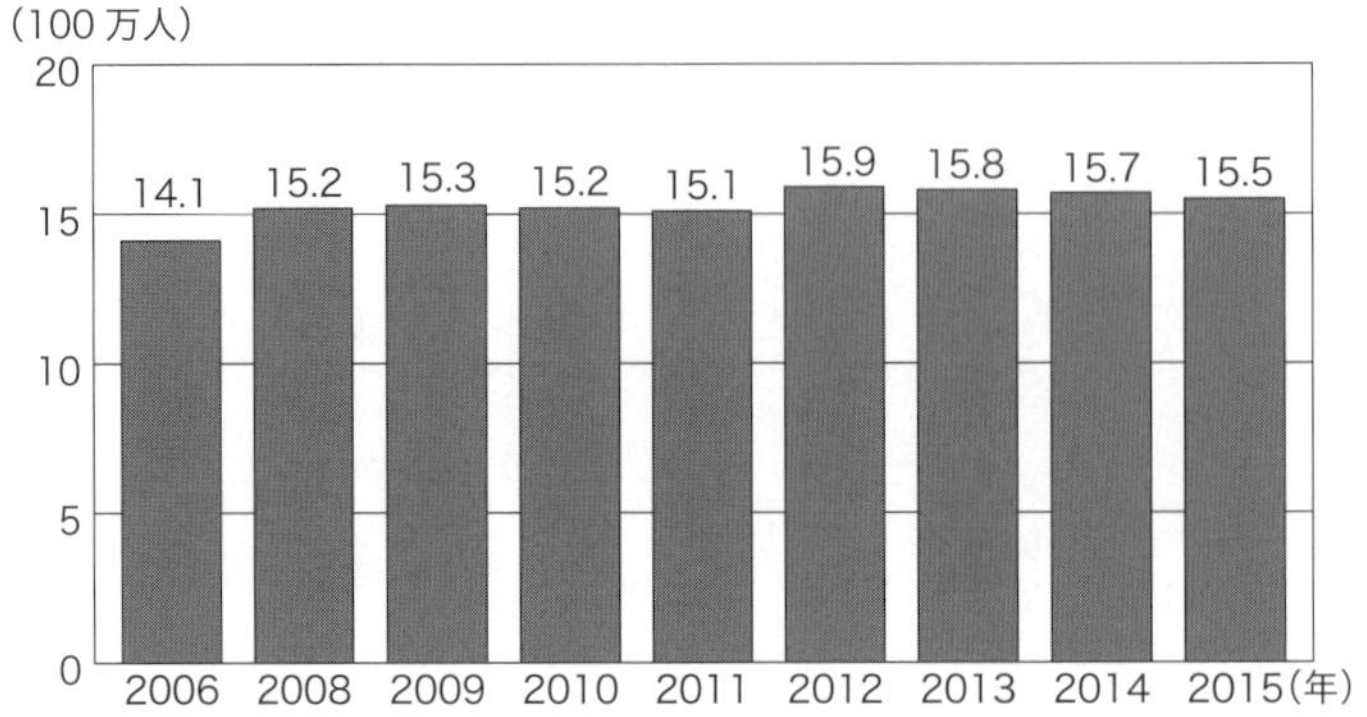

図1　16歳以上の少なくとも週1回のスポーツ参加率（Guardian, 2015）

が続いている（Guardian, 2015）。

種目別に見てみると、競技人口が顕著に減少しているのが、水泳（26万4300人減）とサッカー（23万5300人減）の2種目であり、卓球、バドミントン、馬術と続く。逆に競技人口が増加したのが、陸上（32万8100人増）とサイクリング（25万8700人増）の2種目であり、他にテニスやウエイトリフティング等微増した種目があるが、この2種目が突出した増加数を示している。この2種目は、ともにイギリス人選手がオリンピックで多数のメダルを獲得した種目であり、その影響を指摘する声もあるが、ライフスタイルの変化や健康ブームを受けて、オリンピック開催とは関係なく元々増加傾向だった種目であるともいえる。競技人口が激減した水泳、サッカー等の種目は多少の例外はあるもののクラブで決められた時間に活動する種目であり、ライフスタイルの多様化、隙間時間での実施に即応しない種目が避けられていることがわかる。スポーツ・イングランドの戦略の競技人口増加への有効性について、サイクリングを例としてその実態を次節で検証していきたい。

4 サイクリング人口の増加――スポーツ・イングランド、地域クラブ、競技団体(British Cycling)の緩やかな連携

ブリティッシュ・サイクリング（British Cycling：以下、ＢＣ）は競技スポーツ振興を司るＵＫスポーツの傘下で国内の自転車競技を統括する団体である。イギリス・チームは北京、ロンドンの両オリンピックの自転車競技で合計12個のメダルを獲得し、獲得数世界第1位に輝いた。シドニー２０００大会では金メダルは獲得できず、アテネ２００４大会でも1個にとどまっていたのが、北京２００８大会で5個、ロンドン２０１２大会では実に８個の金メダルを獲得した。ロンドンオリンピックと同年２０１２年の世界最大の自転車レースの一つであるツール・ド・フランスでブラッドリー・ウィギンス選手がイギリス人として初めて総合優勝し、彼はその後のオリンピックでもタイムトライアルで金メダルを獲得した。こうしたイギリス人の活躍が、競技人口拡大に大きく影響したとされ、２００５年には1万８０００人であった登録者数が、２０１０年には4万２００人まで増えた。

さらに、競技者以外にも趣味としてのサイクリング実践者数の増加など、さまざまな要因が自転車競技の活性化に影響しているといえる。とりわけ日常生活の移動手段として自転車を使用する人がオリンピック前後に劇的に増えた。１９９９年にイギリス政府が始めたグリーンプロジェクトの一環（環境改善、健康促進）であるサイクル・トゥー・ワーク・スキーム（Cycle to Work Scheme）は、自転車通勤を奨励する会社に対する優遇措置を通じて、従業員が通勤用に自転車及びその用具（ヘルメット等）を購入した際に、その半額が補助される制度であった。同時期にロンドン市はボリス・ジョンソン市長のリードの下、「自転車革命（Cycling Revolution）」と呼ばれる自転車利用推進策を展開した。これは、自転車を都市交通の基幹に位置づけることにより、交通渋滞緩和、環境汚染改善及びCO_2削減、健康増進などをめざしたものであった。具体的には、市の中心部と郊外を結ぶ「自転車スーパーハイウエイ（Cycle Superhighways）」の敷設とコミュニティサイクル（1万５００基のドッキ

ングポイントと6000台の自転車の整備でスタート）を設置した（山崎、2016：91頁）。こうした推進策やインフラ整備が功を奏したため、ロンドンにおける自転車利用割合は2001年からオリンピック開催前年（2011年）までに79％増加した(Transport for London, 2011)。こうして激増した日常生活での利用者を、スポーツの世界へと導いていくきっかけをつくったのが、スポーツ・イングランドが展開したスカイライド等市民向けイベントである。[2]さらに、スポーツとしての取り組みを始めた人たちの受け皿となるのがイギリスで古くからから存在する地域クラブだといえる。

5　地域クラブと競技団体（BC）の連携

イギリスにおける多くのスポーツ種目で、歴史のある地域クラブが競技スポーツ環境を支えるピラミッドの底辺を形成している。それぞれのニーズに合ったクラブが生活圏内に存在していることが、パスウェイ形成上でも重要な条件だといえよう。地域クラブが当該競技の統括団体と密接な関係を有することが、多様な競技環境をつくりだす上でキーとなってくる。自転車競技を例にこうした様相を検証してみる。

最初に人々が自転車の日常的利用またはレクリエーション的参加からクラブに入ってくるプロセスに関して、BCのコーチ資格を有し地域のクラブを主宰するW氏のインタビューを引用してみる（海老島、2016、3頁）。

自分が観察する限り、初心者向けのロードレーサーを購入し、最初は通勤で使い始める人が多い（前述の資金援助があるため：括弧内筆者）。通勤時に信号と信号の間で他人と競争するなど、もっと速くなりたいという願望を抱く。さらに乗り込んでいくうちに、もっと距離を乗りたいと思うようになり、自然と体力がつきスポーツの世界に入ってくるのではないか。（中略）そうした人たちが我々のクラブにも入ってくる。

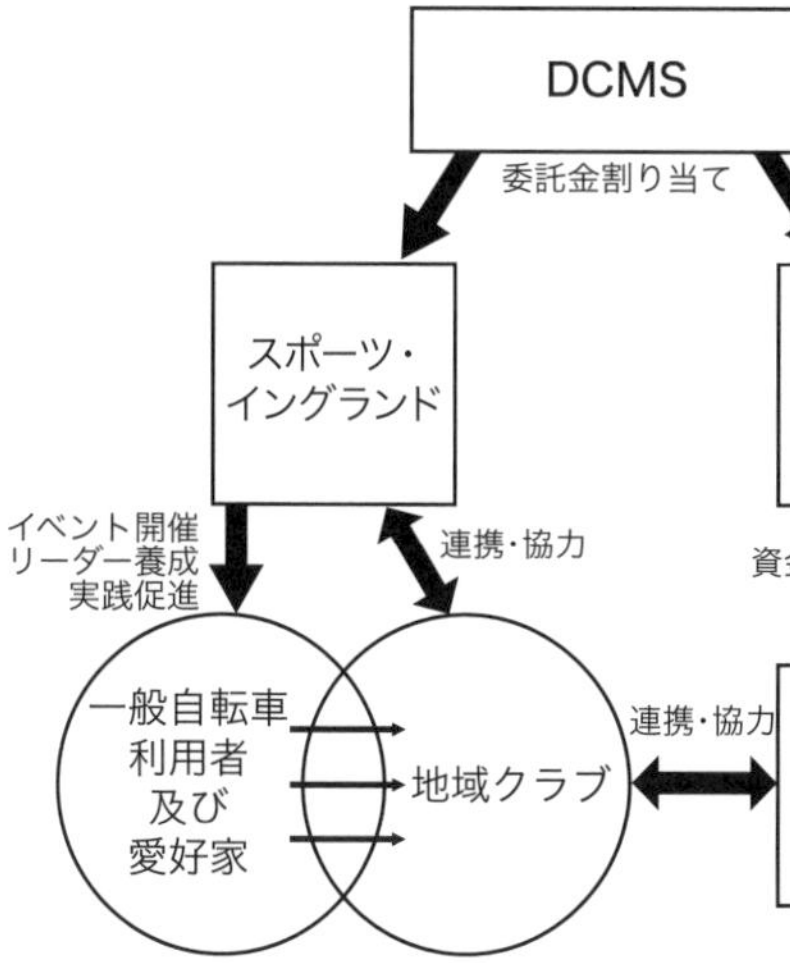

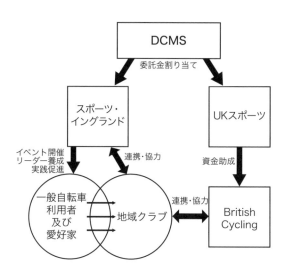

図2　スポーツ・イングランド、地域クラブ、統括競技団体、UKスポーツの関係

このように自然とスポーツの世界に入ってくる人を競技の世界へと橋渡しするのがクラブの役割である。イギリスの自転車競技を統括するUKスポーツの傘下にあり、トップレベルからグラスルーツレベルまでの競技を統括している。そのグラスルーツレベルの競技においては地域クラブとの連携が非常に重要になる。BCと地域クラブの共働・連携の形を、イギリス北部のマンチェスターで130年以上の歴史を持つマンチェスター・ウィーラーズ・クラブ（Manchester Wheelers' Club）を例に見てみると以下のようになる（海老島、2016、11‐14頁）。

・クラブがBCに対して登録費を払い、個々の選手が保険に登録される。事故時には、BCが専門の弁護士を提供したり、事故対応に関して各クラブにさまざまなアドバイスや援助を行う。
・月1回BCが主催する初心者向けの講習会で、初心者グループへの指導的役割をクラブが担う。
・道路を閉鎖するロードレースなどのクラブイベント

は、ＢＣと共催で開催する。実際に運営するのはクラブメンバーであるが、場合によってはレースのコントロールに必要な車両やコミッショナーをＢＣが提供する。

・ＢＣのイベント一覧を示す年間カレンダーには、クラブとの共催のイベントはもちろん、クラブ単独のイベントに関しても掲載するなど、広報活動の一端をＢＣが担っている。

トップ競技者向けのイベントはＢＣが単独で開催するが、グラスルーツ向けのイベントはこのようにクラブとの協同のもと運営されている。地域クラブが競技環境の底辺を支える重要な存在であることがわかる。こうした有機的連携が競技の多様化や活発化にも反映されており、イギリスの登録者向けのレースは年間約３０００回、つまり週平均約60回（２０１１年）であり、日本の登録者向けのイベントが年間１００回[3]であるのに比べて格段に多い。

スポーツ・イングランド、地域クラブ、統括競技団体（ＢＣ）、ＵＫスポーツの関係は図2に示した。自転車競技の場合、これらのアクターの連携・協働が効果的であることが競技者増加の要因となった。パスウェイを確立する上で、地域クラブが非常に重要な役割を担っているといえる。

6 スポーツ・イングランドとチャリティ団体の連携

スポーツ・イングランドがナショナル・パートナーとして連携しているチャリティ団体にユース・スポーツ・トラスト（Youth Sport Trust：以下、ＹＳＴ）がある。１９９４年に実業家のベックウィズ卿によって設立されたものである。ＹＳＴの資金源は、政府からの助成金と民間企業の協賛金によって成り立っている。政府からの助成金は、スポーツ・イングランドを通して割り当てられる。

ＹＳＴが最初に着手したのが体育授業の質向上である。設立者はイギリスの学校教育において体育が軽視されている現状に危機感を抱いていた。イギリスの教育制度では、週ごとの体育の授業実施回数は学校によって自由度が高く、ＹＳＴは中等学校で最低でも週3時間の実施（課外スポーツ活動も含めて）を推奨した。２００２年には政府からの委託で、PE, School Sport and Club Linksという事業を実施し、２００８年までに４５０校とのパートナーシップを結んだ（海老島、２０２０）。これは学校と地域クラブの連携を確立するためのプログラムであり、「学校スポーツ→地域スポーツ→エリートスポーツ」へのシームレスなパスウェイ（Sport England, 2008）を重要な戦略として掲げるスポーツ・イングランドの理念を実現するための重要なステップとなっている。

7 学校スポーツを通した公共性に向けての取り組み——スクール・ゲームズ

イギリスの中等学校では、日本と同様に学校の課外スポーツ活動が非常に盛んである。しかし、スポーツ施設やクラブ運営の充実度は、学費無償である公立学校（コンプリヘンシブ・スクール）と有償の私立学校（インディペンデント・スクール）、中でもパブリック・スクールと呼ばれるエリート私立学校間では大きな格差が存在する。国代表レベルのスポーツ選手を出身校別にみると、エリート私立学校出身者が席巻しているのが明白である。クリケット（男子）43%、ラグビー（男子）37%、クリケット（女子）35%、２０１６年リオ・デジャネイロ・オリンピック・メダリスト31%、ラグビー（女子）13%をエリート私立学校の出身者が占める。私立学校の出身者は国民全体でたったの1割に満たないことを考えると、いかにエリート私立学校卒業生が有利な立場にあるかがわかるであろう（The Sutton Smith Trust, 2019）（海老島、２０２０）。

こうした学校間のスポーツの環境の差異を解消し、よりインクルーシブな環境をつくるという目的でスタートしたのが、スクール・ゲームズというプログラムである。これまでエリート校間のみのリーグ戦形式の学校対抗戦が、伝統的にラグビーなどの競技で存在してきた。こうしたスポーツにおける交流をより広範囲の学校に広げて格差を解消するねらいであった。

スクール・ゲームズは2005年に当時のスポーツ大臣の発案により、スポーツ・イングランドが政府から助成金を受けてYSTに運営を委託したことによって実現したプロジェクトである。2006年のスタート時にはUKスクール・ゲームズという名称であったが、2010年からは現在の名称になった。オリンピック・パラリンピックのレガシーとして、それまでと同様のスタイルを学校スポーツの大会にも広げることをめざした。ただし、トップレベルの生徒が出場するナショナル・ファイナルだけでなく、学校内、学校間でのコンペティション、カウンティ・フェスティバルといった多様なステージが用意された。ナショナル・ファイナルのミッションは、国内有数の競技場で、国際試合に近い競技環境を生徒たちに疑似体験してもらうことであった。オリンピックが開催された2012年には、完成したばかりのオリンピック・パークでこのナショナル・ファイナルが開催された。リオデジャネイロオリンピック2016大会出場選手の15・5％、同年のパラリンピック出場の20・1％の選手がスクール・ゲームズの出場経験を有していた（DCMS、2016）。

スクール・ゲームズの特徴は、こうしたトップレベル選手育成に向かう方向性とともに、学校内または学校間のコンペティションにおいて初心者も含む多様な競技レベルの生徒が参加できるプログラムを提供していることである。例えばラグビー（ユニオン）では、協会と連携して小学校から中等学校（私立も含む）、女子ではそこからエリート選手へのパスウェイを創り出す目的で、教員や教員以外のスポーツ指導者となる人々に対して講習等を行っている。また、それぞれのレベルに合ったゲーム形式が採用されており、小学校ではタグ・ラグビー[(4)]、中等学校の生徒にはタッチ・ユニオンや身体接触を減らしたXラグビー[(5)]を5人制、7人制などの異なるチーム構成人数で実施することを勧めている。これらのゲームは15人制ラグビーへの導入型ゲームであり、年齢、ジェンダーに関係なく行えるという利点から協会が推奨している[(6)]。このプログラムは地域クラブとの連携のもとに実施されているため、芝生のピッチをもっていない公立の小・中等学校の児童生徒でもラグビーを体験でき、結果として競技人口の増加につながるためラグビー協会も強くコミットしている。

イングランドの86％の学校がスクール・ゲームズに参加しているという実績がある（Sport England, 2016）。スポーツの大会において隔たりのある公立校と私立校を同等に参加させるという点でも、スポーツを階級差に関係なく、よりインクルーシブなものにしようという試みが表れているが、この大会は一部のスポーツに才能のある生徒だけでなく、多様な生徒の参加の場にしていこうとする意図が強く反映されている。

例えば、生徒たちが開閉会式や文化プログラムの企画運営を行っている。障害者向けの競技種目がパラリンピック同様拡充されているのはもちろんのこと、競技運営にも障害の有無にかかわらず、多様な参加者を募ることで、生徒たちに真のインクルーシブな大会を経験させるという理念が背景に存在している（海老島、２０２０、12-13頁）。

8

スポーツの公共性、インクルーシブな社会創出に向けてのスポーツ・イングランドの挑戦

『Elitist Britain 2019』には、イギリス社会において、出身中等学校の種別によって階級社会が根強く再生産されている様相が報告されている。国民全体で7％の私立中等学校卒業生が、上院議員、上級判事、事務次官といった国家の要職において半数以上を占めていることが記されている。スポーツを中上流階級の専有物とする理念としてアマチュアリズムを産み出した国で、スポーツにおける真の公共性を産み出すのは至難の業であると思われてきた。イギリスにおいて近代スポーツは「幅広い大衆（労働者階級）を担い手とする社会、経済、政治の動向とは無関係に、閉じられた世界の出来事として意味や価値を広めようという考え方が先行する」（菊、２０

13、14頁）中で発展し、「スポーツとの公共性の関係において労働者を巻き込んだ社会的次元でまともにこれを議論する機会を奪ってきた」（菊、2013、14頁）のである。

しかし、ロンドン2012オリンピック開催に向けてコミュニティ・スポーツの領域でも世界一をめざし、より多くの人のスポーツ参加を数値目標としたスポーツ・イングランドの戦略が、さまざまなアクターと結びつきながら、イギリスのスポーツをよりインクルーシブな環境に向かわせた一端が垣間見えた。自転車競技を取り巻く環境に関して、日常的身体活動（移動手段としての自転車）の活発化した背景には人々の健康志向、環境問題に対する取り組み等があったことを論じた。そうした人々をスポーツの世界に誘ったのが、スポーツ・イングランドの展開したイベントやプログラム、そして地域クラブの存在であった。また、学校スポーツにおける格差是正に導いたのが、民間チャリティ団体との連携で取り組んだスクール・ゲームズというプログラムであった。このプログラムを後押ししたのが、オリンピックに向けた競技力向上の方向性でもあった。オリンピック・レガシーとしてスポーツへの参加者を増やそうとした試みに対して、顕著な結果は確認できなかったかもしれないが、スポーツ・イングランドのさまざまなアクターを結びつける調整役としての機能によって、スポーツ実践に関わる環境に大きなうねりが生じている。階級格差という大きな社会問題を抱えるイギリスの社会において、スポーツの世界からこの社会的閉塞感に風穴をあける一つの可能性を示したのではなかろうか。

（海老島 均）

■注

(1)イギリスのスポーツ政策でキーとなる概念。パスウェイはもともと「小道、通り道」の意味であるが、その競技の初心者からエリート競技者に到達するまでの経路、連続性を指す。これが確立されていることが、競技スポーツに参加するすべての人にやりがいやモチベーションをあたえるという信念のもと重要視されている。

(2)イギリスの自転車雑誌には、通勤からイベントを通じてスポーツとして自転車に取り組むようになった人のインタビューが多数紹介されている。例えば「Cycling Plus 4月号（インターネット版）2016」など（海老島、2016）。

(3) 松倉信裕「日本における自転車競技の課題と施策に関する研究：イギリス・ベルギーとの比較を中心として」早稲田大学大学院スポーツ科学研究科修士論文（http://www.waseda.jp/sports/supoken/research/2011_2/5011A324.pdf）

(4) 腰につけたタグをとるとタックルと見なされる接触のないラグビー型ゲーム。

(5) タッチ・ユニオンはタッチによってタックルとみなすコンタクトのないラグビーであり，Xラグビーはピッチのサイズを小さくし，人数も減らし，タックル等身体接触による危険性を減らしたラグビーである。

(6) スクール・ゲームズのホームページに詳細な説明がある。（https://www.yourschoolgames.com/taking-part/our-sports/rugby-union/）

■参考文献

・海老島均（２０１３）スポーツ政策を支える公共性概念の比較研究―イギリスとアイルランド共和国を事例として．成城大學經濟研究，２０１：１‐26頁．

・海老島均（２０１６）イギリスの自転車文化生成のメカニズム―準政府組織（Sport England），競技団体（British Cycling），地域クラブの関係性に着目して．成城大學經濟研究，２１３：１‐20頁．

・海老島均（２０２０）スポーツの公共性形成に向けての民間スポーツ組織の役割に関する研究―イギリスのユース・スポーツ・トラストに焦点を当てて．成城大學經濟研究，２２９：１‐21頁．

・Department for Culture, Media & Sport (2016) School Games Indicator 2015/2016. https://assets.publishing.service.gov.uk/government/uploads/system/uploads/attachment_data/file/463118/School_Games_2014-15.pdf）（参照２０２２年８月11日）

・金子史弥（２０１７）２０１２年ロンドンオリンピックとイギリススポーツ政策の変容．筑波大学体育系紀要，40：29‐42頁．

・菊幸一（２０１３）スポーツ政策の公共性概念構築のために．スポーツの政策の公共性に関する国際比較研究（平成22年度～24年度科学研究費補助金「基盤研究（B）研究代表者：菊幸一」研究報告書）：５‐25頁．

・Sport England (2008) Sport England Strategy 2008-11
https://www.sportsthinktank.com/uploads/sport-england-strategy-2008-11.pdf（参照２０２２年８月12日）

・Sport England (2016) School Games Review Executive Summary Report
https://sportengland-production-files.s3.eu-west-2.amazonaws.com/s3fs-public/school-games-review-exec-summary.pdf（参照２０２２年８月10日）

・The Guardian (2015)　２０１５年7月5日（インターネット版）
https://www.theguardian.com/news/datablog/2015/jul/05/olympic-legacy-failure-sports-participation-figures（参照２０２２年８月12日）
・The Sutton Smith Trust (2019) Elitist Britain 2019.
・Transport for London (2011) Roads Task Force Technical Note 04
https://content.tfl.gov.uk/technical-note-04-how-has-cycling-grown-in-london.pdf（参照２０２２年８月12日）
・山本真由美（２００７）「先進スポーツ国家」へ？―イギリスのエリートスポーツ政策の分析、Japanese Journal of Elite Sport Support 1: 1-11.
https://www.jstage.jst.go.jp/article/jissjjess/1/0/1_1/_pdf/-char/ja（参照２０２２年８月31日）
・山崎治（２０１６）「オリンピック開催を契機とした自転車の活用」、国立国会図書館及び立法考査局『総合調査「２０２０年東京オリンピック・パラリンピック競技大会に向けた諸課題」（『レファレンス』２月号）
http://www.ndl.go.jp/jp/diet/publication/refer/2016/index.html）（参照２０２２年８月22日）

第7章

スポーツ統括組織と私利私欲――ドイツを事例にして

1 私利私欲に基づく公共性

本稿では、スポーツそのものを楽しみたいという私利私欲（プレイ性）こそがスポーツの公共性を担保するものであるという菊（2013、108頁）の論理を前提とし、ドイツにおけるスポーツ統括組織(1)（以下、スポーツ組織と略す）の諸実践が私利私欲に基づく公共性を担保するものとして捉えられることを示す。そして、それを踏まえて日本のスポーツ組織の課題について若干の示唆をもたらしたい。

齋藤（2000、6頁）によれば、「価値の複数性を条件とし、共通の世界にそれぞれの仕方で関心をいだく人びとの間に生成する言説の空間」が公共性であるという。本稿では、この齋藤（2000）の公共性概念を私利私欲に基づく公共性の概念として捉える。それは、私利私欲から公共性がつくられる過程を、『内在』から『関係』への転轍」といういわば思考の転換の説明を通して論じた加藤（2001）の論理を踏まえると、この公共性概念が私利私欲を担保すると同時に私利私欲によって担保されると考えることができるからである。彼は、「真を自分の価値判断にしたがって取り出してくるあり方」（加藤、2001、18頁）を「内在」といい、この「内在」による思考では、お互いの真が対立した場合にはその対立を解決できないという。そこで、その場合、お互いの真についてはお互いに認め合い、それらに対して口出しをせずに共存を図るという「関係」の思考が求められるのだと述べる。この「『内在』から『関係』への転轍」（加藤、２００１、22頁）という思考の転換が、日本においては幕末と戦後にみられ、幕府や日本の私利私欲からその後の他者（外国）との共存といった公共性の構築につながった過程がみてとれるというのである。その過程における「最大のポイントは、けっして『内在』を否定しないこと」（加藤、２００１、39頁）であり、むしろ「内在」の徹底が「関係」への転轍を導く（加藤、２００１、31頁）ということが、幕末と戦後の日本の事例を通して詳細に説明されている。「内在」の否定が望ましくない理由は、歴史的事例が「内在」の徹底によって「関係」への思考に転轍されたからというだけではなく、「関係」の思考のみ、すなわち、他者との関係からだけでは事象を正確に認識することはできないからであり、人間の「内在」をも認識してこそ世界の認識が可能になるからでもあるという（加藤、２００１、42-43頁）。このような考え方によれば、「内在」ともいえる私利私欲を否定するのではなく、私利私欲を徹底してこそ、すなわち私利私欲を認めつつ、それに加えて他者との共存を図る「関係」の思考が繰り込まれることによって、公共性が構築されると考えることができよう。この私利私欲の認め合いが、齋藤（２０００、６頁）がいう「価値の複数性」であり、例えばスポーツという共通の世界にそれぞれのスポーツ欲求（例えば競技志向や楽しみ志向など、あるいはスポーツをしたくないという欲求をも含む）を表明することができる空間、それぞれの欲求をお互いに認め合い、共存を図る関係が繰り込まれた空間がスポーツの公共性として捉えられよう。したがって、これが私利私欲を担保すると同時に私利私欲によって担保される公共性概念であり、本稿でいうところの私利私欲に基づく公共性の概念である。

なお、齋藤（２０００）は、誰もが平等に保障されるべき公共的価値を議論するような生命の保障の次元の公共性、共通の世界がどうあるべきか（特に規範の妥当性）をめぐる意見が交わされる共通世界の次元の公共性など、「私たちの生の位相が複数であるように、公共性も複数の次元をもつ」（齋藤、２０００、１０７頁）という。本稿では、その中でもスポーツという共通世界の次元の公共性を念頭に置くこととする。「『共通世界』の公共性が成立するための条件は…第一に、世界に対する多種多様なパースペクティヴが失われていないことと、第二に、人びとがそもそもその間に存在する（inter-esse）事柄への関心を失っていないこと」（齋藤、２０００、46頁）である。この共通世界の公共性を本稿ではスポーツにおける私利私欲に基づく公共性の概念として捉えている。

一方で、この私利私欲が公共性へと転じる論理は、大衆的自我主義（エゴイズム）に陥る可能性も指摘されており、すなわち「『私欲肯定論』は、『新国家主義の格好の標的となっている』ばかりか、『新しい公共』とそれを担う『公共民』形成の障害ともなりかねない」（山口、２００３）ことが問題とされている。同様の視点で、有賀（２００６、２０１１a、２０１１b、２０１３）は、スポーツ組織は、①組織内の会員と組織外の非会員との境界を創出してしまう排除の規制があること、②国家の期待に沿う社会統合としての規律化が組織内で行われ、全体主義的イデオロギーに結びつくような社会的統合が行なわれる場合があること、③スポーツの公的支援の根拠となる国家とのパートナーシップによる地域の教育・文化・医療・福祉などの社会政策課題への積極的な関与を通して、「自ら国家の介入を求める矛盾に陥っている」（有賀、２０１３、１８９頁）といったように、スポーツ組織は国家への隷属に陥る可能性があること、などを指摘しながら、スポーツにおける私利私欲が無条件に公共性を構築するものではないと論じている。彼は、「スポーツクラブ運動において自己中心的通念による公共性の簒奪とそれを是認する傲慢が露見していないだろうか」（有賀、２０１３、１９０頁）と厳しく批判するように、ハーバーマスの市民的公共性論や「新しい公共」論を前提としたスポーツ（組織）の公共性論に対して警鐘を鳴らしている。

そこで、次に、ドイツにおけるスポーツ組織の諸実践が私利私欲に基づく公共性を担保するものとして捉えられることと同時に、それらの実践が上述した有賀の三つの指摘を克服するものであることを示してみたい。具体的には、以下の三つの諸相を明らかにする。第一に、スポーツ組織内部に共通世界の多元的なパースペクティヴを担保しようとしていること、すなわち、多様な私利私欲を尊重することで価値の複数性を担保しながら全体主義のイデオロギーに統合されないような実践（有賀の指摘②を克服する実践）をしていることを示す。第二に、スポーツ組織の外に非会員をも包摂するような公共性を構築しようとしている様相（有賀の指摘①を克服する様相）、すなわち、スポーツ組織としての私利私欲（内在）を徹底しながら他組織との協働によって社会課題を解決しようとしている様相を明らかにする。そして第三に、スポーツ組織が国家への隷属に陥るのではなく、むしろ私利私欲（内在）を徹底するために国や州といった官に対して能動的な実践（有賀の指摘③を克服する実践）を行っていることを示す。

2 私利私欲に基づく公共性を担保するドイツにおけるスポーツ組織の諸実践

本節では、ドイツオリンピックスポーツ連盟（以下、DOSBと略す）、ノルトライン・ヴェストファーレン州スポーツ連盟（以下、LSB - NRWと略す）、バイエルン州スポーツ連盟（以下、BLSVと略す）の3つの組織を対象とし、上述した三つの諸相をインタビュー内容(2)から示す。(3) なお、インタビューの対象組織や対象者、調査日時等は表1のとおりであり、以下の〔　〕に示す発言者の略称は、表1に示している調査対象者を指している。

(1) 価値の複数性を担保した統合の実践

DOSBによると、DOSBと加盟団体（州スポーツ連盟や競技団体等）との関係は協力関係にあり、加盟団体はDOSBに追従する関係ではないと説明する。DOSBにもその加盟団体にも、それぞれ自律・自立性(Autonomie)があり、ドイツにおけるスポーツでは「この自律・自立性は法令にも定められており、実践においても守られている」〔MS〕。州スポーツ連盟であるLSB - NRWもその加盟団体との関係について、加盟団

表1　調査対象者一覧

調査対象組織	略称	—	調査対象者	部　署	調査日時
ドイツオリンピックスポーツ連盟 (Deutscher Olympischer Sportbund e.V.)	DOSB	—	MS氏	Medien-, Öffentlichkeitsarbeit メディア対応、PR・広報	2019年 3月21日(木) 13:45–15:30
			JC氏	Internationales 国際関係	
ノルトライン・ヴェストファーレン州スポーツ連盟 (Landessportbund Nordrhein-Westfalen e.V.)	LSB-NRW	1回目	HK氏	Kinder- u. Jugendpolitik/Junges Ehrenamt/Freiwilligendienste 青少年政策・若者のボランティア・奉仕活動制度	2019年 3月19日(火) 10:00–12:15
			CJ氏	Kinder- u. Jugendpolitik/Junges Ehrenamt/Freiwilligendienste 青少年政策・若者のボランティア・奉仕活動制度	
			DK氏	Politik/Grundsatzfragen 政策・法務	
		2回目	JW氏	Sportjugend NRW ノルトライン・ヴェストファーレン州スポーツユーゲント	2019年 11月5日(火) 8:00–11:50
			CJ氏	Kinder- u. Jugendpolitik/Junges Ehrenamt/Freiwilligendienste 青少年政策・若者のボランティア・奉仕活動制度	
バイエルン州スポーツ連盟 (Bayerischer Landes-Sportverband e. V.)	BLSV	—	FS氏	Geschäftsfeld Sportpolitik スポーツ政策	2019年 10月31日(木) 13:30–15:30

体であるクラブ（Vereinのこと：以下、クラブと略す）があくまでも中心にあって、そのクラブのステークホルダーの一つがLSB‐NRWであり、LSB‐NRWは各クラブのスポーツのあり方などを決定する組織ではないと断言する。そのような関係、より詳しく言えば、トップダウンでもボトムアップでもなく、さまざまなステークホルダーがクラブのスポーツにかかわる事柄を決定していく構造を、LSB‐NRWは「協働システム（Verbund-system）」〔CJ、JW〕と呼んでいる。この「協働システムは2009年に導入され、すべての関係組織が合意して正式に決議されたものである」〔CJ〕。

また、LSB‐NRWは職員を「子どもや青少年の弁護士とみなし、…若者が自分自身の要望を表明できるように、省庁や州議会あるいは政治家のところに彼らを連れていくことがある」

〔CJ〕。例えば、ドイツでは2012年~2015年頃にいくつかの州で大学進学資格(Abitur)を得るためのギムナジウム(Gymnasium)の修学期間が9年間から8年間になったが、「8年間のギムナジウムを終えた後、バーンアウトのような症状があり、…勉強等から解放される1年間の休養が必要となった青少年が数多くいた」〔CJ〕と指摘するように、8年間のギムナジウムでは学業が大変でスポーツをする時間的余裕がなくなるという弊害があった。LSB・NRWによれば、この弊害に対する青少年の要望を、LSB・NRWの職員が青少年に同行して、ともに政治家に訴えたことも1つの要因となって、現在ではノルトライン・ヴェストファーレン州のほとんどのギムナジウムの修学期間が9年間に戻ったのだという。このように、LSB・NRWは、青少年が自ら決めて実行していくというシステム(プログラム)を重視している。このような事例は、先に説明したようなスポーツ組織が会員を全体主義的なイデオロギーに統合していくものではなく、会員の私利私欲を尊重し、それを統合していくような事例として捉えられよう。DKによれば、EUの研究プロジェクト「National Sports Governance Observer」は、ドイツにおけるスポーツ組織のガバナンスコード策定率が低いことを指摘しているというが、それは国が中心となって統一的なガバナンスコードを策定しているような他国とは異なり、ドイツではクラブそれぞれがガバナンスコードを策定しており、特に小さなクラブにとっては時間を要する事柄であるため、ガバナンスコードの策定状況は他国に比べると遅いのだと説明する。この事例からも、ドイツではむしろ全体主義的イデオロギーへの統合に極めて批判的な捉え方をしており、また、そうならない実践をしていると考えられよう。

BLSVのインタビューからも同様の捉え方が可能である。BLSVによれば、「バイエルン州の場合は州スポーツ連盟に(約1万2000)クラブが直接加盟しており、個人は州スポーツ連盟ではなくクラブのみに登録している。各クラブは基本的に自律・自立しており、…州スポーツ連盟はクラブに対してあくまでもサポートやアドバイスをする立場である」〔FS〕。そして、「州スポーツ連盟が5年に1度開催する総会には300~400人の代表者」〔FS〕が、「1年に2度開催する会議には100~120人の各クラブの代表者が参加する」〔FS〕が、それらの代表者はクラブのある地区(Kreis)の中で投票によって決定される。そのような代表者による審議や投票によって物事を決めており、「州スポーツ連盟とクラブは基本的には民主主義的な関係にある」〔FS〕ということである。このように、スポーツ組織の統合の仕方は、全体主義的イデオロギーへの統合に陥らないように、制度的にも意識的にも多様なパースペクティヴを担保することに配慮がなされているといえよう。

なお、BLSVによれば、「クラブが州スポーツ連盟に加盟するメリットは、各種サービス（保険、税金や運営に関する法的アドバイス、指導者への教育等）を受けることができる点にある」〔FS〕。例えば、クラブにおける試合時やクラブハウス内での音楽の使用は、著作権の関係上、本来であれば禁止されているが、州スポーツ連盟がGEMAという保険会社と契約しているため、州スポーツ連盟に加盟しているクラブには音楽の使用が認められているのだと説明する。実際に、クラブから州スポーツ連盟への「会費の大きな部分は、（この）保険会社に支払う保険料に充てられている」〔FS〕。このように、州スポーツ連盟というスポーツ組織によって、いわば各クラブの私利私欲を担保するような統合の実践がなされていると捉えることができないだろうか。

(2)「内在」の徹底とそれを通した「関係」構築の実践

LSB・NRWへのインタビューから、スポーツ組織が住民と行政の間に入る関係を通じて、「内在」の徹底とそれを通した「関係」を構築する実践が読み取れる。例えば、あるクラブの夜間のスポーツ活動によって、地域住民から騒音の苦情が噴出するという問題が生じると、州スポーツ連盟のようなスポーツ組織が、該当するスポーツ活動実態を確認し、地域住民や環境問題の団体などの関係者と交渉するなどして改善策を行政に提案する。そして、そのスポーツ組織が、行政やその他関連団体等と協議して決まりをつくり、議会に提出するなどの対応をしていくのだと説明する。実際に、「夜間のスポーツ活動における騒音防止の案件に関する地域住民や環境問題の団体等との議論は結局2年間もかかったが、最終的にある折衷案で合意し、議会に提出した。議会は、折衷案の内容を特に変更もせずにそのまま受け入れた」〔JW〕。このような過程は、夜間のスポーツ活動というクラブの私利私欲（内在）を徹底するだけでなく、それを担保しながら他者との関係（公共性）を構築していく過程として読み取ることができないだろうか。その中心となっているのがスポーツ組織であり、加藤（2001）が言うような、お互いの真についてはお互いに認め合い、そこから共存を図るという「関係」を構築する主体（より端的に言えば利害を調整する主体）がスポーツ組織だということになる。

ドイツでは、2015年にハンブルクが2024年夏季五輪招致を断念したが、DOSBは、今後の五輪招致活動に向けて、2019年を「スポーツの価値を発信する年」〔MS〕と定めて活動を行っている。それは、メディアによって国際オリンピック委員会（IOC）や国際サッカー連盟（FIFA）のスキャンダル等が報道され、スポーツ界全体への信頼が低下するとともに、スポーツに対する負のイメージが人々の間に広まってしまっているからだと述べている。「五輪の開催都市はしばらく先まですべて決定しているため、もし五輪招致活動をまた行うのであれば、時間は十分にある」〔MS〕ことから、次回のオリンピック招致に向けて、スポーツに対する負のイメージを払拭するためにも、DOSB全体でビジョンや良いイメージづくりを積極的に行っているのだと説明する。このような実践も、DOSBがオリンピック招致という私利私欲（内在）のためにスポーツの価値を再度見つめなおして（内在を徹底して）発信することで、スポーツ組織にとっての真を認めてもらえるような他者とのより良い関係を構築しようとしている実践として捉えられないだろうか。このような実践は極めて当然のことのようにも思われるが、新型コロナウイルス感染症（COVID-19）の拡大によって東京2020オリンピック・パラリンピック（以下、東京2020大会という）の開催に対する国民の批判が噴出した際、日本におけるスポーツ組織は、どれだけスポーツの価値を発信することによって東京2020大会を批判する他者との関係を構築しようとしただろうか。

(3)国や州といった官に対する能動的な実践

LSB・NRWによれば、同組織内に設置されているスポーツユーゲント（Sportjugend）が、スポーツにおける青少年連盟（Jugendverband）であるスポーツユーゲントとして認められて官からの補助金を得るためには、スポーツ以外の活動（主に社会教育活動）を実施しなければならないことが法律で定められている[4]。また、LSB‐NRWは2022年までにクラブを除くすべての加盟団体がガバナンスコードを作成しなければ国からの助成金を得られないといい[5]、BLSVも「スポーツ及び統合のための内務省バイエルン州局（Bayerisches Staatsministerium des Innern, für Sport und Integration（以下、内務省バイエルン州局と略す）からガバナンスコードの内容をスポーツ組織の定款に含めるよう指導されることがあり、その指導に従わなければ補助金が得られない」〔FS〕と述べる。このような状況は、一見すると有賀（2013）が指摘するようなスポーツ組織の国家への隷属のようにも捉えられるが、実際はそうではない。LSB‐NRWは、「立法の際は、スポーツに関することであれば、行政とスポーツ組織が議論して決めていくため、スポーツ組織の意見が法律に反映されている」〔JW〕と説明するように、ドイツではスポーツ組織がスポーツに関わる立法プロセスに参加している。「100％の確率で私たちの立場が優先されるのではないが、私たちの組織とその活動等が関連している立法案には必ず関与している」〔JW〕。立法に限らず、官は、スポーツに関わることであれば、現場の問題に対応するスポーツ組織が決めていく必要があると考えており[6]、官は、「様々な関連団体が議論するプロセスにおいて、進行役に過ぎない」〔JW〕。したがって、官との交渉や官における会議等には「科学者などの有識者も招かれるが、スポーツ組織及びそれらを代表する者も、専門家として認識され、官との交渉において必ず参加する」〔JW〕。そして、スポーツ組織の代表者が招かれるとき、官の意見に迎合するような者を官が一本釣りするのではなく、スポーツ組織側が派遣する者を決定しているのだと説明する。このようなプロセスがあるため、スポーツに関わる物事については、官が（勝手に）決めているという意識や認識はないという。したがって、「ほとんどの場合、安定的なスポーツ活動を保証するために法律の策定を要望するスポーツ界側から政府へ働きかけるというプロセス」〔JW〕を経ていることから、スポーツに関わる法律等が策定された場合、スポーツの自由が制限されるという認識はなく、むしろその法律等に基づいて安定的なスポーツ活動ができるというように、望ましいこととして考えられている。このような実践は、スポーツ組織が専門家として自ら能動的に官（の決定）に入り込み、自らの自律・

自立性を保障しようとしている実践として捉えられよう。

このプロセスは、ガバナンスコードの策定過程にもみられる。DOSBは、2012年~2014年の約2年半をかけてガバナンスコードを策定したが、DOSBが強調するのは、DOSBのガバナンスに批判的な人物をあえてガバナンスコード策定ワーキンググループのメンバーに入れ、長い時間をかけてじっくり丁寧に議論したことである。ガバナンスコードの策定に関わった「グループメンバーの一人は、従前よりDOSBを公に批判し続けてきた人だったが、これからもずっと批判的にみてくれるだろう。私たちは、最も批判的な人の意見等も含めた多様な視点から、アドバイスをもらおうと思ってガバナンスコードの策定に取り組んだ」〔MS〕のだと説明する。そして、策定の背景には、官から策定を指示されるといったようなことはなかったと断言する。策定過程においても、「連邦内務省は、ガバナンスコードを策定するワーキンググループのメンバーではあったが、…ワーキンググループ内でより影響力があったかというとそうではない」〔JC〕と述べている。LSB‐NRWも、2014年~2016年に主な検討作業を行い、正式なガバナンスコードを策定したが、ガバナンスコードは自らが自律的に策定し、それに基づいて実行していくものだという認識があると説明する。BLSVも、「内務省バイエルン州局からガバナンスコードの内容について定款に含めるように指導が入ることはあるが、内務省バイエルン州局はテーマ設定のみで、内容は各組織が考えて定款に定めている」〔FS〕と述べるように、自律的なものであることが強調されている。これらは日本のスポーツにおけるガバナンスコード策定の経緯やプロセスと比較すれば、まさにスポーツ組織の官に対する能動的な実践として捉えられるだろう。

また、各組織の官からの補助金という側面からも検討してみたい。表2は対象3組織の2018年度決算における収入合計と補助金及び収入合計に占める補助金の割合を示したものである。(7) これをみると、補助金の割合は、DOSBは4・9%と少ないが、LSB‐NRWは46・1%、BLSVは22・1%であり、日本スポーツ協会の2018年度決算（日本スポーツ協会、online）における収入合計約38億円、補助金約15億円、補助金割合約39・5%と比較しても必ずしも少ないとはいえず、官から自立しているようにはみえない。

表2　対象３組織の収入合計と補助金

		収入合計	補助金	収入に占める補助金の割合
DOSB	ユーロ	64,403,238	3,160,265	4.9%
	円	8,372,420,940	410,834,450	
LSB-NRW	ユーロ	71,495,000	32,992,000	46.1%
	円	9,294,350,000	4,288,960,000	
BLSV	ユーロ	38,184,308	8,443,041	22.1%
	円	4,963,960,040	1,097,595,330	

※1ユーロ130円として計算。

ＬＳＢ‐ＮＲＷによれば、「ドイツでは基本的に、スポーツに関わる事業は社会のために行うことであり、本来は官が行うべきことだが、スポーツの専門組織であるＬＳＢ‐ＮＲＷにその具体的な実施を任せているという考えのもと、州政府はＬＳＢ‐ＮＲＷに財政的支援を行う」〔ＪＷ〕のだと説明する。ＬＳＢ‐ＮＲＷが州政府から財政的支援を受ける際、通常は1年ごとに財政的支援を受けることになっているが、２０１８年～２０２２年に関しては、はじめにＬＳＢ‐ＮＲＷが５年間の事業計画を提出し、官との交渉後に5年間の補助金額の契約を締結することができたという。この5年間という期間は、他の州と比較して最も長いというが、それにより、安定的かつ長期的な事業運営が可能になるのだと指摘する。なお、「事業内容については、私たちは自律的（autonom）に決めることになっているが、また、それは同時に、法律によっても規制されている」〔ＪＷ〕というように、契約締結後は、州政府からの事業内容等への介入や影響はほとんどないが、会計処理や簿記は厳しくチェックされるとともに、財政状況の公表が補助金を得るための条件になっている。「競技スポーツや青少年のスポーツボランティアに関しては国から補助金を支援される場合があるが、国からの財政的支援については、基本的にＤＯＳＢが交渉して決定する」〔ＪＷ〕。ＢＬＳＶにおいても、バイエルン州政府と2年ごとに交渉して州政府からの補助金が決定される。その際、ＬＳＢ‐ＮＲＷと同様に、「州政府からスポーツに必要なことを指示されるのではなく、スポーツからの要望が調査され、その要望の実現に向けて議論をして交渉を行うというプロセス」〔ＦＳ〕を経る。ただし、ＬＳＢ‐ＮＲＷやＢＬＳＶにおいても、州政府が決定したプロジェクト等を委託されて、補助金を受けてこれらを実施することもある。このような例外はあるものの、基本的にはスポーツ組織が自らの私利私欲（内在）のために事業計画を立て、官と交渉して予算を勝ち取るというような能動的な実践が認められよう。以上のような予算・財源の獲得については、日本においては文部科学省やスポーツ庁が実施内容を決めて財務省に予算要求をする構図とは明らかに異なるものとして捉えられよう。

3 日本のスポーツ組織への示唆

既に若干言及はしたが、日本におけるスポーツ団体ガバナンスコードの策定過程やスポーツ組織の予算・財源の獲得過程と比較する限り、ドイツのスポーツ組織の機能や諸実践は、従来の官による公共性ではなく、スポーツにおける私利私欲に基づく公共性を担保するものとして捉えられよう。スポーツ振興法、スポーツ振興基本計画、スポーツ立国戦略、スポーツ基本法、スポーツ基本計画等、これまでのいわゆる官から民へのトップダウン的な日本のスポーツ政策に対して、共的セクターとしての日本のスポーツ組織は、自らの真とするもの（スポーツ欲求）を徹底化し、それをこれらの法や諸政策に関係づけて反映させようとするためにどれだけ能動的な実践をしてきただろうか。上述したようなドイツにおけるスポーツ組織の機能と諸実践が、同国におけるスポーツ文化を築き上げているとすれば、日本におけるスポーツ組織は、多様なスポーツ愛好者と彼らの欲求を、その複数性を担保しながら統合し、それらの欲求を満たすために官に対して能動的な実践（予算や政策要求）をしていくなど、他者との関係を主体的に築いていくことが求められよう。より具体的には、①価値の複数性を担保した統合の実践として、多様な加盟団体や登録者を受け入れ、制度的にも意識的にも多様なパースペクティヴを担保する（時には批判をも内包する）ことに配慮しながら彼らの欲求を統合（利害調整）していくこと、②「内在」の徹底とそれを通した「関係」構築の実践として、スポーツの価値を徹底して追究し、それらを積極的に発信すること（徹底した情報公開）を通して社会から認めてもらえるような社会とのより良い関係を構築していくこと、③官に対する能動的な実践として、スポーツ組織が自らの私利私欲（多様なスポーツ欲求）のためにビジョンや事業計画を策定し、それを基に官と交渉して予算を勝ち取っていくような自律・自立的な実践をしていくこと、などが望まれるといえよう。

（笠野英弘&ライトナー　カトリン　ユミコ）

〈付記〉本稿は、体育学研究第67巻掲載論文「ドイツにおけるスポーツ組織の諸実践からみた公共性：いわゆる「私利私欲」の観点から」を大幅に加除修正したものである。また、本研究はＪＳＰＳ科研費 ＪＰ１８Ｈ０３１４５の助成を受けたものである。

■注

(1)本稿では、「スポーツ統括組織」を、「スポーツに関する特定の目標を達成するために、複数の個人及び集団の活動を統制する地位と役割の統一体」であり、「組織体としての各スポーツ集団を統括する権限と義務をもつ上位の組織」（佐伯，１９８７）として捉えている。

(2)インタビューは、半構造化インタビューとし、質問項目は、ガバナンスの理解（ガバナンスコード策定の経緯等を含む）、政府（国や自治体との関係性、上部組織（全国組織）と下部組織（クラブ等）との関係性、財政的基盤等とした。

(3)以下、「　」は対象者の語り、（　）は筆者の補足、…は中略、〔　〕は発言者を示す。

(4)この法律はKinder- und Jugendhilfegesetz（青少年援助法）であると考えられる。

(5)クラブは主にボランティアによって運営されているため、ガバナンスコードの作成を義務付けることはできないのだという。

(6)これは、「補完性原理（Subsidiaritätsprinzip）」の考え方で、現場の問題に一番近い組織から問題に取り組み、その体制ではできないことを次に大きな組織等で補完していく仕組みであり、現場の問題に近い人や組織を「専門家」としてみているのだという。

(7)各組織の収入と補助金は、Deutscher Olympischer Sportbund e.V. (2020) RLT Ruhrmann Tieben & Partner mbB (2020) Bayerischer Landes-Sportverband e.V. (2019)を参考にしたが、ＤＯＳＢの補助金額については補助金（Zuschusseinnahmen）のみの明確な記載がなく、補助金以外の収入が若干含まれている可能性がある。

■文献

・有賀郁敏（２００６）ドイツ初期協会運動の性格と役割―一九世紀前半の西南ドイツを中心に―．阿部ほか編，多様な身体への目覚め―身体訓練の歴史に学ぶ―．アイオーエム，２７８‐３０１頁．

・有賀郁敏（２０１１ａ）ドイツ初期トゥルネン協会運動における結社の自由をめぐる問題―結社，法制度，社会的自己調整メカニズム―．阿部生雄 監修，大熊廣明ほか編，体育・スポーツの近現代―歴史からの問いかけ―．不昧堂出版，５０１‐５２１頁．

・有賀郁敏（２０１１ｂ）ドイツ初期協会組織における秩序形成―黎明期のトゥルネン協会を中心に―．有賀郁敏・山下高行編，現代スポーツ論の射程―歴史・理論・科学―．文理閣，１８０‐２０８頁．

・有賀郁敏（２０１３）ドイツ社会国家における余暇・スポーツ政策―20世紀ドイツ史の一断面―．真田久ほか編，体育・スポーツ史にみる戦前と戦後．道和書院，１６９‐１９５頁．

・Bayerischer Landes-Sportverband e.V. (2019) Gewinn- und Verlustrechnung für die Zeit vom 1. Januar bis 31. Dezember 2018．ＢＬＳＶからの調査時配布資料．

・Deutscher Olympischer Sportbund e.V. (2020) DOSB Jahresabrechnung 2019.
https://cdn.dosb.de/user_upload/www.dosb.de/uber_uns/Mitgliederversammlung/Sportdeutschland_2020/TOP_8_3_-_Anlage_-_Jahresrechnung_2019.pdf　27頁（参照２０２１年12月22日）

・加藤典洋（２００１）戦後的知と戦後的思考．小路田泰直編，戦後的知と「私利私欲」―加藤典洋的問いをめぐって．柏書房，６‐46頁．

・菊幸一（２０１３）スポーツにおける「新しい公共」の原点と可能性．日本スポーツ社会学会編，21世紀のスポーツ社会学．創文企画，１０３‐１２３頁．

・日本スポーツ協会（online）平成30年度事業・決算報告書．
https://www.japan-sports.or.jp/Portals/0/data/zaimukaikei/doc/H30kessannn.pdf　22頁（参照２０２１年12月22日）

・RLT Ruhrmann Tieben & Partner mbB (2020) Landessportbund Nordrhein-Westfalen e.V. Duisburg Bericht über die Prüfung des Abschlusses zum 31. Dezember 2019 gemäß §９ der Finanzordnung.
https://www.lsb.nrw/fileadmin/global/media/Downloadcenter/Ueber_den_LSB/Jahresabschluss_2019.pdf（参照２０２１年12月22日）

・佐伯聰夫（１９８７）スポーツ組織．日本体育協会監修，岸野雄三ほか編，最新スポーツ大事典．大修館書店，６０８‐６０９頁．

・齋藤純一（２０００）公共性．岩波書店．

・山口定（２００３）新しい公共性を求めて―状況・理念・規準．山口ほか編，新しい公共性．有斐閣，11頁．

第8章
障害者スポーツにおける公共性の醸成
──ドイツを事例にして

1 なぜ、ドイツを事例とするのか

　地域住民のスポーツ参加の場として地域スポーツクラブを発展させてきたドイツでは、障害者が地域スポーツクラブにおいて医療保険の適用を受けて、リハビリテーションスポーツを行うことが可能な社会的制度を有している。この制度は、障害者が医師から適切なリハビリテーションスポーツの内容や実施回数、リハビリテーションスポーツの目標等について記入された費用負担申請書（Antrang auf Kostenübernahme）を受け取り、それを各自の保険者に提出して承認を受けた後、地域のスポーツクラブに提出することで、費用負担申請書の内容に基づいて地域スポーツクラブで障害に合わせた専門的なリハビリテーションスポーツの指導が受けられるものである。また、リハビリテーションスポーツの指導を行う者は、ドイツ障害者スポーツ連盟（Deutscher Behindertensportverband e.V.：以下、「ＤＢＳ」と表記）によって認定されたリハビリテーションスポーツの指導者資格を有す者であることが求められている（奥田、２００９、２０１０、２０１５）。ここには、医療機関、保険者、地域スポーツクラブ、ＤＢＳという複数の組織の連携が見られる。日本における地域の障害者スポーツ関係組織の組織間連携の仕組みづくりを検討していく際に、このようなドイツの障害者スポーツに関係する組織間連携の仕組みそれ自体はもとより、仕組みの背景にある考え方や形成過程を明らかにすることが有用である。

本稿は、ドイツの地域スポーツクラブにおけるリハビリテーションスポーツ制度について、それを可能にしている組織間連携の仕組みの背景にある考え方やその形成過程を分析する。

2　分析の手順

ドイツの地域スポーツクラブにおけるリハビリテーションスポーツ制度は、社会保障に関する法律がまとめられた社会法典第IX編の「障害者のリハビリテーションと参加」(Sozialgesetzbuch IX- Rehabilitation und Teilhabe behinderter Menschen) 第44条第1項3号及び4号に法的根拠を有している。[1] しかしながら、ここには医療的リハビリテーションサービスが、所定のリハビリテーション事業者によって行われること、それを補足するものとして医師によって処方されたリハビリテーションスポーツが位置づくこと、リハビリテーションスポーツはグループで行うこと等、それが医療的リハビリテーションスポーツに位置づくための条件について示されているのみで、運用に関わるさまざまな組織の具体的な記載はなされていない。運用に関する規定として、リハビリテーションスポーツ制度に関わる複数の組織の合議によって策定される「枠組み合意」(Rahmenvereinbarung) が別に存在している。したがって、組織間連携の仕組みの背景にある考え方を明らかにするにあたって「枠組み合意」が有用な資料になる。そこで、はじめに枠組み合意をもとに組織間連携に関わっている具体的な組織とそれらの組織が枠組み合意の策定において、どのような役割を果たしているのかを明らかにする。なお、「枠組み合意」は1981年に最初のものが策定されて以来、複数回改訂がなされていることから、2018年8月1日時点で用いられている『リハビリテーションスポーツ及び機能トレーニングに関する枠組み合意2011年1月1日版』(Rahmenvereinbarung über den Rehabilitationssport und das Funktionstraining vom 1. Januar 2011)（BAR, 2011)（以下、「枠組み合意２０１１」と表記）を資料として用いる。

次に、複数の組織が関わる「枠組み合意」の策定に際して、障害者のリハビリテーションと社会参加の促進・コーディネートを目的とする連邦リハビリテーション連合（Bundesarbeitsgemeinschaft für Rehabilitation e.V.：以下、「ＢＡＲ」と表記）がコーディネート役を果たしていることからこのＢＡＲに着目し、その役割や調整がどのような考え方に基づいて行われているのかを明らかにする。そのため、ＢＡＲのプロジェクトリーダーであるMarcus Schian氏に枠組み合意策定に際してのＢＡＲの調整機能に関する半構造化インタビュー調査を実施した。

最後に、調整機能を担っているＢＡＲがどのようにして設立されたのかについて、設立当時の様子が記されている『リハビリテーションのための連邦リハビリテーション連合40周年』(40 Jahre Bundesarbeitsgemeinschaft für Rehabilitation e.V.)（BAR, 2009)（以下、「40周年記念誌」と表記）を資料として、考察を行った。

3　枠組み合意にみられる各組織の役割

「枠組み合意２０１１」には、リハビリテーションスポーツと機能トレーニング（Funktionstraining）の二つのことが記載されている。本稿では、リハビリテーションスポーツに該当する項目のみを考察対象とする。

「枠組み合意２０１１」の冒頭部分に、社会法典IX編第44条第1項3号及び4号における補完サービスとして、以下の18団体のリハビリテーション提供者が協議後に本枠組み合意を遂行すると記されている。18団体の名称は、五つのパートに分けて記されている（表1）。

第一のパートは、リハビリテーションスポーツに対して保険金の給付を行う保険事業者の組織である。第二のパートは、リハビリテーションスポーツを利用する疾病や障害のある人たちの自助団体やその代表組織、疾病や

表1　枠組み合意への参加団体

数	5つのパート	枠組み合意への参加団体
1	保険者	法定医療保険事業者
2		法定労災保険事業者
3		法定年金及び農業従事者の老齢保険事業者
4		戦争被害者給付事業者
5	自助団体やその代表組織、リハビリテーションスポーツ提供者	連邦骨粗鬆症自助連盟
6		ドイツ障害者スポーツ連盟（DBS）
7		ドイツ心臓循環器疾患予防リハビリテーション協会
8		ドイツリウマチ連盟連邦連合
10	リハビリテーションスポーツの指示を行う保険医の代表組織 オブザーバー、相談役	連邦保険医連盟
10		女性ネットワーク
11	枠組み合意に参加することを表明した団体	疾病による骨粗鬆症者連邦自助連盟
12		ドイツ線維筋痛症連盟
13		ドイツ多発性硬化症協会
14		ドイツパーキンソン連盟
15		ドイツ健康スポーツ及びスポーツセラピー連盟
16		ドイツ強直性脊髄炎連盟
17		骨粗鬆症自助グループ統括連盟
18		リハスポーツ連盟（Reha Sport Deutschland e.V.）

（出所）Rahmenvereinbarung über den Rehabilitationssport und das Funktionstraining vom 1. Januar 2011より筆者作成。

障害のある人にリハビリテーションスポーツを提供するリハビリテーションスポーツ提供組織である。ＤＢＳは、障害者の自助団体やその代表組織と同じパートに分類されていることから、障害者スポーツの提供者であると同時に障害者の意見の代弁者でもあるとも捉えられる。第三のパートは、リハビリテーションスポーツの指示を行う保険医の代表組織である。第四のパートは、相談役やオブザーバー役の組織である。第五のパートは、枠組み合意に参加表明を行う組織である。枠組み合意を策定する過程において、障害当事者組織が複数含まれており、リハビリテーションスポーツの仕組みがつくられる背景に、リハビリテーションスポーツの主体者である障害者が、仕組みづくりに際して重要なアクターの一つとして念頭に置かれていることがわかる。

4　組織間連携におけるＢＡＲの役割と考え方

(1)枠組み合意の策定におけるＢＡＲの役割

このような複数の組織の合議による枠組み策定に際して、ＢＡＲの役割と考え方とについて明らかにするために、先述したMarcus Schian氏に、枠組み合意策定に際してのＢＡＲの役割と考え方に関する半構造化インタビュー調査を行った。インタビュー調査は、２０１２年3月7日と２０１５年11月4日の2回にわたって実施された。以下は、氏がそれぞれの調査の際に語った内容について、抜粋したものである。

ＢＡＲはコーディネート役としてプラットフォーム、つまり話し合いの土俵、話し合いの場をつくっている。リハビリテーションスポーツといってもさまざまあり、さまざまなプレーヤーがいる。保険者側はお金を出す側であり、ＤＢＳはリハビリテーションスポーツを提供する側である。ＤＢＳは二つの立場があって、一つはリハビリテーションスポーツを提供するというサービスの提供者の立場であり、もう一つは、スポーツをする障害者を代表する立場である。DBSと疾病金庫[2]とは、40年にわたって闘ってきた。疾病金庫側はリハビリテーションスポーツにずっと保険金を支払っていくのはいかがなものか、リハビリテーションスポーツから一般的なスポーツになったら保険金の給付を打ち切るべきであると考えており、境界線を引くことを主張した。境界線とは、金額の境界線であり保険の対象とする期間の境界線である。一方、DBS側は最初から境界線を決めるのでなく、障害者一人ひとりをよく見て一人ひとりに適した進め方にするべきだと主張した。BARは、これらの両者が納得できるようにプラットフォームをつくることが役割であった。DBSと疾病金庫は長い闘いをしてきたので、今ではそれなりにお互いを理解している。BARは、DBSと疾病金庫以外にもできるだけたくさんの組織に話し合いの場に加わってもらうようにし、そのすべての組織に納得してもらおうとしている。ここで決められたことが、枠組み合意となる。枠組み合意ができた後、国にそれでよいかを聞いて問題がなければそれで決まり、修正点があれば修正していく。そして、合意条件を枠組みとして冊子を作り公開する。

(Marcus Schian氏、２０１2インタビュー)

ドイツでは、社会サービスの提供構造の形については三角形が基本である。リハビリテーションスポーツを例にすると、リハビリテーションスポーツサービスを受ける側である人や患者、それを提供する側である医師、地域スポーツクラブ、DBSなど、それにかかる費用を支払う側である年金事業者、疾病金庫などに分かれる。BARはリハビリテーションスポーツの提供者側と、それにかかる費用を支払う側である疾病金庫との間で議論の場を提供するためのコーディネートを行うこともある。また、議論の進行役はBARが行う。議論がなされ合意できる場合はそれで決まるが、合意が得られない場合は得られるためにはどのようにしたらよいか、BARも議論に入り調整することもある。また、支払いの担当をめぐって費用を支払う側の中で対立することもあるので、その調整を行うこともある。

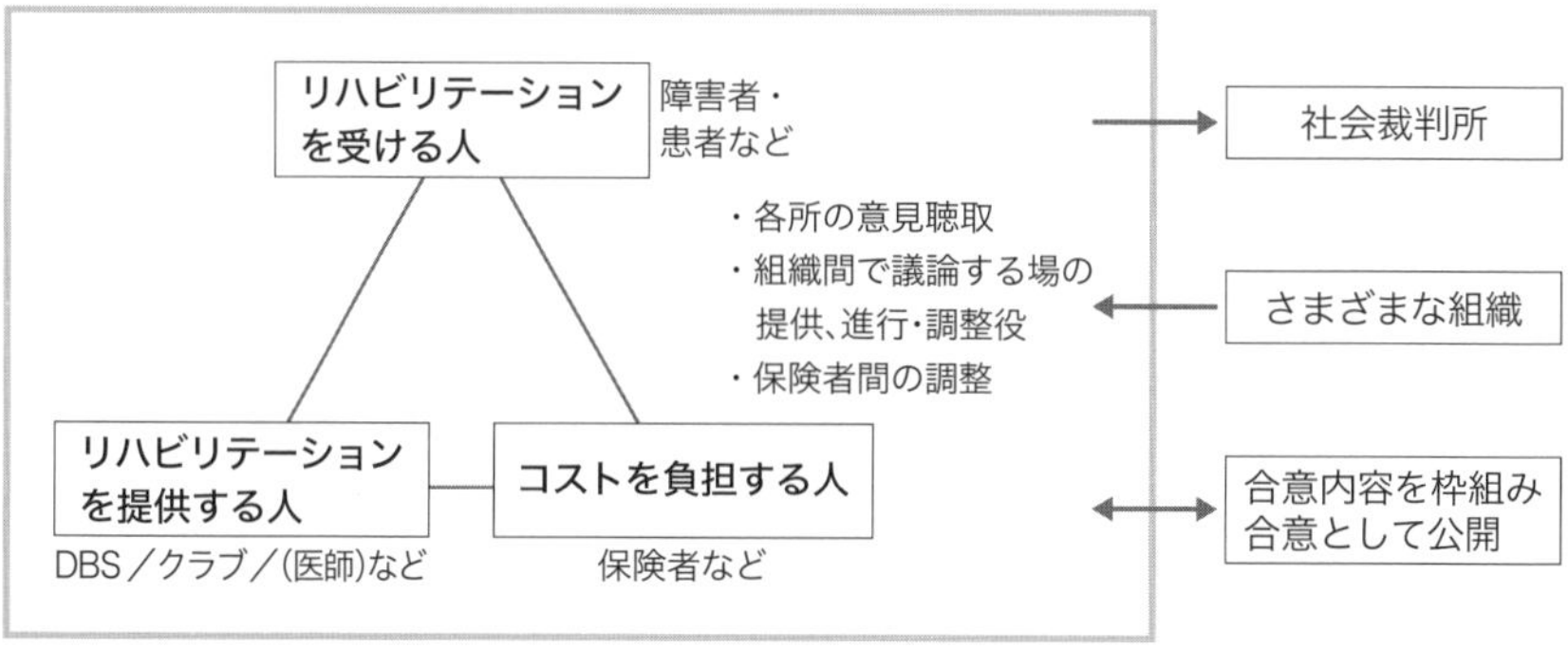

図1　枠組み合意の策定に際してのBARの役割

> どのような議論においても、根底には平等性と連帯性とが必ずある。リハビリテーションスポーツの場合でも細部に入る前に平等性と連帯性とがあり、社会保険にかなった目的であるのかどうかが大事である。それにそぐわないようなことがあれば、拒否していかなければならない。
>
> （Marcus Schian氏、２０１５インタビュー）

Marcus Schian氏のこれらの言葉から、枠組み合意の策定に際してのＢＡＲの役割を図式化したものが図1である。

ＢＡＲは枠組み合意の策定に際して、中立の立場から保険金給付を行う疾病金庫と障害のある人にリハビリテーションスポーツを提供するリハビリテーションスポーツ提供者との間に議論する場を設定したり、議論を調整したりする役割を担っていることがわかる。また、合意内容は法的に問題がないかどうかも確認された後、すべて公開されている。すなわち、ＢＡＲはリハビリテーションスポーツに関する諸団体の内部及び内部と外部とを結ぶ役割を担っている。さらに、ＢＡＲはＤＢＳと保険者である疾病金庫以外にもできるだけ多くの組織に合議に加わることを推進している。その結果、疾病や障害者の自助組織等の参加は、一義的には当事者参加の拡大につながるとともに、多義的には合議への参加組織が増えることによって複数の意見が議論の俎上に上ることを可能にしている。実際、保険者とDBSを除いた枠組み合意への参加団体数は２００３年の枠組み合意では４団体であったものから、２００７年の枠組み合意では10団体、２０１１年の枠組み合意では13団体と増加している。

(2) BARによるリハビリテーションスポーツへの「公共性」の担保

BARの担っている役割（機能）の意義は、以下のような「公共性」の概念によって整理できる。

齋藤は、「公共性」の概念を三つに整理している（齋藤、２００９）。すなわち、国家に関係する公的な意味としての「公共性」、特定の誰かにではなくすべての人々に関係する共通のものという意味での「公共性」、誰に対しても開かれているという意味での「公共性」である。複数の組織によって合議された内容は、BARによって枠組み合意として公開されることで、その情報に誰もがアクセスできるようになる。このことを齋藤の「公共性」の概念に結びつけると、合議された内容は関係団体による関係組織間の単なる内規ではなくなり、誰に対しても開かれているという意味での「公共性」が付与されたことになる。

また、齋藤は「公共性」と共同体の違いについても分析し、「公共性」と共同体とは四つの点で異なっていると述べている。一つ目は、共同体が閉じた領域をつくるのに対して、「公共性」は誰でもがアクセスしうる空間であること、二つ目は、「公共性」は共同体のような等質な価値に充たされた空間ではないこと、「公共性」は人々の抱く価値が互いに異なるものであるということ、それ故、「公共性」は複数の価値や意見の〈間〉に生成する空間であり、逆にそうした〈間〉が失われるところに「公共性」は成立しないこと、三つ目は、共同体ではその成員が内面に抱く情念が統合のメディアになるとすれば、「公共性」においては、それは人々の間にある事柄、人々の間に生起する出来事への関心であること、「公共性」は何らかのアイデンティティが制覇する空間ではなく、差異を条件とする言説の空間であること、四つ目はアイデンティティ（同一性）の空間ではない「公共性」は、共同体のように一元的・排他的な帰属を求めず、その空間において人々は複数の集団や組織に多元的にかかわることが可能であること、である。このような「公共性」の考え方に基づくと、BARがコーディネート機関としてできるだけ多くの組織が合議に加わらせることで、複数の意見が議論の俎上に上り複数の価値や意見の〈間〉に生成する空間が生まれると同時に、より一層差異を条件とする言説の空間になりやすくなることから、「公共性」が担保される空間となっていくと言えよう。すなわち、リハビリテーションスポーツに関する複数の組織の合議による枠組み合意の策定に際して、BARが上述した機能をもつことで「公共性」を担保していると考えられる。

(3)平等性と連帯性

Marcus Schian氏は2015年のインタビュー調査の中で、どのような議論においても、根底には「平等性」と「連帯性」とが必ずあると述べている。このことは、BARが複数の組織の連携調整を行う際の基軸となる考え方であると捉えることができる。「平等性」と「連帯性」とが基軸になる理由として、次のことが考えられる。

リハビリテーションスポーツに対して、社会保険制度の一つである医療保険が適用される。この点に着眼すると、医療保険は社会保険制度の中でも、自助・自立に基づきリスク分散を図るための保険的要素と連帯・助け合いに基づく所得の再配分という社会的要素との二つの要素のうち、後者の意味合いが大きいものである。公的医療保険と民間医療保険とを比較した場合、公的医療保険は保険料の算出根拠において個々人のリスクに対応させていない点にその特徴がある（島崎、2007、212-214頁）。このことは、給付を受ける可能性が低い人であっても、その可能性が高い人と同額以上の保険料を拠出する可能性があるということを示しており、社会的要素を受け入れていなければ成り立たないものである。したがって、皆が平等であろうとするからこそ、連帯・助け合いという社会的要素が強く働く必要がある医療保険の適用に際して、その合意点が見出せるのである。また、ドイツの障害者スポーツの歴史的背景の中で特徴的な出来事として、第二次世界大戦後に主に戦傷者向けのスポーツとして始まったリハビリテーションスポーツを、特に1960年代中頃から1970年代にかけて薬害によって増加した障害児に対して提供することを試みたことが挙げられる。この時に、リハビリテーションスポーツの必要性に対して、因果の原理（リハビリテーションスポーツが必要になった原因に基づくこと）から目的の原理（障害を負った原因にとらわれることなく誰もがスポーツに参加すること）へと発想の転換があった。1979年には、DBSはあらゆる障害者が自分自身の障害の発生原因にとらわれることなく、スポーツに参加する可能性を開くという取り組みを表明するため、発行から27年経っていた『戦傷者スポーツ選手』という雑誌を『ドイツ障害者スポーツのための専門誌』へと名称変更を行っている（Deutsher Behinderten - Sportverband e.V., 2001）。

リハビリテーションスポーツの対象者が戦傷者のみであったときは、給付元の事業者は戦争被害者への給付事業者だけでよかったが、1960年代中頃からの対象者の拡大とそれに伴って平等な給付が必要になったことから、医療保険者や労災保険者等のほかの保険事業者も参画することが求められるようになった。次節において、BARの設立過程の詳細について述べるが、リハビリテーションに関するさまざまな担い手がリハビリテーション提供者間の効率的な協力やサービスを調整していくために、摩擦や困難を克服していくための機関としてBARが設立された。すなわち、保険原理に基づく個人の連帯・助け合いだけではなく、事業者である保険者もまた連帯して仕組みを構築しているのである。

このように、ドイツの障害者スポーツの歴史的背景の中にも「平等性」を重視する考え方があったことから、「平等性」を担保するために「連帯性」が重視されたと考えられる。

5　コーディネート機関としてのBARの形成過程

ここでは、中立的立場から複数組織をコーディネートする役割を持つBARがどのように形成されてきたのか、その形成過程をBARの設立当時の様子が記されている40周年記念誌（BAR, 2009）をもとに考察する。

ＢＡＲの設立は、１９６９年2月である。１９６０年代末はリハビリテーションの提供に関する法的基礎が統一されていなかったため、リハビリテーションに関する連邦機関がリハビリテーションの各サービスの管轄をまとめるべきであるとの見解を示した。しかし、当事者自治に立つリハビリテーションを提供している複数の組織には、そのような連邦機関による構造化された、何よりも中央集権的なリハビリテーション改革に強い懸念があった。１９６８年8月8日に、社会パートナーの諸代表連合、すなわちドイツ労働組合連合（ＤＧＢ）と連邦雇用者連合（ＢＤＡ）の招待により、社会保険事業者の諸代表者連合からの代表者とともにリハビリテーションの調整に関する協議の場がもたれた。緊密な協議が行われた後、当事者自治の原則から流れ出たさまざまな領域における自発的な協力（40周年記念誌では、freiwilligen Kooperationと表記されており、この部分のみ太字で強調されている）による方法の方が、法規に基づく協力よりも効果が増加するという認識に達した。その結果として、１９６９年2月6日にボンにおいて連邦リハビリテーション連合会（ＢＡＲ）の発足集会が開催された。発足したＢＡＲは自発的な結束として、つまり法に規定されて作られた組織ではないものであった。ＢＡＲの設立時の会員は、年金保険、労災保険、医療保険等の社会保険者、社会パートナーの代表連合、すなわち連邦雇用者連合、ドイツ労働組合連合、戦争犠牲者援護の提供者諸団体、連邦雇用庁、地域横断的な社会援助提供者、州であった。連邦保険医連合、（今日の）連邦統合局・中央福祉事務所連合会、そして旧東ドイツ諸州が後に会員に加わった（BAR, 2009: 4-8)。

ドイツ連邦労働社会大臣が、設立時の社会的状況とその状況に対する考え方について述べている。それによれば、ＢＡＲの設立は二つの原則的な問いと結びついているものであった。二つの原則的な問いとは、すなわち、リハビリテーションに関するさまざまな担い手や機関が共存する中で、リハビリテーション提供者間の効率的な協力やリハビリテーションサービスに相応しい調整が実現しうるのかということと、連邦政府はリハビリテーションに関する政治責任をどのように担うことができ、同時にリハビリテーション提供者の当事者自治の原則を維持することができるかということであった（BAR, 2009:9)。

ＢＡＲ設立時の会員には、さまざまなリハビリテーション提供者が協力する際の摩擦や困難を克服する方法を見つける必要のあることや、サービス受益者のニーズに応じていないという状況を変えなければならないことが認識されていた。１９７０年4月14日にＢＡＲの第1回定例会員集会が「諸提供者の共通課題としてのリハビリテーション」のテーマのもとに開催された。当時の連邦労働大臣であったWalter Arendt氏が連邦政府とＢＡＲとの役割分担について当事者自治の原則と調整の必要性とを考慮した結果、政治的解決の妥協点として、連邦政府はリハビリテーション関連の政治的な総合責任を担い、ＢＡＲは担い手間の調整をすることで連邦政府の努力を支援する、そして、どちらの側も緊密に信頼性をもって協力する、ということになった（BAR, 2009: 10)。

これらの記述からわかることは、リハビリテーションサービスを提供しているそれぞれの組織が、障害者に適切なリハビリテーションサービスが提供できていないという状況を自覚していたこと、また、適切に提供するための方法について公的機関である連邦機関が管轄してそれに従うのではなく、当事者自治の原則に基づいて社会保険者がそれぞれ行い、その上で不都合な部分に対してそれぞれの組織が自発的に協力しながら解決していこうとするボトムアップのやり方を志向していたことである。ＢＡＲが設立された１９６９年当時のドイツにおける医療保険は、公的医療保険であってもごく一部の保険者を除いて税金が投入されることはなく、労使で保険料を拠出して運営されていたことから（松本、２００３)、労使共に国が関与することを嫌ったと考えられる。また、社会保険はその性格上、職業集団単位や地域単位での連帯・助け合いを基盤とする互助的要素が強いものであり、運営も労使で自発的に行われているものであった。したがって、このような互助性に根差した自発性が、ＢＡＲ設立の根幹にあったといえよう。

6 まとめと今後の課題

本稿は、ドイツの地域スポーツクラブにおけるリハビリテーションスポーツ制度について、それを可能にしている組織間連携の仕組みの背景にある考え方とその形成過程とを明らかにすることを目的とした。

その結果、リハビリテーションスポーツ制度に関わる複数の組織の合議によって策定される枠組み合意策定過程において障害当事者組織が複数含まれており、リハビリテーションスポーツの主体者としての障害者が、仕組みづくりに際して重要なアクターの一つとして念頭に置かれていることが明らかとなった。

また、ＢＡＲは中立的な立場から、リハビリテーションに関する諸団体の内部間及び内部と外部とを結ぶ役割を担っていた。合議の過程では、ＢＡＲがコーディネート機関としてできるだけ多くの組織が合議に加わることを推進することによって、複数の意見が議論の俎上に上り複数の価値や意見の〈間〉に生成する空間が生まれると同時に、より一層差異を条件とする言説の空間になりやすくなることから、「公共性」が担保される空間となっていく役割を果たしていた。また、ＢＡＲが複数の組織の連携調整を行う際の基軸となる考え方として、「平等性」と「連帯性」がある。理由としては、リハビリテーションスポーツに医療保険が適用されるためには、連帯・助け合いという社会的要素を受け入れていなければ成り立たないものであること、及びドイツの障害者スポーツの歴史的背景の中に「平等性」を重視する考え方があり、それを担保するために「連帯性」が重視されたと考えられたからだ。さらに、このようなコーディネート機能を持つＢＡＲは、互助性に根差した自発性に基づいて設立されていたことが明らかとなった。

今後の日本における地域の障害者スポーツ関係組織の組織間連携の仕組みづくりに際して、本稿で明らかとなったドイツの障害者スポーツに関係する組織の組織間連携の仕組みの背景にある考え方や形成過程から、次の示唆が得られるのではないか。すなわち、コーディネート組織は単にマネジメントの視点から組織間の連絡調整を行う組織と考えるのではなく、障害者スポーツに関する公共性を創出する機能を担っていると捉えていくこと、また、公共性を創出する機能を担える組織とするためには、コーディネート組織の形成過程それ自体も重要であるということである。高齢者や子どもに比べて数が非常に少ない障害者の地域におけるスポーツ参加の場の構築については、地域住民がそれを「みんなのものとしてみんなで創る」という意識の醸成が必要になる。ＢＡＲは、ＤＢＳと保険者である疾病金庫以外にもできるだけ多くの組織に合議に加わることを推進し、複数の意見が議論の俎上に上ることを可能にした。そのことによって、複数の価値や意見の〈間〉に生成する空間が生まれると同時に、より一層差異を条件とする言説の空間としての「公共性」を創出していた。このことは、障害の問題がすべての人にとって自身の問題であるという視点を基点とし、社会連帯の創出が障害の問題の解決に寄与する過程を明らかにするものである。それは、次の津田の当事者性の変容の議論にもつながるだろう。

津田は、障がいの問題の当事者性を三つのカテゴリーに分類する。障害のある人たち本人や家族が、障害の問題の痛みをはじめとした喜怒哀楽を表現する「当事者Ⅰ」、障害の問題に触れた人たちの中で障害の問題を自分の言葉で自分のこととして語ることができる「当事者Ⅱ」、当事者の問題を差別の問題という一面で捉えた時、差別する側と差別される側とによって「当事者」が構成されることから、「当事者Ⅰ」の対極として、障害のことを自分の問題でもあると自覚していないという意味での差別する側としての「当事者Ⅲ」の三つである。また、「当事者Ⅲ」には、障害のある人たちの排除によって成り立つ社会を構成するすべての人が含まれるという捉え方ができると考えている（津田、２０１０）。その上で、障害のある人たちと障害のない人たちとが恒常的に関わる場を設定する実践は、「当事者Ⅰ」とかかわることによって「当事者Ⅲ」が「当事者Ⅱ」に変容していく可能性があることを指摘している。コーディネート組織の媒介によって、「当事者Ⅲ」から「当事者Ⅲ」までさまざまな組織が議論に加わり、より一層差異を条件とする言説の空間としての「公共空間」が生まれることで、「当事者Ⅲ」から「当事者Ⅱ」に変容する可能性が生じるのである。地域スポーツクラブにおける障害者のリハビリテーションスポーツの参加に際して、社会保障に関する法律に基づいて医療保険が適用される制度を有するドイツでは、はじめから社会保険の原理である助け合いや連帯が強く働くが、日本では同様の制度を有していないため、はじめから助け合いや連帯が働くことは難しいだろう。そこで、コーディネート組織が公共性を創出する組織として媒介し当事者意識の変容を伴いながら、障害者スポーツについて限られた人のものを限られた人で創るのではなく、「みんなのものをみんなで創る」という地域住民の意識の醸成を行い、それを基盤としたさまざまな組織が連帯や自発性よる課題解決の方法を模索することが必要になると考えられる。

今後の課題としては、コーディネート組織であるＢＡＲが民間組織でありながら中立的な組織であることから、中立的な立場をとり続けることができる組織の構造について、役員の選出方法や重要事項の決定方法、収入源等の点から明らかにする必要があると考える。

（奥田　睦子）

〈付記〉本稿は、拙稿「ドイツにおける地域スポーツクラブへの障害者の参加のための組織間連携」『京都産業大学社会学論集』第36巻、２０１９年（１２７‐１４２頁）を修正・加筆したものである。

■注

(1) 社会法典（Sozialgesetzbuch：以下、ＳＧＢと表記する）IX編[4]は、障がい者のリハビリテーションと社会参加（Rehabilitation und Teilhabe behinderter Menschen）について規定している。第44条第1項３号及び４号には、以下のことが示されている。

§44　補足サービス（Ergaenzende Lseitungen）

(1) 医療的リハビリテーションのサービス及び労働参加のためのサービスは第6条の第1項1から5に示されたリハビリの事業者により行われる。それ（医療的リハビリテーションのサービスと労働参加のためのサービス）は、次のものによって補足される。

３号　医者によって処方されたリハビリテーションスポーツによって補足される。このリハビリテーションスポーツは、グループで行うことと、医者の監視の下で行うものであることである。加えて、次のことが含まれる。障害者及び障害の危険にさらされている女性及び女子のための自意識を強化することに役に立つような練習であること。

４号　医者によって処方された機能回復トレーニングによって補足される。グループにおいて専門知識を持った指導者の監督の下で行われる。

(2) 疾病金庫（kranken kasse）は、医療保険者を表す。

(3) ２００８年6月17日に、連邦社会裁判所（ＢＳＧ）で機能トレーニング及びリハビリテーションスポーツの期間を一律に決めることは無効であるという判決が出された。これにより、一般的な障害については1年半の間で50回まで保険適用となり、それが終了すると更新できなかったものが50回を過ぎても医師が必要と認めれば更新できるようになった。

(4) SGB IX: Sozialgesetzbuch (SGB) Neuntes Buch(IX) -Rehabilitation und Teilhabe behinderter Menschen-, zuletzt ge durch Art. 8 Abs.2 G zur Modernisierung des Rechts der landwirtshaftlichen Sozialversicherung v. 18.12.2007 (BGBl.I, S.2984).

■引用・参考文献一覧

・Bundesarbeitsgemeinschaft für Rehabilitation e.V., 2009, 40 Jahre Bundesarbeitsgemeinschaft für Rehabilitation e.V.

・Bundesarbeitsgemeinschaft für Rehabilitation e.V., 2011, Rahmenvereinbarung über den Rehabilitationssport und das Funktionstraining vom 1. Januar 2011.

・Deutsher Behinderten - Sportverband e.V., 2001, Deutsher Behinderten - Sportverband e.V. 1951-2001 50 Jahre "Sport der Behinderten" in eutschland.

・松本勝明（２００３）ドイツ社会保障論Ⅰ―医療保険―．信山社．

・奥田睦子（２００９）事業型非営利組織としての総合型地域スポーツクラブへの障がい者の参加の社会的しくみの検討―ドイツにおける医療保険制度の活用に着目して―，金沢大学経済論集，30（１）：２９１‐３１１頁．

・奥田睦子（２０１０）ドイツにおける障がい者の地域スポーツ活動への参加を支える社会的制度とその論理に関する一考察，金沢大学経済論集，31（１）：１６１‐１８１頁．

・奥田睦子（２０１５）ドイツにおけるリハビリテーションスポーツ指導者の養成制度と活用システム―精神障がい者支援システムに着目して―，金沢大学経済論集，35（１）：69‐88頁．

・齋藤純一（２００９）思考のフロンティア 公共性．岩波書店．

・島崎謙治（２００７）社会保険の原理と意義，河野正輝・中島誠ほか編，社会保障論．法律文化社，１９４‐２２３頁．

・津田英二（２０１０）障がいの問題についての当事者性は多様な社会問題への認識とどう関わるか，日本福祉教育・ボランティア学習学会研究紀要，15：15‐24頁．

第9章
ナショナルスポーツのプロモーション
――台湾における野球を事例にして

1　台湾野球がナショナルスポーツになった歴史

2020年4月12日、新型コロナウイルス感染症が世界に広まった中で世界一早く台湾のプロ野球の試合が再開した（高、2020）。その後、徹底した防疫対策を行い、同年5月に観客を入れることができた。なぜ、「野球は、日本人にとっても、台湾人にとっても、特別なスポーツである」（野嶋、2020）のか。本稿では、台湾が経験してきたポリティカルな歴史的過程とともに、台湾における野球を事例にし、特に2010年3月に公表された「振興野球運動総計画」（以下、総計画と略す）の内容及び台湾の体育とスポーツ政策に関する組織の仕組みの変容を提示し、そこにみる政治的な意味を明らかにする。

台湾で野球が行われるようになったのは、1895年に日本に統治されてからである。当時の野球は台湾に滞在している日本人のレジャーとして行われた。統治初期において、台湾人にとっての野球は「ただ気が狂う人が棒をもっていいかげんに狂い、舞っている。ボールを追いかけることはただ無目的に走り回るだけ」（謝・謝、2003）という認識があった。しかし、「台湾では日本の統治政策によって、日本本島と同じように『野球』というスポーツが台湾社会に浸透し始めた」（野嶋、2020）。

日本統治時代の台湾では、「嘉義農林＝嘉農ＫＡＮＯ」という伝説の野球チームの物語がある[1]（魏ほか、２０１４）。１９３１年、日本の甲子園大会で準優勝を獲得した野球チームとして知られ、「漢人、原住民、日本人という三民族の選手から構成されたチーム」（謝、２０１４）であった。この三民族融合のチームは、「三民族が分け隔てなく協力して勝利をつかむというのは、台湾経営において最高の理想の姿だったからである。大いに嘉農を論ずる目的は、台湾統治の成功を宣揚することにあった」と謝（２０１４）は述べている。まさに、野嶋（２０２０）がいう「野球にビルトインされた『近代化』と『教育』は、台湾において『教化』という植民地政策と非常に相性が良かった」。そして、「野球は、日本が台湾で押し進めた教化の一手段としての様相をもちながら、台湾で広がっていく」状況となった。

戦後の１９４９年、「蒋介石が率いる中国国民党（以下は、国民党と略す）政府が中国大陸から台湾へ撤退したことによって、台湾の国民党政府と中国大陸の共産党政府とが冷戦状態になり、またアメリカとの関係もその後の冷戦時代の終焉と共に変容してきた中で、台湾は独自の社会発展を遂げた」（童、２０１２）。台湾野球は、日本統治時代の台湾社会の変容とともに変化し、発展し続けてきた。１９７９年、共産党政府が成立した中華人民共和国とアメリカとの国交樹立により、国民党政府の中華民国は、国連から脱退せざるを得ない状況に陥った。外交危機を迎えた国民党政府は、対外的に国際的な立場を承認される一方で対内的に台湾人の支持を得るため、リトルリーグ世界選手権で優勝した「紅葉」や「金龍」という台湾少年野球チームの優勝パレードを各地で行った。国民党政権による野球の政治的利用は、国際スポーツイベントなどにおいて明らかであった。

２０００年に国民党政権から民進党政権への交代により、台湾社会に変化を及ぼしたが、２００１年ベースボールワールドカップで3位になったのちも執政者による野球の政治的利用は変わっていない。その後、２００８北京オリンピックで中国チームに敗戦し、２００８年と２００９年の台湾プロ野球の八百長事件の発覚があったが、２０１０年の総計画の公表などが示すように、野球は台湾のナショナルスポーツであることが明白である。前述した日本統治時代から国民党政権、国民党政権から民主進歩党政権への政党による政権交代の影響を踏まえて、台湾社会においてナショナルスポーツとしての野球の地位は強固なものになったといえる。

2　振興野球運動総計画の内容と体育・スポーツ政策に関する組織の変容

次に、2010年に公表された総計画の内容を説明した上で、ナショナルスポーツのプロモーションに深く関連する体育とスポーツ政策に関する組織の仕組みを取り上げながら、台湾における野球のプロモーションを論述する。

総計画は台湾政府が主に四つのレベルで野球を振興するため、レベルごとに異なる計画内容を掲げている。まず、学生野球では、学校を基盤とした野球の部活動や野球サークルの設立経費を助成し、チーム数を増加させるなどの計画が立てられた。次に、社会人野球では、補助金を支給し、新規のチームの設立に力を注いだ。また、八百長事件などで最も問題視されているプロ野球では、振興策のみならず、賭博禁止規制や給料など所得の規定も掲げている。そして、ナショナルチームでは招集に関する体制を構築することで、野球の国際スポーツ大会での成績を上げようとしている。以下、学生野球、社会人野球、プロ野球、ナショナルチームの四つのレベルで実施する計画内容を簡単に説明する。

①学生野球の振興は「基層野球紮《さっ》根《こん》工作（学生野球育成計画）」と称し、小学校から中学校、高校、大学（専門学校を含む）までの学生野球を包括的に振興する方策を提示している。このレベルを主管する機関は、教育部の体育司（当時）である。

②総計画が公表される前は、台湾の社会人野球チームは台湾電力と合作金庫の2チームのみだった。学校を卒業後に社会人野球チームに入団する若手選手は少なく、ほとんどはプロ野球を退職した選手である。このような

状況を改善するため、総計画では学生野球の基礎を強化すると同時に、社会人野球の底上げに力を入れた。

③プロ野球の振興について、いくつかの政府機関及び民間スポーツ組織に分け、それぞれに関連する振興項目を掲げている。

④台湾を代表するナショナルチームに関する具体的内容について、これまでは各レベルにナショナルチームが組織されていたが、政府、民間組織、プロ野球連盟に対する統一的な選手派遣に関する規定はなかった。総計画が制定されるのを機に、ナショナルチーム選手の招集及び強化に関する協力体制を整えることが目標に掲げられた。

総計画では、学校体育と部活動に対する経済的な援助だけではなく、人材、技術、施設などにも全面的な支援を行っている。それによって、学校の部活動チーム数を増加させ、また、社会人野球チームの設立には地域や企業の協力が必要であるとも明記されている。

プロ野球については、八百長や賭博問題の再発(2)を防止し、試合の進行に支障がないように、警察の協力を得ながら試合会場内外で選手の安全と現場の秩序を守るなどの項目が挙げられた。また、ナショナルチームの結成については、体育委員会（以下、体委会と略す）が中華野球協会とプロ野球連盟に協力し、試合のレベルによってプロ選手、あるいはアマチュア選手を招集することで、最強のナショナルチームが結成できるように環境を整えた。最後に、上述した各レベル以外にも、野球のスキル向上や国際スポーツ大会開催などに対する補助項目を挙げている。

２００９年に総計画を立案したのは、当時の体委会の競技運動処であった。総計画は政府が主導するスポーツに関する政策であるため、その政治的背景や意味を明らかにするには、台湾の体育・スポーツの主管機関に関する仕組みの理解、及びその変容に注目する必要がある。ここでは台湾の体育・スポーツ政策に関する組織の特徴を示す。

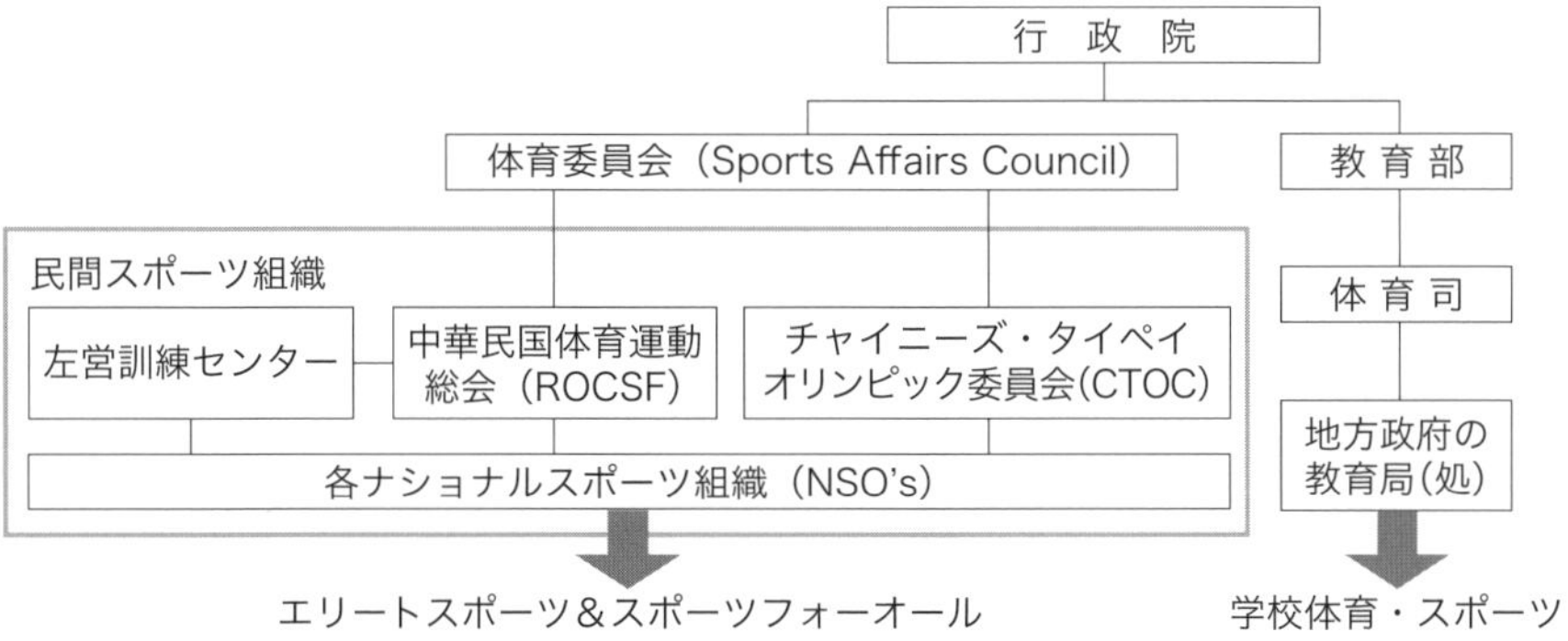

図1　1990年代後半台湾の体育・スポーツ行政組織図（タンほか、2009、童改変）

まず、体育・スポーツの主管機関の仕組みについて、タンほか(Tan et al., 2009)の研究を参考にしながら、現行の体育・スポーツに関する主管組織の仕組みが成立するまでの経緯をみていく。

１９９７年以降の台湾では、図1のように体育・スポーツを主管する政府機関は二つあった。スポーツ主管の体委会と学校体育主管の教育部体育司である。前者は競技スポーツとスポーツフォーオールに焦点を当て、後者は主に学校体育に関する業務を行っている。１９９０年代後半の行政体制では、体育司が学校体育や地方レベルの教育システムにおいて政策のプロモーションと実行に関わる直接的な影響を与えていた。

体委会の設立当初、体委会は二つの財団法人、チャイニーズ・タイペイオリンピック委員会（Chinese Taipei Olympic Committee = CTOC、以下「オリンピック委員会」と略す）と中華民国体育運動総会（Republic of China Sport Federation = ROCSF、以下「体総」と略す）を通して、各スポーツ競技団体を統括するなど民間組織に依存しながら体育・スポーツ政策を実施していた。そのため、体委会の設立後は、体委会と上述した両財団法人の間にある緊張関係が生じたという。タンほか（２００９）はこのような関係について、「体委会が政府から課せられたスポーツ政策目標を効率よく実行・達成していく上で、これまでに築き上げられた体総とオリンピック委員会を中心としたスポー

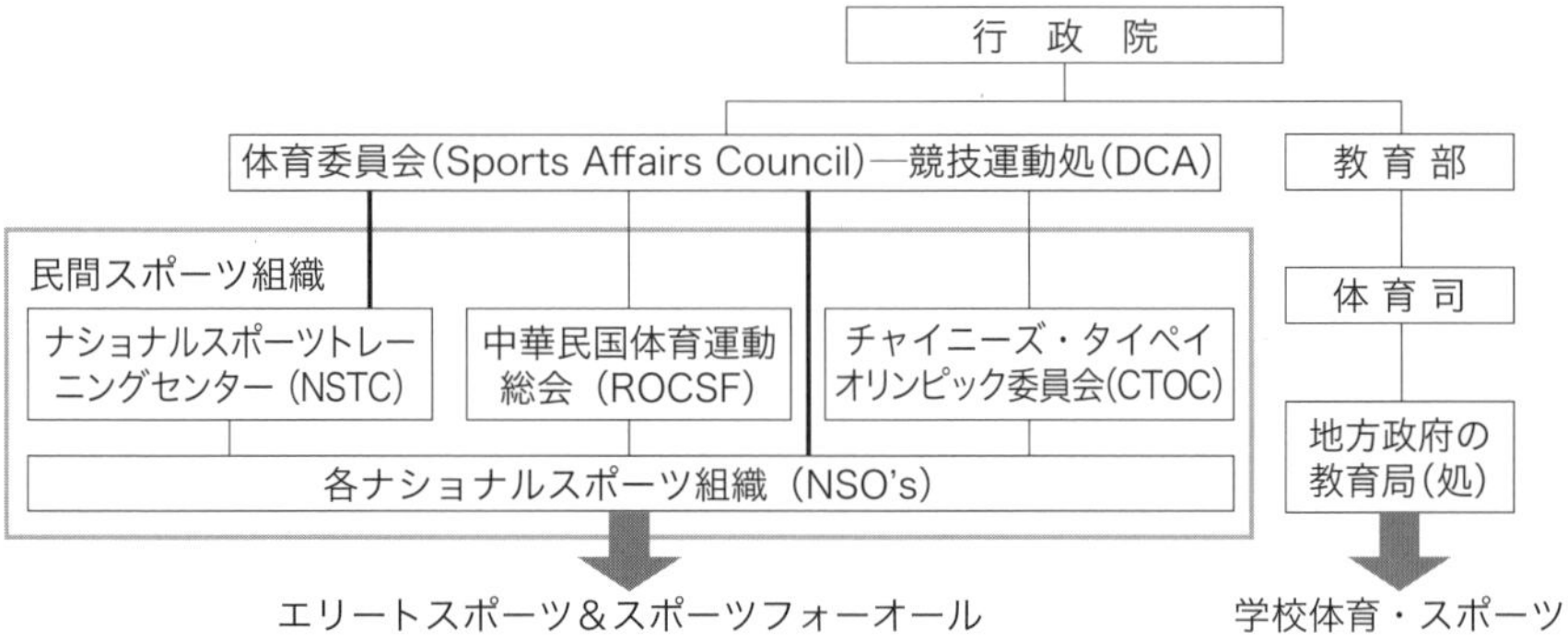

図2　2008年台湾の体育・スポーツ行政組織図（タンほか、2009、童改変）

ツ体制がその効率性を妨げることになった」と指摘している。

　また、体総は体委会から予算をもらい、ナショナルスポーツトレーニングセンター[3]（National Sports Training Center = NSTC、以下「ＮＳＴＣ」と略す）の前身である左営訓練センターを管理し、そこで国家代表選手の招集とナショナルチームの合宿を行っていた。しかし、体総はオリンピック大会でのメダル獲得目標を達成することができなかったため、体委会は体総の予算を削減し、左営訓練センターを直接管理する権利を奪い返すことにした。さらに体委会は、今まで体総を通して各競技団体に配分していた予算を直接配分することにした。

　このように２０００年以降、図２で示されるように、体委会はオリンピック委員会と体総だけでなく、各競技団体にも予算を分配し、ナショナルスポーツ組織に直接的に影響を与えるようになった。体委会に設置された競技運動処は、ＮＳＴＣを管理し、潜在能力のある若いアスリートを発掘するだけでなく、ＮＳＴＣでトレーニングさせることもできるようになった。これは、体総の代わりに、体委会が各スポーツ大会の競技結果に関する責任を負うようになったことを示している。

　以上のように、体委会の設立当初は体総とオリンピック委員会にその実質的な統括機能があり、スポーツ政策の立案と実行は両組織に支えられていたが、ＮＳＴＣによる管理の責任所在に関する訴訟事件後、状況が一変した。その訴訟事件とは、体総は自らの利益を守るため、体委会がＮＳＴＣを管理することは違法であると裁判所に訴えたのである。だが、その施設はもともと教育部と体委会が補助金を出して国防部（日本の防衛省に類似する）から借用した施設で、体総の所有物ではなかったため、体総が敗訴した。この裁判の結果、体総の権力は衰退した。すなわち、両財団法人への経済的な支援の配分の見直しによって体委会の影響力が強くなり、実質的な影響力を行使することができるようになったといえる。

しかし、体委会、体総、オリンピック委員会の関係は、行政院の組織改編により２０１３年1月1日にスポーツ主管の体委会と学校体育主管の体育司が合併し、教育部の傘下組織である体育署（Sports Administration, Ministry of Education）（図３）が新設された後にさらに変化した。

新たに台湾の体育・スポーツの最高行政指導機関となった体育署は、学校体育・スポーツが一つの部門（学校体育組）となり、競技スポーツ（エリートスポーツ）と全民運動（スポーツフォーオール）を統合するスポーツ振興の統括組織として生まれ変わった。

また、２０１４年1月、体育署は体総とオリンピック委員会と協力して、共同声明を発表した。「オリンピック委員会、体総、教育部体育署は、互いに協力する組織によるトリプルウィンの新局面を創造する。目標を一致させ、密接に協力し合い、積極的に社会資源を求め、優秀なスポーツ選手をサポートし、各スポーツ競技団体に協力する。また、体育（スポーツ）の専門的な人材を育成し、競技スポーツのレベルを向上させ、全民運動を普及し、オリンピック活動を普及させ、我が国の体育（スポーツ）の発展に貢献する。互いに協力し合い、頂点をめざすことを誓い、ここに声明として発表する」という声明を通して、台湾の体育・スポーツの発展に尽力することを誓った。

上述した体育署、体総、オリンピック委員会という三者の関係の変化によって、教育を基盤とする体育から、競技スポーツ、全民運動まで「官民一体となって」発展させようとする台湾の体育・スポーツ政策の特徴が見られる。また、総計画の内容を見ると、学生野球の部活動からナショナルチームに至るまで野球を振興する一連の

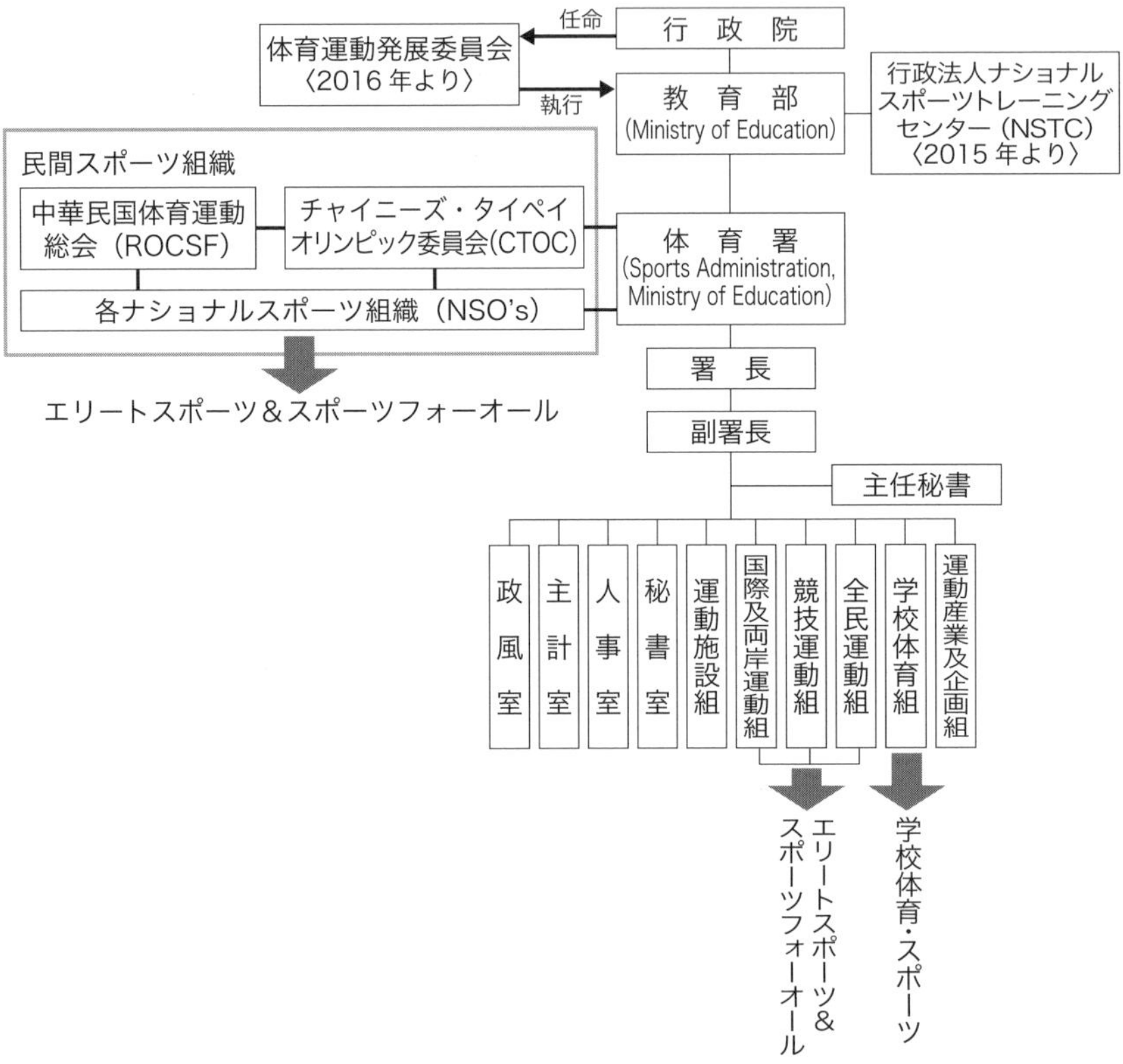

図3　2021年現在の台湾の体育・スポーツ行政組織図（体育署HPを元に筆者作成）

政策は、教育的基盤から台湾野球を振興していくという、まさに同じ特徴が見られる。このように、総計画がもつ（教育を基盤として台湾野球を振興していく）政治的意味から、体委会が教育部の体育署に吸収合併されたという組織変容は、新たな台湾の体育・スポーツ政策の政治的な意図が反映されたことによるものとして理解することができる。

3 振興野球運動総計画がもつ政治的意味

菊（2015、240-243頁）によれば、「近代以降の社会において個々人を拘束する政治の単位となったのは国民国家（nation-states)」であり、「特に国家（=state）的な危機に際しては、声高にネーションの主張=ナショナリズム、を意図的に意識し、また意識させようとする政治的パワーが働く必要が出てくる」と述べており、「国民と国家との関係をつなぐ諸政策のスタイルとその文化的装置としてのスポーツの取り扱いについては大きな特徴がみられる」。さらに菊は、近代の東アジア諸国の国家体制を確立するために「国家から国民への政策供給の論理、すなわち上からのトップ―ダウン型政策の必要性」が優先されると指摘している。

総計画では、体委会だけではなく、政府組織の教育部、内政部、法務部など政府の行政機関、ならびに民間スポーツ組織の野球協会、プロ野球連盟、野球選手労働組合などにも協力を要請するような内容が取り入れられた。このように他の行政機関や民間スポーツ組織の協力を総計画に明記した理由として、台湾における野球という種目の特殊性がある。林（1995）によれば、70年代の台湾の国民党政府は対外的に国際的な立場を承認された一つの手段として少年野球の存在があった。その後も野球を政治的に利用し、台湾人の新たな「認同意識」（台湾人としての自分たちを同一視する意識）を構築していくようになる（童、2012）。このような歴史的背景があったからこそ、台湾では野球というスポーツを台湾全体に振興しなければならないという台湾政府の思惑があると考えられる。さらに台湾は、国際政治社会に認められるためには、野球というスポーツを通してしか自国の存在をアピールできない側面があると考えられる。つまり、台湾政府には台湾人を凝集するため、野球を強化しなければならないという重要な政治的理由があるのだ。童(2012)は、台湾に住む人々が野球を通して「我々」意識を再確認することができ、野球が台湾人としての自分たちを同一視する意識を表象する一つのツールとして、その可能性と事実が見られると述べている。それゆえ、官民を含む協力が必要なのである。

そのため、台湾政府が提出した総計画の内容に菊がいうトップ―ダウン型政策のみならず、ボトム―アップ型の政策が実現できたと言えるだろう。その背景には、野球が「我が国がメダルを獲得できる有力な競技種目である」ことや「野球は国民が最も愛好するスポーツ」であり、さらに、「我が国は野球を通して国際社会で国力のアピールができ、国際的にも注目される最も重要な競技種目である」と言う。野球の国際スポーツ大会での成績不振は、野球に対する振興の資源が不足していると強調され、「より多くの優秀な選手を育て、国際競技レベルを向上」させるために、総計画が制定されている。上述した内容はまさに「自らが所属する国民国家の存在を意識しようとする」(菊、2015、260頁)ものである。台湾におけるナショナルスポーツとしての野球の総計画の政治的な意味がさらに強調されている。

4 まとめと今後の課題

本稿は、台湾が経験してきたポリティカルな歴史(日本統治時代、国民党政権時代、政権交代時代)を簡潔に取り上げ、台湾における野球を事例にして、2010年3月に公表された「振興野球運動総計画」の内容及び体育とスポーツ政策に関する組織の仕組みの変容を提示し、そこにみる政治的な意味を明らかにした。総計画では、四つのレベルの振興計画内容を示し、野球を振興するとともに、教育(体育)を基盤として野球を振興していくという政治的意図が明らかに示されてきた。台湾の体育とスポーツ政策の主管機関に変容があっても、野球を振興する重要性を一貫して示しながら野球を振興しており、そのことに対する政治的な意図（国際社会に向けたアピール）を総計画の内容から垣間見ることができる。また、菊が明示した「国家から国民への政策供給の論理、すなわち上からのトップ—ダウン型政策の必要性」を再確認しつつ、総計画の公表によるボトム—アップ型政策の可能性を見ることもできた。台湾の「野球＝国球」だからこそのプロモーションであると考えられる。現在、台湾野球は、学生野球はもちろん、社会人野球、プロ野球とナショナルチームのみならず、生涯スポーツとスポーツ産業への参入について議論され、プロモーションが継続している。今後、生涯スポーツとスポーツ産業の視点から台湾野球のプロモーションを論じていきたい。

（童　安佚）

〈付記〉本稿は、鳴門教育大学国際教育協力研究第15号に掲載された研究論文をリライトしたものである。

■注

(1)台湾中部にある都市嘉義の農業学校、嘉義農林学校の野球チームである。台湾の著名な映画監督である魏徳聖（ウェイ・ダーション、Wei Te-sheng）が撮り下ろした映画『ＫＡＮＯ　１９３１海の向こうの甲子園』は、史実に基づき１９３１年に日本の甲子園に出場した台湾野球チームの物語である。

(2)台湾では、野球の八百長及び賭博が社会問題になり、野球選手のモラル問題が浮上している。そのため、野球選手を学校教育の中で育てる必要があると考え、教育部の傘下にスポーツ組織を取り込む結果となった。

(3)２００１年に「左営訓練センター」を「ナショナルスポーツトレーニングセンター（ＮＳＴＣ）」と改称した。主管も国防部から体育委員会になった。２０１３年体育署に主管を変え、２０１５年に行政法人ナショナルスポーツトレーニングセンターになり、教育部が主管するようになった。２０１６年に行政院に任務型の体育運動発展委員会が設立された。体育運動発展委員会は、任務によって体育・スポーツの統括機関として各部会の調整及び総括をする組織である。体育署は執行部会として各事案の決議を行う。

■文献

・菊幸一（２０１５）第8章　東アジアを貫く時間軸とスポーツ政策．土佐昌樹編著、東アジアのスポーツ・ナショナリズム—国家戦略と国際協調のはざまで―．ミネルヴァ書房、２３９‐２６７頁．
・高俊雄（２０２０）臺灣體育運動因應全球新冠疫情之策略與產業政策．臺灣體育運動管理學報、20（２）：１１３‐１３２頁．
・教育部体育署．
http://www.sa.gov.tw/（参照２０２１年10月20日）
・野嶋剛（２０２０）「野球と棒球」―白球がつなぐ日台百年史(前編)．交流：台湾情報誌、９４８：14‐24頁．
・謝仕淵・謝佳芬（２００３）台灣棒球一百年．果実出版、20頁．
・謝仕淵（２０１４）特別寄稿「ＫＡＮＯ―台湾野球の原点」、魏徳聖・陳嘉蔚著、陳小雅イラスト：宇野幸一・阪本佳代訳、ＫＡＮＯ １９３１海の向こうの甲子園．翔泳社、４５１‐４６８頁．
・Tien-Chin Tan, Chih-Fu Cheng, Ping-Chao Lee and Ling-Mei Ko (2009) Sport policy in Taiwan, 1949-2008: a brief history of government involvement in sport. International Journal of Sport Policy, 1(1): 99-111.
・童安佚（２０１２）新台湾ナショナル・アイデンティティの形成に及ぼす国際野球イベントの影響：２００１年ベースボールワールドカップを事例にして．体育学研究、57：１０３‐１１８頁．
・魏徳聖・陳嘉蔚著、陳小雅イラスト：宇野幸一・阪本佳代訳（２０１４）ＫＡＮＯ １９３１海の向こうの甲子園、翔泳社．

コラム1 スポーツ統括組織の取り組みと課題

●日本スポーツ協会が取り組むスポーツプロモーションのこれまで

2022年には『第3期スポーツ基本計画』、「運動部活動の地域移行に関する検討会議」からの提言、そして『学校部活動及び新たな地域クラブ活動の在り方に関する総合的なガイドライン』が公表された。このように、国は東京オリンピック・パラリンピック終了後も、スポーツに対して積極的に関与している。

菊(2006)は、我が国のスポーツ政策においてスポーツが体育的に定義されてきたことを指摘し、その課題をスポーツ「参加」と、スポーツそれ自体の質的変容が進展、多様化する状況から指摘している。そして「人々の生活課題とスポーツの可能性をどのように結びつけ、生涯学習社会をどのように整備し、モデル化して、そのための政策ビジョンを描いていくのかは、スポーツ行政施策に代わるスポーツプロモーション施策の大きな課題となるのである。したがって、その担い手は、従来のような官レベルの組織だけではなく、むしろスポーツ界に関わる法人レベルや民間レベルの組織、学会、あるいはスポーツに参加するすべての人々に求められているといえるだろう」(菊、2006、106頁)と論じている。こうした指摘を踏まえると、民間のスポーツ統括組織である日本スポーツ協会(以下、JSPOと略す)は、これまで以上にスポーツプロモーションの担い手となることが求められていると言えるだろう。なおスポーツプロモーションは、先述の通りスポーツ行政施策に代わるものであり、「スポーツそれ自体と人々が直接かかわる実感や受け止め方(=当事者性)を大切にし、その中でその意味や価値を明らかにしながら、必要な考え方や思想を促進し、発展させていくこと」(菊、2019、79頁)と定義される。

日本体育協会(JSPOの前名称)と日本オリンピック委員会は創立100周年を迎えた2011年に、『スポーツ宣言日本―21世紀におけるスポーツの使命―』(以下、「スポーツ宣言日本」と略す)を採択した。この宣言では、スポーツを「自発的な運動の楽しみを基調とする人類共通の文化」と定義した。この定義は、同年に公布・施行されたスポーツ基本法が、スポーツを「心身の健全な発達、健康及び体力の保持増進、精神的な充足感の獲得、自律心その他の精神の涵《かん》養等のために個人又は集団で行われる運動競技その他の身体活動」(文部科学省、2011)と定義したのとは対照的であり、スポーツを手段としてではなく、プレー、遊びの性格をもつものとして捉えたものである。これは国との違いを明確にし、民間スポーツ統括組織の立場からのスポーツプロモーションを担う決意表明と言うことができる。

JSPOでは5年ごとに中期事業方針を見直し、策定しているが、2013年に策定した「21世紀の国民スポーツ推進方策―スポーツ推進2013」(以下「スポーツ推進2013」とする)は「スポーツ宣言日本」の発表後に最初に策定された事業方針である。そしてそこで示される内容は、それまでの事業方針から大きな変化を見せている。

まず、これまでの事業計画は、「スポーツ振興方策」という名称で、「振興」という言葉が使われてきた。しかし、「スポーツ推進2013」において初めて「推進」という言葉が使われた。この意図は、事業の「推進」が「これまで以上に人々のスポーツ実践への内発的動機に基づいたスポーツ文化の豊かな享受を重視し、国民一人ひとりが個々のニーズに応じて自発的・主体的にスポーツに参画することを『後押し』するための政策的な取り組みを組織として一体的に展開していくことが求められている」(日本体育協会、2013、10頁)ことを強調した。これは、スポーツの自発性と主体性を強調するとともに、先述したスポーツプロモーションの定義にも合致するものである。次に、実施する事業を、非日常的なスポーツ享受の機会を提供する大会や国際交流などを含む「イベント事業」、日常生活に密着したスポーツ享受を促進するスポーツ少年団や、地域スポーツクラブの育成・支援を含む「クラブ/エリア事業」、非日常的なスポーツ享受の質的向上を支えるスポーツ指導者育成、スポーツ医・科学研究、そして広報を含む「ソフトインフラ事業」の三つに分類し、各事業の役割と関係が明確に示された。そして、組織体制についても言及し、我が国のスポーツ推進体制全体の「自律・自立」を促すような組織体制のあり方を提起した。これまでも財政の「自立」についての言及はあったが、組織体制の「自律」の言及は初めてのことであり、民間スポーツ統括組織としてのあるべき姿を示したと言える。

次に2017年6月23日には「名称変更趣意書」が発表され、2018年にこれまでの日本体育協会から現名

コラム１

称の日本スポーツ協会に変更することを表明した。これは、スポーツへの関心の高まりに応じ、遍く人々のスポーツ参画を促し、スポーツという文化を後世に継承していくにはスポーツの普及・振興、生涯スポーツの推進に取り組むために、名称を変更することが望ましいという考え方に基づくものである。そして、これに合わせて定款の変更も行い、「わが国におけるスポーツの統一組織としてスポーツを推進し、遍く人々が主体的にスポーツを享受し得るよう努めるとともに、フェアプレー精神を広め深めることを通して、多様な人々が共生する平和と友好に満ちた持続可能で豊かな社会の創造に寄与すること」（日本スポーツ協会、２０１８、１頁）が目的に明示された。ここでもスポーツへの主体的なかかわりが強調されていると言えるだろう。

そして、「スポーツ推進２０１３」から5年後に策定された「日本スポーツ協会スポーツ推進方策２０１８」においては、基本的な考え方は「スポーツ推進２０１３」を踏襲しているが、方策の対象は日本国籍の保有者に限定されないことから、名称から「国民」という文言が削除された。そして特筆すべきは、日本スポーツ協会組織・体制の充実・強化のために必要な施策として、事業評価システムの定着とスポーツ団体への普及が挙げられたことである。これを受け、実際にＪＳＰＯにおいてＰＤＣＡサイクルに基づいた体系的な事業評価の運用が導入され、「スポーツ宣言日本」が掲げるスポーツの使命と各事業との関係を意識して事業が遂行されるような取り組みも始まっている。

以上のように、民間スポーツ組織としてスポーツプロモーションを担うべく、ＪＳＰＯは組織体制を変化させつつある。そこに貫かれていることは、「自発的・主体的なスポーツ享受を後押しすること」である。つまり、「スポーツ宣言日本」において定義されたスポーツのあり方を推進することである。しかし、体制の変化に応じて、実施する事業がこのような方向性に向かって成果を出しているか否かは、事業の評価を踏まえて検証していかなければならない。

●日本スポーツ協会が取り組むスポーツプロモーションのこれから

さて、運動部活動改革の議論が活発に行われているが、冒頭に挙げた国の計画等において、ＪＳＰＯが役割を担うことが期待される項目がいくつか挙げられている。その多くは指導者の質の保障と量の確保と、スポーツを実施する受け皿の確保である。運動部活動改革に関しては、指導者と部活動の受け皿の絶対数の不足が指摘されており、ＪＳＰＯとしては、公認スポーツ指導者の養成と、スポーツ少年団、総合型地域スポーツクラブの支援・育成を通じて、こうした問題の解決に協力し、子どもたちのスポーツ環境を整えなければならない。ただし、その際には競技志向が強いと言われてきた運動部活動をそのまま受け入れるのではなく、子どもたちの多様な志向・目的に応じることができる、多様な受け皿と指導者を用意することが必要となるだろう。

　さて、スポーツ組織は長い間、人的資源、施設等改革において、教育機関や企業組織に依存してきたことは今までも度々指摘されてきている。この運動部活動改革は、スポーツ組織が依存体質を改め、主体的に「自律・自立」に取り組む契機とも言えるだろう。そのためには、ＪＳＰＯは必要最低限の基盤整備等は行政に要請するとしても、「スポーツは自発的に楽しむもの」という考え方を定着させ、身銭を切ってでもスポーツを楽しみたいと思うスポーツ愛好者を増やすとともに、従来の競技志向に偏重して組織化されていたスポーツ組織のあり方を改めていくために加盟団体と協働・連携することが不可欠となる。そして何よりも、ＪＳＰＯ自体が、スポーツプロモーションの担い手として相応しく、さらなる自律・自立を意識していかなければならない。（奈良光晴）

■参考文献
・菊幸一（２００６）スポーツ行政施策からスポーツプロモーション政策へ．菊幸一編著、現代スポーツのパースペクティブ．大修館書店、96-112頁．
・菊幸一（２０１９）スポーツの意義と価値．日本スポーツ協会編、レファレンスブック、71-95頁．
・日本体育協会「21世紀の国民スポーツ推進方策―スポーツ推進２０１３」
https://www.japan-sports.or.jp/Portals/0/data0/about/pdf/21century2013.pdf（参照２０２２年8月26日）
・日本体育協会「名称変更趣意書」
https://www.japan-sports.or.jp/Portals/0/data/somu/doc/Meishou_Henkou.pdf（参照２０２２年8月26日）
・日本体育協会・日本オリンピック委員会「スポーツ宣言日本」
https://www.japan-sports.or.jp/about/tabid94.html#01（参照２０２２年8月26日）
・日本スポーツ協会「日本スポーツ協会スポーツ推進方策２０１８」
https://www.japan-sports.or.jp/about/tabid149.html#01（参照２０２２年8月26日）
・文部科学省（２０１１）「スポーツ基本法」
https://www.mext.go.jp/sports/b_menu/sports/mcatetop01/list/detail/1372293.htm（参照２０２２年8月26日）

第2部

現代社会における体育のプロモーション

第10章 学校体育の課題と可能性

――パブリックスクールからの問いかけ

1　学校体育の起源としてのパブリックスクール

19世紀の英国パブリックスクールの運動場は、それまで民衆の遊びであったフットボールなどの身体活動が近代スポーツへ洗練されていく場であっただけでなく、それらが教育として承認されていく舞台にもなった。

佐伯は、「スポーツが積極的に学校教育に導入され、学校教育の重要な一端を担うようになる」のは、パブリックスクールにおいてスポーツがカリキュラムの中に取り込まれたことに始まるとして、そういった教育のあり方を「パブリックスクール・モデル」と名づけている（佐伯、１９９４）。

つまり、19世紀のパブリックスクールで行われたスポーツの実践は、日本を含む、多くの国々で現在行われている学校体育の一つの起源として理解できるのである。

2 菊のパブリックスクール理解の特徴

そのようなパブリックスクールについて論じた一人に菊がいる。ただし菊は、教育としてスポーツを承認したルーツがパブリックスクールにあったという歴史的事実を指摘するだけでなく、それがなぜ、19世紀のパブリックスクールにおいて起こりえたのかについて、改めて問うたのである。

この点については、ラグビー校校長のアーノルド（Arnold）こそがスポーツに教育的価値を見出して奨励した始まりと語る「アーノルド神話」に象徴されるように、教師側がスポーツに「人格陶冶」の可能性を見出したという方向から考えられがちである。しかし、菊の理解の特徴は、スポーツの「可能性を自ら学習者が需要し（求め）ようとする学習の論理」（菊、２０１８）からこの事象を読み解こうとしたところにある。

菊は、現在から見ると「極めて反社会的であり、反教育的な身体文化として存在していた」暴力的な身体活動が、暴力性を減じていく「スポーツの文明化」の過程において、どのように「教育的性格が付与されるまでになったのか」という「スポーツと教育の結合」のプロセスに注目する。そしてそれは、「教師による直接的な強制力（外からの規律訓練的な行使）から誕生したのではなく、非暴力的にプレイすることが楽しさを延長することになることを（教師側からの間接的な統制・指導のもとに）学んだ子どもたち自身の、自発的なコントロールから誕生した」（菊、２０２２）ものと理解したのである。

そこでのスポーツは、教育的価値を見出して奨励されたというより、アーノルドが「校内の規律を維持し、自分の意図した改革を達成する上で、生徒たちの協力を得るために支払った代償である」（McIntosh, 1968）としたアーノルド神話の否定も踏まえつつ、菊はそこに、生徒側からの「学習の論理」という視点を導入して「スポーツと教育の結合」を説明したのである。このような教育としてのスポーツの始まりは、それを楽しむ生徒たちの自発性にあったとする菊の見方を筆者も共有する（鈴木、２０１３）。

表1　パブリック・スクールにおける教育としてのスポーツの発展過程

	①荒廃期	②改革期	③第1の発展期	④第2の発展期
時　期	18世紀後半～ 19世紀初頭	19世紀初頭～中頃	19世紀中頃～後半	19世紀後半～ 20世紀初頭
教師の態度	抑圧または黙認	統制の手段として 消極的に承認	教育的価値を認め 積極的に奨励	軍事訓練的価値を 強調して参加を強制
代表的校長	シュルズバリー校 バトラー 1798-1836年	ラグビー校 アーノルド 1828-42年	アッピンガム校 スリング 1853-87年	イートン校 ウァー 1884-1905年

パブリックスクールにおける教育としてのスポーツの発展過程は、スポーツに対する教師の態度を指標に、表1の四つの段階に整理できるが、菊が注目した「スポーツと教育の結合」は、生徒たちがスポーツを行う時空間が「教師側からの間接的な統制・指導のもとに」あった「②改革期」に生じた出来事と考えられる。

先行研究で指摘されているように、この時期のパブリックスクールにおけるスポーツは、教師にとって生徒たちを統制するための「手段」であった（McIntosh, 1968; Mangan, 1981）。このことを理解するためには、当時の生徒たちに最も人気があった自由時間の過ごし方がスポーツではなく、近隣の私有地へ不法侵入して行う鳥撃ち、巣探し、ウサギ狩りといった野外での野放図な遊びであったという事実を知る必要がある。18世紀後半から続いたパブリックスクールの荒廃状況に終止符を打つための改革を進める教師たちは、さまざまな問題を引き起こすこうした行為を禁止する必要に迫られていたが、その時に、校内の運動場に生徒たちを反発させることなくむしろ進んで集結せしめ、結果的に校外での悪行を消滅させる手段として、生徒の自治的活動であったスポーツが利用されたのである。

アーノルドは狩猟を禁じ、代わりに校内の運動場でフットボール等を行う機会を保障した。その意味でラグビー校におけるスポーツの承認は、アーノルドにとって校外での悪行を根絶するために支払った「代償」だった。だが、教師たちにとっては生徒を統制する「手段」であったスポーツも、生徒たちにとっては「遊び」そのものだったはずである。それが楽しさに向かって行われる遊び（プレイ）でなかったら、最も人気があった野外での密猟等に代わる活動として、生徒たちがこのバーターを受け入れるはずがないからである。

筆者が、「スポーツと教育の結合」を、「子どもたち自身の、自発的なコントロールから誕生した」とする菊のパブリックスクール理解を支持する理由はここにある。そしてこの自己目的的に行われたスポーツは、自治が尊重されたパブリックスクール生活のその他の局面とも連動しながら、それ自体の教育的価値が次第に認識されていき、19世紀の後半には、教師たちがスポーツを積極的に奨励する時代を迎えることになったのである。

3 研究上の空白と本稿の課題

さて、19世紀のパブリックスクールで教育として承認されたこの実践は、第2次世界大戦後に英国における公立の初等・中等学校の体育授業が、従前の体操を中心とした「身体訓練（Physical Training=PT）」から、スポーツを中心とした「体育（Physical Education=PE）」へと変容していく基盤となり、「競争的スポーツ（Competitive Sport）が、体育において確固とした極めて重要な内容であり続けている」と述べられている（McIntosh, 1968）ように、1960年代には英国における学校体育の明確な特徴となった。

そしてこの特徴は、1970年代にイングランド及びウェールズの中等学校が対象となった全国調査（Kane, 1974）の結果においても確認できるし、さらには1992年に施行された英国で初めての全国統一カリキュラムであるナショナル・カリキュラムの体育が、英国発祥のラグビー、サッカー、クリケット、ホッケー等々のチームスポーツを柱とする「ゲーム」領域を非常に重視していることからも、現在も英国における学校体育の主要な特徴になっている。

しかしながら、こういった大戦後の動向を、これまでの英国体育史研究では「パブリックスクール・モデル」を受容した公立学校を中心に描いていて、当のパブリックスクールでは戦後どのような実践が行われてきたのかについて関心を持ってこなかった。この研究上の空白をトーザー（Tozer）は、英国における「私立学校の体育とスポーツについては、1974年のスクール・カウンシルによる中等学校の体育に関する調査の付録8頁の他に、事実に基づく分析的な類のものは過去50年の間にほとんど公にされていない」と指摘している（Tozer, 2012）。それは、パブリックスクールが過去において一定の役割を果たし終えた、言わば歴史的な存在として把握されているからだと思われる。

菊がパブリックスクールに目を向けたのは、そのような歴史的存在としての把握に止まらず、「体育（カリキュラム）がどのような出自から社会的に成立し、どのような政治的、経済的な思惑に左右されようとも、体育学習（授業）によって育成される次代の社会を担う子どもたち（学習者）に、だからこそどのような体育授業を構成し、提供（単元化）していくのかを考えなければならない」（菊、2022）という問題意識に発するものであった。それゆえ菊は、生徒側の「学習の論理」から「スポーツと教育の結合」を理解しようとしたわけである。そこで菊が読み解いたパブリックスクールの運動場における生徒たちの経験は、学校体育の課題と可能性を考える上で示唆を与えてくれるが、菊のパブリックスクールへの眼差しも、19世紀の世界に留まっているとも言える。

そこで本稿では、菊を含むこれまでの論述が目を向けてこなかった、パブリックスクールが学校体育の主役の座から降りた後の時期、特に第2次世界大戦後における状況を追いかけてみる。この作業を行う前提には、現在の問題の少なくない根源は、その起源である処に端を発するという仮説がある。学校体育の起源であるからこそ、「スポーツと教育の結合」の後にも両者の関係をめぐりパブリックスクールが辿ってきた道のりは、現在の学校体育が向き合う問題と無関係ではないはずである。本稿は、そこからの問いかけに耳を澄ませながら、学校体育の課題と可能性を考えてみようとする試みである。

4 戦後のパブリックスクール

(1) 1970年代の状況

最初に、トーザーが唯一の例外とした中等学校の体育に関する調査の付録8頁が、パブリックスクールについて明らかにしたこと（Ashley, 1974）を確認しておく。そこでは、公立中等学校の調査結果と対比させる形で、多くが寮制をとっている43校の男子パブリックスクールの実態が、体育とその他のスポーツ活動に当てられている時間、めざされている目標、体育が生徒に与えていると考える効果、体育教師としての仕事に影響を及ぼしている要因、採用している指導の方法等の項目に分けて報告されている。

日々の時間割に位置づけられた体育の授業は、義務教育修了年限の第3学年まで40分程度の授業が週に1～2回行われているのが一般的な姿であった。その体育授業とは別に、19世紀以来の伝統であるチームスポーツを行う「ゲーム」と名づけられた時間帯が各校で設定されていて、学年の進行に伴いその必修は減るものの、第1学年では週に平均260分がゲームに当てられていた。必修化されていない時間も含めると、体育の授業以外に週に6時間半～7時間というかなりの時間がこのゲームに費やされていた。

(2) ナショナル・カリキュラム実施下での調査

それでは、これ以降の状況はどうなったのだろうか。筆者は1992年のナショナル・カリキュラム実施後の1996年～2001年にイートン校、ウィンチェスター校、ラグビー校、ハロー校を主たる対象にした調査を行い、それらの体育授業について以下のようなことを明らかにした（鈴木、1999；鈴木、2002）。

まず表2に見られるように、第2学年までが必修という扱いは、公立学校と比べて授業時間が少ない。パブリッ

表2　パブリック・スクールと公立中等学校の体育授業の実施状況（鈴木、2002）

(年　　齢) (私立学校の学年)	11歳	12歳	13歳 1学年	14歳 2学年	15歳 3学年	16歳 6年級(4-5学年)
ウィンチェスター校	—	—	80×1	40×1	無	
イートン校	—	—	40×1	40×1	無	
ラグビー校	—	—	45×1	45×1	無	
ハロー校	—	—	40×1	40×1	無	
(公立学校の学年)	7学年	8学年	9学年	10学年	11学年	6年級
公立中等学校 (平均)	134	127	122	97	95	

＊パブリックスクールの数値は1授業時間の分数×週当たりの授業時数。公立中等学校の数値は1授業時間の分数×週当たりの授業時数の合計（Almond et al., 1996）。6年級（Sixth Form）は、義務教育修了後の大学受験準備のために進む課程で、義務教育期間のような体育授業は私立公立ともにない。

クスクールと呼ばれる私立学校の入学年は公立中等学校の9学年に当たるが、その平均が122分という公立中等学校（Almond et al., 1996）に比べ、1974年の調査報告とほぼ同じ40分程度の授業が週1回で、体育の授業時間は明らかに少ない。公立学校の10～11学年でも体育の授業時間は減少するが、それに相当する第2学年の時間数が少ないことはもちろん、第3学年では体育の授業自体が行われていない。

体育授業の目標は、生涯学習論をもとに体育授業における学習の意味を構想しつつ、さまざまな面で心身の発達を促し運動スキルの習得を図るという、ナショナル・カリキュラムにも見られる一般的な考え方であったが、体育授業の内容は、課外活動の「ゲーム」で取り上げていない種目を教える傾向にあり、「パブリックスクール・モデル」を受容した公立中等学校の内容がチームスポーツ中心であるのに対し、当のパブリックスクールでは、ゲームで重視されない体操、水泳、陸上競技といった個人種目が取り上げられていた。

このような特徴が見られるのは、体育の授業以外にスポーツと関わるゲームの時間が豊富にあるため、それ以上スポーツをしなくてもよいと考える体育授業「不要論」がパブリックスクールの中には燻っていて、両者の差異化を図る必要があるからだった。これは1974年の調査結果で、「体育教師としての仕事に影響を及ぼしている要因」の第2位に「体育に対する他教科の教師たちの態度」が挙げられていることからも確認できる。公立学校では第5位にすぎなかったこの要因について、「体育の概念はゲームに包含されるという見方が近年の私立学校には見られ、大学で専門教育を受けてきた体育教師はその見方を変えようとすると抵抗に遭うようだ」と指摘されていたからである。

そこから、体育授業とゲームは取り上げる種目で差異化するだけでなく、体育での学習をゲームの中でさらに発展させていくという方向で両者のつながりが考えられていた。体育の授業を、ゲームを含む学校体育全体の最も基礎となる学習として位置づけ、体育での学習をゲームで、さらには学校卒業後のスポーツ生活に発展させようという構想である。これらの体育カリキュラムが作られたのは1980年代前半以降のことであり、このカリキュラム改革は、その前後の時期に採用された大学卒の体育教師によって行われたものであった。

それ以前の体育授業は、「身体訓練教官（Physical Training Instructor=PTI）」など、軍隊出身者が担っている場合が多かったというが、1974年の調査結果でも、回答した体育教師の中に3名の陸海軍出身者がいて、多くのパブリックスクールではこのような元PTIだった軍隊出身者が依然として重要な役割を果たしていると報告されていた。

では、このような体育カリキュラムの改革を1980年代に進めた大学卒の体育教師を、なぜパブリックスクールはそれまでの「身体訓練教官=PTI」に代わり採用したのだろうか。

(3)体育教師の任用状況の変化と教科名の変更

そこで、第2次大戦後の各校における体育教師の任用状況を、学校要覧に記載されている教職員名簿を元に探ってみた。ハロー校では、戦前からの陸軍将校とPTIに代わって大学卒の教師が採用されたのは最も早く1946年であった。ラグビー校における戦前からの教師の出自は不明であったが、1966年にラフバラ教育カレッジを卒業した教師が採用され、その後の1974年に大学卒の教師が採用されていた。ウィンチェスター校では、戦前からの陸軍将校とPTIに代わり、1980年に大学卒の教師が採用されていた。イートン校では、戦前からの陸軍将校とPTIに代わり、1980年に大学卒の教師が採用されていた。

そして、この確認作業の過程で判明した事実は、パブリックスクールの中では戦後相当な時間を経た後に、教科名が「身体訓練＝ＰＴ」から「体育＝ＰＥ」へ変更されたということである。これは教職員名簿の教科主任名が、それまでの"Director of PT"だったものが"Director of PE"等に変化していることから確認した。具体的には、ハロー校は１９４７年から教科名がＰＥになっていたものの、ラグビー校では63年、ウィンチェスター校では68年、そして最も遅かったイートン校では71年から、教科名はＰＴからＰＥへと変更されていた。

このことは、公立学校の動向と対比すると、その特異性が際立つ。戦前期の英国の体育に当たる教科名はＰＴであるが、戦後、形式的な体操や教練からの脱却が図られるとともに、すでに見たようにパブリックスクール発祥のチームスポーツが公立学校にも広く取り上げられていく動向と呼応して、教科名がＰＥへ改められている。ＰＥの名称は戦前期から散見される（McIntosh, 1968；榊原，２０１１）が、１９５２年に教育省から刊行された指導書が"Physical Education in the Primary School Moving and Growing"と銘打たれていることからも理解できるように、戦後の英国における体育授業の教科名はＰＥである。

したがって、パブリックスクール各校が１９７０年前後までＰＴという教科名を維持し、また教科名がＰＥに変わっても授業を担当したのは以前からのＰＴＩのままだったから、教科名の変更によって授業の中身が大きく変化したとは考えにくく、それは明らかに一般的な状況とはかけ離れた「ガラパゴス化」した姿であった。トーザーによれば、課外活動で行われるチームスポーツだけでは体育教育として不十分であると考えたいくつかのパブリックスクールにおいて、主に20世紀前半にＰＴが始まったという（Tozer, 1986）が、この戦前型の授業を１９６０年代になってもなお、パブリックスクールは続けていたのである。

⑷身体訓練＝ＰＴからの脱却の背景

ハロー校を除く３校が１９６０年代～70年代にかけて教科名を変更するに至ったのは、この時期のパブリックスクールが、労働党政権が主張する私立学校廃止政策をはじめとするさまざまな圧力によって、改革を迫られていたことと関わると推察される。

ウェストミンスター校の校長であったラエ（Rae）は、「パブリックスクール革命（The Public School Revolution）」と名づけた著書の中で、1964年から79年の時期にパブリックスクールが置かれた状況を詳しく分析している。例えば、その時期に見直すべきと考えられた伝統的な教育として、チャペル、軍事教練、クリケットが挙げられていたことを紹介している（Rae, 1981）。これらが旧態依然としたカリキュラムの象徴だとすれば、PTIが指導していたPTも、同様に見直しの対象となっても不思議ではない。

だが、こういった傍証だけでは、この時期に先述の3校がPTをPEへ名称変更し、さらには軍隊上がりのPTIに代わって大学卒の体育教師を採用することになった理由を明確にするには不十分である。そこで、最も教科名の変更が遅かったイートン校に絞り、その背景にあったものを同校の文書資料等から明らかにしてみる。

イートン校が、それまでの軍隊出身者とは異なる経歴の体育教師を採用した最初は先述のように1980年である。スポーツ科学の修士の学位を持ち、水球のトップアスリートであったこの教師の任用は、同校が室内プールの使用を開始したことに関わっていた。その後、元陸軍将校の教師の後任として、1984年に大学で体育を専攻した体育教師が初めて採用されるが、この採用に至る経緯を知ることができる資料を3点発見した。

第一に、課外活動のゲーム基金管理部長から校長へ宛てた『外部からのプロ・コーチにかかる経費』という、1981年10月15日付の手紙である。その冒頭では、漕艇、サッカー、陸上競技、テニスの外部から招聘したプロ・コーチに支払われた金額が報告され、この金額は増加していくだろうと指摘されている。その理由として、「下級生レベルのゲームを運営する教師だけでなく、対抗試合に止まらず、トップレベルの選手をコーチする指導能力を持った教師が十分にいない。この現状は、ここ10年以上、学業以外の才能や関心がゲームのフィールド以外にあっても、高い学問的能力を持つスタッフを採用してきた方針にもその一因がある」とされる。

さらに続けて、「新しく改善されていくコーチング法やトレーニング技術は、大学で体育を学んだ専門家の出現に伴ってますます発展している。我々がまさに今、彼らの専門性を活用し始めることは、イートン校が他の学校との戦いを維持していくことにも寄与するものである」と述べ、大学卒の体育の専門家への期待が表明される。そして、外部コーチより結果的に安価でより実際的な任用として、大学卒の体育の専門家を正規の教員として採用すること、具体的には、将来的なあり方を「現在のＰＴＩが提供できるものよりも、ゲームのコーチング法により多くを期待する」という視点から検討すべきとの提言がなされている。

第二に、課外活動のゲーム基金管理部が作成した『イートン校においてプロ・コーチが必要と考えられる理由』という、１９８２年9月20日付の文書がある。ここでは、先の手紙で述べられていた教師の採用をめぐる事情についてより詳しく述べられている。まず、「過去10年の間、新しいスタッフの採用は学問的に優れていることを重視してきた傾向にあるため、しばしば、学業以外の関心事がスポーツ以外にある場合があった」とする。この結果、「ゲームの指導に関わることのできる教師の明白な不足をもたらしていることは間違いない」という。一方で、「現在のスポーツ・コーチたちは固有の研究領域と学位を有している。スポーツでの戦いは年々厳しいものになってきていて、コーチングのためには最新の技術が必要である」とされる。

しかしながらイートン校では、「教師は高齢化していて、恐らくその3分の1は少なくとも50歳である。年輩の教師たちはやれることはやっていても、10年15年前と同じことはできていない」。「ゲームのコーチングにプロの助けを受けることはより一般的になっていくだろうし、もし、我が校にプロフェッショナル、例えば大学卒の体育の専門家がいないのなら、プロに支払う財源を確保しなければならない」という。

そして第三に、これら二つの文書に見られるような議論を経て、１９８３年には学校運営に関わるより上位の会議においてこの問題が取り上げられたことが、校長・評議員会議の１９８３年2月12日付議事録で確認できた。

学校運営におけるさまざまな項目ごとにまとめられている議事録の「ゲーム」という項目には、以下のように記されている。「ゲームをコーチできる教師が非常に少なくなっている問題は新しいことではないが、状況はより悪化している」。「体育館に勤務している陸軍上がりのＰＴＩが退職する来年に、ラフバラ・タイプの大学卒業生を採用することは、かかる状況を改善することになりうるだろう」。１９８０年に採用されたような「大学卒業者を採用することはより多くの経費を必要とするが、彼らはアカデミックな指導を行うであろう」。そしてこの翌年の1984年、イートン校は初めて大学で体育を専攻した体育教師を採用したのである。

5 パブリックスクールからの問いかけ——まとめにかえて

パブリックスクールの体育授業が「ガラパゴス化」した前提には、国家の教育行政から完全に独立し、その教育内容を独自に決めることができる英国の私立学校としての「自由」がある。PTの継承はその結果と言えるが、その自由は体育を教えるか教えないかを決定できる自由でもあるから、体育授業の「不要論」が生まれる根子もまた、この自由の中にあった。したがって、公立学校が体育の内容を体操からスポーツへ交代させ、PTからPEへ教育の現代化を図ったその時期に、捨て去られていくPTをパブリックスクールが維持し続けたのは、戦前と変わらぬ軍隊との結びつきもあるが、体育の存在根拠をスポーツとは異なる体操に求めたことによる。

そのようなPTを守ってきたPTIに代わり、大学卒の体育教師をパブリックスクールが採用することに踏み切ったのは、カリキュラムの現代化の流れの中でPEへ名称変更した授業を、その名に見合う教育へ変革していくことへの期待ではなかった。それは、学業の指導に当たる教師に求められる資質がよりアカデミックなものへ変化し、戦後のスポーツ大衆化の中で育った若手教師たちも、かつてのようなチームスポーツへの関心は必ずしもなく、その結果としてのゲームを担当できる教師不足への対応であった。そこにはスポーツ科学の進歩・発展の明確な自覚もあり、それとは対照的に学問的基盤を欠いた体操、ボクシング、フェンシングを特技とする軍隊上がりのPTIを見限り、新たに大学卒の専門家を体育教師として採用するという方向性が打ち出されたのである。

ここには、学校体育が抱え続ける課題が凝縮されている。どちらもスポーツが中心に座る体育授業と課外活動との区別は曖昧なまま、その両方に関わる体育教師に期待される専門性も教師とコーチの間で定まってはいない。しかし、大学卒の体育教師たちはゲーム指導への期待に応えるだけでなく、期待されていなかった改革にも取り組んだ。それは、体育授業を学校体育の最も基礎的な教育として位置づけることであり、そこでは伝統のゲームも、チームスポーツに限らない多様な運動種目の設定と生徒の自発的な選択を保障する形に変革されていった。

体育授業の存在根拠を徹底的に考えざるをえなかったがゆえにパブリックスクールが行き着いたかかる着地点に、学校体育の課題とともにその可能性が見えなくもない。もともと体育授業と運動部活動が実質的にはほとんど関わりをもたず、運動部の地域移行が打ち出されるような昨今の我が国の状況はそれとはまったく異なるが、家庭環境の違いがスポーツへのアクセスを規定するという「スポーツ格差」が「学力格差」と同様の問題として取り沙汰される（清水、２０２２）今、パブリックスクールの生徒のような限られた社会階層の話ではなく、すべての子どもたちにとって体育の授業は、学校体育全体の、そして生涯にわたるスポーツへの関わりに向けて、もっとも基礎的な教育としての役割を改めて自覚すべきだからである。

決して理想郷ではないパブリックスクールには、次々と難しい問題が立ち現れる。伝統の学校対抗戦では、ライバル校に勝つために6年級へスポーツスカラーを編入させて勝利をめざす学校が現われ、そういった学校との対抗戦を中止したり、大会への参加を辞退するパブリックスクールも出てきている（Peel, 2015）。そのようなパブリックスクールの葛藤は、体育授業だけではない、課外活動だけでもない、まさに学校体育における学びのあり方を今一度考えてみる必要性を我々に問いかけているように思われる。その際には、菊が言う「学習者が需要し（求め）ようとする学習の論理」が大切な視点となることは間違いないだろう。

（鈴木秀人）

■文献

・Almond, L., Harrison, P., and Laws, C. (1996) Sport: Raising the game - a physical education Perspective. The British

Journal of Physical Education, 27(3): 8-9.
・Ashley, B. (1974) Physical education in boys' public schools (mostly Boarding). In: Kane, J.E. Physical Education in Secondary Schools. Macmillan, pp.111-118.
・Kane, J.E. (1974) Physical Education in Secondary Schools. Macmillan.
・菊幸一（２０１８）スポーツと教育の結合、その系譜を読み解く．現代スポーツ評論、38：32 - 45頁．
・菊幸一（２０２２）学校体育のプロモーション―体育社会学からのアプローチ．創文企画．
・Mangan, J.A. (1981) Athleticism in the Victorian and Edwardian Public School. Cambridge University Press.
・McIntosh, P.C. (1968) Physical Education in England since 1800. G. Bell & Sons.
・Peel, M. (2015) The New Meritocracy A History of UK Independent Schools 1979-2015. Elliot and Thompson.
・Rae, J. (1981) The Public School Revolution. Faber and Faber.
・佐伯聰夫（１９９４）スポーツ文化と学校―カリキュラムに潜む再生産のコード（序説）―．体育の科学、44：８７９ - ８８０頁．
・榊原浩晃（２０１１）イギリス学校体育の近代史―初等教育における体育授業と課外ゲーム活動の国家的容認―．阿部生雄 監修、大熊廣明ほか編、体育・スポーツの近現代―歴史からの問いかけ―．不昧堂出版、11 - 27頁．
・清水紀宏（２０２２）子どものスポーツ格差．大修館書店．
・鈴木秀人（１９９９）英国パブリック・スクールにおける体育授業に関する一考察．スポーツ教育学研究、19（１）：１ - 25頁．
・鈴木秀人（２００２）変貌する英国パブリック・スクール．世界思想社．
・鈴木秀人（２０１３）体育科教育の過去・現在・未来．スポーツ社会学研究、21（２）：51 - 62頁．
・The Ministry of Education and the Central Office of Information (1952) Physical Education in the Primary School Part One Moving and Growing. HMSO.
・Tozer, M. (1986) Public School Pioneers 1910-1940. The British Journal of Physical Education, 17(2): 57-58.
・Tozer, M. (2012) Physical Education and Sport in Independent Schools. John Catt Educational Limited.

第11章 「共生」と体育のプロモーション

「近代におけるスポーツ化（sportization）自体が、身体の自由性をわざわざ制限する（＝障害を意図的に作り出す）ルールによって、そのプレイが洗練され、そこに新たな自由性の追求と自己開発という教育本来の機能を（意図せざる結果として）導いた」（菊、２０２０、83頁）

この指摘を踏まえれば、スポーツとは、「あえて不自由を課し、そこから自由を生み出そうという営み」であり、そこに教育の契機があるということもできよう。体育は、はたしてこの不自由の共有と自由の創造という営みに対して十分に応えてきただろうか。

本稿では、「共生」概念を整理した上で、「共生」を生み出す基盤・条件について「フロー」と「フェアプレー」に着目して検討し、スポーツを「創る」という点に焦点を当てて、体育やスポーツ実践における「共生」の可能性と方法について検討する。

1　今、求められている体育・スポーツにおける「共生」

まず、少し広く日本のスポーツ政策の動向からみてみたい。２０２２年4月25日、文部科学省より「第３期スポーツ基本計画」（２０２２‐２０２６年度）が出された。その施策の柱の一つとして「多様な主体におけるスポーツの機会創出」が示され、その中で、障害のある児童生徒に対して「参加を希望する児童生徒の見学ゼロを目指した障害のある児童生徒が共に学べる学習プログラムの開発を行う」（文部科学省、２０２２、32頁）と謳われている。国の政策として「児童生徒の見学ゼロ」が明確に謳われたのは今回が初めてである。

次に学校教育における動きについて、学習指導要領（２０１７年告示）によれば、「障害のある生徒などについては、学習活動を行う場合に生じる困難さに応じた指導内容や指導方法の工夫を計画的、組織的に行うこと」（中学校学習指導要領解説　保健体育編）（文部科学省、２０１７、20頁）と示されている。

これらの動きは、障害者に対する「インテグレーション（統合：ちがいに価値を置く）」から「インクルージョン（包摂：ちがいを生かしあう）」教育への要請（梅澤、２０２０、42頁）、さらには２０１４年の障害者権利条約の批准に続いて、２０１６年に障害者差別解消法が制定され、そこで求められている合理的配慮をいかに実質化していくかが社会課題となっているという社会状況と連動している。その中にあって、これからの体育における合理的配慮について菊（２０２０）は、以下のように指摘する。

「今回の指導要領における『障害への合理的配慮』とは、近代以降の社会形成におけるスポーツの社会発生からみれば、身体への不自由を創り出すルールを共に考案するということと同じなのであり、そのことによってかつて健常者が身体の楽しさや幸福（physical happiness）を享受したように、障害者の身体にも同様のphysical happinessを健常者と共に分かち合うことへの配慮だということになるのである」（菊、２０２０、

86頁)

この理念を学校体育のみならず、生涯学習におけるスポーツ実践においていかに取り込めるのか、学習指導要領のみならず、スポーツ政策にもその必要性が謳われる現状は、時代的要請ともいえよう。これらの動きは、障がいの有無のみを対象としているように見えるが決してそうではなく、性別、国籍、体力・運動能力の異なる人等、多様な人々がともにスポーツを楽しむ方法を再考することにほかならない。「共生」を考えるとは、障がい者のみならず、「あるもの」と「異なるもの」とを切り分けているものは何か、体育において、共に認め合い、共に身体の楽しさや幸福を拓くことはいかにして可能なのか、を考えることなのである。

2 「共生」の意味内容と課題

ここで「共生」とは何か、どう扱われてきたのか、教育と共生の関係について整理しておきたい。

大黒屋(2016)によれば、「共生」を「異質なものの共在を概念中核とする」(大黒屋、2016、258頁)ものと捉え、社会学研究誌の分析を通して、その量的・質的傾向を分析している。その結果、量的には、1980年代前半から増加してきたこと、質的には、1950年から30年間のカテゴリーの主流は「親族組織」であり、それ以降、「共生社会」(80年代)、「環境」(90年代)、「エスニシティ」(2000年代)と、変転してきたことを明らかにしている(大黒屋、2016、256頁)。このように「共生」は、質的な変容を経ながら、現代的な鍵概念となってきたとみることができる。

「共生」の定義はさまざまだが、教育における共生問題を検討している岡本(2016)によれば、「『共生』とは、『あるもの』と『異なるもの』の関係性を対象化し、両者を隔てる社会的カテゴリー(社会現象を整序する枠組み）それ自体を、いまあるものとは別なるものへと組み直す現象である」（岡本、２０１６、12頁）と定義している。

「あるもの」と「異なるもの」を隔てる社会的カテゴリーは、障がいの有無のみならず、性別、国籍、体力・運動能力の差異も含め、さまざまであり、常に生成されていく側面をもつ。

このため、複数の社会的カテゴリー間の序列と葛藤の問題を問い直し、それが組み直されていく動きを分析しつつ、共生社会を創りあげる必要がある。

岡本（２０１１）によれば、日本における「共に生きる教育」の運動は１９７０年代初頭に始まっており、共生を掲げる主目的は、権利の主張と差異の承認による差別の克服であった。それに対し、１９９０年代半ば以降の政策的議論で採用される共生概念には、「自立した個人」による「社会のまとまり」を重視している点に特徴があると指摘する（岡本、２０１１、33‐34頁）。

この動きのなかで〈社会のなかの多様性の尊重〉と〈社会の凝集性の重視〉の双方が求められることになる。この「多様性」と「凝集性」はいかにして可能なのか。多様性の尊重ばかりに力点を置くと、「個人化」が促進される傾向を生み、集団の凝集性を軽視しがちになってしまう。一方で集団の凝集性に力点を置きすぎると、文化的な相互の承認が前提とされない「同化」を生みやすく、多様性が軽視される傾向をもってしまうというアンビバレントな状況に陥ってしまう。多様性を大切にしながら、凝集性を達成してくことは容易なことでない。

ここで〈多様性の尊重〉と〈集団の凝集性〉の両立が難しい理由について、アイデンティティの確立という点からみてみたい。

人間が自らのアイデンティティ（存在証明）を確認する場合、ここからは自分である、ここからは自分ではないという線引きをすることになる。そこで、「あなたはどんな人ですか」と問われたとする。すると、氏名のあとに女性で、10代で、日本人で、A中学校に通っています等と自己紹介する場合が多い。

このように自分のアイデンティティを確認する場合、所属するカテゴリー集団で自分の内か、外かを意識している場合が多い。所属する集団に愛着とロイヤルティが高まることで、所属する集団やカテゴリーが自らのアイデンティティの拠り所となるのである。

その集団は、他の集団との関係において内集団と外集団を形成することで集団内の凝集性を高める傾向を有するが、その一方で、外集団や他のカテゴリーを排除することにもつながりやすいのである。

性別、障がいの有無、所属する学校や職場、国籍など、さまざまなレベルで形成されている社会的カテゴリーによって自らのアイデンティティを意識することになるが、ブルデュー（1991）が指摘するように、属するカテゴリー集団間で、どの集団がより正統性を有するのかをめぐる象徴闘争が常態化しており、自らもその渦中に投げ込まれることになる。

このようにアイデンティティの確認と社会的カテゴリーが不離密接な関係にあり、社会的カテゴリー間で象徴闘争が不断に展開されていることから、自らが所属する社会的カテゴリーに執着する傾向が生まれる。ここに多様性の尊重の難しさがある。

多様性を尊重し、凝集性を高めるには、自らの社会的カテゴリーを脱し、個と個の関係を意識化する必要がある。個人と個人の関係を立ち上げながら、相互尊重と凝集性を高める。理念としての「共生」を具体化する難しさはここにある。「共生」を達成するために、体育はどのような可能性を有しているのだろうか。可能にする条件とは何なのだろうか。

3 フローからみた体育のあり方

スポーツを行えば、即、多様性を認めながら凝集性を高めることができるというのは誤解であり、危険ですらある。運動が「できる／できない」が可視化されることを特徴とするスポーツだからこそ、そのことによって序

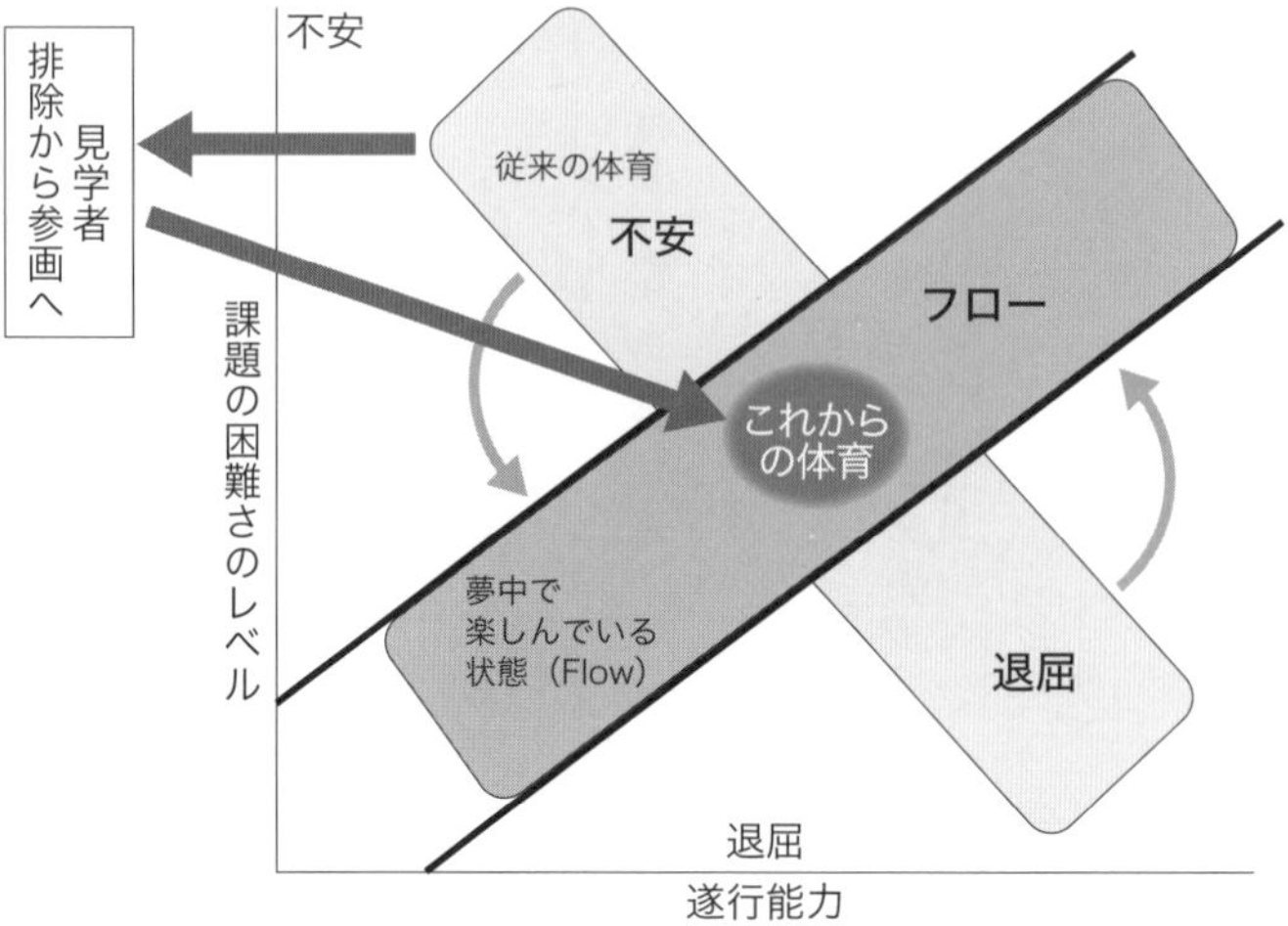

図1　「フロー」からみた「これからの体育」のあり方（チクセントミハイのフロー状態のモデル図を参考に作成。松尾、2022）

列化と格差を生む危険性を孕んでいることを自覚しなければならない。

それでは、どうすれば「多様性」と「凝集性」の双方を高め得るのだろうか。ここでは、スポーツが社会的カテゴリーを再編し得る共生の基盤・条件についてフローから整理しておきたい。

スポーツとは「自発的に楽しむ運動」と定義することができる。その中で、「楽しむ」ことが本質的な価値となる。その「楽しむ」を十全に達成できている状態をフロー（Flow）状態と呼ぶ。フロー（Flow）理論とは、人が夢中になる心の仕組みを通して人間の発達や動機づけの過程を理解しようとする理論であり、目標の難易度と能力（知識や技術）レベルが合致した状態がフローを生むという考え方である。フロー（Flow）とは、「ほかのすべての思考や感情が消失するほど、自分の行為に完全に没入しているときの意識状態」（ジャクソン・チクセントミハイ、2005、6頁）である。

夢中な状態は、日常の思考や関係（社会的カテゴリー）の枠組みを一時的に忘却させ、目の前の事項への集中を生み、そこで生起する個人と個人との交わりが唯一のものとなる契機となる。その意味で日常の憂さからの解放（リフレッシュ）のみならず、新たな関係づくり（新たに創られる社会的カテゴリー）の可能性を拓くことになるのである。

菊（2020）によれば、これまでのフローと体育の関係において、低い能力であっても目標の難易度が合致していればフロー状態に達すること、また能力の高低によってフロー状態に差異はないと指摘している（菊、2020、87頁）。

しかしながら、これまでの体育を考えた場合、図1に示すように一斉指導、集団指導において、一部の児童生徒やスポーツの愛好者にとっては、フロー状態に入り得たとしても、多くの場合、目標に対して能力が低い場合に起こる「不安」を感じ、ついていけない状態を生み出したり、逆に目標設定に対して能力が高い場合、「退屈」を感じ、時として不完全燃焼ともいえる状態、いわば「吹きこぼれ」（梅澤、2020、67頁）を生み出したりしてきたといえる。

また「見学者」として、その枠に入りたくてもその場に入ることを拒否されてきた人がいたことは、スポーツからの排除にほかならない。「共生」を生み出す体育を実現する上で、見学者を出すことなく、すべての人がフローを感じることができる体育のあり方が基盤・条件となる。

4 「共生」を生み出す条件としての「フェアプレー」

ここでは「共生」を生み出す条件について「フェアプレー」に注目して整理しておきたい。

「フェアプレーの理念のないところに真のスポーツはない」。これは、メキシコ1968オリンピック・スポーツ科学会議おける『スポーツ宣言』である。近代スポーツにおけるフェアプレーの成立過程については、ここで詳細に検討することはしない。フェアプレーは、競技・勝負に際して要求される正しく立派な振る舞い、公明正大な行動や態度というように、概ね公平、公正、公明正大等を内包した概念であることは知られている。

スポーツ・ルールの構造からみると、フェアプレーは、スポーツ活動の背後にあって活動を支えている心的・精神的態度に基づいて構成される「黙示的スポーツ・ルール」（菅原、１９８０）に位置づけられ、正義と公正の観念を基盤として、個人の行動を内側から規定する内面的規範としてスポーツを破壊から守る機能を有するものである。

フェアプレーの意味内容については多様だが、ここではフェアプレーを行動のあり方として捉え、具体的な態度・行動として示している１９６４年フランスフェアプレー委員会（French Committee for Fair Play）の見解に注目してみたい。

本委員会では、三つの側面から捉えており、「相手が、スポーツの交流によって結びつくゲームにおける至上のパートナーであることを常に認識すること」、次に「自制の作法（自尊の形式：阿部訳）」、具体的には率直さと公明正大な精神、勝敗にかかわらず相手を尊重すること、相手や公衆がフェアでないときのきっぱりした態度、勝利における謙虚さと敗北における冷静さ等からなる。そして、「暖かい人間関係を生み出すような、相手に対する寛容の精神」である。

すなわち、「相互尊敬」「自制の作法」「寛容の精神」を内包する行動のあり方として捉えている点に特徴がある。これらの態度や行動が、体育やスポーツにかかわるすべての人に共有されること、それがいわば、「コートの中」だけでなく、「コートの外」、「実社会での生活」へと拡がること、これがフェアプレーへの期待であり、スポーツの内在的な価値（intrinsic value）だといえる（図２参照）。

スポーツにおけるフェアプレーの特徴と社会生活に広がる可能性について触れておきたい。特徴については、親や保護者から社会的に決められたルールだから守りなさいという、いわば「外からのルールの強制」ではなく、フェアプレーでないとスポーツの根源であるおもしろさが削がれるから守るという点が挙げられる。スポーツの場合、ルールを守らないと、仲間を大切にしないと、みんなが楽しくないと、スポーツが面白くない・楽しくな

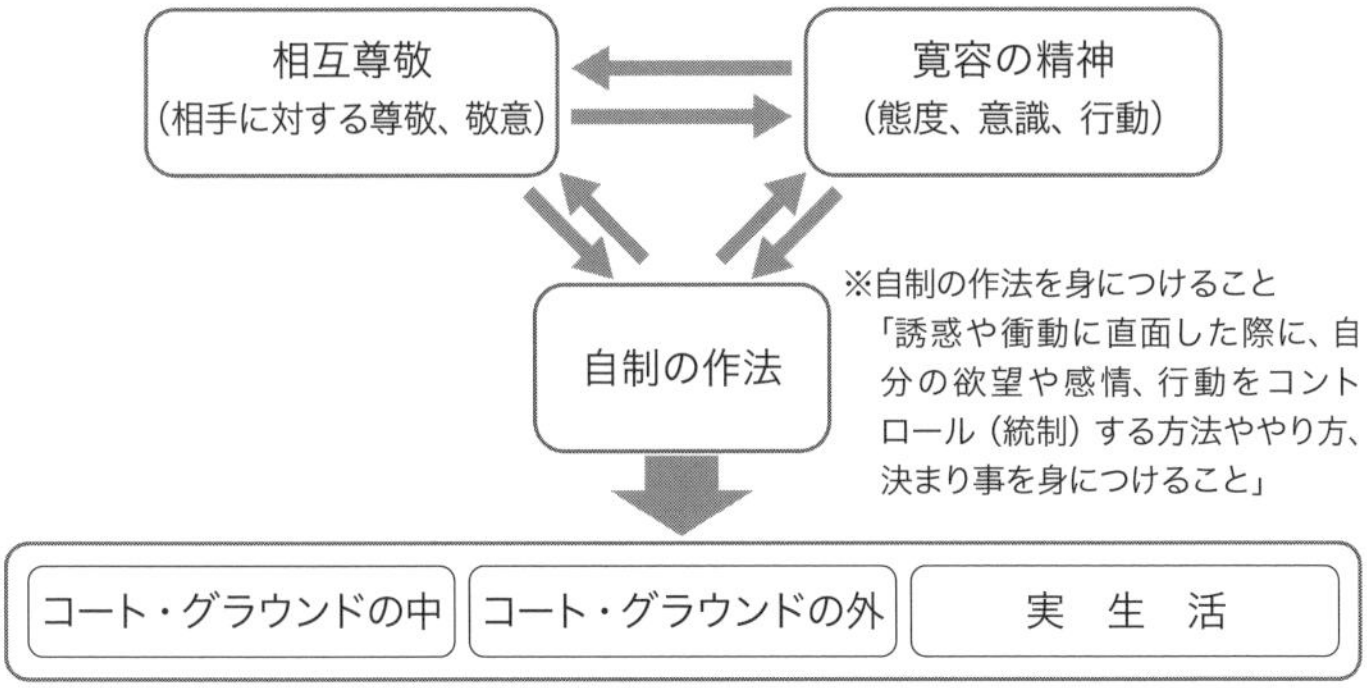

図2　フェアプレーの要素と範囲（松尾、2022）

い。だから、ルールを守り、仲間を大切にし、上手でない人も楽しめるように工夫する。すなわち、スポーツを楽しむ上で主体的かつ必然的に立ち上がる、いわばスポーツの「内からのフェアプレーや規範意識の醸成」にその特徴がある。

この「内からのフェアプレーや規範意識の醸成」によって、学校生活や日常的な生活においてもフェアでないと面白くないばかりか、生活が壊れるという認識を醸成しやすいものと考えられる。ここにスポーツによって社会を変革する可能性が看取されるといえよう。

ここで示したフェアプレーの三つの要素、「相互尊敬」「自制の作法」「寛容の精神」は、具体的な体育やスポーツ実践の場面においては、参加している皆が楽しめているか、自分勝手な行動になっていないか、すべての人に寛容な態度で接しているか等の具体的な行動の指標を提示することになる。

共生における「多様性の尊重」と「集団の凝集性」をスポーツ実践によって達成できるのか。それは、スポーツの楽しさやフローがすべての人に開かれているのか、その楽しさや面白さの基盤となるフェアプレーに対する態度、意識、行動が、参加者同士のみならず、指導者も含め、スポーツの場にかかわるすべての人に共有されているのか、そのことが基本的な条件となることをここではおさえておきたい。

5 「共生」とスポーツを「創る」営みの可能性

これまで体育やスポーツ実践における共生を可能にする条件についてみてきたが、それではどのような実践が共生を可能としていくのだろうか。ここでは、スポーツを「創る」という取り組みからその可能性を検討してみたい。

これまでスポーツを享受する方法としては、「する」「みる」「ささえる」という方法が一般的に認知されてきた。しかし、「遊びは文化より古い」（ホイジンガ、１９７３、15頁）として遊びの文化創造機能を探求したホイジンガの指摘を待つまでもなく、スポーツ文化は遊びから始まったといっても過言ではない。その成立プロセスは多様だが、いずれも、誰かが、この身体的なゲームは、どうしたらもっと面白くなるかという創造的な思考によって生み出され、成型されてきたといえる。その意味ではスポーツは、「人に合わせて創られた」のである。しかしながら、世界規模での大会や競技会等が整備される過程で、ルールが厳格化され、参加条件等が定められることになる。ここで、誰でも参加できるものではないといった、いわば「スポーツに人が合わせる」ことに帰結してきたのである。

その考え方に異論を提示し、スポーツを人に合わせる思想を定着すべきであるという考え方が「アダプテッド・スポーツ」という形で提案されるにいたっている。アダプテッド・スポーツは、人にスポーツを合わせる取り組みとして重要だが、どちらかといえば、既存のスポーツを個人の特徴や能力に合わせるという点に力点があるといえる。そこで、スポーツが本来、人がつくった創造物であるとすれば、「スポーツを創る」という思想と方法にも目を向けるべきではないだろうか。

近年、スポーツ庁の取り組みの中でも運動会の種目をつくるなど「スポーツ共創」に着目した動きが始まっており、「スポーツを創ること」の授業への導入可能性を検討した研究（原ほか、２０２１）もみられるようになっている。中でも近年注目されているのが、「スポーツを創る」点に力点をおく、「ゆるスポーツ」（世界ゆるスポーツ協会）[1]をめぐる動きである。

ゆるスポーツ協会理事・事務局長の萩原（２０２０）によれば、１．老若男女健障、だれでも楽しめる　２．勝ったら嬉しい。負けても楽しい　３．プレイヤーも観客も笑える　４．ビジュアルと名前が面白い　５．社会課題からスタートしているという点を「ゆるスポーツの５ＬＩＮＥＳ」として重視し、１００を超えるスポーツ創りを展開している。ここでは共生を念頭に、その特徴と創作のポイントについてふれておきたい（詳細は松尾、２０２２参照）。

【不自由性の共有】

菊（２０２０）によれば、前述のように「障害への合理的配慮」について、身体への不自由を創り出すルールを共に創ることの重要性を指摘しているが、その実践的・具体的な方法論は示されていない。その点について、ゆるスポーツ協会を設立した澤田は、直接的に切り込んでいく。澤田は、不自由を楽しむものとしてスポーツを再定義し、「全員がハンデを負う」方法を用いる。例えば、「バブルサッカー」は、全員がバブルを身に着け、上半身を不自由にすることで同じ「ハンデ」を負う。そこで澤田は、バブルサッカーは「障がい者スポーツ」であると位置づけなおす（澤田，２０２１，１７４頁）のである。

また、スキルが異なる場合、前述のフローの図式にみるように実施能力が高まれば高まるほど、高い課題が負わされる、「能力レベルに伴う課題レベルの高まり」という方法を用いている。例えば、「ハンドボールソープ」では、全員が両手にハンドソープをつけ、ボールキャッチを難しくするだけでなく、上手くいくとさらに「アディショナルソープ」をつけることで高い課題を与え、パフォーマンスの差異が極力出ない工夫をしながら、能力レベルの高い人も熱中できる方法が採用されているのである。

【マイノリティの視点】

ここでは、マイノリティの視点から、不自由が最適化される形でスポーツを「つくる」ことに主眼をおく。例えば、「イモムシラグビー」は、イモムシになりきってプレイするラグビー。車いす常用者が自宅では這って移動することが多く、その行動パターンを生かせるスポーツを構想したものである。このように「スポーツマイノリティの多様性に寄りそって、勝利のパターンをつくる」(澤田、2021、191頁)、「フェアな環境で逆転現象を起こす」(萩原、2021)のである。

背景には、WHO(世界保健機関)が示した、障害を個人の心身機能の障害によるものとする「医学モデル(個人モデル)」から、障害は社会的に作り出されたものであるとする「社会モデル」への変更(2001年)への理解がある。この理解によって、個人モデルに基づく「運動音痴」ではなく、社会モデルに基づく「スポーツ弱者(Sports Minority)」にさせられているという見方を採る。と同時に「既存のルールを遵守するのが是」という価値観をもったまま大人になる「体育脳」の人(澤田、2020、29頁)となることへの危険性に警鐘をならす。

このように社会モデルの立場から社会課題を明確にし、「マイノリティを起点に、世界をより良い場所にする」(澤田、2021、109頁)というマイノリティデザインを基盤において、皆が楽しめるようにスポーツを着想している点に特徴がある。

6 スポーツを「創る」作法と実践

ここでは、筆者が大学生を対象とした体育実践から、「スポーツを創る」ことの可能性について検討してみたい。授業概要は以下の通りである。

1. 対象：R大学全学部・全学年対象「スポーツスタディ(レクリエーショナルスポーツ)」
(演習2単位)30名×2授業(2022年春学期)
2. ねらい：生涯スポーツの実践に向けて、スポーツ文化を総合的、実践的に考究する。

3．具体的な主な内容：「レクリエーショナルスポーツの基本的な考え方・アレンジ方法」「フェアプレーの理解・実践」「新しいスポーツの創造・実践」

授業においては、フェアプレーを考えるワークショップ、さまざまな社交を目的に創造されたという意味でニュースポーツと呼ばれる各種のスポーツの成立過程と現状に関するグループ研究と発表、ニュースポーツの実践とアレンジ法の理解と実践、スポーツ・ルールの構造的理解を踏まえた新しいスポーツの創造ワークショップ、グループ発表と実践等からなる。フェアプレーについては、毎回の授業の振り返りで、授業時に皆が楽しめるように心を配ったり、フェアプレーに徹した人をグループ内で称賛する方法を採用した。

スポーツの創作については、①得意・不得意にかかわらず夢中になって楽しめる、みんなで楽しめるルール、用具等の工夫、②子ども用、障がい者用という「カテゴリー別」ではなく、さまざまな特徴を有することを想定した個別対応を可能にする「カテゴリーミックス」という方法の採用、③テニスの中核的な面白さである「ラリー」、というように中心となるおもしろを生かした構成、④「参加機会平等主義」「結果平等主義」に陥らない「勝利へのチャンス平等主義」等を原則とした。ただし、本授業は、障がい当事者と健常者が共に創作したものではなく、取り組みとしてはその端緒にすぎない点はあらかじめことわっておきたい。

授業後、アンケート（回答数46名）を用いて、スポーツを創ることをおもしろいと感じたかどうかについて訊いたところ、「おもしろいと感じた」と回答した割合は98％（「おもしろい」78％＋「どちらかといえばおもしろい」22％）という結果であった。その内容について（複数回答）は、「スポーツの新しい魅力を発見できたところ」（60・0％）、「こうしたらおもしろくなるのではないかと想像するところ」（53・3％）、「皆で意見を出し合って考えていくところ」（51・1％）、「自分で考えてスポーツを楽しむところ」（44・4％）の順となっていた。

この結果から、スポーツを創ること自体が、おもしろさを感じる経験となりえること、それは新しい魅力の発見として認知され、皆で構想しながら、自分のスポーツという認識を生み出す契機となり得ること、こうしたらおもしろくなるのではないかといった想像が喚起されるものとなり得ることが示唆された。新しい魅力の発見という点で「既存のスポーツがいかに完成されているのかを改めて感じた」というコメントからも、既存のスポーツの再認識につながっている点も注目すべきであろう。

7 スポーツを「創る」営みと「共生」の可能性

スポーツを「創る」という営みがどうして共生（「多様性」と「凝集性」）を可能にするのだろうか。

ここでは、「こうしたらおもしろくなるのではないかと想像するところ」に着目してみたい。この意識は、既存のスポーツを与えられ、それを受容するだけでは喚起することは難しい。これまでの体育・スポーツ実践では、スポーツ・ルールは絶対であり、変えるべきではないという規範のもとに進められてきたとすれば、なおさら難しい。その意味では、この意識の醸成は、「創る」という営みの大きな特徴ともいえる。

こうしたらおもしろくなるという想像力、いわば「おもしろさの想像力」は、おもしろさは誰のものかという問いを生じさせる。そこにフェアプレーの「相互尊敬」「自制の作法」「寛容の精神」の理念、中でも皆が楽しめてこそスポーツはおもしろいという理解が加わることで、このおもしろさは自分だけのものではなく、すべての人に開かれたものでなければならないという意識を生む。その結果、「おもしろさの想像力」は、スポーツがすべての人にとってのおもしろいものとなるにはどうすればよいのかという問題意識を生むことになる。ここに「創る」という営みが多様性を含み込む余地を生む。

そして「皆で意見を出し合って考えていく」というおもしろさを共有しながら、「自分で考えてスポーツを楽しむ」という、いわば創作集団内での「スポーツの自分事化」の過程で集団の凝集性の高まりへとつながるのである。ここに共生（「多様性」と「凝集性」）の達成にむけた「創る」ことの可能性を見出すことができよう。

スポーツを創るという営みについて、ゆるスポーツ協会の澤田によれば、つくりたいのは、コンテンツだけでなく、「成長していく『生態系』そのもの」（澤田、２０２１、２７２頁）だという。生態系として広げていくためには、氏が指摘するマイノリティデザインの思考に加え、「フェアプレー」を基盤とした「おもしろさの想像力」の高まりがその成否を握る鍵になるのではないだろうか。スポーツを創るという営みは、新しい領域のようにも見え、実はスポーツの楽しさの本質に位置づく本来的な領域のようにも思われる。

共生社会について、菊（２０２１）によれば、誰しもが、どのような年齢や環境においても「学習が保障されることを認め合い、ＱＯＬを実現する楽しさを共に享受する社会」（菊、２０２１、38頁）だと指摘する。共生を可能にする体育・スポーツ実践、その一つとして「スポーツを創る」という営みは、新しい体育実践への可能性を示しているように思われる。また、この「創る」ことは、従来の体育実践において、既存のスポーツ・ルールを工夫する実践を飛躍的に高める可能性もある。「スポーツを創る」単元の設定の可能性、地域でのスポーツ実践における導入も視野に入れ、今後のさらなる研究と実践の往還運動が求められる。

（松尾哲矢）

■注

⑴世界ゆるスポーツ協会は「スポーツ弱者を、世界からなくす」ことをコンセプトに、２０１５年４月10日に発足（一般社団法人世界ゆるスポーツ協会は、２０１６年４月11日）（代表理事澤田智洋）し、現在、１００を超える新しい「ゆるスポーツ」の種目を提案している。

■文献

・阿部生雄（２００９）近代スポーツマンシップの誕生と成長．筑波大学出版会、３０９頁．
・梅澤秋久・苫野一徳編著（２０２０）真正の「共生体育」をつくる．大修館書店、37‐69頁．
・ブルデュー：田原音和監訳、安田尚他訳（１９９１）人はどのようにしてスポーツ好きになるのか．社会学の社会学．藤原書店、２２３‐２５０頁．

・萩原拓也（２０２０）ゆるスポーツの５つの定義．https://note.com/hagiyuru/n/n162fd879e6ca?magazine_key=m128ac3c6d1d5（参照２０２２年８月20日）
・萩原拓也（２０２１）スポーツ嫌いでも、勝っても負けても皆が楽しい！ゆるスポーツの魅力．https://media.shinseibank.com/column/entertainment/post-25.html（参照２０２２年８月20日）
・原祐一・木村翔太・松本大輔・宮坂雄悟（２０２１）知識創造する総合的な学習の時間―スポーツ文化をテーマにすることの可能性と課題―．岡山大学大学院教育学研究科研究集録、１７７：77‐88頁．
・ホイジンガ：高橋英夫訳（１９７３）ホモ・ルーデンス．中央公論社．
・菊幸一（２０２０）共生社会の実現に向けたスポーツのあり方を問う―スポーツ文化論と新学習指導要領の視点から―．スポーツ教育学研究、40（1）：83‐88頁．
・菊幸一（２０２１）身体と共生社会―スポーツのパラダイムチェンジに向けて．日本体育・スポーツ・健康学会予稿集、71（0）：38頁．
・松尾哲矢（２０２２）「ゆるスポーツ」からみたスポーツ〈場〉の構造変動と文化変容の可能性．日本スポーツ社会学会編．スポーツ社会学研究、30（1）：37‐56頁．
・文部科学省（２０１７）中学校学習指導要領（平成29年告示）解説 保健体育編．
・文部科学省．「第3期スポーツ基本計画」（令和４年３月25日）https://www.mext.go.jp/sports/b_menu/sports/mcatetop01/list/1372413_00001.htm（参照２０２２年８月１日）
・岡本智周（２０１６）本書のねらい―共生の論理の社会学的探究．岡本智周・丹治恭子編著、共生の社会学 ナショナリズム、ケア、世代、社会意識．太郎次郎社エディタス、９‐14頁．
・岡本智周（２０１１）個人化社会で要請される〈共に生きる力〉．岡本智周・田中統治編著、共生と希望の教育学．筑波大学出版会、30‐41頁．
・大黒屋貴稔（２０１６）戦後日本の社会学にみる学知の更新―『社会学評論』における「共生」言説の量的・質的変遷．岡本智周・丹治恭子編著、共生の社会学 ナショナリズム、ケア、世代、社会意識．太郎次郎社エディタス、２４３‐２６２頁．
・澤田智洋（２０２０）ガチガチの世界をゆるめる．百万年書房．
・澤田智洋（２０２１）マイノリティデザイン―「弱さ」を生かせる社会をつくろう．ライツ社．
・菅原禮編著（１９８０）スポーツ規範の社会学．不昧堂出版．
・スーザン・A・ジャクソン、ミハイ・チクセントミハイ：今村浩明・川端雅人・張本文昭訳（２００５）スポーツを楽しむ―フロー理論からのアプローチ―．世界思想社．

第12章
体育・スポーツにおける「つながり」について

1　人が生きていく為に不可欠な「つながり」

2011年に日本漢字能力検定協会が発表した「今年の漢字」は、「絆」だった。多くの命が失われた東日本大震災の被害を通して、家族や地域における「つながり」の大切さが認識され、それが反映したのである。この頃から、人と人とがつながり、絆を深め、寄り添うことの重要性が謳われるようになった。[(1)] 人は孤独に耐えがたく、生きていく上で、誰かと「つながる」ことは不可欠なことである。

新約聖書に、「イエスはまことのぶどうの木」という話がある。[(2)] イエスがぶどうの木、人が枝、神が農夫に喩えられている。ぶどうの枝が、その木につながっていることによって、栄養や水分を木から受け取り、すくすくと育って、やがて豊かな実をつける様子が、イエスと人の「つながり」を喩えている。つまり、人間は、イエスというぶどうの木から御言葉という糧を得て、イエスの愛によって養われることで成長し、やがて豊かに愛の実を結び、他者をも愛する者になる。そして、多くの枝が、木につながっていることによって、喜びで満たされた共同体が形成されるのである。しかし、木につながっていても実を結ばない枝は、神である農夫が取り除く。この話において、イエスと人との「つながり」、そしてイエスの愛を介した人と人との「つながり」が描かれている。

これは究極的な「つながり」であり、人が生きていく、生かされていく為に不可欠な「つながり」である。

2 体育・スポーツにおける「つながり」

2022年3月に策定された国の第3期スポーツ基本計画には、「様々な立場・背景・特性を有した人・組織が『あつまり』、『ともに』活動し、『つながり』を感じながらスポーツに取り組める社会の実現を目指す」という新たな視点が示されている。これに関してこの基本計画では、新型コロナウイルス感染症の蔓延により、これまでスポーツを通じてかかわりをもっていた地域や仲間との交流が失われたことや、東京2020オリンピックで新たに実施されたアーバンスポーツにおいて難易度の高いパフォーマンスに挑戦した選手を対戦相手が賞賛したことを例示し、多様な人々とさまざまな境界を越えて、誰もがスポーツを楽しめる社会の実現をめざすことの重要性が論じられている。そして、スポーツを通じた国・地域・人々のつながりを強めるために、スポーツ分野の政府間国際協力の推進や、地域間の相互理解に向けた人材交流支援を推進することが示されている。

雑誌『体育科教育』の2021年12月号では、「体育で子どもたちがつながる」という特集が組まれた。ここでも、新型コロナウイルスの感染拡大が、学校での子ども同士の「つながり」、教員と子どもの「つながり」の重要性を私たちに再認識させる契機となったことが述べられている。従来体育は、学習集団づくりや肯定的な人間関係に寄与してきた教科の一つであり、子どもたち同士の結びつきを回復させ、深めるような体育授業の充実が、この時代だからこそ重要視されると、この特集の編集の視点に記されていた。

この特集の中で、伊藤（2021）は出原泰明の「体育の学習集団論」を紹介している。出原は、体育科固有の教科内容を学びとる学習集団、つまり技術の修得を媒介とした学習集団の構築をめざした。具体的には、自分よりも「でき具合」が低い友だちの欠点はどこにあり、どうすれば次の段階に進めるのかを観察・分析する。自分より「でき具合」が高い友だちの動きを分析することで、自分はどうすればそのレベルに達することができるのか、自分の欠点はどこにあるのかを学び取る。こうした技術認識が重要な接着剤となり、体育科固有の学びで「つながり」を生む学習集団となる。伊藤は、この出原の授業実践を示した上で、体育科固有の学びは何なのかと問い、試行錯誤しながら授業実践をすることが、体育における「つながり」を生む王道であると言う。

確かに、体育における「つながり」を検討する際、体育科固有の学びに注目することには妥当性がある。多くの体育授業では、スポーツが教育素材として用いられている。そこで、本稿では体育の教育素材であるスポーツそのものに注目し、スポーツの何が人と人とをつなぐのか、どのような「つながり」がそこで形成されるのかを、特にスポーツの競争性と遊戯性の観点から検討する。

3 競争性がもたらす「つながり」

(1)分割による「つながり」

樋口は、「スポーツとは、日常生活とは異なる意味連関をもつ特殊な情況のなかで（遊戯性）、人為的な規則に基づき（組織性）、他人との競争や自然との対決を含んだ（競争性）、身体的活動（身体性）である」（1987、31頁）と定義し、「スポーツはその構造上、必然的に競争性という性格を含んでいる」（1987、28頁）と述べている。この節では、スポーツの競争性によって、どのような「つながり」が形成されるのか検討する。

多木（1992）は、スポーツのディスクールは、「0↓＋／－↓0」（平等↓不平等↓平等）の形式で表せると言う。スポーツにおいて、ゲームが始まる前は、実際に当事者の力量が違っていても、競技者同士の関係は0対0の平等である。そして、「0↓＋／－」の過程において、プレイヤーは「－」（負け）となるのではなく、「＋」（勝ち）の状態になることをめざして競技する。スポーツにはプレイヤーAがプレイヤーBと対決するるというシンプルな基本的構造が存在する。団体スポーツならば、チームAがチームBと対決し、この時、チームBは外集団（敵）として位置づけられ、それ故にチームAの選手同士は味方として結束する。外集団に対する敵対心が高まると同時に、内集団への愛着が増し、その凝集性が高まるのである（サムナー、1975）。個人スポーツであっても、プレイヤーAの指導者やサポートスタッフが味方として結束し、「つながり」が形成される。このつながり」は、スポーツをする者、支える者に留まらず、観る者にも広がる。例えば、学校でのクラス対抗の球技大会では、ゲームを通してクラスで優劣が競われる状況が、自分がどのクラスに所属し、誰とつながっているのかを顕在化させ、各自はアイデンティティを再確認する。このようにして、スポーツの競争性がもたらす分割によって、内集団における「つながり」が強まるのである。

⑵統合による「つながり」

コーザー（Coser）は、相互作用過程の観点から社会現象を分析したジンメル（Simmel）の闘争理論を手がかりに、社会的コンフリクトの機能について論じた。コーザーは、外集団との闘争は集団内凝集性を強めるという命題を示す一方で（1978、112-125頁）、憎悪の相互行為が、しばしばその後の親しい相互行為に結びつくと述べている（1978、167-178頁）。例示として、けんかをした子どもたちが、その後に仲の良い友だちになったことや、戦争が関係を持たなかった文化を混交させて豊かなものになったことを挙げている。闘争という相互作用によって当事者間を結びつけ、新しい関係が形成される可能性を示している。

では、スポーツにおいてはどうであろうか。スポーツにおいても人々は、分割のレベル、つまり友敵の対立に基づく結束に留まらない。競技が終了すると、多木の示した後半の「＋／－」から「0」に戻ることによって、もはや敵も味方もないという平等のイデオロギーが再び表現される。ちょうど、東京1964オリンピックの閉会式で各国の選手が入り乱れて入場した場面がこれに相当するだろう。自チームが勝っても負けても、敵であった相手チームの健闘を讃えることによって、参加者全体が国を超えて統合されるのである。

スポーツイベントの開会式、閉会式、表彰式などにおいて、社会的地位と権威を有すると思われている人物が、その競技会にお墨付きを与え、競技の過程の正当性が保証される（佐伯、1998）。例えば、国民体育大会であれば天皇陛下（代理の皇族の場合もある）、学校の球技大会ならば校長先生が登場する。閉会式では、勝者の栄光が讃えられるとともに、敗者の健闘も讃えられることによって、競技における分割は、より上位のカテゴリーへと統合（＝ノーサイド）されるのである。学校のクラス対抗の球技大会でも、閉会式で表彰伝達がなされて競技結果が正当なものとして受け入れられるとともに、クラスが分割された状態からノーサイドの状況となり、クラスを超えた学校というカテゴリーに統合される。こうした全校的なスポーツ行事によって、学校としての凝集性や我々意識が高まり、「つながり」が強化されるのである。

グローバルなレベルにおいて、この「つながり」が意識されるのが、オリンピック・パラリンピック大会である。普段は政治や経済の分野で対立しがちな世界中の人々が、オリンピック・パラリンピック大会にともに魅せられるのは、もちろん世界最高峰のパフォーマンスがそこにあるからだが、それだけではない。人々はただ単に勝利という競争の結果に固執しているのではなく、そこには、オリンピズムの内容とそれを体現するアスリートの競い合いの果てに生み出される「つながり」がある。スポーツ指導者はこうした「つながる」ことの意義や価値について認識することが求められている（菊、2019、73、94‐95頁）。

樋口（1999）は、競争を内在的な競争と外在的な競争に分けている。スポーツには、ゲームの構造の中に競争という契機が本来的に含まれ、ゲームの終了時に必ず勝敗が決するようになっている。それが内的な競争性である。この競争性がなければ、スポーツは成立しない。それに対して、全国選手権大会で優勝するとかオリンピックでメダルを取るといったことは、外的な競争性である。そして、スポーツのもつさまざまな人間的価値を教育に生かすためには、内的な競争性は不可欠であり、その一方で、外的な競争性を相対化してゆく視点や方法を子どもたちに教える必要があると樋口は言う。そうした視点や方法なしには、ここで示した統合による「つながり」も生じ得ないだろう。

4 遊戯性がもたらす「つながり」

(1) 遊戯——自由で絶対的秩序によって統治されている世界

オランダの文化史家であるホイジンガ（Huizinga）は、1938年に『ホモ・ルーデンス』を発表した。それまで遊戯は、あり余るエネルギーを放出している、緊張からの解放を求めて行っている、将来の仕事や自制の訓練として役立てている等、何か遊戯以外の目的や外的な原因から遊戯が説明されてきたが、ホイジンガは、こうした遊戯の定義は不十分であるとする。赤ん坊が喜びのあまり声を上げて笑うのはなぜか、どうして賭博師は夢中になるのか、なぜ運動競技が大観衆を熱狂させるのかを改めて考える時、こうした遊戯の迫力、つまり人を夢中にさせる力の中にこそ、遊戯の本質があるのだとホイジンガは言う。面白さ、楽しみ、喜びは、遊戯に本質的なものであり、それ以上根源的な概念に還元することはできないのだ（ホイジンガ、1973、16‐21頁）。

ホイジンガは遊戯の形式的特徴を以下のように説明している（ホイジンガ、1973、28‐37頁）。まず、遊戯は一つの自由な行動であり、命令されて行う遊戯は遊戯ではない。楽しみが得られるが故に、人々は遊戯するのであり、肉体的な必要性から課されるものでも、まして道徳的義務によって行われるものでもなく、止めようと思えば止めても何ら差し支えのないものである。

遊戯は、日常生活から一時的に別の領域に踏み出して行われる活動であり、幼い子どもでも、遊びは本当のことをしているふりをするものだと感じており、楽しみのためにしているのだということを知っている。しかし、遊戯に夢中になると、ただ遊んでいるだけなんだという意識が、最高度のまじめさ、真摯、厳粛という状態になる。まじめは遊戯を劣等なものとして締めだそうとするが、遊戯はまじめをも内包しているのである（ホイジンガ、１９７３、１０９頁）。そして時として、遊戯はこの世俗的なまじめさを超越して、聖なるものになる。神聖な宗教的行事の中にも遊戯性が存在することをホイジンガは指摘する。

さらに、遊戯の形式的特徴として、「完結性」と「限定性」がある。遊戯は日常生活から空間的・時間的に区別されている。遊戯は始まる時とそれが終わる時があり、その進行の間、そこにあるのは運動、動きである。動きが終わった後で、また繰り返されるという「反復」「繰り返し」あるいは「順番による交代」等の諸要素は、遊戯の縦糸と横糸に相当するものである。そして、空間的制限が遊戯の特徴であり、遊戯の場は現実から切り離され、その世界はある固有の絶対的秩序によって統治されている。もしも秩序違反が生じれば、遊戯の世界は台無しになり、無価値なものとなる。

遊戯には緊張の要素があり、それは不確実ということであり、やってみないと結果はわからないということである。遊戯が競争的な性格を強くもち、賭け事やスポーツ競技になると緊張の要素は絶頂に達することになる。

ここまで述べてきたことをまとめるならば、遊戯の場は現実の生活や利害から離れて自由であり、遊び自身の楽しさのために人を夢中にさせ、他の手段ではなく、遊ぶこと自体が目的であり、しかも、遊戯は独自の秩序をもった独立した領域であると言える（丹羽、１９７９、26頁）。

日本では、１９６０年代後半にホイジンガのプレイ論が注目され、竹之下休蔵らはこうしたプレイ論に基づいて体育の目的・内容・方法を構築する立場をとった。そして、その考え方は、１９７７（昭和52）年と１９９０（平成２）年の学習指導要領やその解説書に反映し、「楽しい体育」として定着していった（高橋、２００６）[4]。

(2)共通の規則を受け入れることによる「つながり」

鈴木（２０１３）は、英国のパブリック・スクールで課外活動として行われていたスポーツを、現在の体育授業の一つのルーツと措定して、スポーツ活動が教育として承認されていく過程について論じている。その過程のなかでも、教師たちが校内の規律を維持するために、生徒たちの協力を得ることをねらってスポーツを公認した19世紀初めから半ば頃までの時期に注目した。この時期において、教師たちはスポーツの教育的価値ゆえにスポーツを積極的に奨励したのではなく、生徒たちをプレイグラウンドに留めておくための社会統制の手段としてスポーツ活動を認めていた。しかし、そのスポーツ活動は、生徒たちにとっては純粋にプレイ（遊び）であり、教育としての出発点が、生徒たちの自発性によって導かれていたことに注意を払うべきであると鈴木は指摘する。つまり、遊戯性を土台とするスポーツ自身に教育的萌芽があったのである。

前項で確認したように、遊戯の世界は自由であるが、一方でその場において絶対的な秩序によって統治されている。ホイジンガは遊び（遊戯）を、「あるはっきり定められた時間、空間の範囲内で行われる自発的な行為、もしくは活動である。それは自発的に受け入れた規則に従っている。その規則はいったん受け入れられた以上は絶対的拘束力をもっている。遊びの目的は行為そのものの中にある。それは緊張と歓びの感情を伴い、またこれは『日常生活』とは、『別のもの』という意識に裏づけられている」（ホイジンガ、１９７３、１０９頁）と定義している。つまり、それは自発的な行為ではあるが、非日常の所定の時空間において、絶対的な拘束力を持つ規則を受け入れて実施される活動である。

菊（２０２２、１４８-１４９頁）は、スポーツにおける規則の妙を、「サッカーの不思議」として説明している。日常生活において、手を使ってはならないというルールが課せられたら、人々はその不自由さに我慢できなくなり、ルールを破ってしまう。しかし、サッカーでは誰もがそのルールを守り、あえて不自由な状態を作って、嬉々として遊んでいるのである。中世に行われていたサッカーの原型となる庶民のフットボールは、暴力的なゲームでけが人が多く出るものだった。そうした粗野なゲームが、前述したパブリック・スクールにおいて、ルール化されたのである。生徒たちは、自己目的的な運動の喜びの追求のために、自ら進んで規則を受け入れ、結果的に学校側から認められるような洗練されたスポーツを形成していったと菊は指摘する。

ジンメル（Simmel, 1994）は、彼の闘争論において「競技」について述べている。競技は、勝利の魅力によって動機づけられており、「人々は闘争するために結合し、そして双方から承認された規範と規則の支配に従って闘争する」のである。ジンメルによると、闘争は人間の相互作用のダイナミズムを実現する形式であり、「闘争の原理」と「結合の原理」とが統一されたあり方、つまり互いに了解されている「規範と規則」に基づく闘争こそ積極的に評価される。こうしたジンメルの闘争論に基づいて、菅野（２００３、１７４頁）は、「闘争の原理」が純粋に実現されるためには「結合の原理」が同時に成り立つ必要があり、ここにおける「結合の原理」とは「規範と規則」に対する「お互いの承認」、つまりゲームのルールを互いに認め合うことであると言う。菅野は、ただ単にルールが存在しているだけでなく、闘争する当事者がそのルールには守るべき価値があると納得していることが大事であり、こうしたルール感覚を体感している成員同士の競争が社会関係形成を可能にすると指摘する。「ルールを了解しあった闘いは、それぞれの生にとっての充実感や相手への敬愛の情などを生み出す」（菅野、２００３、１７８頁）ため、そこに強い「つながり」が形成されるのである。菅野自身、フルコンタクトの空手の経験があり、お互いに殴り合った相手に対して何とも言えない親しみの感情が湧いてくることからして、お互いに納得したルールに基づき純粋に強さを競っているのであれば、闘争は互いの関係を高次化するような関係のダイナミズムを生み出すと言う（菅野、２００３、１７６‐１７９頁）。

(3)「自由と規律」の矛盾を超越したおもしろさゆえの「つながり」

菊（２０２２、80‐89頁）は、ホイジンガの遊びの概念を検討し、そこには、おもしろさを支える「自発的」行為が特定の時空間でしか通用しない規則の拘束を受け入れるという、「自由と規律（拘束）」の矛盾があることを指摘する。日常の理性的判断ではこの矛盾を解消することはできないが、遊びは、この理論的矛盾を「おもしろさ」を支える条件として超越していると菊は言う。つまり、遊びの世界では、この矛盾は矛盾ではなくなり、いやむしろ、矛盾であるがゆえにおもしろさを作り出すものとなっているのだ。文明化の過程でスポーツの概念が変化してきたことを示したエリアス（Elias）は、「競技者として、あるいは観客として参加できるスポーツが含まれる余暇活動の多くは、愉快で、加減された感情の解放を実現するように工夫されている」（１９９５）と述べている。「加減された感情の解放」は、原文では“controlled de-controlling of emotions”（Elias, 1986）と記されており、このフレーズを菊は「感情の抑制された中での脱抑制」（１９９７）と表現している。つまり、ルールによって規制された中で感情が解放されているのである。言い換えれば、ルールによる拘束が興奮（おもしろさ）を作り出しているとも言える。

近代以降の産業社会において、遊びは、「まじめ」な労働の生産性を下げる、不まじめなものとして位置づけられ、まじめと遊びは二項対立的に捉えられがちである。しかし、実はそうではなく、人は遊びの世界で大まじめに、時として神聖な性格を伴って、全身全霊を捧げて遊ぶのである。なぜならば、まじめに遊ぶのが楽しいからである。そして、ホイジンガは「これは遊びなのだ」という日常生活からの時空間の分離を意識するというメタ意識のレベルを重要視する。特に他者が遊びに参画する場合、このメタ意識とまじめさは、共通了解事項として遊びを成立させる原動力となる（菊、２０２２、86‐87頁）。この共通の了解事項のフレームは常に崩壊する可能性を孕んでいるが、むしろ自発的に「おもしろさ」を追求するリアリティがあれば、このフレーム崩しが深い絆や連帯を作るきっかけになると菊は主張する。

また、菊（２０２２、86頁）は現代社会における日常の「まじめさ」は心を揺さぶるリアリティに欠けていると言う。つまり、遊びやスポーツにおける「まじめさ」の方に、心揺さぶるリアリティがあるというのであるが、なぜだろうか。滝沢（１９６９）は、スポーツはそれほどまでに多くの人を引きつけるのか、競技のどこにそれほどの魅力があるのか、それに比して、実際の生活、人間の世の中はどうして暗く、味気ないのかという問いに対して、競技には決定されている明白な規定（太初の言）があり、競技者がそれを受け入れているからだと言う。太初の約束が明確ではない実人生よりも、非日常のスポーツにまじめに取り組むことで、至高のリアリティを味わうことができるのだ。

そうしたリアリティ感を示すものとして、中井（1962）の「スポーツ気分」がある。中井は、スポーツ気分には空間的性格、肉体的技術的性格、共同存在的性格があることを示す。この共同存在的性格は、本稿のテーマである人と人との「つながり」に関連している。中井は「ラガーのハーフの一擲によって、TBの線は言わずもがな、十五のラガーが球を中心に見えざる力の波紋となって、次から次に二方向的に作用する感じは、1つのチーム全体が1つの集団的実存的性格であることを思わしめる。」（1962、178頁）と言う。人間の社会性を究極的に規定しているのは、主体でありかつ他者の客体である身体である。ゲームにおいて、主体である身体が絶えず他者の身体を志向するがゆえに、身体を介して個と個がつながり、相互補完的な関係性が形成されるのである。また、中井はボート競技も例示している。しっかりと練習を積んだボートのチームでは、一人の心理的肉体的なミスを、他の七人は櫂先で感じることができ、逆に、間合いが完璧であれば、「あたかも電流が櫂先に伝えるが如く、一つの時間が八つのシートの上に流れていることを心臓を持って知ることが出来るのである。」（1962、178頁）と表現している。ボート競技に参加する8人は、櫂先を通して他の者の動きを察知し、同じ時間の流れの中で一体となっているのである。そこには完璧な「つながり」がある。プレイヤーたちは、こうした「つながり」に何とも言えない快感を覚え、至高のスポーツ気分を楽しむのである。

5　スポーツにおける究極的な「つながり」

(1) 麗しく温かい真の「つながり」

ここまで、スポーツの競争性と遊戯性、そして遊戯性を補完する組織性（規則）や身体性の観点から、分割・統合から生じる「つながり」や楽しさに支えられた「つながり」について見てきた。これらはスポーツに特徴的な「つながり」だが、スポーツを教育素材として用いる体育においても、生じうる「つながり」である。

しかしながら、梅垣（２０２２）は「筆者自身、スポーツを通じて『つながり』を感じたことはなく、むしろ孤立を感じることが多かった。人とのつながりを感じられなかった筆者であるが、聖書の中に人との真のつながりを見出した。」と言う。梅垣が聖書に見いだした「真のつながり」とは、神との霊的なつながりを基本として、そこから流れ出る聖霊による人と人との霊的なつながりである。もう少し具体的に言うと以下のようになる。神は、人を神に似せて創り、人と密接な関係を保っていたが、人は罪を犯したために、神は人との関係を絶った。その関係を回復するために、神は、ひとり子であるイエスをこの世に送り、罪を犯した人の身代わりとして十字架にかけた。これによって、人の罪は赦された。神は、イエスを救い主として受け入れた人との関係を回復する。聖霊の働きによって、人はイエスを救い主として受け入れ、神との関係が回復される。聖霊は、信じる人に神の力を与えるとともに、人と人とをつなぐ働きもする。キリスト教における人と人との真のつながりは、神と人との親密な関係を基本として、そこから派生する人との関係である。このように梅垣は聖書における真のつながりを説明し、それは麗しい温かな「つながり」であると言う。

梅垣が説明する「つながり」は、冒頭で紹介した「イエスはまことのぶどうの木」の喩えと符合しており、イエスが仲保者として人と神をつなぎ、イエスを介して人と人とがつながるのである。この「つながり」と本稿で論じた体育・スポーツにおける「つながり」との違いは、前者が宗教的な「つながり」であるという点にある。グートマンは、現代スポーツの特徴を７つ示し、その中に世俗化を挙げている（１９８１、31‐48頁）。彼によると、古代オリンピックのように身体運動を伴う競技的なイベントは歴史的に宗教的な意味を負わされていたが、現代スポーツは宗教的な部分が切り離されているという意味で、世俗化しているのである。

⑵宗教の機能分化によって形成される究極的な「つながり」

しかしながら、世俗化を宗教に関する社会変動の視点から捉えると、世俗化とは単に制度宗教の衰退として捉えられるのではなく、宗教が社会の「公的」な秩序を代表し、人々が自動的にそれに参与していた情況から、宗教が機能分化し、「見えないかたち」で再生産される過程なのである（井門、１９７４ａ）。すなわち、農村共同体的社会（communal society）から協同的社会（associational society）への動きに伴い、社会が機能分化し、かつて社会秩序の全般的な原理として働いていた宗教自体が現代社会のさまざまな領域で分化して機能しているのである（井門、１９７４ｂ）。そう考えるならば、疑似宗教的な機能がスポーツにおいて働く可能性も否定できないだろう（高橋、１９８９）。

２０２２年8月22日、甲子園球場で行われた全国高等学校野球選手権大会の決勝戦で、仙台育英学園高等学校が勝利し優勝した。試合後に自チームのベンチ前で、7回を1失点に抑えた仙台育英の斎藤投手が、スタンドに向けられたお立ち台に上がりインタビューを受けた(5)。斎藤投手は「ベンチに入っているピッチャー陣も、今ベンチに入っていないピッチャー陣も、もう変わらない能力があるので、とにかく一人ひとり競い合って、お互い励まし合いながらやってきました。」と言い、お礼を言いたい人は誰かと聞かれ「1番はスタンドにいる仲間です。」と答えた。そして仲間に向けて優勝の報告をしてくださいと促されるとアルプススタンドに向かって「みんな、今日、みんなのお陰で優勝できたよ。ありがとう。」と語りかけると、アルプススタンドのチームメートは立ち上がり両手を上げて拍手した。野球を介した部員同士の「つながり」が見て取れる。これは、梅垣が聖書の中に見いだしたものと同様に麗しく、温かい「つながり」と言えるかもしれない。

宗教の定義は3つに大別される（文部省、１９６１）。第一に神の観念によるもの、第二に人間の情緒的経験の上に神々しさや神聖感といった宗教としての特徴を見出すものである。そして、第三は人間の生活活動を中心として宗教を捉えようとするものである。岸本はこの第三の立場に立って「宗教とは、人間生活の究極的な意味を明らかにし、人間の究極的な解釈にかかわると、人々によって信じられているいとなみを中心とした文化現象である。」と定義している(岸本、１９６１)。ここでは、究極的という言葉が使われているが、究極的関心(ultimate concern）は、現代の宗教理論の基礎をなす概念の一つである。それは、すべての関心に深みと方向づけを与え、それによってはじめて人格の統合も可能になる。この概念は、宗教を実体的ではなく機能的に、あるいは内容的ではなく実在の形式としてみることにより、普通は非宗教的と見なされるものの中にも、宗教的次元を発見することができるのである（田丸、１９７３）。

本稿では、競争性や遊戯性によって生じる、スポーツに特徴的な「つながり」について論じてきた。そうした「つながり」は、非日常のものであるからこそ、人々は容易に強固な意味付けと最高の価値づけをすることができ、それによって、究極的な「つながり」が形成される。[(6)] それは、非日常のスポーツで作られた「つながり」であるからこそ、逆に日常における「つながり」に深みと方向性を与えてくれるのである。ここに、スポーツの教育的な側面があることを指摘することができるかもしれない。

（高橋豪仁）

■注

⑴阿部・平田（２０１６）は、有識者の著作物や新聞報道を対象にして、東日本大震災前後における絆の質について比較検討した。

⑵ヨハネによる福音書　15章1～12節。

⑶次節で述べるように、スポーツは本来的に「非日常」における遊びという性質を持っているので、シュミット（１９７０、p.17）が「友・敵概念は、隠喩や象徴としてではなく、具体的・存在論的な意味において解釈すべきである」と述べているように、彼の友・敵概念と本稿での友敵構造とは本質的に異なる。しかしながら、観戦者の体験が拡大することによって、スポーツにおける友敵関係が、現実世界の政治的なるものへと象徴的に転化することや、後述する外在的な競争（樋口、１９９９）によっても友敵関係が形成されることを看過してはならない。

⑷楽しい体育論とプレイ論については、拙稿（高橋、２０１６）を参照。

⑸ユーチューブにアップされた動画で確認した。https://www.youtube.com/watch?v=RTauw0k7MNk(参照２０２２年8月22日)

⑹そうした「つながり」は、ナラティブ（物語）として語られる。井上（２０００）は以下のように物語を説明する。「物語は『人間の経験を意味あるものとするための基本形式』である。私たちの人生（あるいは、それを構成する出来事）も、物語という形式を通して『意味あるもの』となる。つまり、認知的につじつまの合う理解可能なものとなり、また規範的に正当化しうるもの、さらには誇るに足る価値あるものとなるのである。」梅垣が論じたイエス・キリストの贖罪とその愛に基づく「つながり」の物語は、

クリスチャンの信仰に基づく真の「つながり」の物語と言えるだろう。

■文献

・阿部一咲子・平田京子（２０１６）東日本大震災を経て重視された絆に関する一考察―社会の価値観の変遷に注目して．日本女子大学紀要 家政学部、63：37‐47頁．
・コーザー：新睦人訳（１９７８）社会闘争の機能、新曜社．〈Coser, L.A. (1956) The Function of Social Conflict, Routledge and Kegan Paul〉
・エリアス・ダニング（１９９５）スポーツと文明化―興奮の探求．法政大学出版局、62頁．〈Elias, N., 1986, Introduction, in Elias, N. and Dunning, E., Quest for Excitement: Sport and Leisure in the Civilising Process, University College Dublin Press, p.44〉
・グートマン：清水哲男訳（１９８１）スポーツと現代アメリカ．ＴＢＳブリタニカ．〈Guttmann, A. (1978) From Ritual to Record: The Nature of Modern Sports, Columbia University Press〉
・樋口聡（１９８７）スポーツの美学．不味堂出版．
・樋口聡（１９９９）競争、松岡重信編著、保健体育科・スポーツ教育重要用語３００の基礎知識．明治図書出版、26頁．
・ホイジンガ：高橋英夫訳（１９７３）ホモ・ルーデンス．中央公論社．〈Huizinga, J. (1956) Homo Ludens: Vom Ursprung der Kultur im Spiel (Rowohlts deutsche Enzyklopädie, 21), Rowohlt〉
・井門富二夫（１９７４ａ）神殺しの時代．日本経済新聞社、77頁．
・井門富二夫（１９７４ｂ）宗教と社会変動．思想、６０３：45‐71頁．
・井上俊（２０００）スポーツと芸術の社会学．世界思想社、１９４頁．
・伊藤嘉人（２０２１）体育で子どもたちがつながるとはどういうことか．体育科教育、69（12）：16‐19頁．
・菊幸一（１９９７）スポーツファンの暴力．杉本厚生編、スポーツファンの社会学．世界思想社、２４１頁．
・菊幸一（２０１９）スポーツの意義と価値．日本スポーツ協会編集発行、レファレンスブック、71‐95頁．
・菊幸一（２０２２）学校体育のプロモーション―体育社会学からのアプローチ．創文企画．
・岸本英夫（１９６１）宗教学．大明堂、17頁．
・文部科学省（２０２２）第３期スポーツ基本計画、16頁．
https://www.mext.go.jp/sports/content/000021299_20220316_3.pdf（参照２０２２年８月15日）

・文部省調査局宗務課（１９６１）宗教の定義をめぐる諸問題．１５４‐１７３頁．
・中井正一（１９６２）スポーツ気分の構造．久野収編，中井正一，美と集団の論理．中央公論社，１７２‐１８５頁．
・丹羽劭昭（１９７９）Ｊ・ホイジンハの“Homo Ludens”における遊戯の概念―日本的遊戯概念との比較も加えて．丹羽劭昭編著，遊戯と運動文化．道和書院，13‐39頁．
・佐伯聰夫（１９９８）スポーツの政治的機能と権力作用の展開．森昭三編，スポーツの知と技．大修館書店，１７９‐１８４頁．
・シュミット：田中浩ほか訳（１９７０）政治的なものの概念．未来社．〈Schmitt, C. (1933) Der Begriff des Politischen, Hanseatische Verlagsanstalt〉
・ジンメル：居安正訳（１９９４）社会学（上巻）．白水社，２８０頁．〈Simmel, G. (2023) Soziologie : Untersuchungen über die Formen der Vergesellschaftung. Duncker & Humblot〉
・菅野仁（２００３）ジンメル・つながりの哲学．ＮＨＫ出版．
・サムナー：青柳清孝ほか訳（１９７５）現代社会学大系３　サムナー　フォークウェイズ，青木書店，20‐21頁．〈Sumner, W.G. (1906) Folkways: a study of the sociological importance of usages, manners, customs, mores, and morals. Ginn & Company〉
・鈴木秀人（２０１３）体育科教育の過去・現在・未来．スポーツ社会学研究，スポーツ社会学研究，21（２）：51‐62頁．
・高橋健夫（２００６）楽しい体育論．日本体育学会監修，最新スポーツ科学事典．平凡社，６１５‐６１６頁．
・高橋豪仁（１９８９）現代スポーツの宗教性に関する研究―宗教的機能の可能性．体育・スポーツ社会学研究，８：67‐88頁．
・高橋豪仁（２０１６）「楽しい体育論」の理論的源流―文化論的プレイ論．奈良教育大学保健体育講座，保健体育を教える人のために．東山書房，59‐74頁．
・滝沢克己（１９６９）競技・芸術・人生．内田老鶴圃新社，１‐96頁．
・多木浩二（１９９２）スポーツという症候群．多木浩二ほか編，零の修辞学．リブロポート，３５２‐３９９頁．
・田丸徳善（１９７３）究極的関心．小口偉一・堀一郎監修，宗教学辞典．東京大学出版会，１２０‐１２１頁．
・梅垣明美（２０２２）人と人がつながるとは―聖書が教えるマコトのつながりに向けて．スポーツ社会学研究，30（２）：39‐52頁．

第13章 ナショナルカリキュラムの未来

――「これまで」から「これから」の学校体育を見通す

1 問いの設定――ナショナルカリキュラムの未来にどうせまるか

古代ローマの戦車競争のトラック（走路）を語源とし、「クレレ（currere）」という「走る」という意味のラテン語が起源であるカリキュラム（curriculum）という用語は、一般的に「学習経験の総体」を意味し、授業や学習の活動のみならず授業と学習の計画・実行・評価のすべてを含む包括的な概念として使用されている（佐藤、１９９６、１０５‐１０６頁）が、その意味は多義的である。カリキュラムには、国家レベルの教育内容の計画・基準から、地方レベル、学校や教師レベル、さらには学習者一人ひとりの教育内容等と、さまざまな次元があるだけでなく、学校の伝統や雰囲気などの潜在的カリキュラムまでも含む広い概念である。

本稿で取り扱うナショナルカリキュラムは、いうまでもなく国家レベルの教育内容の基準を示したものであり、それは「ある種の国民像を目的として、その資質形成をするために学校の全教育にわたる教育課程（中略）の基準を決定して」（水原、２０１７、13頁）おり、現在の日本においては学習指導要領がそれにあたる。日本の学校体育におけるナショナルカリキュラムは、時々の時代的、社会的要請によってその性格や内容等が大きく変化している。そこで本稿では、日本の学校体育おけるナショナルカリキュラムの「これまで」を、その性格、内容、策定の経緯、及びその後の展開等について整理し、これらを踏まえた上で「これから」のナショナルカリキュラムを見通してみたい。なお、「これまで」のナショナルカリキュラムを整理するにあたっては、体育の理念的変遷の枠組みとして妥当だと考えられる「身体の教育」、「スポーツによる教育」、「スポーツの教育」（友添、2011、13頁）ごとに行うが、「身体の教育」の時代においては1913（大正2）年に公布された学校体操教授要目、「スポーツによる教育」の時代では1953（昭和28）年発行の小学校学習指導要領体育科編（試案）を、「スポーツの教育」の時代は1977～1978（昭和52～53）年に改訂された小・中・高等学校学習指導要領を中心に検討する。

2 「身体の教育」の時代における体育カリキュラム

1872（明治5）年の学制発布により、日本における近代公教育制度が出発した。現在の体育につながる教科名は「体術」として小学校で取り上げられたが、中学校にはなく、「体裁は整ったがまったく内容がないというのが、発布当時の実情」（竹之下・岸野、1959、6頁）であった。しかしその後、教科名が「体操」に変わり、榭《しゃ》中体操法図などといった体操図解を手がかりにしながら授業を実施するようになり、さらには体操研究及び指導者養成を主眼とする体操伝習所が設立（1878（明治11）年）され、軍事的な訓練や競技的な鍛錬とは区別される普通体操（軽体操）を中心とする教科の内容が整えられていく。そして、教育令（1879（明治12）年）、改正教育令（1880（明治13）年）を経て、1886（明治19）年に諸学校令が発布され、これに基づいて翌年に定められた小学校教則大綱11条に、「体操ハ身体ノ成長ヲ均斉ニシテ健康ナラシメ精神ヲ快活ニシテ剛毅ナラシメ兼ネテ規律ヲ守ルノ習慣ヲ養フヲ以テ本旨トス」（竹之下・岸野、1959、32頁）と初めて体操科の目的が示された。また、体操科の内容は、普通体操と兵式体操の2本立て（小学校では遊戯を含める）

で実施することになったのである。兵式体操は、歩兵操典に準じてつくられたものであり、初代文部大臣森有礼が企図したものであった。森は、新しい人物養成の重要な三つの気質（従順（順良）、友情（信愛）、威儀（威重））を掲げ、その実現のために兵式体操の採用を主張したが、それは結局のところ富国強兵に必要な軍人育成の準備であった。

その後、明治30年代になると、単調な動きを号令に従って繰り返す普通体操は形骸化し、さらにはその身体的効果についても「無頓着な」（竹之下・岸野、１９５９、62頁）実践も多く、行き詰ってきた。こうした状況下において、遊戯研究が活発となると同時に、川瀬元九郎、井口阿くりによって生理・解剖学に基づくスウェーデン体操が日本に紹介され、学校体育では何を取り扱ってよいのか混乱状態に陥った。こういった混乱に決着をつけるべく、１９０４（明治37）年文部省に体操遊戯取調委員会が設けられた。さらに、兵式体操の取り扱いについては陸軍省との調整が必要であることから、１９０８・１９０９（明治41・42）年に文部省・陸軍省の共同調査会が開かれた。そして、体操遊戯取調委員会、文部省・陸軍共同調査会を経て、１９１３（大正２）年に学校体操教授要目が公布されたのである。

学校体操教授要目（以下「要目」と略す）では、体操科で取り扱う運動（領域）と学年配当が示されている（井上、１９５９、２２４-２５２頁）。運動領域は、小学校では「体操」「教練」「遊戯」に、中学校、師範学校の男子には「撃剣・柔術」を加えた四つに区分された。「体操」教材はスウェーデン体操中心となり、教科の中心的な教材として位置づけられた。「教練」はこれまで行われてきた兵式体操を整理したものである。「遊戯」教材は、先述した体操遊戯取調委員会においてその有効性が示されたものの、要目では極めて簡単に扱われていた。「撃剣・柔術」は中学校及び師範学校男子生徒に随意に取り扱う教材であったが、「遊戯」同様簡単に扱われている。要目が出されたことによって、体操科はスウェーデン体操が中心となる教科となったが、それはスウェーデン体操が生理・解剖学に基づいて考案されている点において、精神と身体を峻別する心身二元論に立脚した「身体の教育」として確立されることになったのである。その後、要目作成の責任者であった永井道明は、体操を身体の発達を図るだけでなく、規律や上司に従順に従うことができる身体を育成するために、「気を付け」の姿勢や号令のかけ方を命名・発明し、号令―動作という指導の形式を確立したのであった（清水、２００１）。

要目公布後は、体操でも教練でもなく、遊戯を中心とした大正自由教育の思想に基づく自由主義体育が展開されることもあったが、スウェーデン体操を中心とする体操科はその地盤を確立していく。しかしその後、軍事色が強くなるにつれて、教育の統制は強まり、教科内容もそれに合わせたものに変容する。１９２５（大正14）年には、教練教授要目が体操とは別に公布され、それに伴い体操の時間が増加した。翌年（１９２６（大正15）年）には改正学校体操教授要目が公布された。要目の性格は、前回は「教授上の参考」であったが、今回は「準拠」となり、その基準性が強まった。その後１９３６（昭和11）年には、第二次改正学校体操教授要目が公布されたが、その性格は「もとづき」とさらに基準性が強まっている。そして、１９３７（昭和12）年に日中戦争が勃発し、軍国主義の道を歩む中で教育制度の改革を行い、１９４１（昭和16）年の国民学校令によって教科の名称は「体操」から「体錬」へと変更し、翌年には国民学校体錬科教授要項及び同実施細目が公布され、武道の位置づけが強まった。

3 「スポーツによる教育」の時代における体育カリキュラム

戦後の体育は軍国主義的な性格を払拭することから始まる。１９４５（昭和20）年10月、連合国総司令部内の民間情報教育局は、「日本教育制度に関する管理政策」の覚書を出し、その方針に基づいて教練、武道、秩序運動などの取り扱いに関する通達等を出したが、それらには「学校体育から教練的要素を除去することが一貫」（竹之下・岸野、１９５９、２４１頁）していた。１９４６（昭和21）年3月には、アメリカ教育使節団の報告書が発表され、体育は民主化の道を進み始め、同年9月に文部省は学校体育研究会を設置し、そのまとめとして１９

47（昭和22）年に学校体育指導要綱（以下「要綱」と略す）を発行した。教科名は体錬から体育へと改称され、要綱の性格は旧要目の統制的性格を改め、教授上の参考となった。教材は、運動と衛生に大別され、運動領域は小学校では体操と遊戯の2領域、中学校以降は体操、スポーツ、ダンス、理論の4領域で構成された。そして要綱にある「指導方針」に、「遊戯及びスポーツを中心とする指導」（井上、1959、390頁）を行うことが掲げられた。また、体育の目標は、「身体の健全な発達」「精神の健全な発達」「社会的性格の育成」（井上、1959、375頁）を図ることとなり、ここにスポーツを中心とした運動をとおして民主的な人間の形成をめざす「スポーツによる教育」の理念が示されたのである。

この要綱は、要領としての体裁が整えられていないことから「要綱」となったが、その後1949（昭和24）年に学習指導要領小学校体育科編（試案）、1951（昭和26）年に学習指導要領中等学校体育編が発行された。この二つの学習指導要領は、先の要綱の体裁を整えたものであることから、その性格や内容は要綱と大差はない。しかし性格については、学習指導要領は要綱と同様にあくまでも参考であり、カリキュラムは各学校が自主的に編成していくことが引き続き求められたので、カリキュラム研究が活発に行われるようになった。そして、その研究はアメリカの経験主義教育の立場に立った経験カリキュラムの追求であった。コア・カリキュラムをめぐる検討においては、体育はコアとなる中心学習（主に社会科）から独立した経験カリキュラムの考え方を取り入れながら、教科カリキュラムの形態をとる方向に進められていく。また、「子どもの日常の運動生活改善のために、運動会や校内競技会などの体育的行事を主要単元（行事単元）に設定し、正課時と自由時の連携の下で、生活と教育の結合をはかろうとする」（友添、2009、119頁）「生活体育」に基づくカリキュラム論が打ち出されるようになる。そして、こういった研究の集大成として、1953（昭和28）年に小学校学習指導要領体育科編（試案）の改訂版（以下「53要領」と略す）が発行されたのである。

53要領の特徴は、目標・内容（教材）・方法の一貫性を提示したことが挙げられる。これまでの要綱・要領では「運動による教育」の理念を目標として掲げてきたものの、方法（指導法）については戦前行われていた教練的要素が強く残っており、教師の号令や指示によって学習を進める教師中心から児童中心に転換することが課題となっていたため、その方法を目標・内容との関係から示した。具体的には、目標を(A)身体的発達の促進、(B)民主的態度の育成、(C)レクリエーションの準備の三つとし、各目標の内容―方法を(A)個人種目―教師中心の一斉指導・教材単元、(B)団体種目―グループによる問題解決学習・行事単元、(C)未組織的な日常種目―グループ学習・自由時間の活動モデルと示したのであった。とりわけ目標の(B)に対応するグループによる学習は、B型学習（「体育における異質的成員によってつくられる作業分担的な分団学習」（竹之下、1972、63頁））と呼ばれ、民主的な人間の形成をめざす「スポーツによる教育」を実現するための具体的な学習方法として、戦後初めて確立されたものであった。

B型学習は53要領作成委員の一人であった竹之下休蔵が神奈川県伊勢原町大田小学校における実践研究の成果として開発されたものであったが、その後、静岡県韮山小・中学校、川崎市臨港中学校などを加えた実践研究を進める中で、個人種目においても有効であることが主張され、行事単元だけでなく教材単元においても用いられるという方向に変わり、「グループ学習」と呼ばれるようになった。しかし、B型学習及びその発展形としてのグループ学習は、「生活体育」の理念に基づく「生活」の範囲をめぐる批判が生じ、さらに問題解決学習としてのグループ学習と運動技術の系統性を重視する系統学習のどちらを重んじるかをめぐる論争が巻き起こった[(1)]。そして、1958（昭和33）年に系統主義の立場に立った改訂小学校学習指導要領が出されると、グループ学習を方法論として位置づけるようになり、この論争は急速に終息していったのである。なお、学習指導要領は1956（昭和31）年に出された高等学校学習指導要領保健体育科編より指導を計画し、実施する際の基準を示すものとなり、その拘束性を強めることになった。

その後、高度経済成長社会における生活様式の変化に伴う青少年の体力低下、及び東京1964オリンピックにおける日本人選手の不振によって、学校及び体育に体力づくりを要求するようになる。そして、1968（昭和43）年（小学校）、1969（昭和44）年（中学校）、1970（昭和45）年（高等学校）に告示された一連の学習指導要領は、総則に体育の項が設けられるようになり、教科の体育だけでなく、学校全体を通じて体力づくりがめざされるようになり、それは「身体の教育」への回帰ともいえるものであった。

4 「スポーツの教育」の時代における体育カリキュラム

1970年代に入ると、欧米先進諸国や日本において、人々のライフスタイルに大きな変化が起こり始めるようになった。それは産業社会から脱産業社会への転換という枠組みにおけるものであり、人間と運動の関係でいえば、労働に必要な体力需要が減少し運動不足が問題視される中で、健康に生きるための体力が求められるようになったこと、及び所得の向上と自由時間の増大によって生涯の楽しみとしてスポーツを享受する可能性が増大するようになったという変化であった（佐伯、2008、28-29頁）。このような人々の運動・スポーツに対する需要の変化は、生涯スポーツという理念をもたらし、労働力としての体力づくりを行う学校体育を問い直すことになり、1977（昭和52）年に小学校及び中学校、翌年には高等学校学習指導要領が改訂された。この要領では体育の目標に、小・中学校では「運動に親しむ習慣を育てる」、高等学校では「明るく豊かで活力のある生活を営む態度を育てる」といった文言が明記され、運動・スポーツそれ自体を行うことの意味や価値を重視する「スポーツの教育」の理念が打ち出されることになった。今回の要領に「スポーツの教育」の理念が打ち出された背景には、受験戦争の激化や学歴社会の弊害に対して、「ゆとり」をスローガンにした要領の基本方針が反映していること、そして竹之下休蔵を創設者とする民間教育研究団体である「全国体育学習研究会」（以下「全体研」と略す）が主張する「楽しい体育」論が強く影響している。

全体研が主張する「楽しい体育」論は、体育を生涯スポーツへの教育と位置づけ、ホイジンガ、カイヨワを代表とする文化論的プレイ論に依拠しながら、運動の持つ意味や価値をプレーヤーから見た運動の機能にあるとし、運動の機能的特性に触れ、深める学習を組織したものであった。全体研によるこうした体育授業論は、「楽しい体育」という平易なスローガンのもと、改訂した要領に対応して急速な普及を生み出したが、同時に「運動の楽しさ」を学習するということについて多くの批判が生じるようになった。それは、1980年代初頭における体力主義に基づく体育論からの批判をめぐる小野・佐伯論争からはじまり、その後は多々納秀雄、杉本厚夫を代表とする「楽しい体育」の学習論と構成方法に対する理論的、認識論的批判であった[2]。

このように「楽しい体育」における普及と批判が錯綜する中で、1989（平成元）年に小・中・高等学校学習指導要領が改訂されたが、「運動に親しむ習慣」を育てることがより強調されるようになり、特に中学校においては、生涯スポーツを志向する学習として選択制授業が導入されるようになった。また、文部省は体育の目標の実現を確かなものにするために学習指導要領に対する「指導書」「学習指導要領解説」に加え、指導資料を刊行した。その中で小学校体育の指導資料に示された学習過程のモデルは、全体研が主張する「楽しい体育」論における学習過程論を参考にしたものであり、指導資料のそれは「めあて学習」と呼ばれ、体育の目標を実現するための学習過程として広く活用、注目されていくと同時に多くの批判が巻き起こった[3]。

1998（平成10）年に学習指導要領が改訂されたが、学校五日制に基づく授業時数削減、「体操」領域が「体つくり運動」へと名称変更したものの、基本的には前回の学習指導要領の考え方が踏襲された。その後、2008（平成20）年の小学校・中学校学習指導要領改訂（高等学校は翌年）においては、「確かな学力」の育成を図ることが求められ、生涯スポーツを志向する「スポーツの教育」の理念は変わらないものの、知識・技能重視を重視する方向にシフトすることになる。そして、2017（平成29）年に小学校・中学校学習指導要領が改訂され（高等学校は翌年）、そこでは「知識・技能」「思考力・判断力・表現力等」「学びに向かう力・人間性等」を学校教育がめざす資質・能力とし、それをアクティブ・ラーニングの視点に立った授業を通して育成することが求められたのである。

5 「これまで」から「これから」を見通す――ナショナルカリキュラムの行方

1で述べたように、ナショナルカリキュラムとは国家レベルの教育内容の基準を示したもので、その役割には教育水準を全国的に確保するという考えがあり、そこには国家が教育を統制しようとする権力が存在するが、その一方で画一化の弊害に対する問題などが生じる（水原、2017、13頁）。子どもの権利としての学習を保障する教育実践を追求する立場から見ると、学校現場はナショナルカリキュラムを上意下達式に請け負うのではなく、ナショナルカリキュラムを手がかりにしながら教育論議を展開することが必要になると考えられる。

このような視点から、日本におけるナショナルカリキュラムのこれまでを振り返ると、「身体の教育」の時代においては学校体操教授要目公布に関わる議論、「スポーツを通しての教育」の時代における53要領に対するB型学習批判、グループ学習論争、「スポーツの教育」の時代における1977（昭和52）年の学習指導要領改訂に関わる「楽しい体育」論をめぐる論争、批判、及びその後の「めあて学習」をめぐる論議、と活発な教育論議が展開されてきた。このことは、各論議の帰結を抜きにすれば、ナショナルカリキュラムに対してある意味健全に向き合ってきたと見ることができよう。

しかし、21世紀に入ってからの状況を見ると、体育の学習指導要領をめぐっての大きな教育論議が見られないように思われる。このことは、生涯スポーツを志向する「スポーツの教育」の理念が具現化し、定着したものとみてよいのであろうか。

佐伯（2006、3頁）は、生涯スポーツ論には二つの基本的な思潮・視点があることを指摘する。その一つはP・ラングランの「生涯教育論」であり、それは急激な社会変化に対応するために、学校期以降も学び続ける「必要」があることを説いたものである。この主張は、日本では中央教育審議会における教育改革論議の中で重視されたものの、その教育論調の不評から前面に出ることはなかった。もう一つはロバート・M・ハッチンスの主張である「学習社会論」であり、それは人間の生涯を個々人が成熟を求める人間的可能性の開発の過程と捉え、人間的開発の過程としての個々人の学習を可能にする社会を構成すべきであるという考えである。そして、佐伯の指摘を踏まえた上で、菊（２０１７）は「生涯教育論」の主張は「必要」の論理をもつが故に教育の強制性を招き、「学習社会論」が考える自由な学習者の意思に基づく生涯にわたる自発的な「学び」の可能性と対立し、学校体育は生涯スポーツを推進し、実現する機能を十分に果たしていないという認識に立つのであった。

教育の強制性との関係でいえば、日本の学校体育は「身体の教育」の理念から始まったが、それは先述したように身体の発達を図るだけでなく、規律や上司に従順に従うことができる身体の規律訓練化をめざしたものであった。戦後の「スポーツによる教育」の時代においては、民主化を標榜する中で体育の目標・内容・方法に大きな転換が図られ、規律訓練からの脱却をめざしたものであったが、規律訓練性は「教科の基本的性格、運動を『手段』として教育的に利用するように学習を組織するというそのこと自体にも内在する」（佐伯、２００８、27頁）ので、脱しきれない状況にあった。そして、「スポーツの教育」の時代では、先述したように生涯スポーツ論が「必要」となる論理が支配的であるならば、脱規律訓練を図ることは困難になるであろう。さらに先述した永井道明が発明・命名した「気を付け」の姿勢や号令のかけ方が、現在の学校及び体育授業等でも行われている事実をどう受け止めたらよいのであろうか。

これからの学校体育が、生涯スポーツを推進し、実現するための基礎教育としての役割を担うものとして位置づけるならば、運動を「手段」として、あるいは「必要」の論理によって捉えることから脱却することが求められ、それは体育の脱規律訓練にもつながるであろう。２０２２年3月に文部科学省は第3期スポーツ基本計画を策定したが、そこではスポーツの捉え方を改めて整理し、「『スポーツ』は、『する』『みる』『ささえる』という<u>さまざまな形での『自発的』な参画を通して、『楽しさ』や『喜び』を感じることに本質を持つもの</u>」（文部科学省、２０２２、10頁　傍線は筆者）としている。この捉えは、スポーツ基本法前文に示されているスポーツの定義を踏まえながら整理したと基本計画では述べているが、実際には基本法の定義はスポーツを手段的に取り扱っているので、その定義を捉え直し、「必要」の論理等を乗り越える可能性が秘められている。こういったスポーツの捉え方をもとに、生涯スポーツ論を展開し、学校体育のカリキュラムをつくり上げていく教育論議を展開することが、ナショナルカリキュラムの「これから」を見通す出発点になると考える。

(長見 真)

■注

(1) B型学習の批判及びグループ学習と系統学習の論争については、友添(1997)を参照のこと。

(2) 1980年代初頭における楽しい体育批判については、菊(1998)を参照のこと。

(3) 佐藤・米村は、体育専門雑誌「体育科教育」「学校体育」における「めあて学習」の論議過程について検討し、以下の「めあて学習」の問題点を明らかにした(佐藤・米村、2001、62頁)。

①共通に学ぶべき知識・技術などの学習成果が保証されないという問題
②仲間同士の教え合い等の子ども同士の豊かな人間関係が保証されないという問題
③形式化、画一化された「めあて学習」の問題
④「めあて学習」を実践する上で起こる教師の指導性に関わった方法論の問題
⑤「めあて学習」における授業の目標や学習内容の捉え方に関する問題
⑥「めあて学習」の理念や定義が不明確であったという問題

■文献

・井上一男(1959)学校体育制度史.大修館書店、443頁.
・菊幸一(1998)楽しい体育の理論的・実践的問題.中村敏雄編著、戦後体育実践論第3巻 スポーツ教育と実践.創文企画、111-122頁.
・菊幸一(2017)生涯スポーツ論と学校体育—そのハザマ(vs.)をどう認識し、克服するのか?—.体育哲学研究、47:42-46頁.
・水原克敏(2017)学習指導要領とは何か.体育科教育、65(7):12-15頁.
・文部科学省(2022)スポーツ基本計画.

https://www.mext.go.jp/sports/content/000021299_20220316_3.pdf（参照2022年8月31日）
・佐伯年詩雄（2006）スポーツプロモーション・ビジョンの検討 生涯スポーツ論の系譜とビジョン構想の方法論から考える．佐伯年詩雄監修、スポーツプロモーション論．明和出版、2‐15頁．
・佐伯年詩雄（2008）脱規律訓練をのぞむ未完のプロジェクト．全国体育学習研究会編、「楽しい体育」の豊かな可能性を拓く．明和出版、25‐36頁．
・佐藤勝弘・米村耕平（2001）めあて学習をめぐる論議過程の検討．新潟大学教育人間科学部附属教育実践総合センター研究紀要、20：57‐63頁．
・佐藤学（1996）教育方法学．岩波書店、105‐106頁．
・清水諭（2001）係留される身体―身体加工の装置としての学校と消費社会における身体―．杉本厚夫編、体育教育を学ぶ人のために．世界思想社、81‐101頁．
・竹之下休蔵（1950）体育五十年．時事通信社、348頁．
・竹之下休蔵（1972）プレイ・スポーツ・体育論．大修館書店、251頁．
・竹之下休蔵・岸野雄三（1959）近代日本学校体育史．東洋館出版社、359頁．
・友添秀則（1997）学習集団をめぐる論議過程．竹田清彦他編、体育科教育学の探求―体育授業づくりの基礎理論．大修館書店、284‐300頁．
・友添秀則（2009）体育の人間形成論．大修館書店、383頁．
・友添秀則（2011）学校カリキュラムにおける体育領域の位置と役割．日本体育科教育学会編、体育科教育学の現在．創文企画、11‐26頁．

第14章 体育授業とテクノロジー――ICT活用に潜む危うさ

1 体育授業で進展するICT活用への自問

ＡＩやＩｏＴなどにみられる新たな技術革新が進む現在の社会は第４次産業革命の最中にあり、超スマート社会（Society 5.0）を迎えている。ＩＣＴを活用してさまざまな社会課題の解決を図ったり、既存のモデルや生活に変化を起こしたりしようという考え方は、健康・安全や運動・スポーツ分野においても、また、教育業界などにおいても広がっており、その開発と活用が加速している。

こうした、益々高度情報化・スマート化が進む社会を見据えたある種の適応として、学校における「教育の情報化」が進められてきたわけだが、それは体育授業も同様であり、ＩＣＴを活用した指導が体育教師にも要求されてきた。体育がそのような変化を起こす構造的要因は、既に竹之下休蔵が体育の社会的構造として明確に示しているところである（竹之下、１９７２）。すなわち、体育授業は常に社会のダイナミックな変動に応じながら、社会の代理者として選ばれた体育教師を介して、次代の社会を担うすべての子どもたちが運動・スポーツを学ぶカリキュラムとして構造化されている。したがって、さまざまな社会変化に対応した体育授業がその都度に求められるのは至極当然のことである。

体育授業で実際にＩＣＴ活用が見られはじめるようになった２０００年代以降の約20年間、おおよそＩＣＴ活用による運動課題の個別化や個人及び集団の動きの可視化などを通して、各種の運動領域における知識や技能(技術・認識学習)、また、主体性や社会性（社会・情意学習）に関わる教育効果が確認されてきた。その一方で、コロナ禍前の２０１９年にスポーツ庁が公表した「令和元年度全国体力・運動能力、運動習慣等調査結果」によれば、体育授業におけるＩＣＴ活用状況は依然26・５％と停滞したままであった。

体育教師自身にもさまざまな課題意識があり、例えば、ＩＣＴ機器の不足やネットワーク環境の不十分さ、自身のＩＣＴ操作力及びＩＣＴを活用した授業設計力や指導力の低さ、ＩＣＴ機器の管理・運用面での負担、授業中の運動量減少への懸念など、挙げればきりがない。また、そうした目に見えやすい表層的な課題だけでなく、体育教師のエートス（例えば、生徒指導中心、管理主義、保守主義、運動部活動への傾倒、教材研究や授業への消極的態度など）や、学校システム自体の教育成果・機能から形成される体育教師のステレオタイプ（学校内における集団秩序を保つための統制的役割期待）といった深層の要因も、実はＩＣＴ活用を停滞させようとした見方もある（木原、２０２１）。

ところが、２０２０年からのコロナ禍を機に政府主導のＧＩＧＡスクール構想[1]が前倒しで進められると、ＩＣＴの活用状況は一変した。体育教師自身も（また、子どもたちや家庭、地域にとっても）その活用必要性を現実的なものとして実感せざるをえず、体育においてもようやく、しかしこのわずか2年でＩＣＴ活用が一気呵成に広まっていく様相をみせたのである。その間、スポーツ庁が「児童生徒の1人1台端末を活用した体育・保健体育授業の事例集」を急ピッチで作成したり、日本体育科教育学会第27回大会（２０２２年）では「1人1台端末時代におけるＩＣＴを活用したこれからの体育授業の在り方」がテーマに掲げられたりするなどし、これまでにない目新しい活用事例や成果報告、そして今後の明るい展望などが多く話題に取り上げられ、人々を魅了した。

これにより、ＩＣＴ活用によるさまざまな教育効果の全体的な広がりが一層期待できるというのは一つの楽観的見方であろう。他方で、ＩＣＴ活用に対するこれまでのネガティブな様相からあまりにも短期間で急激に振り子が振れるような変化（適応に必要な馴化が不十分な転回）が起きたと捉えれば、その帰結としてむしろ何らかの新たな問題が暗黙裏に生じる可能性も考えられはしないだろうか。このことが、本稿での筆者の自問である。

そこで本稿では、技術への問いとして現代テクノロジーを批判的にみるハイデガー（Heidegger）の「アレーテイア（開蔵）」や、絶えず膨張する産業主義的な道具による人間支配からの解放を唱えるイリイチ（Illich）の「コンヴィヴィアリティ（自立共生）」の概念によりながら、改めてテクノロジーとはどういうものなのかを問いつつ、体育授業におけるICT活用に隠された本質的な問題点を探っておきたい。なぜなら、益々技術革新が進展する現代社会における体育授業という観点からは、その活用で受ける恩恵だけでなく、そこに潜む問題点をも明らかにしておくことが、これからの体育のプロモーション(2)を考える上では極めて重要なことの一つであると認識しているからである。今はまさにその時機であるように思う。

2 現代テクノロジー（技術）への問い——隠蔽される真理

ICT（情報通信技術）や技術革新（テクノロジカル・イノベーション）など、いくつかの訳語にもあるように、テクノロジーとは技術——技術（テクネー：tekhne）の体系（ロギア：logia）——のことである。もともと技術は社会的存在である人類が誕生して以降、その成長・発展過程の中で私たち人間が生み出してきた所産である。

かつて野生動物を狩猟したり、農地を耕し作物を育てたりすることなどが主たる生産活動であった社会においては、そのために人間や自然の力を動力とした道具としての狩猟技術や農業技術が開発された。それが、工業社会においては蒸気機関の発明を発端としてさまざまな機械や装置としての産業技術や電気技術が次々と生み出され、生産を自動化かつ大量化する社会へと大きく転換した。前者の技術が「いかにして大きなパワーを生み出すか」という基本的な考え方であったのに対して、後者は「（豊富なエネルギー資源によって容易に生み出せる）大きなパワーをいかにして制御するか」という新しい考え方であり、この技術革新がいわゆる近代産業革命の主たる特徴となった。

このように、諸テクノロジー（技術）はその時々の人間社会における生産活動の変化と相関しながら、その生産率向上のための合理的手段として発展してきた。特に、近代以降の巨大なパワーの合理的配分という意味において技術発展が、科学の発展と密接に関連してきたことは周知の事実である。そして、今日ではインターネットを軸として、いかに大容量の情報を高速かつ複雑に処理できるかという情報処理能力や、いかにＡＩに学習させ自律させるかという知的能力などとしての技術が求められている。

こうした絶え間ない技術革新を繰り返す社会状況に対して、１９５０年代頃から既に警鐘を打ち鳴らしていたのがハイデガーである。彼は、「技術とは、人間がある目的を達成するための手段であり、しかるべく整える道具である」というその規定は確かに正しいが、それがイコール「技術の本質」ではない（正しいことがすべての真実ではない）と考え、「技術への問い」としてその奥にあるものを探ろうとした。そして、技術とは単なる手段や道具ではなくアレーテイア（開蔵）――何か隠蔽されているものをこちらへと誘い出し、現出させる（明るみに出す）こと――の一つの方法であるとした上で、特に現代技術は過度な成果主義に陥りがちであるとハイデガーは指摘する。つまり、表面的な有用性という観点から目に見えやすいもののみを露わにしている現代テクノロジーは、事物の存在の真理はむしろ隠蔽したままであり、そこには私たち人間が人間自身のことを見失ってしまうような危険性が孕んでいるというのである。したがって、ハイデガーはそこに潜む人間の理性に反するような横暴性（人間を抑圧する＝人間から自由や主体性を奪い取るもの）を露わにすることの必要性を主張するのである（ハイデガー、２０１３）。

3 体育授業におけるICT活用に隠されている危うさとは

ハイデガーの「技術への問い」から、体育授業とICTの関係性はどのように映し出されるだろうか。ハイデガーの生きた時代にはまだICTなるものは存在しない。しかし、彼の規定に従えば、ICTが体育の目的を果たすための合理的手段として用いられる道具（教具）であるという説明はできよう。あたり前のことではあるが、体育授業でICTを活用するのはそのためである。

となれば、現代テクノロジーに潜む危険性・横暴性をアレーテイアさせる（はっきりと浮かび上がらせ意識化する）というハイデガー的思考は、どうあてはめて考えることができるだろうか。それはまず、ICTが体育の目的を達成させるための有効な手段（道具）になるということは確かに正しいが、その正しさだけがすべての真実ではないという見方になる。その上で、ICTは現代テクノロジーであるが故に、体育の真なる目的（誰にとってのどのような目的なのか）や体育で扱うスポーツと人間との真なる関係性（人間にとってスポーツとは何なのか）をむしろ覆い隠したままにしてしまう危うさを孕んでいると考えられはしないだろうか。ICT活用に対して目に見えやすい表面的な有用性のみに魅惑され、逆に体育やスポーツ本来がもつ本質的なものがいつの間にか忘却されはしまいかという懸念が新たに浮かび上がってくるのである。

もう少し踏み込んでみよう。ひとえに体育の目的といっても歴史的に見れば一様ではなく、その時々の社会背景と運動需要(3)に応じて変遷してきた。戦前の運動需要は強健な兵士や労働力を育成するという身体的需要であったし、戦後のそれは民主的な産業労働者の育成としての教育需要であった。また、高度経済成長期の大量生産・消費社会における運動需要は運動享受の量的拡大や健康としての生活需要であった。こうした背景で体育は、集団秩序、規則遵守、規律訓練、健康・体力の強化などを特徴とした統制的な役割を担うことになり、運動やスポーツはそのための有用な手段として取り扱われた。その後、脱産業化し、長寿化、高度情報化していく今の社会では生涯学習やＱＯＬ、ウェル・ビーイングなどが重視される中で、運動享受の質的拡大や生涯スポーツの実現といった文化需要としての運動需要となる。ここでの運動やスポーツは手段というよりも、それ自体が目的として取り扱われる。つまり、体育の学習意義も単に子どもたちの発育発達を促すために必要な手段としてだけでなく、人間本来がもつ欲求という側面に着目し、スポーツの本質的な楽しさを享受するという文化としての可能性を学習することが重視されるようになった（佐伯、２００６）。

出自の多様な個々を一定レベルにまで標準化・画一化しようとしてきた教育を施す側の論理から、逆に子ども一人ひとりの個性に基づき、多様性を認め合いながら共生的に豊かに生きていく主体者を育成しようとする学習する側の論理へと教育界全体のパラダイムも転換している。だから、教師主導の一斉指導型から学習者中心の問題解決学習型が求められるようになったのも、「主体的な学び」、「個別最適な学び」、「協働的な学び」などと声高に強調されているのも、いずれもその現れに過ぎない。

そうした時に、体育授業におけるＩＣＴ活用に潜む危うさの一つは、目的論から見れば統制・管理主義的な方向に倒錯すること、すなわち子どもたちに対する行き過ぎた生活指導や健康体力の管理のための脅迫めいた手段として使われてしまう危険性というものが浮かび上がってくる。ハイデガー的に言えば、子どもを抑圧する（＝学習者から自由を奪い取る）ような横暴性ということになろう。また、内容論から見れば、例えば、常により高い運動技能向上を追求することがあたかも必須課題かのように擦り込まれ、スポーツの高度化一辺倒に埋没してしまう（子どもとスポーツとの自由で多様な関わり方が統制される）危険性も浮かび上がってくる。加えて、〈教育―評価〉という制度的な縦の関係がある中では、教授する側（権力者）にとって優位に働くもの（＝評定に有用なもの）としてＩＣＴが偏向評価され、評定される子ども側の学習の主体性が益々奪われていくという悪循環も懸念される。前出の体育教師に備わるとされているエートスやステレオタイプも考慮すれば、これらの危うさはより一層現実味を帯びてくる。このような使われ方がＩＣＴ活用に潜んでいることを自覚しておくべきだと、私たちはハイデガーに学ぶことができるのではないだろうか。

4 体育授業におけるコンヴィヴィアリティとしてのICT活用

他方、イリイチもまた現代の行き過ぎたテクノロジーのあり方を批判的にみる。彼の危機感は、私たち人間が絶え間なく膨張する産業主義的な道具（テクノロジー、機械、システム、制度などを含む）の独占的支配から逃れられないような状況に陥っているというものである。それは、要するに人間自身が生み出した道具によって、知らず知らずのうちに自らが拘束され、人間の諸能力や主体性が奪われていくような状況（＝人間の奴隷化）である。私たちがそのような現代的な道具に過度に依存していることを自覚し、改めて人間本来がもつさまざまな力（主体性や自由性など）を引き出すような道具に、ある程度立ち戻っていく必要があるとイリイチは主張する。そのような道具は「コンヴィヴィアリティ（自立共生）」――人間らしい暮らしを可能にする物を主体的に作り出したり、自分好みに形づけたり、選んだりするなどの自由が保障され、かつ他者や自然との自立的で創造的な交流を可能にすること――のための道具と表現される（イリイチ、２０１５）。

イリイチは現代的な道具を完全に否定しているわけではなく、ある一定の範囲内で人間にポジティブな側面をもたらすことは認めている。あくまで、道具の過度な効率化によって生じるネガティブな側面との均衡を保つことが重要であり、それを見極めるための視点が多元的に示されている。以下に、それらを体育授業におけるＩＣＴ活用にあてはめて考えてみたい。

(1) 生物学的退化

人間には、自然環境との関係性の中で生物学的に退化していく境界がある。体育における自然環境とは、一つには学習者（主体）の外部にあるスポーツのあるがままの姿とも捉えられよう。その場合、人間とスポーツとの関係性の中で、人間本来がもつ欲求という側面からスポーツに内在する楽しさを享受する能力が衰えないよう、文化としてのスポーツの可能性を学習する機会が十分に保障できているかを体育授業におけるＩＣＴ活用に見極める必要があると言えるのではないだろうか。

(2)根元的独占

一手段であったはずの道具が、まるでそれしか道具でないかのような根元的な独占状態に陥る境界がある。一教具としてのＩＣＴが、いつの間にかＩＣＴを使うこと自体が至上命題のような目的と化し、それを使わないことは許されないかのようなある種の排他的支配に陥らないよう見極める必要がある。時と場合によってはＩＣＴを使わないとか、従来の道具（例えば、黒板、教科書、プリントなど）を使うなどの選択肢もまた許されるという自由性が教師側にも子ども側にも担保されねばならない。

(3)計画化（プログラミング）の過剰

余りに過剰に計画化された下では、外からの否応ない押し付けにより人間の詩的能力（各人が諸世界に意味付与する能力）が麻痺させられる。ＩＣＴ活用の行き過ぎた指導計画は、それを高度専門的に遂行する教師ともはやそれに依存することしかできなくなる子どもたちという状況を生み、彼ら自身が本来もつ学びやスポーツへの自発的な欲求や能力を逆に剝奪する危険性があることを自覚する必要がある。そうした世界に対して自由に意味付与できる能力を摘み取ってはならない。

(4)分極化

根元的独占や過剰な計画は、それらを支配する一部の権力者が益々優位に立ち、そうでない者は益々主体性を奪われ、それに従わざるをえなくなるという貧富の格差を助長する。もともとイニシアチブを握る体育教師がＩＣＴ活用指導によってその優位性を一層高める反面、未熟な子どもたちが劣等感を味わい体育学習やスポーツへの主体的な関わりから一層離れていくこと、すなわち、豊かなスポーツライフを営む主体者育成とは真逆の方向へ進むことのないよう見極めなければならない。

(5)廃用化

新しい道具を取り入れることが善で、古い道具は時代遅れの悪だという烙印が押されれば、更新速度の速い今の社会において人間は絶えず挑発され（煽られ）、必要以上の欠如感や貧困感をもちやすくなる。社会に応じた体育授業におけるＩＣＴ活用という更新は当然起こりうるし必要なのはもっともだが、しかしそれは今までのやり方を根こそぎ取り換えることを意味するのではない。学びやスポーツへの自発的な関わりが促される範囲内で、体育授業の安定や伝統との均衡は保たねばならない。

(6)欲求不満

道具がもつ最適な範囲を超過し、目的自体をねじ曲げてでも選んだ道具に迎合するようになる（手段と目的の不均衡が生じる）と欲求不満が生まれる。ＩＣＴをうまく活用できないことで運動時間が失われてしまうのではないかなどという体育教師の当初の懸念が払拭され、ある程度効率よく合目的的な範囲内で活用できる段階を超え、効率を求め過ぎた中毒的常習の段階にまで達してしまえば、例えば、時間を節約するためのはずが、逆にこれまで以上の余計な時間を余儀なく消費しなくてはならなくなり、欲求不満が生じる。そのような違和感を敏感に察知する必要がある。

以上の多元的視点からは、確かに現代テクノロジー（ＩＣＴ）によって効率性は高まるが、そのことで生まれた自由な時間を再び人間から奪ってしまうような道具の使い方ではなく、その自由に扱える時間をいかに人間自身に取り戻していくのか、つまり、私たちがその自由性を人間本来の営みとしてどのように自ら享受していくのかが問われていると考えられる。今日の体育が志向する生涯スポーツの概念は、その余暇をいかに生き生きと豊かに過ごすかということに基づくことから、まさにイリイチのいうコンヴィヴィアリティ（自立共生）的発想なのである。

その意味では、プレイ（遊戯）としてのスポーツに至高性、恍惚、忘我、非理性（非―知）などといったバタイユ的な人間性の部分をどれだけ取り戻せるのかという問題のようにも思える。もしかするとそういった部分は、逆にテクノロジーがもつ合理性や有用性といった性格とは相容れないため、やはりそれに完全に頼る状況は危険なのであり、そこから自立して自由で曖昧な部分も含みおくこと、つまり、合理性と非合理性のアンビバレンスな状態をあえて保っておくこともスポーツを扱う体育においては必要なのかもしれない。このことに関しては、また別の機会に考えてみたい。

5 体育学習の自己目的化に向けて

体育授業においてICT活用が急加速し始めた今日、本稿ではハイデガーやイリイチの知を借りながらそこに隠された問題点を可能な限り明らかにしようと試みてきた。誰にとっての何のためのICT活用なのかを見失ってはいないか、ICTを使わされてはいないか、ICTに支配されてはいないか、恩恵をもたらしてくれる範囲を超えて逆に危険を被る領域に踏み込んではいないか、などという先人たちからの警鐘が聞こえてくる気がする。ICTそのものに善悪があるのではなく、そうした危うさも本質的に覆い隠されている諸刃の剣であるという示唆である。

ところで筆者は、コロナ禍を機に中学校体育教師らと協働し、ICTを活用した新たな授業スタイルとしてオンライン体育[4]のプロトタイプ開発研究に着手した。2020年からの2年間にわたって遂行した同研究の全体像や内容等の詳細は別紙に譲るが、取り立てて従来の体育授業における学びやスポーツをより自己目的化する可能性という観点からは、今後の体育のプロモーションを考える上で非常に有意義であったと考えている。

それは、むしろ普段の対面授業においても脱教師主導・脱一斉型授業をめざして子どもたち主体の学習やスポーツの楽しさを大切にしようと考えてきた教師らにとって非常に実のある実践となったからである。その一つに、ICTがもたらした学びの時空間的な解放（＝自由性）がある。例えば、従来通りの対面授業では時空間的な制限があり生徒同士の関わり合いの機会が十分に保障されてこなかったのに対し、ICTはそれを解決した。なおかつ、生徒の側からさまざまな学びが自発的に生起し、学びの自己目的化への可能性が見出されたのである。

さらに興味深かった点は、その「学びの自己目的化」というものが生涯スポーツ社会において人々が運動やスポーツを自己目的化していく営みとも類似する様相を示すため、ICT活用との相乗作用により体育の根幹――生涯スポーツの主体者育成――に関わる学習成果を生み出す可能性も見えたことである。先述のように、人間が生得的にもつ欲求に着目したスポーツの楽しさを享受するという文化としての可能性の学習という点において、まさにICTはそれを拡張するための有効な道具ともなりうるのである。

こうしてみると、ICTが子どもたち個々の関心、学習や運動レベル、スポーツとの関わり方などに応じたさまざまな楽しみ方ができるよう、学習する側にとって優位に働く（体育の学びやスポーツへの自発性を引き出してくれる）ものとして活用されなければならないことが、より鮮明になってこよう。その一方で、ある生徒が同実践後に語ったのは「オンライン（ICT）でも学びはあったが、対面よりは面白くなかった」という言葉である。これは明らかに子ども側から見た欲求不満の一つの現れ方である。ICTがもつ可能性と同時に、そこに隠された危うさへのはっきりとしたまなざしをもちつつ、学習やスポーツへの自立的かつ共生的なかかわりが生まれる体育授業が展開される時、現代テクノロジーに潜む問題を克服することができるのだろう。

結局、体育のプロモーションとは、現代社会において人間が運動やスポーツという文化にどう向き合っていくかということを、教育によって人間自身が主体的に考えていくという営みである。だから体育授業とテクノロジーの関係は、学ぶことやスポーツ自体が目的となる（＝自己目的化する）ことが現出されるような、つまり人間の知的自由や身体的自由の享受につながるようなテクノロジーのあり方とも言えるのかもしれない。その範囲内において活用するのであれば、体育とＩＣＴの親和性は高いのではないだろうか。それでもなお、ひょっとするとそれはＩＣＴ／テクノロジーではない場合もありうる――それらの自由は、必ずしも合理性や有用性を求める手段としてのテクノロジーの先にあるとは限らず、その対極の非合理・無用な側面にもありうる――。この極めて重要なグレーゾーンは担保しておくべきであることを、最後に改めて記しておきたい。

（木原慎介）

■注釈

⑴２年間で約４６００億円もの大規模な国家予算がかけられ、児童生徒1人1台端末や通信環境などが整備された。

⑵従来の「体育の振興」というトップダウン的な概念ではなく、当事者を主体とした運動需要やプレイ欲求から捉え直したボトムアップ的な概念である（菊、２０２２）。

⑶各時代や社会は、その社会的な構造や条件の中で、人間と運動の関係を基本的に規定する特有の運動の必要性と可能性（＝運動需要）を持つとされる（佐伯、２００６）。

⑷同研究での実践は、従来の対面授業にオンデマンド型のオンライン体育を組み込んだブレンド型の単元（ソフトボール、ハンドボール、フラッグフットボール）であった。

■文献

・ハイデガー：関口浩訳（２０１３）技術への問い．平凡社．
・イリイチ：渡辺京二・渡辺梨佐訳（２０１５）コンヴィヴィアリティのための道具．筑摩書房．
・木原慎介（２０２１）オンライン体育プロジェクトから見えてきた学校体育の現代的課題と新たな可能性―体育と社会との関係をめぐって．年報体育社会学、２：17‐30頁．
・菊幸一（２０２２）学校体育のプロモーション―体育社会学からのアプローチ―．創文企画．
・佐伯年詩雄（２００６）これからの体育を学ぶ人のために．世界思想社．
・竹之下休蔵（１９７２）プレイ・スポーツ・体育論．大修館書店．

第15章 小学校における体育の諸問題——教科担任制の課題と展望

1 問題の背景

2021（令和3）年12月、文部科学大臣は、全国公立小学校の高学年に教科担任制を推進するため、2022（令和4）年度より教員の加配定数を950人増やすことを発表した。また、今後も教科担任制の推進に向けて、4年間で3800人の定数増を見込んでいるという。そして、その教科担任制の対象教科には、体育科も含まれている。

これまで、日本の公立小学校では、一人の学級担任が自学級のほとんどすべての教科を指導する学級担任制がとられてきた。そこでは、一日の学校生活の中で、学級担任と児童とが多くの時間を共有することで、揺るぎない信頼関係が構築され、学習指導と生活指導の両面から児童の人格形成がなされてきた。児童の人格形成に関して、担任の役割は非常に大きく、松尾（2022）も、「これは小学校文化の誇るべきところ」であると指摘している。しかし、近年における社会の急激な変化とともに、児童の実態も変容してきた。担任教師一人では対応しきれない問題が多くみられるようになってきたのである。今や、複数の教員による指導の必要性が求められるようになってきている。中央教育審議会「幼稚園、小学校、中学校、高等学校及び特別支援学校の学習指導要領等の改善及び必要な方策等について（答申）」（２０１６）（以下、平成28年答申という）においても、「様々な生徒指導上の課題が早期化し、学級担任だけではなく、複数の教員が関わり育てていくことが重要になっており、専科指導による教科担任の充実は、結果的にこうした子供たちとの多面的な関わりを創り出すことにもつながっている。学級担任制のよさと、教科担任のよさを兼ね備えた指導体制の確立が課題となっている」と指摘している。

そこで、本稿では小学校高学年に教科担任制が本格的に導入されるようになった背景とその期待される効果、さらには、これまでに取り組まれてきた事例等に触れながら、体育科ではどのような教科担任制のあり方が考えられるのか、その課題と展望について述べていく。

2　教科担任制導入の背景

小学校において、多くの子どもたちは、担任や学級の友だち同士で互いに認め合うことにより自尊感情を高めていく。そして、一人ひとりの子どもたちが自己肯定感、さらには自己有用感を感じられるように、クラスを自分たちの居場所として確立していく。そのプロセスにおいては、「学級担任としての手腕が大いに問われるところ」（松尾、２０２２）であり、そこには担任としての大きな責任と同時に、それにも勝るやりがいと充実感が存在する。しかし、先述した通り、近年は社会の急激な変化とともに価値観も多様化し、子どもたちの実態も変化してきた。学級崩壊に不登校やいじめなど、さまざまな生徒指導上の課題が早期化し、学級担任一人では対応しきれない問題も多く発生するようになったのである。まさに「チームとしての学校」が求められているといえよう。

一方、学習指導面に関しては、複数の教員による多面的な関わりが必要になってきている。生徒指導上の課題に対しては、教員の指導体制の充実の観点から、中央教育審議会「チームとしての学校の在り方と今後の改善方策について（答申）」（２０１５）において、「社会や経済の状況を踏まえ、小学校における指導内容が高度化していること、また、小学校の意識や学校文化を変えるきっかけにもなることから、例えば、英語や理科、技能教科に対応するための専科教員の配置が求められている」と指摘された。さらに、平成28年答申においても、小学校教育と中学校教育の接続の観点から、「小学校高学年に関しては、子供たちの抽象的な思考力が高まる時期であり、指導の専門性の強化が課題となっていることを踏まえ、専科指導を拡充するなどにより、中学校への接続を見据えた指導体制の充実を図ることが必要である」と指摘されている。このように、学習指導要領に示されたそれぞれの資質・能力を確実に身につけさせるためには、義務教育9年間を見通して子どもたちを見ていくことが求められているのである。

義務教育の9ヵ年を見通した指導体制のあり方については、中央教育審議会『『令和の日本型学校教育』の構築を目指して～全ての子供たちの可能性を引き出す、個別最適な学びと、協働的な学びの実現～（答申）」（２０２１ａ）（以下、令和3年答申という）において、「新学習指導要領の着実な実施により義務教育の目的・目標を達成する観点から、小学校6年間、中学校3年間と分断するのではなく、9年間を通した教育課程、指導体制、教師の養成等の在り方について一体的に検討を進める必要がある」また、「児童生徒が多様化し学校が様々な課題を抱える中にあっても、義務教育において決して誰一人取り残さない、ということを徹底する必要がある」と示されている。そのためには、各教科における学びの系統性を見失うことなく、学年間・学校間の接続を円滑にする必要がある。その指導体制の構築として、小学校高学年においての教科担任制の積極的な推進が検討されてきたのである。

小学校高学年からの教科担任制の積極的推進に関しては、同じく令和3年答申において、「児童生徒の発達の段階を踏まえれば、児童の心身が発達し一般的に抽象的な思考力が高まり、これに対応して各教科等の学習が高度化する小学校高学年では、日常の事象や身近な事柄に基礎を置いて学習を進める小学校における学習指導の特長を生かしながら、中学校以上のより抽象的で高度な学習を見通し、系統的な指導による中学校への円滑な接続を図ることが求められる」と示されている。さらに、「多様な子供一人一人の資質・能力の育成に向けた個別最適な学びを実現する観点からは、ＧＩＧＡスクール構想による『1人1台端末』環境下でのＩＣＴの効果的な活用とあいまって、個々の児童生徒の学習状況を把握し、教科指導の専門性を持った教師によるきめ細かな指導を可能とする教科担任制の導入により、授業の質の向上を図り、児童一人一人の学習内容の理解度・定着度の向上と学びの高度化を図ることが重要である」（傍線、筆者）とし、小学校高学年からの教科担任制の本格的導入の必要性を述べている。

その後、この答申を踏まえ、文部科学省の検討会議が２０２1年7月に、「義務教育9年間を見通した教科担任制の在り方について（報告）」（２０２１b）（以下、令和3年報告という）を公表した。この報告では、中央教育審議会での整理を踏まえ、教員の負担軽減を図りつつ、学習指導要領に示された資質・能力の育成に向けて義務教育9年間を見通した指導体制を構築するため、改めて小学校高学年からの教科担任制を推進する必要があるとされた。また、優先的に専科指導の対象とすべき教科としては、先の答申に「体育」が加えられ、外国語、理科、算数及び体育の4教科とされた。これにより、体育科における教科担任制の導入が明示されることとなったのである。

3 期待される教科担任制の取組の効果

令和3年報告において、小学校高学年段階を中心とした教科担任制の取組の効果は、その検討会議にて議論された先進事例の調査研究の結果から、４つの観点に整理して報告されている（表1）。

したがって、各小学校では、この四つの観点を軸にしながら、高学年における教科担任制の取組を推進していくことになるであろう。一方、地域によっては、既に先進的な取り組みが行われている学校もある。そして、それは各自治体独自の予算で、地域の実情に応じた工夫された多様な取り組みである。他方、全国にはさまざまな規模の小学校が存在し、学級数にも違いがみられる。今後、体育科も含めた教科担任制を全国押し並べて効果的に取り組むためには、各地方自治体においてこれまで工夫されてきた取組に合わせて、教員の定数改善を含めた国の施策が期待される。

表１　取組の効果（令和３年報告より）

効　　果	効果の具体
授業の質の向上／学習内容の理解度・定着度の向上	・「勉強がわかるようになった」という児童が93％となった小学校がある ・児童の学習内容の理解や学力に高まりが見られる ・担当教科の減による教材研究の充実 ・授業担当外の時間の増に伴う教材研究の充実 ・同じ授業を複数回行うことによる授業改善　など
小・中学校間の円滑な接続（中1ギャップの解消）	・「小学校の時の教科担任制での学習は、中学での学習・生活に慣れる事に役立ったか」という質問に対し、6教科以上の教科担任制が行われている小学校で77.8％の児童が「役立った」と回答した ・中学校教員による乗り入れ授業による、児童の中学校進学後の安心感 ・中学校の学習・生活に順応しやすい　など
多面的な児童理解	・アンケート結果で、74％の児童が授業以外でいろいろな教員と話す機会が増えたと回答し、57％の児童が悩みや相談ができる教員が増えたと回答した ・複数の教師による児童理解を通じた児童の心の安定 ・学級担任以外の相談機会の増加　など
教師の負担軽減	・教材研究必要教科数の減少による時間外勤務の縮減（高学年学級担任の時間外勤務が取組の前後で月当たり平均3時間程度減少した学校がある） ・持ちコマ数の軽減による授業準備の効率化や、学校の教育活動の充実や教師の負担軽減　など

※PwCコンサルティング合同会社（2021）「令和2年度 義務教育9年間を見通した 指導体制に関する調査研究」調査研究報告参照

4　先進的な取組事例から教科担任制を考える

各地方自体の先進的な取り組みは、令和３年度報告の検討会議でも参考事例として議論されてきた。木原（２００４）は、小学校の教科担任制を、「負担の軽減」と「専門性の発揮」という機能面と「単独指導」と「協力指導」という形態面を座標軸として、①完全教科担任制、②特定教科における専科の単独指導、③学級担任間の授業交換、④学級担任とのティーム

表2　先進的な取組事例

自治体	主な取組事例
大分県	・推進校を選定し「特定教科における専科の単独指導」と「学級担任とのティームティーチング」に加え、新たに「学級担任間の授業交換」を導入し、高学年の特定教科を中心に実施している。
鳥取県	・学校規模や地域的条件に応じて推進校を増やし、一部「特定教科における専科の単独指導」と、「学級担任間の授業交換」を実施している。
兵庫県	・「少人数授業」と「学級担任間の授業交換」を組み合わせ、「兵庫型教科担任制」と銘打ち、全県で実施している。さらに、英語専科と高学年専科加配を活用し「特定教科における専科の単独指導」も実施している。一方、担任間の交換教科は、教科の制限を設け実施している。
群馬県	・学力向上特配の制度を活用して、近隣の小・中学校に兼務発令をして、小・小連携や、小・中連携を通して教科担任制を導入している。小学校へ配置されている英語専科の特配と合わせると、全県の小学校の約半数が外国語の専科指導が実施されている。

表3　教科担任制のメリットとデメリット

子ども		教師	
メリット	デメリット	メリット	デメリット
・いろんな先生と勉強ができて楽しいと回答する児童が多い。 ・先生の得意分野の授業なのでわかりやすい。 ・学習意欲が増し、わからないところを質問する児童が増える。 ・中学校のことを小学校で経験できる。	・学習スタイルが合わないこともある。 ・教師との関係構築への不安をもつ児童もいる。	・学習の系統的なつながりを意識して教材研究や指導ができる。 ・教材研究や準備の時間が減り、担当教科の準備に専念できる。 ・専門性の向上を図れる。 ・多くの教員がかかわることで、児童の良さを認め合うことが多くなる。	・時間割の作成に時間と労力がかかる。 ・個に向き合う時間が減少し、寄り添うことが限られる。 ・教えない教科があるため、特に若手教員の指導力養成に課題が生じる。 ・単学級の場合、学年をまたいだ授業交換になり、教員の負担軽減につながりにくい。

※大分県「小学校教員の専門性を高めた質の高い授業の促進～小学校教科担任制の導入～手引き」参照

ティーチングに分類している（「カリキュラム・コーディネータ」は厳密には教科担任制とは異なるとしている）。ここでは、この分類をもとに、いくつかの先進的な取り組み事例を挙げ（表2）、さらに、教科担任制のメリットとデメリットについて考えていきたい。

各自治体の先進的な取組の報告からは、先の分類に適応した教科担任制のさまざまな形態が確認できる。このように、これまでも各地域の実情や学校規模に応じた多様な実践が行われてきた。その取り組みの報告から、教科担任制のメリットとデメリットについて、学習者である子どもの視点と、授業者である教員の視点からまとめてみたい（表3）。

喜納（2021）は、学級担任による授業の子どもへのデメリットとして、「担任との相性が学習に影響することもある」「固定観念による評価を受ける可能性がある」「教科指導における担任の力量の影響を受けやすい」の3点を挙げている。教科担任制は、これらのことが補完できるよう実施していくことが望まれる。

5 体育科としての可能性

体育科における教科担任制の推進に関しては、2006（平成18）年改訂のスポーツ振興計画において、「小学校においては、特に指導内容が高度化する高学年段階において、個に応じた指導や体力の向上が求められていることを踏まえ、体育専科教員の活用等により指導の充実を図る」として打ち出された。その後、2010（平成22）年には、我が国の新たなスポーツ文化の確立のために策定された「スポーツ立国戦略」においても、学校体育の充実を図るための施策として、「小学校体育活動コーディネーターの配置」という形で推進されてきた。小学校体育活動コーディネーターは、主に地域のアスリートで、学級担任と体育授業をティームティーチング（以下、TTと略す）で行うために所属クラブ等から派遣されていた。

さらに、２０１１（平成23）年に制定された「スポーツ基本法」では、その第17条に学校における体育の充実が記されており、「体育に関する指導の充実」や「体育に関する教員の資質の向上」が求められてきた。加えて、この法の規定に基づき、２０１７（平成29）年に策定された第2期スポーツ基本計画では、「国は、地方公共団体等と連携し、小学校における体育の専科教員の導入を促進するとともに、運動が苦手で意欲的でない児童生徒や障害のある児童生徒が運動に参画できるよう研修を充実するなど、教員採用や研修の改善を通じ、学校体育に係る指導力の向上を図る」といった具体的施策が打ち出されてきた。

一方、その第2期スポーツ基本計画の答申（２０１７）によると、２０１６（平成28）年度現在、小学校における体育の専科教員の配置は４・７％であり、体育の指導を補助する外部指導員を配置している学校の割合は、２０１３（平成25）年度現在８・５％に留まっているという。

なぜ、小学校における体育の専科教員の制度が広がらないのであろうか。これは、教員の定数改善に関連することなので、各自治体の教育費予算に大きく左右されるが、実際の現場教員はどのように捉えているのであろうか。細越ほか（２０２０）が小学校教員に行った意識調査（ｎ＝９１９）において、体育授業を行うのは「教科担任・専科教員がよい」か「学級担任がよい」か、を求めたところ、前者の回答率は45・59％で、後者の回答率が54・41％となり、後者が前者をわずかに上回ったが、ほぼ二分する結果となったという。さらに、体育授業は「教科担任・専科教員」単独の授業がよいか、「学級担任とのＴＴ」がよいかという質問には、前者が32・53％であったのに対し、後者は67・47％であったという。これらの結果から、体育授業は、専門的な教員が担当することもよいとは感じてはいるものの、学級担任自らが関わることによってつくり上げていくことの必要性を、多くの教員が認識していることがわかる。

細越（２０２２）は、「体育授業は机も椅子もない、身体的に自由な環境の中で展開されるという特徴を背景に、その時々の子どもの体や心の様子についての多くの情報を把握することができる」とし、学級担任が体育授業を受け持つことの意義の一つに、学級での生活指導に体育授業の成果を生かすことを挙げている。そこには、良質な体育授業の実現を通して「体育で学級を創る」（細越、２０２２）という小学校文化における教員の思いを垣間見ることができる。「体育授業を観察すれば、そのクラスの学級経営の実態が分かる」とは、小学校の教育界において古くから言われてきた言葉である。確かに、指導主事や学校管理職を長年経験し、これまで多くの体育授業を参観してきた筆者としても、体育授業中における教員と子どもの関係や、子ども同士の関係、また、子どもの動きや学習規律などを含む授業全体の雰囲気から、その学級の日頃の姿を想像することができた。実際に、日野ほか（２０００）は、体育授業評価と学級集団意識との関係から、体育授業の成否が学級集団の人間関係や雰囲気に影響を及ぼすことを検証し、体育授業と学級経営に強い相関関係があることを明らかにしている。このように、体育授業と学級経営との深いつながりと、体育専科教員の制度の広まりに関して、何らかの因果関係が存在すると思わざるを得ない。

しかし同時に、学級担任が別々に授業を行うことで、同学年間で、学習成果に学級間格差が生じる実態が散見されるのも実状である。そこには、学級担任が解放された空間で多様化した子どもたちの指導に困難さを感じていたり、体育指導自体に困難さを感じていたりする課題が見え隠れする。その課題解決に向けては、やはり体育指導に関しての専門的な知識を備えた体育専科教員を含む教科担任制の導入が考えられる。平成30年度全国体力・運動能力、運動習慣等調査結果（スポーツ庁、２０１８）によると、担任と二人で授業を行っている小学校は、「体育の授業を改善しようとする意識が高い」「全国体力・運動能力、運動習慣等調査を活用している割合が高い」という。さらに、「授業の充実が図られることで、体育の授業に対する児童の意識が向上し、その結果として体力の向上につながっていくことが期待できる」という。実際に、２０１３（平成25）年度から「体育専科教員活用事業」を導入し、体育授業を学級担任とティームティーチングで実施している北海道の取り組みの成果では、全国体力・運動能力、運動習慣等調査の児童質問紙調査「運動は大切だと思う」「体育の授業は楽しい」の回答が全国に比べて高い結果となったという（北海道教育委員会、２０２２）。このように、担任と専科教員によるＴＴでの授業展開では、一定の成果が得られるということが報告されている。

6 まとめと今後の展望

小学校高学年における教科担任制は、主に「授業の質の向上」「中1ギャップの解消」「多面的な児童理解」「教師の負担軽減」をその目的として導入される。それは、体育科としても例外ではない。しかし、これまで述べてきたように、体育の授業は、小学校の学級担任として、その成果を仲間づくりや学級づくりに波及させてきたという文化がある。したがって、今後一方的に専科教員を含む教科担任制を導入するのではなく、高木（2022）が指摘するように「これまでの学級担任の良さを残しつつ、教科担任でなければできない教育内容の充実を図ること」が求められると考えられる。単純に小学校高学年を中学校的にするのではなく、両者の良さを生かすことが大切なのである。そのためには、中学校の保健体育の免許を所持している教員が、そのままの中学校のやり方で指導するのではなく、小学校文化になじんだ児童に合わせた指導法が求められよう。小学校の指導者として求められるものは、中学校のそれとは必ずしも同じではない。体育専科教員は、体育の指導に関して専門的な知識を有しているであろう。しかし、遠藤（2022）が指摘しているように「いくら専門性が高くても、生活指導と教科指導が大きく伴う児童に対して、的確な指導ができるかどうかは別の資質が必要」なのである。そこで、効果的な推進策の一つとして、体育科においてはスポーツ庁（2018）の報告に「担任と2人で授業を行うことによって、より一層効果的な指導を行うことが可能になる」とあるように、担任とのTTが考えられる。しかし、児童と学級担任との関わりの大きさなどを踏まえると、体育専科教員が常にT1で授業実践を行うのではなく、時にはT2となり学級担任が児童にふさわしい形で接することができるよう配慮する必要があろう。

菊（2022）が指摘するように、体育の学習指導では、「子どもたちが自ら興味関心をもって課題を『探求』しつつ、その解決や向上に必要な基礎・基本的内容に気づかせる『問い』とそれに対する適切な指導の下で自発的な『習得』が図られる」ことが大切である。体育科における教科担任制の取組は、単に専科教員を導入すればよいのではなく、先の四つの目的達成に向けて、今後の我々の指導観の新たなる見直しが不可欠になってくるであろう。

（佐々木 浩）

■文献

・遠藤真司（２０２２）小学校における教科担任制．実践教育法規総合教育技術7月号増刊、77（4）：56‐57頁．
・日野克博・髙橋健夫・八代勉・吉野聡・藤井喜一（２０００）小学校における子どもの体育授業評価と学級集団意識との関係．体育学研究、45（5）：５９９‐６１０頁．
・北海道教育委員会（２０２２）小学校体育専科教員小学校体育エキスパート教員中学校授業実践スペシャリスト実践概要報告集．https://www.dokyoi.pref.hokkaido.lg.jp/hk/ktk/107611.html（参照２０２２年7月８日）
・細越淳二・荻原朋子・須甲理生・佐々木浩（２０２０）小学校体育担当者についての調査研究．日本体育科教育学会第25回大会発表資料．
・細越淳二（２０２２）小学校体育における教科担任制導入の青写真を描く―小学校教員を対象とした調査研究の結果から．体育科教育、70（3）：46‐49頁．
・木原俊行（２００４）小学校における教科担任制の新展開．児島邦宏編著、特色ある学校づくりのための新しいカリキュラム開発第5巻 確かな学力をはぐくむ教育組織の多様化・弾力化．ぎょうせい、88‐96頁．
・菊幸一（２０２２）学校体育のプロモーション―体育社会学からのアプローチ．創文企画、１９４‐１９５頁．
・喜納朝博（２０２１）小学校教科担任制の本格導入．教育の未来を研究する会編、最新教育動向２０２２．明治図書、82‐85頁．
・松尾弘子（２０２２）「教科担任制」に向けて何をすればよいの？ 新しい学習指導要領を研究する会編．3時間で学べる「令和の日本型学校教育」Q&A．明治図書、56‐59頁．
・文部科学省．スポーツ振興基本計画（平成13年度～23年度）https://www.mext.go.jp/a_menu/sports/plan/06031014.htm（参照２０２２年８月１日）
・文部科学省．スポーツ立国戦略（平成22年8月26日文部科学大臣決定）https://www.mext.go.jp/a_menu/sports/rikkoku/1297182.htm（参照２０２２年８月１日）
・文部科学省．末松信介文部科学大臣記者会見録―予算―（令和3年12月22日）

https://www.mext.go.jp/b_menu/daijin/detail/mext_00220.html（参照２０２２年７月27日）
・文部科学省（２０１５）チームとしての学校の在り方と今後の改善方策について．中央教育審議会（答申）
・文部科学省（２０１６）幼稚園，小学校，中学校，高等学校及び特別支援学校の学習指導要領等の改善及び必要な方策等について．中央教育審議会（答申）
・文部科学省（２０２０）義務教育９年間を見通した指導体制の在り方等に関する検討会議（第１回）配布資料
https://www.mext.go.jp/b_menu/shingi/chousa/shotou/157/siryo/mext_00006.html（参照２０２２年７月４日）
・文部科学省（２０２１ａ）「令和の日本型学校教育」の構築を目指して〜全ての子供たちの可能性を引き出す，個別最適な学びと，協働的な学びの実現〜．中央教育審議会（答申）
・文部科学省（２０２１ｂ）義務教育９年間を見通した教科担任制の在り方について（報告）．義務教育９年間を見通した指導体制の在り方等に関する検討会議
・大分県「小学校教員の専門性を高めた質の高い授業の促進〜小学校教科担任制の導入〜手引き」
https://www.pref.oita.jp/uploaded/attachment/2136871.pdf（参照２０２２年７月22日）
・ＰｗＣコンサルティング合同会社（２０２１）「令和２年度義務教育９年間を見通した指導体制に関する調査研究」調査研究報告
https://www.mext.go.jp/b_menu/shingi/chousa/shotou/157/siryo/mext_00018.html（参照２０２２年７月４日）
・スポーツ庁．スポーツ基本法
https://www.mext.go.jp/sports/b_menu/sports/mcatetop01/list/1371905.htm（参照２０２２年７月４日）
・スポーツ庁．第２期スポーツ基本計画について(答申）平成29年３月１日
https://www.mext.go.jp/sports/b_menu/shingi/001_index/gaiyou/1382785.htm（参照２０２２年８月１日）
・スポーツ庁．第２期スポーツ基本計画（平成29年度〜令和３年度）
https://www.mext.go.jp/sports/b_menu/sports/mcatetop01/list/1372413.htm（参照２０２２年８月１日）
・スポーツ庁．平成30年度全国体力・運動能力，運動習慣等調査結果
https://www.mext.go.jp/sports/b_menu/toukei/kodomo/zencyo/1411922.htm（参照２０２２年７月８日）
・高木展郎（２０２２）なぜいま教科担任制なのか．体育科教育，70（３）：42‐45頁．
・鳥取県．「小学校高学年における教科担任制の推進について」
https://www.pref.tottori.lg.jp/secure/1288602/R3matome.pdf（参照２０２２年７月30日）

第16章
高等学校体育の可能性——選択制授業の実践から

1 学校体育から豊かなスポーツライフへ

昨今、スポーツ界では、盛んに「プレイヤーズセンタード」という言葉が聞かれるようになっている。また、部活動も地域への移行が推し進められ、多志向で多様なスポーツの実践の場としての総合型地域スポーツクラブが、改めてその存在の意義や発展が望まれ、益々、地域や社会での人とスポーツとの関わり方が「ウエルネス」社会の実現にとって重要になってくると思われる。スポーツ基本法（２０１１）の第十七条では「学校における体育が青少年の心身の発達に資するものであり、かつスポーツに関する技能及び生涯にわたってスポーツに親しむ態度を養う上で重要な役割を果たすことに鑑み体育に関する指導の充実…（略）体育に関する教員の資質の向上（略）」とあり、学校体育が我が国の生涯スポーツの発展にも大きく寄与すべき存在であることが示されている。

では、これらの社会の情勢や期待に対し、体育の授業はどのくらい貢献できているのであろうか。生徒たちは体育の授業を通した学びによって「生涯スポーツ」へと学習を活かし「豊かなスポーツライフ」を築けているのだろうか。社会の要請や実態に即した生涯スポーツの実現をめざしたスポーツプロモーションへとつなぐ学校体育を「選択制授業」を中心に考察し、その役割を再認識し、今後のさらなる学校体育の発展に向けて考える。

2　学校体育の役割と選択制授業

(1)選択制授業とは

選択制授業とは、「学習すべき内容として用意された2つまたはそれ以上の運動について、学習者がそのいずれかを選択できるように計画された授業」（文部省、1992、39頁）のことであり、次のような特徴をもつ。

・学習者の多様な運動欲求を保障するとともに、学習すべき運動を自己の能力や特性に応じて学習者自身が判断し決定（生徒選択）する自由を最大限に尊重する学習の方法

・体育学習を生涯にわたる自発的で自立した運動実践に結合させていくことをめざし、学習者一人ひとりが自己の興味や関心能力や適性に応じて運動を楽しむことが出来るようになることを重視する授業づくりの方法

（山本、1995）

つまり、「第一に運動種目等を選ぶこと」自体が重要な学習内容と学習活動であり、「選択」に基づく「実施計画」の作成、「学習活動」「評価」と「計画修正」の一連の学習サイクルを生徒自ら自発的・自主的にどの程度行うことができるかが重要なポイント（文部省、1992、40‐41頁）とされ、生涯体育・スポーツの実施に向けた最終段階の教育としての役割を果たすことが期待され導入された（文部省、1992、6頁）。現行の学習指導要領でも、中学校3年生以降の領域の選択に際しては、学校や地域の実態及び生徒の特性を考慮することや安全を確保した上で、生徒が自由に選択して履修できるようにする配慮が求められている（岡出、2021）。

⑵「生涯スポーツ」の流れと学習体育の役割の変化

1960年代に先進各国で「スポーツ・フォア・オール」運動が始まり、その後1975年にはヨーロッパ評議会において「すべて個人が、スポーツを行う権利を有する」とし、1978年にユネスコ総会で「国際体育・スポーツ憲章」が採択され、生涯スポーツが定義され、発展してきた日本でも文部省が1982年度に「体育・スポーツに関する基本方策について」が答申され、生涯スポーツへと大きく動き出した。

こうした世界と日本のスポーツの流れを受けるように、1978年の高等学校学習指導要領では「生涯を通じて継続的に運動を実践できる能力と態度の育成」が掲げられ、学校体育と生涯スポーツをつなげる考えが示された。1989年の高等学校指導要領の改訂に際しても「生涯スポーツ」につなぐ学校体育の立場は継続され、この改訂時に「選択制授業」が本格的に導入されることとなった。この改訂の際には1992年5月に文部省から「高等学校保健体育指導資料　指導計画の作成と学習指導の工夫」が刊行され、「体育の新しい役割」と「選択制授業の推進」、「選択制授業の具体化」について細かな解説がなされている。そこでは、近年の我が国の変化の状況から「運動やスポーツは、単に人間の健康や体力の向上のためだけではなく、人生をより豊かに充実させるための『生きがい』や『文化』の一つとして、生活に欠くことのできない重要なものであるという捉え方がなされるようになっており、これからはこのような状況の変化に対応するための『体育の』役割が期待されている。」と体育の新たな方向性が示されている。そして、その役割は「運動やスポーツの楽しさや喜びを求め、運動やスポーツによる健康の増進や体力の向上を求める国民の期待に応えて、生涯にわたる運動やスポーツの実践を目指す教育として機能すること」（文部省、1992、1頁）であり、「体育が人生をより豊かにするための生涯スポーツへ結合させる役割」を有することが明確となった。

「選択制授業」ついては、「一人一人の生徒と運動やスポーツのむすび付きを大切にしようとする考え方は、生涯体育・スポーツを目指し、一人一人の生徒が運動やスポーツの楽しさや喜びを深く味わい、自分の得意な運動やスポーツを獲得していくということの実現のために必然的に導き出されてくるものであり、指導の充実がこれまで以上に求められる」（文部省、1992、7頁）とし、それを実現する方法に対する大きな期待が「選択制授業」に寄せられ、そのための体育教員によるこれまで以上の指導の充実が求められている。

(3)「個」と「スポーツ」のかかわり方としての選択制授業の意義

菊（1991）は、選択制授業のねらいを「個々人の運動への多様な興味関心能力や適性に応じて、運動の特性をより深く味わいながら、運動実施をめぐる様々な諸問題を主体的に解決し運動と自分との質的な深まりを高めようとするところにある」としている。宇土（1995）は「スポーツ環境の条件に即して、必要な条件に応じて楽しめるスポーツを容易に選択でき、楽しみ方を高める力を身につけておけば、なお一層幅のあるスポーツとのつきあいができて、スポーツが内包するよろこび・楽しさもそれだけ豊かに得られよう。」とし、選択制授業へ「個」とスポーツの関係の構築と「スポーツを楽しむ力」を身につけることに期待を寄せた。そして、団（1995）は「どの種目の学習を行うかだけでなく、生活の中で運動（種目）をどう取り上げ、どのように楽しむか、いわばスポーツライフをデザインする能力の育成」として「どんな運動（種目）で運動のどんな特性を学習するかを子どもに選択させ生涯スポーツにつないでいくことである。新しいスポーツライフを学習するかを含めて選択制授業を構想しなければならない」と述べ、選択制授業が個々の生涯にわたるスポーツとかかわりのあるライフデザインに向けて意義があることを述べている。このように選択制授業の意義は、人間とスポーツのかかわり方へのアプローチとして体育授業を行うことを意味しており、体育授業の方向性についてスポーツとの「豊かなかかわり方」を学ぶ教科として、人間とその生涯（人生）に寄り添う形をめざしたといえる。

3　選択制授業の30年の実践から――その成果と課題

(1) 30年間の選択制授業の実践の積み重ねのはじまり

自身が所属していた横浜市立高等学校保健体育研究会では，本格的に施行されるより以前の１９８６年度から選択制導入検討委員会を発足させて研究を開始し，30年以上選択制授業を実践してきた。研究当初の１９８９年発行の研究冊子において次のように述べられ，導入時に体育の新しい役割と，その実現のための選択制授業の意義をしっかりと捉えていたことがわかる。

（略）教科体育における選択制導入に取り組んだ過程で，教育や体育の本質にかかわる検討を余儀なくされ，（略）生涯スポーツの基礎を培う学校体育の在り方を確かめ，選択制を取り入れた授業の実現を目指してきました。（略）生徒が自分で選んだものを教師に指導を得ながら自分で学習することにより，別人のように汗まみれになってスポーツに熱中している姿をまのあたりにしました。実際に授業を展開した教師からはこれまでの〝うまく教えた〟という喜びとは質の違う満足感を味わった，という報告がされています。主役は教師ではなく明らかに生徒です。このことが生涯スポーツにつながるという実感は，ある意味では１８０度の意識の転換でした。（略）一人でも多くの生徒がスポーツへの自己学習力を高め，生涯にわたってスポーツを生活内容としていけるよう，英知を集めていかなければならないと思います。

（横浜市立高等学校保健体育研究会，１９８９。傍線部は筆者）

生徒の喜びの声とその手ごたえに支えられ，１９９２年６月には，その実践の内容をまとめ，『選択制の体育授業を創る〜横浜市立高校13校の挑戦〜』（大修館書店）を発行した。その「はじめに」では、次のように語られている。

〝なぜ、もっと早くからこういう体育をやってくれなかったのか〟という声に支えられて、ここまで続けてこられたといっても過言ではありません。（略）条件整備が先行しない限り具体化できないといった発想では、何より生徒たちに申し訳ないし、（略）「自ら選ぶ」ことと「自ら学ぶ」ことを結びつけた生徒の視点に立った選択制を目指そうと、私たちは意を新たにしていきました。

（横浜市立高等学校保健体育研究会、1992、iii‐ix頁）

この本には選択制授業導入時の数多くの生徒の喜びの声とともに、「教師の体育観や教育観の変化がみられている」（横浜市立高等学校保健体育研究会、1992、8頁）とも書かれているが、教師の役割は『自ら選び、自ら学ぶ、それを教師が支援する』という（略）生徒をスポーツの主人公に育てる新しいタイプの専門職」とし、次のように締めくくっている。

「スポーツをすることは人間の権利である」という認識と、スポーツを生活に取り入れる知恵をもった生徒たちが、21世紀のわが国のスポーツ事情を創りかえていくという期待を、大きくふくらませていきたいものです。選択制がそういう絶好の機会を与えてくれたと受け止めています。」

（横浜市立高等学校保健体育研究会、1992、115頁。傍線部は筆者）

「生徒の喜び」に支えられつつ、選択制授業で「スポーツの主人公」を育てることが、人間とスポーツの豊かな関係につながり、我が国の「スポーツプロモーション」を進めていくことになるであろうという大きな期待を込めて実践に向かっていたことが伝わってくる。導入当時、文部省が示した理念と内容を正しく伝達し、研究会（＝体育教師）を支えた教育委員会と指導主事の存在も非常に大きかったこともつけ加えておきたい。

(2) 教師のアンケート結果から（平成3年度・平成30年度）

教師のアンケートからは、選択制授業への「生徒の満足度の高さ」、「目標を持ち」体育に臨んでいる生徒の姿など、導入直後よりも、より選択制授業の良い面を肯定的に捉えてきていることがわかる。しかしながら、依然として施設や場所などのハード面の問題など改善の余地があることも、浮き彫りになっている（表1）。

(3) 生徒の体育授業への感想から（平成30年度）

生徒の声からは、導入時と同じく、自分で種目を選択できる喜びのほかにも、自身で学習サイクルをつくりあげることや仲間とともに学び合う喜び、生涯にわたるスポーツへの継続の意思などが見られる。また、導入時と同様の感想として、特に運動がやや苦手、もしくは好まない生徒の取り組みにも注目したい。また、昨今の特徴として、体育理論の学習を効果的に実技に活かしていることがわかる。生徒それぞれが、スポーツに自ら向かい、関わり、楽しみ、豊かにかかわり、さまざまな学びを得られていることがわかり、選択制授業の成果が読み取れる。

- 種目を選択することで自分の興味関心のあることができて、より楽しく行うことができる。
- 自分に合った種目を選べたり、挑戦してみたい種目を選ぶことができるのがいいと思う。
- 私は運動が苦手で、動くこともあまり好きではありません。でも今年の体育は、今までで一番楽しかったです。チームスポーツでは、チームで戦略を考えたり、苦手な子がいてもフォローし合ったり、何よりも上手くいったときに、チーム全員で喜べるのがうれしかったです。（略）1年を通して気が付いたこと、学んだことを他の場面でも活かしていきたいです。

表1　選択制授業の良い面・問題点（「保体研70年のあゆみ」より一部抜粋）

			H3（%）	H30（%）
選択制授業の良い面	1	生徒が自分の目標を持つことができている	66.7	90.0
	2	目標にふさわしい学習計画を立てることができている	51.7	68.5
	3	生徒が積極的に授業に取り組んでいる	83.3	97.1
	4	欠席・見学をしない	67.7	81.4
	5	生徒が安全に留意して活動ができている	38.3	82.9
	6	生徒が自主的に準備・片付けをする	63.3	90.0
	7	体育嫌いが少なくなる	71.7	84.2
	8	生徒の運動量が確保できる	66.7	80.0
	9	生徒の技術の上達が早まる	46.7	57.1
	10	生徒の満足度が高い	88.3	90.0
	11	生徒同士の人間関係が深まっている	56.7	81.4
選択制授業の問題点	1	教師の共通理解	15.0	2.9
	2	学校運営へのしわよせ	13.3	17.2
	3	予算	26.7	43.9
	4	体育学級の編成	13.3	35.7
	5	希望者の人数調整	36.7	81.4
	6	施設・活動場所が不足	65.0	71.4
	7	種目の妥当性	45.0	28.6
	8	雨天時の活動場所の不足	58.3	85.7
	9	器具・用具が不足	28.3	55.7
	10	生徒が選択制の趣旨を理解していない	38.3	32.8
	11	事前計画で生徒の負担が大きい	28.3	14.3
	12	熱心に学習に取り組まず、遊びのような授業になる	31.7	17.1
	13	生徒と関係が疎遠になる	11.7	8.6
	14	評価が難しい	50.0	30.0
	15	事前の準備など教師の負担が大きい	25.0	17.1
	16	生徒の計画を見切れない	38.3	35.8
	17	生徒への指導がうまくいかず技術が向上しない	23.3	27.1
	18	安全面が気になる	31.7	22.9

・私は体育の授業を通して、自分自身が変われたことが二つあります。一つ目は、体をうごかすことの楽しさを学びました。（略）二つ目は、体育を通して、さまざまな種目に挑戦できたことです。最初はできなくても、やっているうちに上手くなった時の達成感は忘れられません。学校生活での体育を通して学んだ体を動かす楽しさをこれから社会人になっても大切にしていきたいです。

・この1年は自分で考えて計画や練習をすることが多かったので、自分の苦手なところを再認識したり、友達と楽しく取り組める工夫をしたりすることができた。体育が苦手で嫌いだった小学生の頃の私では考えられないほど、3年間の体育の授業が楽しかったです。卒業してからもできる形でスポーツに参加していきたいと思います。

・体育の特徴は、自分たちで計画し、生徒主体で楽しい授業を作る機会があることだと思います。（略）卒業しても身体を動かす楽しさを忘れず色々な人とスポーツしたいと思います。

・今年度は体育理論でいかに効率よく効果的な練習をするかを学び、頭を使って練習方法や振り返りを実践したことが、昨年より成長した点だと思う。私にとって体育は体を動かす技能が全てというイメージがあったので、体育を理論的にとらえることも上達に不可欠だと知ったのが面白かったし、技能の劣る私でもうまくなる方法があると思うとモチベーションが上がった。

・この1年間を通して体育の授業を通して学んだことは、2つあります。1つ目は実技や体育理論を通して、正しい体つくりの方法や運動する方法をみにつけることができたことです。自分でしっかりと運動を習慣化するために、正しい知識を身につけることができて良かったです。2つ目は先生に頼らず、生徒自身で授業を円滑に進めることの難しさと楽しさを知ることが出来たことです。

（「保体研70年のあゆみ」より一部抜粋）

4　これからの選択制授業の発展と可能性について

今回の学習指導要領では、「主体的・対話的で深い学び」が示され、「アクティブラーニング」などのキーワードが挙げられているが、選択制授業では、生徒が自分たちで対話を重ね、工夫し、自己や集団の目標に向かって学習を重ねていく形で進められることが多く、まさにそのねらい通りの授業形態であるともいえる。文科省は2018（平成30）年改訂の高等学校指導要領に関するQ＆Aの問4の中で「生徒の主体的・対話的で深い学びの実現に向けた授業改善の推進につながる学習の機会であることを念頭に、（略）生徒個々の意思を大切にして、選択できるようにすること、生徒の主体的な意欲が育まれるよう希望とする生徒に対してすべての領域の選択機会が与えられるように」と回答しており、選択制授業は、今回の指導要領の中でも授業改善の推進にも活かせることになろう。現在の社会のスポーツ文化と健康志向の理解、そして保健、体育理論、体つくり運動と合わせた選択制授業の学習をさらに発展、充実させ、カリキュラムマネジメントを通して、生徒の多様なライフスタイルに合わせたスポーツスタイルの確立を体育授業や高校生活の中で実現（＝卒業後のスポーツ活動とも同等なもの）することが重要であろう。

菊（2022）は、今後の選択制授業の発展について「（略）単なる種目選択の中での『楽しさ』の享受の深まりだけで終わらせて良いのかどうかが大きな課題となる。また、文化としてのスポーツ学習が、このような選択制授業の中でどのようにカリキュラム化されるのかについても本格的に検討されなければならない。」（菊、2022、131頁）とし、学びの対象について「文化的享受」「文化としてのスポーツ」「スポーツ観や運動観の学習」「保健領域の健康観の学習との交差」を加え、幅広く学んでいけるカリキュラムのデザインの必要性に加え、高校期では、本格的に地域スポーツクラブや運動部活動を含めた関連資源を取り込み、自らトータルなスポーツライフをデザインしていく能力の育成の必要性を述べている（菊、2022、131-132頁）。そして、「単にスポーツへ『自発的』『自主的』に参加することばかりでなく、『いかに』参加し、『どのように』活動するか、（略）『価値を体現するスポーツ』へといかにシフトできるのか、が重要な学習の内容を構成すると思われる。選択制授業は、（略）その先駆的な意義を果たすとともに、スポーツ教育の内実を構成していく上での重要な役割を担うものと考えられる。」（菊、２０２２、１８４頁）とし、選択制授業が、今後のスポーツ教育への可能性を大いに有していると述べている。

導入から30年が経過した選択制授業の「導入された経緯とその意義や意味」を改めて理解し、教育の流れの大きな変化と社会のスポーツライフの変化に即した形で、現行の指導要領の目標に即した選択制授業のカリキュラムの再構築が必要な時期にさしかかっている。そのために、質の高いカリキュラムのデザインと、その実行のためのさらなる環境等の充実及び教師への支援が重要となるだろう。

5 スポーツプロモーションとしての体育への期待

冒頭でも述べたように、時代も変化し「プレイヤーズセンタード」の考え方はスポーツ界では当たり前になりつつある。それぞれのスポーツの主役は「生徒」であり、自ら種目を選択し、「今の自分の力で十分に楽しむ」ことから「少しずつ高めていく」こと、そしてそれを仲間とともに学習が進められる選択制授業は、社会や地域の中でも、自らの志向にあったスポーツ活動やクラブライフを充実させることにつながる。

選択制授業の意義を再度確認し、現代の教育に合わせながら工夫し、発展させることで、これからも「人生の中でスポーツ文化を享受」し、「スポーツに豊かにかかわる」主役を育てていくことに「体育」という教科が大きな役割を果たすだろう。体育授業がめざす「豊かなスポーツライフ」とは、生活の中にスポーツ文化を取り入れながら、人間がスポーツと豊かにかかわりながら、より充実した生活をすることである。そのためにも、高校期にこのことを実現し、生涯にわたって豊かなスポーツライフの継続へと促すこと、それ自体が「スポーツプロモーション」なのだと、今後の体育の発展に期待を込めつつ考えている。

（原 悦子）

■参考文献

・団琢磨（１９９５）選択制授業の意義と基本的な考え方．文部省体育局監修、スポーツと健康、26（３）：５-８頁．
・菊幸一（１９９１）個人差に応じ、一人一人を伸ばす体育の学習指導の進め方．文部省体育局監修、健康と体力、23（13）：９-11頁．
・菊幸一（２０２２）「楽しい体育」のカリキュラム構想試案．学校体育のプロモーション―体育社会学からのアプローチ．創文企画、１３１、１３１-１３２、１８４頁．
・文部省（１９９２）高等学校保健体育指導資料　指導計画の作成と学習指導の工夫．海文堂出版、１、６、７、39、40-41頁．
・文部科学省「平成30年改訂の高等学校学習指導要領に関するＱ＆Ａ（保健体育に関すること）」https://www.mext.go.jp/a_menu/shotou/new-cs/qa/1422405.htm（参照２０２２年８月31日）
・岡出美則（２０２１）体育のカリキュラム．岡出美則・友添秀則・岩田靖編著、体育科教育学入門．大修館書店、11頁．
・宇土正彦（１９９５）生涯スポーツを左右する選択制授業．体育科教育、43（10）：９頁．
・山本俊彦（１９９５）選択制授業．学校体育授業辞典、大修館書店、40頁．
・横浜市立高等学校保健体育研究会（１９８９）教科体育における選択制授業への取り組み．同研究会発行．
・横浜市立高等学校保健体育研究会（１９９２）選択制体育授業を創る―横浜市立高校13校の挑戦―．大修館書店、viii-ix、８、１５頁．
・横浜市立高等学校保健体育研究会（１９９９）保体研50年のあゆみ．
・横浜市立高等学校保健体育研究会（２０１９）保体研70年のあゆみ．

第17章 運動部活動改革のゆくえ——地域移行をめぐる二つの論点

1 運動部活動を「地域」に「移行」するということ

運動部活動の地域移行。この文言を耳にした人は、今や何の違和感も覚えないだろう。学校教育において青少年のスポーツ活動を担うのみならず、選手強化の中心をも担ってきた運動部活動の地域移行が、現在活発に議論されているからである。実際に、スポーツ庁は2021年10月7日に「運動部活動の地域移行に関する検討会議」を立ち上げ、8回に渡る議論を経て『運動部活動の地域移行に関する検討会議提言：少子化の中、将来にわたり我が国の子どもたちがスポーツに継続して親しむことができる機会の確保に向けて』を2022年6月6日に取りまとめた。そこでは、主に公立中学校を念頭に、2023〜25年度を「改革集中期間」に定め、休日の運動部活動を地域移行することがめざされている。[1]

このような議論の背景には、運動部活動が過剰化しているという認識があるだろう。運動部活動は持続可能性が危ぶまれるほど拡大しており、生徒の生命を脅かす死亡事故や体罰・暴力、教師の生活を脅かす過酷な勤務状況を生じさせている（中澤，2017）。とりわけ、過酷な勤務状況をめぐっては、現場の教師自身の切迫感をもった声を通じて活発に問題化され、運動部活動の地域移行を進める原動力となっているように見える。2021年

3月26日から文部科学省が教職の魅力を発信し、教師のなり手を増やそうとTwitter上で始めた「#教師のバトン」プロジェクトが、図らずも現場の過酷な状況やそれに対する不満を吐露する場所と化した皮肉な状況は、学校現場が限界を迎えていることを象徴している。

こうした状況を鑑みた時、学校教育改革はまさに待ったなしの状況である。運動部活動の地域移行も、教員の過剰な負担を取り除く選択肢の一つであろう。しかし、本稿では運動部活動、ひいては学校教育の改革が必要であるという前提を共有した上で、なお「地域移行」という言葉にこだわってみたい。運動部活動を「地域」に「移行」するとはいかなることなのかを問うてみたいのである。

この問いに対峙した時、もっとも単純な答えは「学校教育で担っている運動部活動を『地域』という場所に丸ごと『移行』する」となるだろう。確かに、このような方策は学校現場の過酷な状況を改善することにつながる。学校現場の業務が、別の場所で行われることになるのだからそれは当然である。しかし、そもそも運動部活動が抱えている問題は教員の過剰な負担だけではない。現状に問題があるものを別の場所にそのまま移してしまえば、その問題を温存してしまうことになるし、急場しのぎの対症療法にしかならないだろう。

当たり前の事柄をもう少し慎重に見定めなければならない。私たちは運動部活動の「何を」地域移行するのか。その移行先としての「地域」は、そもそも私たちの社会において希望となり得る場なのか。移行の内容と移行先の場という二つの論点は、運動部活動を「地域」に「移行」することをめぐって避けては通れないはずだ。何かをどこかに移行する時、その内容と移行先について考えることは至極当然だからである。以下では、これまで運動部活動は「何を」してきたのかを整理した上で、地域移行をめぐる昨今の議論を概観し、先に挙げた二つの論点がどのように考えられているのか（あるいは、考えられていないのか）について検討する。

2 運動部活動は「何を」してきたのか？

運動部活動は、私たちの社会において一体「何を」してきたのだろうか。「競技」なのか「教育」なのかという対立は運動部活動をめぐる主要な争点の一つになってきた。例えば、運動部活動に関する主要な論者の一人である中村敏雄は、スポーツが「より速く、より高く、より強く」というオリンピック標語が示す通り本質的に「行き過ぎ」るものであり、そうした「スポーツの論理」を「教育の論理」に優先させていることが運動部活動の問題を生むと指摘する（中村、１９９５）。また、先述した「運動部活動の地域移行に関する検討会議」において座長を務めた友添秀則も、運動部活動を選手養成の場と捉える「競技」の論理と、教科の活動では得られない生徒の自治能力や主体性を涵養する場と捉える「教育」の論理の間に葛藤の歴史があり、それは前者が後者を押し切ってきた過程であると批判的に述べている（友添、２０１６）。すなわち、これらの議論は「競技」を中心に展開されてきた運動部活動に「教育」を取り戻そうと主張しているわけである。

一方で、運動部活動を教育とみなした場合も、その内容はさまざまであり得るし、何を教育すべきかをめぐって意見の対立が起こることもしばしばである。「規律」と「自主性」とでも呼び得る対立もまた、運動部活動をめぐる主要な争点であり続けてきた。例えば、スポーツライターの玉木正之は、運動部活動の現状を生徒の考えよりも教師の指導が重視されていると評価し、それはスポーツ教育と言えるのかと疑問を投げかけている（玉木、２０１３）。言い換えれば、現状には見出すことができない「自主性」にこそ、運動部活動の教育的価値があると玉木は指摘しているのだ。ところが、玉木の現状診断とは逆に「自主性」という教育的価値が学校や教師、保護者によって語られ、実践されてきたからこそ、運動部活動が大規模化してきたという指摘もなされている（中澤、２０１４）。

では結局、運動部活動に「自主性」はあるのかないのか。未だ体罰のような問題が紙面を賑わしているし、怖い教師や先輩から厳しい「規律」を課されながら運動部活動を経験してきた人も多いはずである。私たちの社会において、運動部活動は「何を」してきたと言えるのだろうか。

筆者は、拙著においてこの「規律」と「自主性」の関係性に着目し、さまざまな問題が批判され続けてきたにもかかわらず、多くの人がのめり込んできた運動部活動が日本社会にどのように位置づけられているのかを問うた。そこでは、運動部活動の指導者が「人間教育」という目的のもと競技を行うなかで、「規律」と「自主性」の配分のバランスを時々の生徒の気質に合わせて模索し続けてきたことが明らかになった。つまり、「競技」と「教育」、「規律」と「自主性」は対立しているのではなく、むしろ不可分な構成要素としてそのバランスや関係性が変容しつつ、運動部活動において展開されてきたということである。そして、「自主性」が巧みに生み出されながらも、スポーツを実践する運動部活動で必ずしも担う必要のない日常の生活習慣や上下関係に伴う敬語などの礼儀、マナーといった「規律」の側面が「人間教育」として重視されている現状を指摘した（下竹、２０２２）。

本節で整理したように、運動部活動では「競技―教育」、「規律―自主性」という対立を越えて、それらは渾然一体とした形で「人間教育」に結実している。言い換えれば、「人間教育」の名の下で運動部活動は一見相反する要素が不可分に詰め込まれた形で展開されてきたのである。では、こうして私たちの社会に埋め込まれてきた運動部活動の地域移行をめぐって、現在どのような議論が交わされているのだろうか。

3　運動部活動の地域移行をめぐる議論の状況

昨今の運動部活動改革について考える時、おさえておくべき重要なポイントは、それがこれまで幾度も構想されては挫折してきたことである。その手がかりとして、教育社会学者の野村駿による興味深い指摘を参照してみよう。野村は、論文の冒頭で「変わる部活動　地域とのつながりを重視」と題された朝日新聞の記事を引用している。その記事では、20年来運動部活動のあり方が問われてきたこと、運動部活動には生徒同士のきずなを深めたり、スポーツの楽しさに触れるなどプラス面がある一方で、勝利至上主義や練習漬けの風潮などマイナス面も目立つこと、外部指導員の導入が検討されていることなどが記されているという（野村、２０２１）。現在の状況を知る私たちからすれば、運動部活動改革をめぐる直近の記事のように見えるだろう。ところが、この記事が書かれたのは１９９７年2月24日なのである。つまり、20年以上前に書かれた運動部活動の問題が、未だ解決されていないということだ。さらに興味深いのは、この記事で運動部活動のあり方が20年来問われてきたと指摘されている点である。１９９７年から20年遡る１９７０年代には、既に同様の論点が浮上していたことになる。

本稿の課題である地域移行が幾度となく議論されてきたことも、既存の研究から確認できる。中澤篤史によれば、既に１９７０年代には教師の超過勤務や負担の大きさが問題となっているのに加えて、事故が起きた場合の教師の保障が問題となり、運動部活動の地域移行が模索されたという。また、１９９０～２０００年代には教師の負担問題に加えて、生涯スポーツ論、子どもの権利保障、「生きる力」の育成との関連から運動部活動の地域移行が再び議論されるようになった。そこで、運動部活動の移行先として新たに浮上したのが総合型地域スポーツクラブである。しかし、当時の政策や議論において総合型地域スポーツクラブとの連携が謳われたにもかかわらず、運動部活動は現在も学校に留まり続けている（中澤、２０１４、１１７‐１３９頁）[2]。

では、幾度もの失敗を経た運動部活動の地域移行をめぐって、現在どのような議論がなされているのだろうか。運動部活動の地域移行をめぐる昨今の議論には主に二つの流れがある。一つは、経済産業省が主導するもの。もう一つは、文部科学省の外局として２０１５年10月に設置されたスポーツ庁によるものである。

意外なことに、運動部活動と地域の関係性を明確に意識し、その見直しに向けて具体的にかつ早期に動き出したのは経産省であった[3]。経産省は、２０２０年10月に「地域×スポーツクラブ産業研究会」を立ち上げ、翌２０２１年６月には『地域×スポーツクラブ産業研究会第１次提言』を取りまとめている[4]。そこでは、『教員の過剰労働問題』等に端を発した学校部活動の地域移行問題をトリガーとして『サービス業としての地域スポーツクラブ』の可能性を考えることを出発点」とし、「トップスポーツ（プロ・実業団・大学等）の成長を含めた『スポーツ産業の成長産業化』」が模索されている（3‐4頁）。この研究会の基本的な立ち位置は、以下のような提言の結びに書かれた文章によく現れている。

2000年のスポーツ振興基本計画の中に盛り込まれた総合型地域スポーツクラブ。「数」としては伸びたが、サービス産業として成り立つ団体は少ない要因のひとつとして、本来は総合型地域スポーツクラブの育成と「表裏一体」の関係にあるはずの中学校・高校の部活動改革がこの20年間、ほぼ進まなかったことにあるはずです。この研究会では、「教員の過剰労働」という社会課題の大きな要因として注目された「学校部活動を地域移行するか、しないか」という問題を契機にして、日本にも地域密着型の「スポーツクラブ産業」が育ち広がり、地域の新しいサービス・クラスター（集積）へと発展していく可能性について議論を重ねてきました。（54頁）

つまり、①運動部活動改革が進まなかったことは、総合型地域スポーツクラブがサービス産業化しなかった要因の一つであること、②「教員の過剰労働」に端を発する運動部活動の地域移行という契機を、スポーツクラブ産業の発展に結びつけていくことが指摘されているのである。同提言を読む限り、経産省は運動部活動を地域という名の総合型地域スポーツクラブを中心としたスポーツクラブ産業に丸ごと移行することで、その市場化を達成しようとしているように見える。(5) スポーツクラブ産業の活性化という視点からは、運動部活動が未だその需要を掘り起こされていない未開の市場に見えているということだろう。そして、スポーツクラブ産業の活性化に重きを置く同提言では、運動部活動の市場化こそが重要であり、運動部活動の「何を」地域移行するのかについては十分に考えられていない。

それに対して、既に冒頭で触れたように、スポーツ庁は『運動部活動の地域移行に関する検討会議提言』を2022年6月6日に取りまとめた。同提言では、今後の運動部活動がめざす姿について次のように記されている。

地域移行は、単に運動部活動を学校から切り離すということではなく、子供たちの望ましい成長を保障できるよう、地域の持続可能で多様なスポーツ環境を一体的に整備し、地域全体で子供たちの多様なスポーツの体験機会を確保する必要がある。このため、地域の実情等に応じ、適正なガバナンスを確保したスポーツ団体等が組織化され、意欲のある教師を含め専門性等を備えた指導者やふさわしい施設を確保し、適正な活動時間の中で生徒が複数種目を選択し参加するなど多様な活動も提供されることを目指すべきである。（3頁、傍点筆者）

単に学校から切り離すのではないと述べられているように、運動部活動を地域＝スポーツクラブ産業の市場と見て、丸ごと移行しようとする経産省の提言とは議論の前提が異なっている。文部科学省の外局であるスポーツ庁で議論されているのであるから、「子供たちの望ましい成長」を大前提とし、運動部活動のあるべき姿を抑制的に模索するのは当然でもあろう。では、同提言において何が示されているのだろうか。結論を先取りすれば、先の引用において傍点を付した地域移行の多様なあり方について、大枠を示すに留まっているということである。

この提言を取りまとめた検討会議では、「様々な事情を抱える学校現場や地域において運動部活動改革を推進するための『選択肢』を示し、複雑に絡み合う諸課題を解決していくために『複数の道筋』があることや、『多様な方法』があることを強く意識しながら検討を行ってきた」のだという（2頁）。確かに、それぞれの地域の実情に応じた「複数の道筋」や「多様な方法」があることは理解できるし、筆者は官僚機構が明確な道筋を立てるべきだとも思わない。とはいえ、複数の道筋をたどって運動部活動の「何を」移行すべきなのかはもっと考えられてもよいのではないか。運動部活動はこれまで「何を」担ってきたのか。それがもし、過剰な何かを担わされてきたのだとすれば、これから「何を」担うべきなのか。こうした点が愚直に問われてもよいと思うのである。[(6)]ところが、経産省と同様にスポーツ庁でもこうした議論が十分に行われていないのが現状であろう。

4 「地域」は希望になり得るか？

本稿では、冒頭で二つの論点を提示した。運動部活動の「何を」地域移行するのかという第一の論点については、近年の議論で十分に問われていないことが明らかとなった。ではもう一つの問いについてはどうだろうか。運動部活動の移行先として想定されている「地域」に希望はあるのだろうか。もう一度、スポーツ庁の提言に戻って考えてみよう。スポーツ庁の提言において、運動部活動の地域移行をめぐる多様な方向性が大枠で提示されていることは既に述べた。そして、「複数の道筋」や「多様な方法」が提示される中で、具体的な方針の決定を委ねられているのが地域なのである。少子化の進展によって運動部活動の持続可能性が危ぶまれていること、学校の働き方改革を進めていく機運が高まっていることなどから、運動部活動のあり方の抜本的な改革を進める最大で最後のチャンスが今であると同提言は謳う。しかし、「今回の提言については、現時点で考えられる方向性の大枠を示したものであり、地域の実情等に応じて、多様な実践が積み重ねられていくことを期待したい」とはっきり述べられているように、運動部活動をどのように移行していくのかは、まさにそれぞれの地域次第なのであるる（57頁）。ここからは、少なくとも地域が何かを決定し、実行し得る場として期待されているということがわかる。しかし、現在の私たちの社会において地域はそれほど確固たるものなのだろうか。

地域社会学者の山下祐介によれば、地域とは単なる空間の一区画ではなく、暮らしがあり、またそこに暮らす人々がその区画を認識し、かつそこで自らの暮らしを守り維持しようとしている場である。ところが、かつては目の前に生き生きと存在していた地域は、今や学ばねば見えないほど覆い隠されてしまっている。とりわけ、現在の日本社会で多くの人が暮らしている都市郊外は空間的、時間的に、また暮らしや仕事においても地域から切り離されて存立している。人々は地域に自覚的に所属しておらず、個人が国家やグローバル市場にだけ向き合って暮らしているかのような錯覚が一般的な認識となっているのである（山下、２０２１）。

また、社会学者の宮台真司によれば、以前は家族、学校、地域という空間にそれぞれの評価原則が存在していたという。しかし、地域の崩壊による家族への内閉、そしてその家族すらも崩壊するに至った日本社会において、とりわけ１９７０年代後半から学校的評価原則があらゆる空間に無条件に持ち込まれるようになった。地域や家族の機能不全を埋め合わせるように、「学校化」が進んだのである（宮台、２０００）。家族や地域が脆弱になったからこそ、学校という場に過剰な期待が寄せられるようになったとも言い換えることができよう。

これらの議論を鑑みた時、運動部活動の移行先として想定される「地域」は確固たる前提に据えられる場というよりもむしろ、現在の社会に改めて創出されなくてはならない場である。[7] 現在の日本社会に、「地域」は当たり前に存在してはいない。朝日新聞の記者である中小路徹によれば、これまでも外部コーチや部活動指導員などの形で地域の人々が学校に入ってきていたが、今回の地域移行は運動部活動が学校の外に出ていくベクトルの向きが１８０度変わった構図なのだという（中小路、２０２２）。しかし、その移行先である地域が既に脆弱な場と化してしまっているのならば、運動部活動に必要な資源がそこには無いことになる。

そうだとすれば、「運動部活動→地域」というベクトルに飛びつくのではなく、むしろ「地域→運動部活動」というこれまでわずかながらも蓄積されてきた既存の改革を徹底的に検証・改善する方向性もあり得るのではないか。スポーツ庁の提言で指摘されているように、全国の体育・スポーツ施設において学校体育施設は全体の約60％を占めている（25頁）。青少年の通学圏内に、物理的な資源を備えた学校が存在していることの意味はやはり大きい。仮に、これまでの改革が成果をあげていないのならば、それは「地域→運動部活動」というベクトルの向きの問題ではなく、その内実に問題があったと考えることもできる。本来、「地域→運動部活動」という方向性は、教員の負担減とも相反するものではなかったはずである。[8]

本稿は、運動部活動の地域移行をめぐる昨今の議論において、運動部活動の「何を」地域移行するのかについて十分に議論がなされておらず、その移行先である「地域」がそもそも脆弱な場でしかないことを確認した。とはいえ、運動部活動が現状のままでよいはずはない。少なくとも指摘できるのは、私たちが運動部活動と呼んでいるものに何らかの効果や意義を認めるのであれば、その活動を展開するための適切な資源が投入されてしかるべきだということである。[9]現在、運動部活動をめぐる危機的な状況が、その外部としての「地域」を求める強い原動力となっている。しかし、ここではないどこかに希望を見出すのみならば、結局はこれまでの失敗を繰り返してしまうことになるだろう。そうならないためにも、運動部活動が果たしてきた役割を批判的に捉え返しながら、青少年のスポーツの「何を」「どこで」「誰が」「どのように」担うのかについて、具体的かつ丁寧な議論が必要なのである。とりわけ、これまで運動部活動が担ってきた「人間教育」を「どこで」「誰が」「どのように」担うのか。スポーツを通した「人間教育」が本当に必要かどうかも含めて、再考する時が来ている。

（下竹亮志）

〈付記〉本稿を入稿後の2022年9月、「地域×スポーツクラブ産業研究会」は最終提言として『「未来のブカツ」ビジョン』を取りまとめ、改革の機運はさらに高まるかと思われた。ところが、地域移行という名の運動部活動改革は早くもトーンダウンし始めている。スポーツ庁と文化庁は、2022年の暮れに『学校部活動及び地域クラブ活動の在り方等に関する総合的なガイドライン』を策定した。そこでは、自治体関係者らからの「受け皿不足」といった声が考慮され、当初は地域移行達成のめどとしていた2025年度までの「改革集中期間」を、地域の事情に応じた取り組みを支援する「改革推進期間」へと改称し、期間内の達成にこだわらなくなったことが報道されている（毎日新聞、2022年12月28日、東京朝刊）。今後、こうした新たな政策文書も踏まえつつ、運動部活動の「何を」「どこで」「誰が」「どのように」担うのかについて、改めて問われる必要があるだろう。

■注

(1)同提言は、スポーツ庁のＨＰ（https://www.mext.go.jp/sports/content/20220722-spt_oripara-000023182_2.pdf）参照２０２

２年６月15日）で公開されている。以後、引用に際してはページのみ記載する。

(2)本来であれば、なぜ運動部活動の地域移行は失敗を繰り返してきたのかを検証する作業があってしかるべきである。そうした検証の貴重な例として、谷口（２０１４）がある。

(3)もちろん、運動部活動に関する政策を主導してきた文部科学省やその外局であるスポーツ庁で地域移行が全く議論されなかったわけではなく、断片的に議論されてはきた（https://www.meti.go.jp/shingikai/mono_info_service/chiiki_sports_club/pdf/013_05_00.pdf、参照２０２２年７月12日）。しかし、運動部活動の地域移行を主要な論点とし、継続的に踏み込んだ議論を始めたのは経済産業省であったように見える。

(4)同提言は、経産省のＨＰ（https://www.meti.go.jp/shingikai/mono_info_service/chiiki_sports_club/pdf/20210625_1.pdf、参照２０２２年６月15日）で公開されている。以後、スポーツ庁の提言と同様に引用する。

(5)同提言では、文部科学省が２０２０年９月１日に「学校の働き方改革を踏まえた部活動改革について」で示した休日部活動の段階的地域移行について本気度を図りかねると批判し、平日も含めて地域移行に向かう方針を明確化する必要性を指摘している（25-26頁）。

(6)拙著では、必ずしも担わなくてよい日常の生活習慣やマナーの教育ではなく、その「スポーツ経験」における固有性から運動部活動に何ができ、何ができないのかを考えていく必要があることを指摘した（下竹、２０２２、３０４-３１５頁）。こうした、運動部活動に固有の「スポーツ経験」について、生涯スポーツにおける「楽しみ」の継続という観点から論じたものとして菊（２００９）がある。菊は、Ｍ・チクセントミハイのフロー理論に基づき、生徒がスポーツを生涯にわたって楽しむための運動部活動のあり方を検討している。運動部活動の先にある生涯スポーツでの「楽しみ」を筆者は否定しないが、現場では常に既に何らかの「楽しみ」が見出されてもいるはずである。運動部活動における「楽しみ」を経験的に記述するにあたって、「楽しみの技法」に着目するのは有意義であろう（秋谷・團・松井編、２０２１）。

(7)経産省は、その場として地域＝スポーツクラブ産業を創出し、運動部活動の市場化を模索しているのだろう。なお、同省の提言では、スポーツ・ベッティング市場の開拓を通した運動部活動への資金循環の可能性も模索されている（46-53頁）。

(8)戦後教育学は、「地域→学校」のベクトルを主にしながら、地域と教育の関係性について議論を重ねてきた（三谷、２０２１）。こうした議論を踏まえつつ、地域と運動部活動の関係性について改めて考える必要がある。

(9)スポーツ教育学者の神谷拓が指摘するように、運動部活動を学校に残すことを前提として、教員定数を増やすという選択もあり得る（朝日新聞、２０２２年６月17日朝刊）。

■文献

・秋谷直矩・團康晃・松井広志編（２０２１）楽しみの技法―趣味実践の社会学．ナカニシヤ出版．
・菊幸一（２００９）学校運動部活動が抱える諸問題と生涯スポーツ．季刊教育法、１６２：12‐19頁．
・三谷高史（２０２１）「地域と教育」論―コミュニティ・スクールは誰のために．神代健彦編、民主主義の育て方―現代の理論としての戦後教育学．かもがわ出版、66‐96頁．
・宮台真司（２０００）まぼろしの郊外―成熟社会を生きる若者たちの行方．朝日新聞社．
・中小路徹（２０２２）部活改革。試される地域のクリエイティビティ．体育科教育、70（８）：73頁．
・中村敏雄（１９９５）日本的スポーツ環境批判．大修館書店．
・中澤篤史（２０１４）運動部活動の戦後と現在―なぜスポーツは学校教育に結び付けられるのか．青弓社．
・中澤篤史（２０１７）そろそろ、部活のこれからを話しませんか―未来のための部活講義．大月書店．
・野村駿（２０２１）部活動問題はどのように語られてきたのか―「子どものため」の部活動という論理．内田良編、部活動の社会学―学校の文化・教師の働き方．岩波書店、27‐52頁．
・下竹亮志（２０２２）運動部活動の社会学―「規律」と「自主性」をめぐる言説と実践．新評論．
・玉木正之（２０１３）スポーツ　体罰　東京オリンピック．ＮＨＫ出版．
・谷口勇一（２０１４）部活動と総合型地域スポーツクラブの関係構築動向をめぐる批判的検討―「失敗事例」からみえてきた教員文化の諸相をもとに．体育学研究、59（２）：５５９‐５７６頁．
・友添秀則（２０１６）これから求められる運動部活動とは．友添秀則編、運動部活動の理論と実践．大修館書店、２‐15頁．
・山下祐介（２０２１）地域学入門．筑摩書房．

第18章 学校と地域を結ぶプラットフォーム

――スクール・コミュニティクラブ ひらの倶楽部のチャレンジ

「言うなればスクール・コミュニティクラブだね」

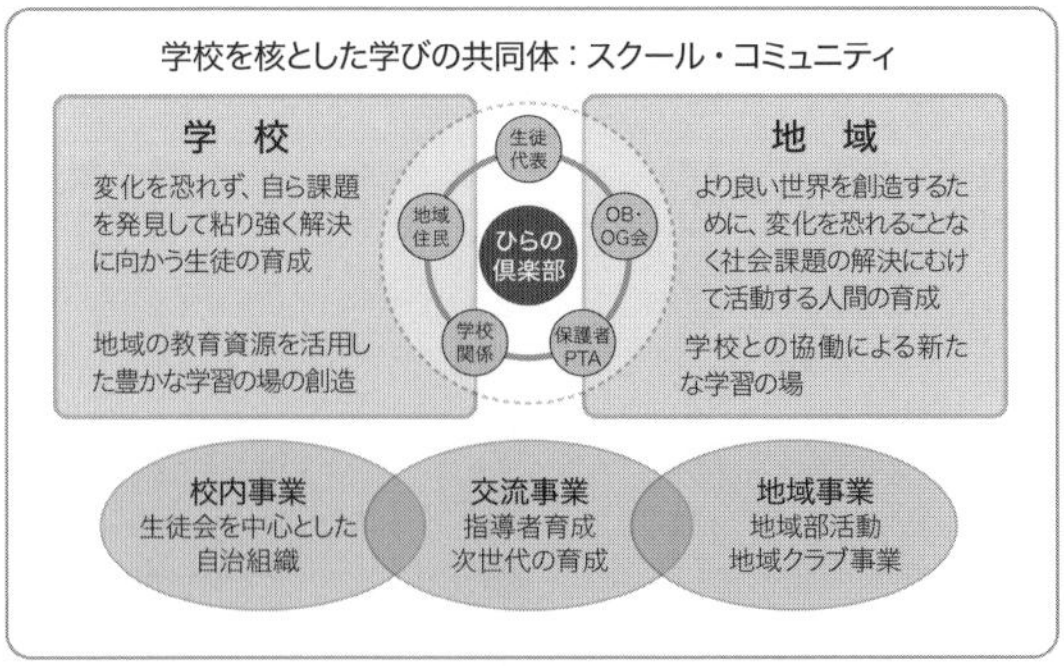

図1　スクール・コミュニティクラブ–ひらの倶楽部の構造

2021（令和3）年3月、ひらの倶楽部の設立時に講演していただいた筑波大学体育系教授の菊幸一先生がおっしゃった一言である。この瞬間に、ひらの倶楽部がスクール・コミュニティクラブとして誕生した。

ひらの倶楽部は運動部活動だけでなく、音楽・芸術・学問も含めた生徒のニーズを捉えた活動の受け皿であり、さらには学校だけでなく地域における学習拠点としても機能する組織である。もともとは学校の中に総合型地域スポーツクラブをつくるという案であったが、部活動の地域移行や探究学習の導入という社会の要請をきっかけとして、総合型地域スポーツクラブの枠組みを超える組織となった。

ひらの倶楽部は、総合型地域スポーツクラブの機能をもっているものの、それ以外の事業も展開することから「総合型地域スポーツクラブ」という冠はその特徴を表現するには狭すぎた。そこで菊先生に提案いただいたのが、学校を核とした学びの共同体づくりを目的とする「スクール・コミュニティクラブ」という概念である（図1）。

ここでは、スクール・コミュニティクラブひらの倶楽部の設立にいたる経緯と今後の展望について示してみたい。

1 はじめの問題意識とめざす仕組み

(1)はじめの問題意識——学校卒業後にスポーツから離れるシステム

小学校や中学校の先生は「卒業したら次の学校でスポーツを楽しんでね」と言えるが、高等学校の先生は卒業後にみんなでスポーツを楽しむ場を紹介しにくい。なぜなら学校期が終わると、スポーツを楽しむために必要な要素（仲間・施設・用具・指導者・プログラム・情報）を一から整えなければならないからである。学校を卒業すると、社会体育（地域）でスポーツを楽しむという思考が学校のスポーツ資源を気軽に使えなくしている。

学校教育と社会教育という行政区分の違いにより行動する意識が原因と考えるが、一人の人間のスポーツライフからみてみると、学校と地域の線引きにはあまり意味がない。生涯スポーツ社会を標榜するなら、これらの分断をつなぐ思考と仕組みが必要となる。

(2)学校と地域をつなぐ思考と仕組み

行政区分により分断されている現状は、行政システムに人間がコントロールされている構造であり、人間にシステムを合わせる構造ではない。このような構造は、フーコーが言うように密やかに私たちの思考に入り込み身

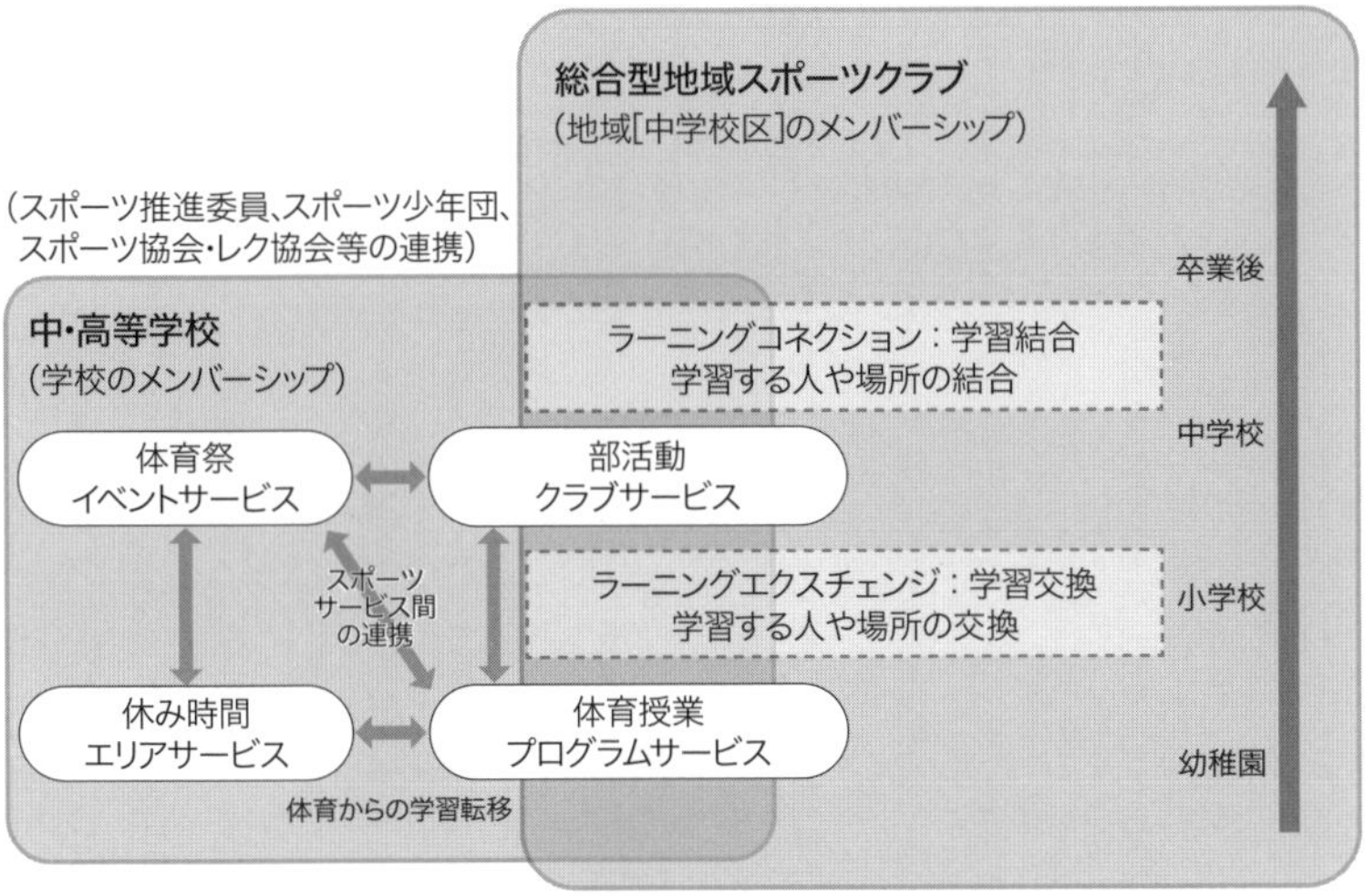

図２　スポーツライフの学習として地域――学校が共に学ぶプラットフォーム

体をコントロールする。常に物事の基底を揺るがす思考をもたないと、この構造に気がつくことはない（M・フーコー、１９７７）。このような構造転換は、映画「マトリクス」において主人公がバーチャル世界からリアルな身体へ戻るがごとく、人間を中心として学校と地域をつなぎ直す必要性に気づいた人が新しい仕組みをつくって起動させることで可能となる。その一例が図２である。

この仕組みを一言でいうと「中・高等学校を卒業しても運動部活動は卒業しないシステム」といえる。中・高等学校を卒業しても行政の区割りを乗り越えて、運動部の活動を継続できる仕組みで学校と地域をつなぐのである。学校期は運動部活動＋地域スポーツクラブの活動であり、卒業後は学校を拠点とした地域スポーツクラブの活動となる。このように学校の中で地域スポーツクラブを運営できれば、学校を卒業しても、この地域スポーツクラブで昔の仲間と一緒にスポーツを楽しんだり、入部者が少なくても卒業生が参加することで活動が充実したりする。さらに、そこでは卒業生が後輩を指導するというシステムもできあがり、専門的指導のできない教員が部活動の顧問となった場合にも、専門的指導や審判などに関するサポートができる。そして、このシステムが継続していくと卒業生が親となり、自分の子どもたちも楽しめるように小学校・幼稚園へと地域スポーツクラブの活動を広げ、さまざまなライフステージでスポーツを楽しむことができる仕組みへとつくり変えていくだろう。

このように人間とスポーツの関係を中心として時空間をつなげる新しいシステムが総合型地域スポーツクラブ・システムであったが、現状は十分な質を保ったものとは言い難く、乗り越えるべき多くの課題がある。学校部活動の地域移行を取り上げてみると、学校部活動の地域移行について「学校部活動と連携したいが、現状では難しい（30・1%）」、「学校部活動と連携は考えていない（37・5%）」となっており、全体の67・6%が「学校と地域の連携に何らかの課題がある」ことがわかる（文部科学省、2022）。この結果は、総合型地域スポーツクラブを運営する人々にとって行政区分を超えた連携の難しさを示すものであるとともに、学校関係者の協働意識の希薄さを反映している。

先の仕組みを現実的に駆動させるためには、地域及び学校関係者がこのような思考に陥る原因を明らかにすることが解決の糸口となろう。

(3)スポーツ(Sport)クラブという概念の不在

スポーツ及びクラブは、もともと日本で生まれたものではなく、外から輸入された文化である。それ故、日本にスポーツ（Sport）が輸入された経緯を紐解くことで、現状の課題が明らかになると考える。

菊は、我々が楽しんでいる近代スポーツは、近代以前のスポーツの暴力性を排除し、自治組織としてのクラブの中でプレイヤー自身がルールやマナーをつくりだし自律的に活動することで社会に認められたと述べている（菊、2018）。このようなスポーツやクラブという文化は、明治のはじめに外国人居留地に滞在していた人々によって日本に輸入された。当時は大学を中心に紹介され、そこでのスポーツは学生による自治組織（クラブ）の中でルールやマナーを遵守して楽しまれていた。しかしながら、学生や地域住民による自治組織としてクラブ文化を日本全国に広げる際、スポーツ（Sport）はスポーツ種目（sports）として、クラブ文化はチーム文化として広められた（松田、２０１８）。

さらに菊は、「種目主義」「イベント主義」「勝利至上主義」を挙げながら日本におけるスポーツライフの特徴を次のように述べている。

イベント、イコールそれは非日常のものですが、非日常に出るため日常がある。すなわち練習する、それが日本のスポーツの姿。しかしながら本来の「Sport」は「楽しむこと」が前提です。1週間で数種目のスポーツを楽しんでもいいし、シーズンを通して、スキー、水泳、サッカーなどに興じてもいい。まさに「a sport」…種目にこだわらず、そして大会に出ることが目的ではなく、日常のライフスタイルとしてスポーツを楽しむ。そう考えると、定期的に活動できる拠点、すなわちクラブスポーツにならざるを得ません。月５００円～１０００円も払えば楽しめる、日常にあるクラブライフこそSport。

しかし、やがて、学校対抗戦が始まり、全国大会がスタートし、日本一決定戦などが行われるようになります。学校の中に収まらず、対社会の中で行われるようになり、悪い影響を受け始めます。勝利すれば、進学で有利になるなど金銭的なことが絡むようになる。進学やお金のための勝利。勝利至上主義がはびこり、多少の暴力は仕方ない、これぐらいはインチキしても大丈夫…となっていく。（菊、２０２０、17頁）

このことは、日本のスポーツに潜むいくつかの課題を示唆している。

第一に「クラブ文化の不在」、第二に、その結果として表出した「イベント（大会）に向けた結果主義とプログラムサービス中心主義」である。以下では、それぞれの課題について掘り下げてみたい。

＊

「クラブ文化の不在」とは、種目もしくはチーム単位の活動が中心となるため、種目やチームのことは考えてもスポーツ界全体のことは他人任せになっていることをいう。本来、学校においては生徒会が種目やチームをまとめる自治組織（クラブ）と位置づけられているが、その自治機能は教員により大きく制限されたものであり、近代スポーツ発祥の地イギリスのパブリックスクールで認められた自治組織とはまったく違うものとなった。その学校をモデルとして、地域の中に種目やチームの活動を中心としたスポーツ団体が組織されたが、それらをまとめて協働するクラブとしては組織化されず現在に至っている（松田、２０１９）。もし、種目やチームの枠組みを超えてスポーツ（Sport）界全体で協働する自治意識（クラブ文化）があったならば、日本のスポーツクラブはすべて総合型地域スポーツクラブとなっていたはずである。

次に「イベント（大会）に向けた結果主義とプログラムサービス中心主義」とは、大会の結果により進学が決まったり、報酬が出るなどスポーツの副次的価値が全面に出た弊害を示す。結果を出すために専門的指導者を求め、専門的指導者が確保できなければ十分な活動ができないと錯覚し、スポーツから離れてしまう。地域スポーツや学校スポーツ（部活動や体育授業）では、自分たちでスケジュールを組んで練習計画を立てながら活動する資質・能力の育成よりも、技術や戦術を高めることが優先されている。そのため、スポーツ活動は技術や戦術を高めることを目的とした専門的指導者によるプログラムサービスが中心となり、自分たちでルールやマナーを工夫・遵守しながら、自発的・主体的に活動（クラブサービス）する資質・能力が育つ環境にはなっていない。また、結果主義は勝利至上主義につながり、成果を出すためには手段を選ばない（暴力などのハラスメント）という状況を作り出している。

スポーツの原則は「わたしもあなたも楽しい」ことにある。日本においては、クラブ文化が根づかなかったことで、わたしやあなたの枠組みがチームや種目の範囲に留まっている。その結果、活動が利己的になり、「わたし（自己・チーム・種目など）」の内側には優しく温かいが、外（あなた）には厳しく冷たい対応を取るようになる。スポーツが人を育てるのは「わたし（自己・チーム・種目など）」の枠組みを乗り越え、他者（あなた）と協働する中で人や自然を慮ることが身体化するからである。「種目やチーム（sports）→スポーツ（Sport）→

文化（Culture）」へと「あなた」の枠組みが広がりつづけることでスポーツ活動が社会に認められ、人類の平和と自然との共生社会へのつながりが生まれる。クラブ文化が醸成しなければ、スポーツは「わたし（自己・チーム・種目など）」の中で閉鎖的・独善的な関係に留まる文化となろう。確かに、種目やチームにおける関係にも教育的意義はあるが、その枠組みに留まることは排他的な人間を生み出す可能性を拭うことはできない。運動部活動などで語られるスポーツの教育的意義は「私もあなたも楽しい」という他者との関係（枠組み）を広げ続ける中にしか生まれない。

2 学校と地域をつなぐプラットフォームの構築のための基盤づくり

前項では、「中・高等学校を卒業しても運動部活動は卒業しないシステム」（図2）を現実的に駆動するためには、スポーツ（Sport）クラブ文化の定着が必要であることを示した。スポーツ（Sport）クラブ文化を日本に定着させるアクションは、学校だけでも、地域だけでも成功しない。それぞれが車の両輪として協働し続けるプランが必要となる。それは「学校内に組織をつくり少しずつ地域へと広げるプラン」もしくは「学校外の団体が学校と連携し、協働へ向けて関係を深めていくプラン」のどちらかになる。

本校では前者を選択し、2018（平成30）年度から学校の中に総合型地域スポーツクラブの設立をめざして運動部活動の改革に取り組んできた（大阪教育大学附属高等学校平野校舎、2020、2021）。

具体的な基盤づくりの内容は①生徒会をクラブ（自治組織）化するための改革と②スポーツを自律的に楽しみ続ける資質・能力育成の場としての体育授業改革である。ここからは本校の実践について紹介してみたい。

(1)学校内部における基盤整備①――生徒会のクラブ(自治組織)化

「予算をつけるので、みんなのためになる事業を何でもいいので企画してみよう」と教員が生徒会に問いかけたところ、帰ってきた答えは「何をしていいのかわかりません」であった。このときの生徒会は、生徒指導部が主導する活動のサポートをする組織であり、少し言葉は悪いが教員の下請け組織だった。そこには自治もなく、学校を自分たちで変えるという意識はほとんどなかった。このような意識を変えるため、スポーツに関する生徒のニーズを把握して具体的な課題を見つけ出すことからはじめた(表1)。

その結果は、やってみたい種目の上位3つはバドミントン、バスケットボール、サッカーであり、上位2種目の活動希望頻度は「週1回」が最も多かった。さらに活動希望者数については、それぞれ部員数を上回っており、特にバドミントンは部員数が17人にもかかわらず、活動希望数が66人という結果であった。このことは部活動に入ってまではプレイしたくないが、週に一回程度であればやってみたいというニーズがあることを示している。また、一般の生徒からは「施設開放」「新しい種目をしたい」「スポーツ施設の整備」など、運動部活動加入者からは「専門的指導」「施設・設備の改善」「他の部活動との連携」「研修会の開催」などの要望があった。

これらの結果を踏まえ、生徒会と部活動の部長会がイニシアティブをとって生徒全体のニーズに応える事業を起こした。

〈施設開放(体育館・プール)〉

最も希望が多かったバドミントンを中心として体育館を開放したところ、多くの生徒が楽しんでくれた。ここからも部活動に入ってまでプレイしたくないが、気軽に楽しみたいという生徒のニーズがあることが確認できた。また、夏の補習期間にプール開放を行ったところ、水球をしたり、ゆったり泳いだりと3年生を中心に多くの生徒が集まり楽しんでいた。

表1　今やりたいスポーツ種目(上位3種目)と頻度と部員数［生徒アンケートより抜粋］n＝254

	種目	頻度				部員数
		週3回以上	週1回	2週間に1回	月に1回	
1	バドミントン（14.4%：66名）	30.8%	41.5%	13.8%	13.8%	17人
2	バスケットボール（9.8%：45名）	35.6%	40.0%	13.3%	11.1%	31人
3	サッカー（9.0%：41名）	50.0%	35.0%	5.0%	10.0%	33人

〈種目を超えた内容に関する研修会の実施〉

これまでコンディショニングトレーニングやウエイトトレーニング、チームビルディングなどについては、それぞれの顧問が教えていた。しかし、これらは種目を超えて必要な内容であることから、生徒会が専門家を招いて研修を企画したところ、部活動の枠を超えて多くの生徒が参加した。その結果、雨天時のトレーニングなどテニス部と陸上部が体育館で一緒にトレーニングをしたり、冬季に陸上部、サッカー部、ハンドボール部が一緒に活動したりするなど、種目や部活動の枠を越えた交流が増えた。

〈次世代の指導者育成――支える楽しみの享受〉

学校におけるスポーツ活動のほとんどは「する楽しみ」であり、「支える楽しみ」を体験する場面は非常に少ない。スポーツを支える場は、安全で合理的な指導や組織のマネジメントの学習となり、生徒会や部活動の自治・自律化につながる。具体的な活動は「小学生や中学生への体験教室」などである。これらの体験がリーダー育成となり、卒業後にも活動に関わりたいという動機につながると考えた。

〈部長会の組織化と主体的な部活動運営〉

生徒会だけでさまざまな活動をすることは難しいため、部長会を組織することで活動体制を強化してきた。生徒会がクラブ化したとしても、パートナーであるチーム（部活動）が自律化できていないと組織としては機能しない。それ故、部長会を組織して自分たちで部活動を運営する資質・能力の育成に取り組んだ。その結果、練習計画や付添顧問の当番表、対外試合のマッチング、協会登録や会計など、これまで部活動顧問が行ってきた運営・経営活動を生徒が担えるようになってきた。これらの活動の積み重ねが組織のクラブ化につながり、自分事として活動を見据える目線を育てる。

(2)学校内部における基盤整備②——課題解決学習としての体育授業

これまでのスポーツ指導は専門的指導者（体育教員含む）が提示した共通の内容（技術や戦術）をみんなが身につけることが主なねらいであった。その問題点は、指導者が提示した共通課題と自分の課題がたまたまフィットした生徒は活動を楽しめて課題解決力の育成の場となるが、それ以外の生徒は不安や退屈な活動となり、課題解決力は身につかない（図3上図参照）。この授業構造が自律的な活動を阻害するとともに結果主義を助長している。それ故、今後はこれらコンテンツベースの学習（共通課題をみんなが身につける学習）からコンピテンシーベースの学習（学び・楽しみ続ける力を身につける学習）へと授業を改革することで、スポーツに自律する資質・能力の育成をめざすべきだと考えた。

コンピテンシーベースの学習構造では、それぞれの生徒の力量に応じて個別最適化された学習が可能となり、スポーツを楽しむことと課題解決能力の育成が共通の学習内容となる。そこでは生徒自らが自分の力量を判断して課題を発見し、課題解決に向けて計画・実行・振り返りを繰り返すことで学習が進んでいく（図3下図参照）。この学習では、単元の中に課題を発見し、課題解決に向けた計画を立てる時間をしっかりと取ることが重要なポイントとなる。表2の単元計画では、ＫＪ法やロジックツリーを活用した課題解決の方法に関する学習の場として4時間を充てている。

また、体育授業で身につけた課題解決力を部活動に援用することで、専門的指導者がいなくても自分たちで目標を持って計画的に部活動を運営することができるようになる。このような資質・能力がスポーツの自律につながり、持続可能な部活動の運営につながっていく。

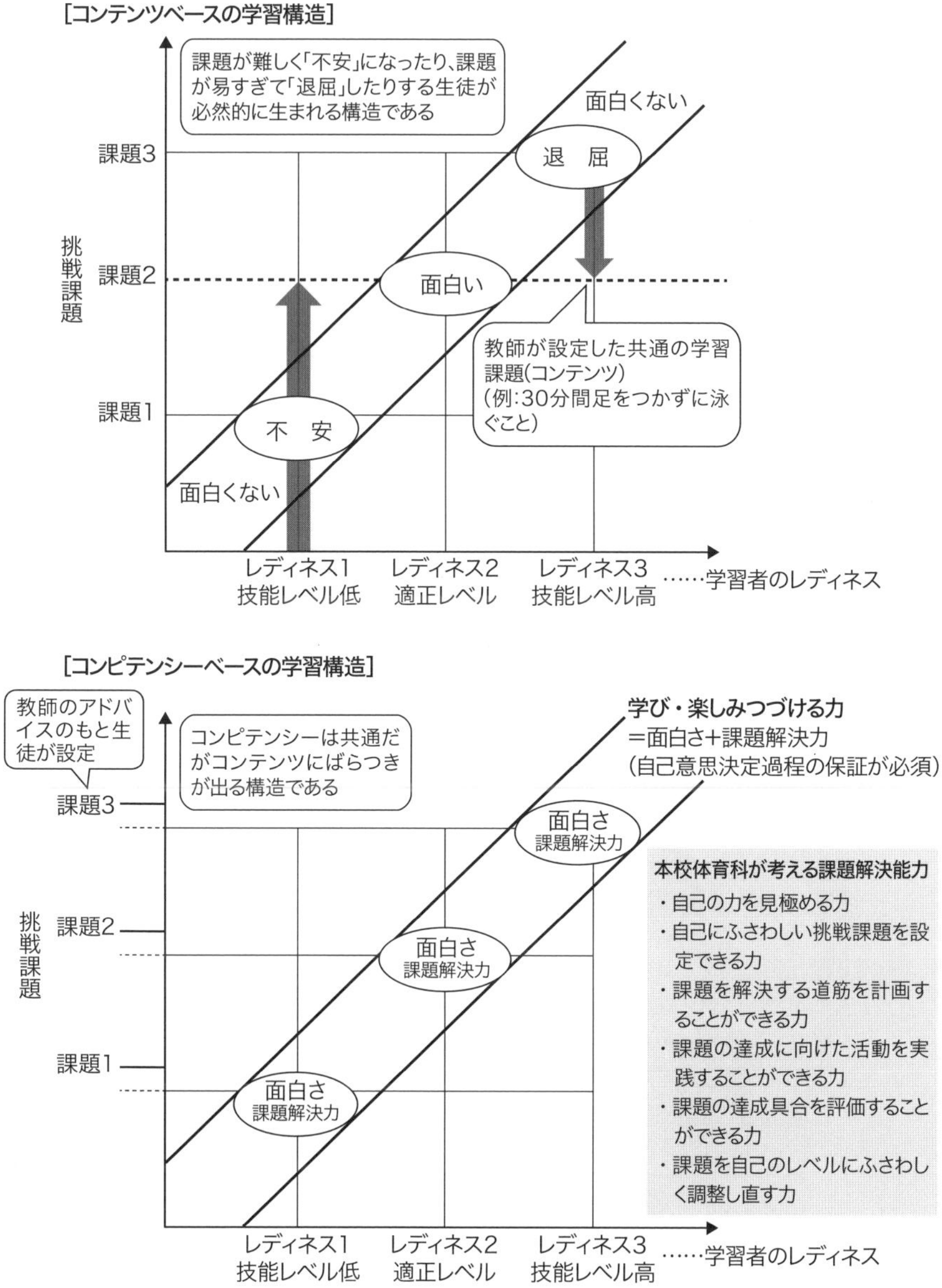
[コンテンツベースの学習構造]
課題が難しく「不安」になったり、課題が易すぎて「退屈」したりする生徒が必然的に生まれる構造である
面白くない
退　屈
課題3
挑戦課題
課題2
面白い
教師が設定した共通の学習課題(コンテンツ)
(例:30分間足をつかずに泳ぐこと)
課題1
不　安
面白くない
レディネス1
技能レベル低
レディネス2
適正レベル
レディネス3
技能レベル高
……学習者のレディネス
[コンピテンシーベースの学習構造]
教師のアドバイスのもと生徒が設定
コンピテンシーは共通だがコンテンツにばらつきが出る構造である
学び・楽しみつづける力
=面白さ+課題解決力
(自己意思決定過程の保証が必須)
課題3
面白さ
課題解決力
本校体育科が考える課題解決能力
・自己の力を見極める力
・自己にふさわしい挑戦課題を設定できる力
・課題を解決する道筋を計画することができる力
・課題の達成に向けた活動を実践することができる力
・課題の達成具合を評価することができる力
・課題を自己のレベルにふさわしく調整し直す力
挑戦課題
課題2
面白さ
課題解決力
課題1
面白さ
課題解決力
レディネス1
技能レベル低
レディネス2
適正レベル
レディネス3
技能レベル高
……学習者のレディネス

図3　コンテンツベースの学習構造とコンピテンシーベースの学習構造

表2　課題解決学習としての体育授業（サッカー）の単元計画表

時間	1～4	5～8	9～14	15～23
単元のねらいと流れ	ねらい1 今の力量にみあったルールやゲームの仕方に慣れながら総当たり戦でサッカーのゲームを楽しむ	ねらい2 KJ法をもちいてチームや個人の課題を整理し、ロジックツリーを活用して題解決方法を導き出す	ねらい3 チームの課題分析結果を活かしながら対抗戦でサッカーのゲームを楽しむ	ねらい4 高まった力にふさわしいルールで相手にあわせて作戦を立てながら総当たり戦でサッカーのゲームを楽しむ
活動の内容	1チーム5人でのゲーム	KJ法とロジックツリーを活用した学習（教室での活動）	1チーム8人で対戦は6対6でのゲーム すべての試合結果を管理されたクラウドにあげて次の授業時間までにゲーム分析と活動計画を作成させる（反転学習）	

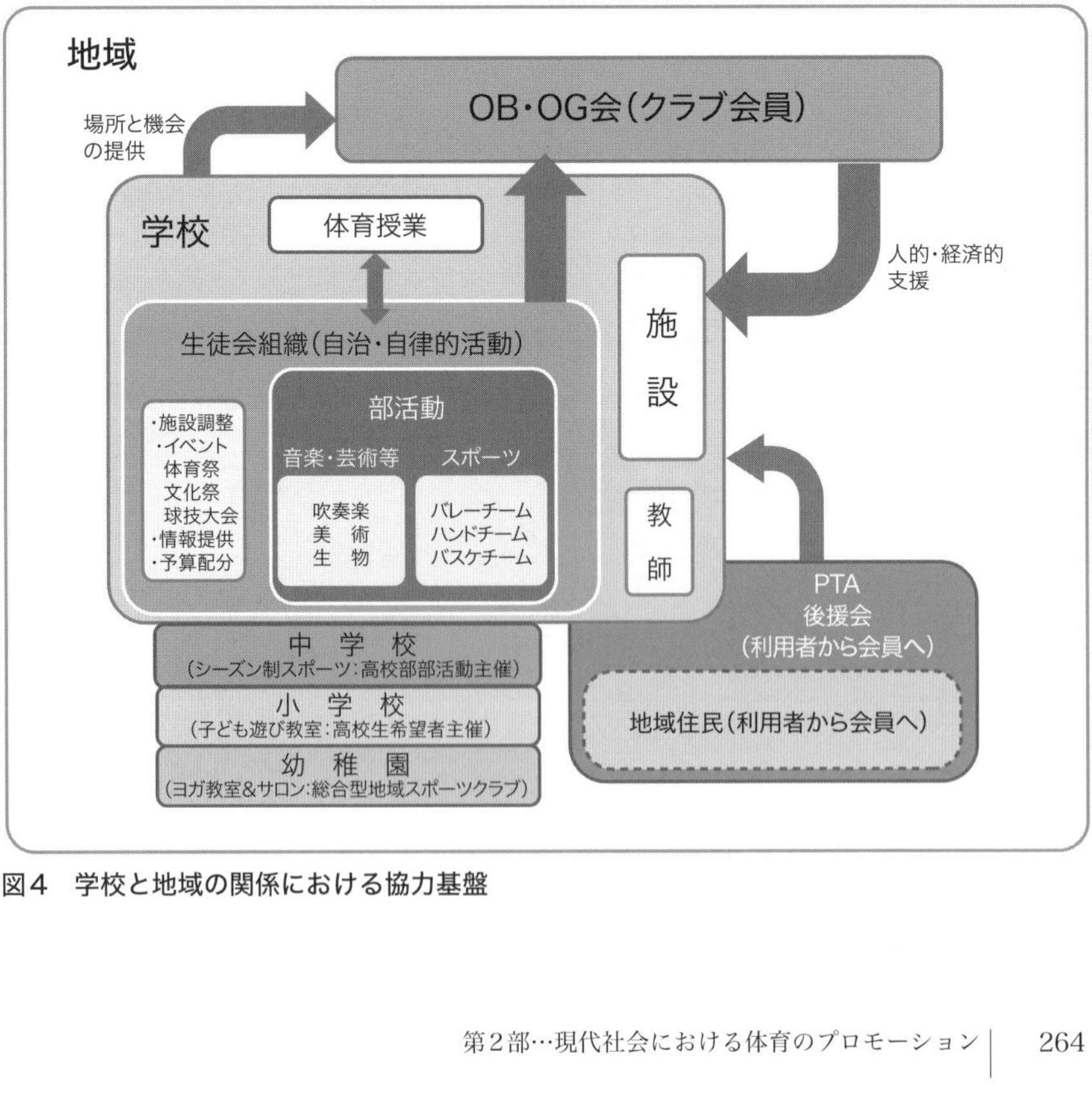

図4　学校と地域の関係における協力基盤

(3)学校と地域をつなぐ協力基盤の整備

学校と地域をつなぐ組織には、安心できる関係の中で活動をサポートする人材の発掘と育成が欠かせない。本校は「学校を卒業しても部活動は卒業しなくていい仕組み」をつくることが目的であったため、まず部活動のＯＢ・ＯＧに協力を請うことから始めた。部活動のＯＢ・ＯＧが気軽に学校施設を使えるようになれば、ＯＢ・ＯＧにとっては場所と機会の提供が、学校や現役生徒には人的・経済的支援がもたらされる（図４）。

そして、その次にターゲットとしたのは保護者である。運動部活動改革プランで調査した保護者アンケートにはヨガやピラティスをしたいというニーズが多かった。そのため、本校関係者で指導者を募ったところ、卒業生の保護者がヨガインストラクターとして協力してくれた。ＯＢ・ＯＧや保護者は、地域住民でもあるため地域へと学校を拓く橋渡しとなる存在であり、学校と地域をつなぐ組織づくりに欠くことはできない。

3 スクール・コミュニティクラブ ひらの倶楽部の設立
――学習社会(Learning Society)の創造へ向けて

(1)学校の働き方改革を踏まえた部活動改革への対応

令和2年9月にスポーツ庁より「学校の働き方改革を踏まえた部活動改革について」（スポーツ庁、２０２０）が示され、令和4年6月には「運動部活動の地域移行に関する検討会議 提言」（スポーツ庁、２０２２ｂ）が出された。ここでの骨子は、令和５年度から令和７年度を「改革集中期間」として主に休日の学校部活動を地域へと移行するということにある。部活動の地域移行には「専門的指導者の確保」「受け皿組織の確保」「平日の地域

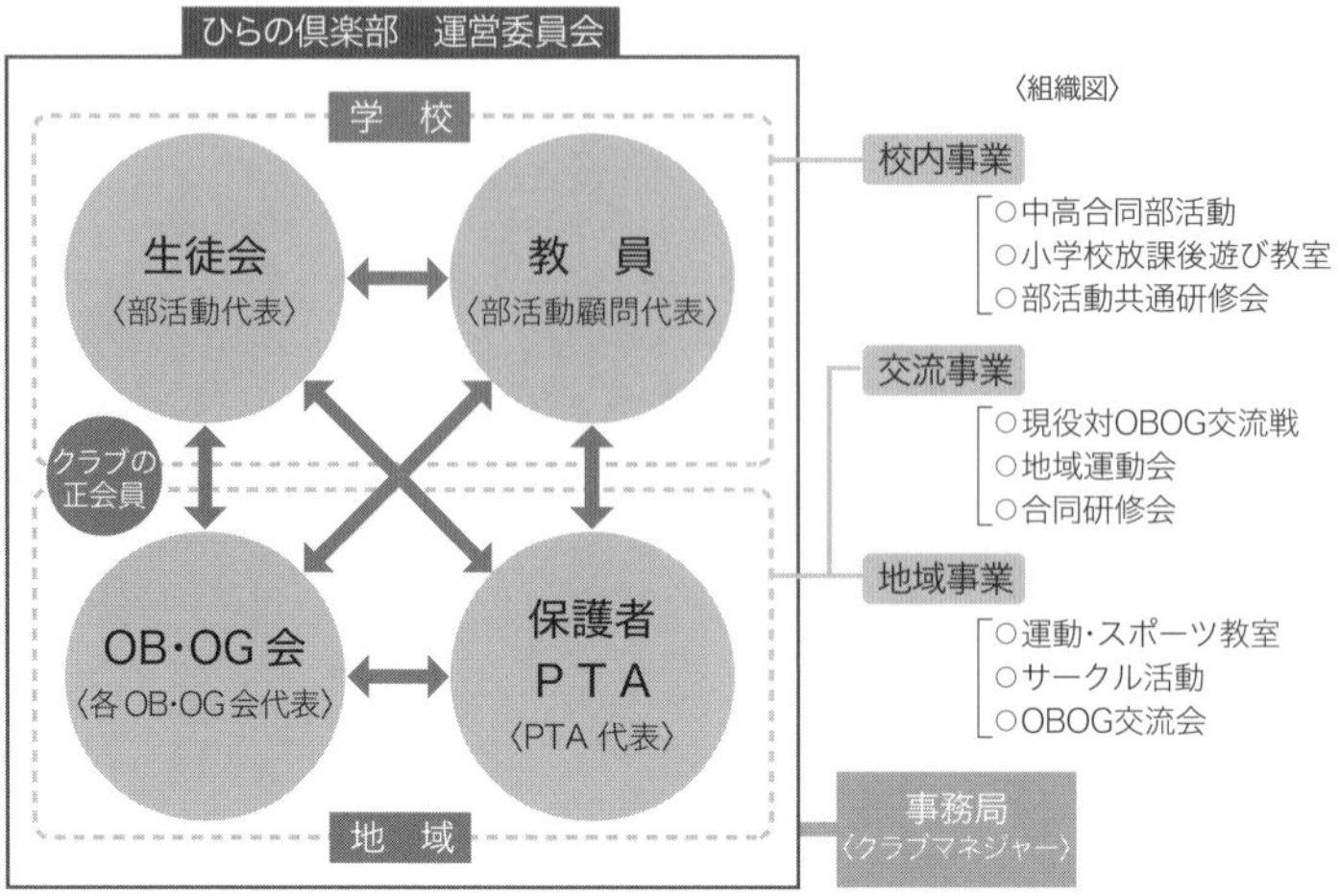

図5　ひらの倶楽部の組織

移行への対応」「活動に対する費用負担」「対外試合への対応」などさまざまな課題があるが、学校としては部活動の受け皿組織を選定することが喫緊の課題となっている。部活動が学校管理下でなくなるとすべての責任を受け皿組織が負うことになるため、任意団体を選定することは、あまりにもリスクが大きすぎる。しかし一方で、法人化した地域スポーツクラブが受け皿組織となれるかというと、それも難しい。なぜなら部活動には、スポーツのほかに音楽・芸術・学問系の部活動もあることや、学校内に事務局がなければ施設の連絡・調整が非常に煩雑になるなどの問題が多く残るからである。

それ故、本校では部活動の地域移行に関するステークホルダーを中心としたクラブ組織（ひらの倶楽部：令和3年3月設立）をつくることで、それぞれのニーズに応える体制をつくった。特に、組織内に生徒会を組み入れているので、より多くの生徒への便益を担保することができ、保護者の協力も得やすくなっている（図5）。

ひらの倶楽部には、学校内関係者として教員会や生徒会が、学校外関係者としてOB・OG会や地域クラブ会がかかわっている。設立時は、この4つの団体であったが、今後は保護者会も協力団体として加盟してもらう予定である。

現在は任意団体であるが、今後は一般社団法人を取得して部活動を全面的に請け負う組織として整備していく。

(2)学習社会(Learning Society)の創造に向けたプラットフォーム

はじめにも述べたが、ひらの倶楽部は総合型地域スポーツクラブの機能を持ち合わせているが、活動の幅は総合型地域スポーツクラブの枠組みをはるかに超えている。このことに気づいたとき「学校と地域をクラブ文化でつなぐ組織であるなら、日本の学習環境を根底から変革できるんじゃないか!」とひらめいた。

本校はスーパーグローバルハイスクール（SGH）指定を5年間、ワールドワイドラーニング（WWL）指定を3年間受けており、カリキュラムの特徴として学校外における学習活動（校外発表・国内FW・海外研修など）が豊富に準備されている。これら学校内の活動と学校外の活動が結びつくことで「日本や海外の課題発見、課題解決の道筋の導出、アクションプランの実行、振り返りとさらなる課題発見」という学習サイクル活動を繰り返し行うことができている（大阪教育大学附属高等学校平野校舎、2020b）。このような学習の中で多くの生徒が成長することを目の当たりにしてきたが、指定終了後にカリキュラム上の特別配慮や予算配分がなくなること、課題研究導入による教員負担の増加、探究学習やコンピテンシー評価への対応、カリキュラムオーバーロードの問題など、学校現場の混乱と負担の増大は今後の大きな課題となる。

本校が取り組んでいるひらの倶楽部構想により、学校と地域をつなぐことで学校が得意な活動は学校（学校教育）で、外部組織の方が実施しやすい活動はひらの倶楽部（社会教育）で、共同で実施することで効果がある活動は学校―地域交流事業として実施することができれば、先の課題も解決できるであろう。

この活動の継続は「学びたい人が学びたい時にいつでも学ぶことができる社会(Learning Society)」(UNESCO, 1975) の創造へと向かい、学校を核とした地域コミュニティの創造につながっていく。

4 まとめにかえて

これからの世界はＶＵＣＡ（複雑かつ曖昧で将来の予測が困難な状況）であるとされ、新型コロナウイルス感染症によるパンデミックは、まさに世界がＶＵＣＡであることを私たちに体感させてくれた。このような世界において必要とされる資質・能力は「自ら課題を発見してその課題を解決する道筋を設定し、解決に向けて変化を恐れずやり遂げる力（エージェンシー）」といわれている（白井、２０２０）。これから、よりよい世界（Well-being）を実現するためには、大人も含めてこの資質・能力を高めていくことが欠かせない。このような資質・能力の育成には、身についた力を活用し、振り返る場面が必要である。スポーツを楽しむ場面には、学校の中であろうと外であろうと、必ず自分の力を発揮して振り返る場が用意されている。その点において体育やスポーツには、他の教科よりもエージェンシーを育む学習場面が多くある。

学校と地域を分断することなく、これからの社会を生き抜く力を身につける場が、「学校を核とした学びの共同体（スクール・コミュニティ）」であり、その創造をミッションとするのがひらの倶楽部である。実際の経営や運営に関しては、事務局整備やクラブマネジャーの配置など課題も多くあるが、部活動の地域移行や探究学習の導入を追い風として学校と地域の関係を変革していかなければ、この世界の閉塞感を拭い去ることはできない。

これから各地域において、ピンチをチャンスに変えつつチャレンジし続ける倶楽部仲間が多く生まれてくることを願ってやまない。

（松田雅彦）

■文献

・大阪教育大学附属高等学校平野校舎（２０２０ａ）令和元年度運動部活動改革プラン実施報告書．

・大阪教育大学附属高等学校平野校舎（２０２０ｂ）スーパーグローハイスクール研究開発実施報告書．
・大阪教育大学附属高等学校平野校舎（２０２１）令和2年度運動部活動改革プラン実施報告書．
・菊幸一（２０１８ａ）スポーツと教育の結合、その系譜を読み解く．現代スポーツ評論、38：32‐45頁．
・菊幸一（２０１８ｂ）生涯スポーツ論、スポーツ教育と学校体育―そのハザマ（vs.）をどう認識し、克服するか？―、スポーツ教育研究会資料．
・菊幸一（２０２０）東京オリンピック・パラリンピックを経て、いざ、日本のスポーツが向かう道．Sport Japan、２０２０ 01‐02号、公益社団法人日本スポーツ協会．
・松田雅彦（２０１８）生涯スポーツ時代の学校体育の不易と流行．現代スポーツ評論、38：69‐79頁．
・松田雅彦（２０１９）運動部活動のミカタ．田島良輝、神野賢治編著、スポーツの「あたりまえ」を疑え!、晃洋書房．
・M・フーコー：田村俶訳（１９７７）監獄の誕生．新潮社．
・白井俊（２０２０）OECD Education 2030プロジェクトが描く教育の未来、ミネルヴァ書房．
・スポーツ庁（２０１８）運動部活動の在り方に関する総合的なガイドライン．
・スポーツ庁（２０２０）学校の働き方改革を踏まえた部活動改革について．
・スポーツ庁（２０２２ａ）令和３年度 総合型地域スポーツクラブに関する実態調査結果 概要．
・スポーツ庁（２０２２ｂ）運動部活動の地域移行に関する検討会議 提言．
・UNESCO (1972) LEARNING TO BE: The world of education today and tomorrow, Paris: UNESCO（国立教育研究所内フォール報告書検討委員会訳『未来の学習』第一法規出版、１９７５）．

コラム2

被災地におけるスポーツ享受からみえたこと

2011年3月11日

2011年3月11日、あの日の衝撃は12年が経った今も忘れられない。宮城県沖の震源地から400㎞余りも離れた自宅近くを急ぎ足で歩いていた私は、その瞬間フワフワと宇宙遊泳でもしているかのような不思議な感覚を味わい、周囲の家から「地震よ！　地震よ！」と慌てて飛び出してくる住人の言葉で我に返った。

この地震の直後に発生した巨大津波によって、東北地方の太平洋岸一帯に起きた甚大な被害については改めて言うまでもないだろう。刻々とテレビ画面で報じられる現実を信じられない思いで見つめながら、「この状況に対して、スポーツは一体何ができるんだろう？」との疑問が頭を離れなくなり、被災地に足繁く通うようになった。本稿では、復興に向けて歩み始めた時期の被災地でのスポーツ実践を取り上げ、スポーツ享受を通じて人々がつながりを強め、支え合っていく姿を追いながら、被災地におけるスポーツプロモーションのあり方を問うてみたい。

孤立しがちな生活弱者をどう包摂するか

被災地が復興をめざす道程には、大きく二つのプロセスがあると思われる。一つは被災直後に着の身着のまま体育館等に身を寄せて不自由な環境で避難生活を強いられる急性期。もうひとつは、仮設住宅等に移って当座の住まいは確保したものの、先の見えない不安な生活が続く慢性期。行政やボランティアの支援が多く集まる急性期はまだいいが、時間の経過とともに外からの支援が手薄になる慢性期は、高齢者をはじめとする生活弱者はどうしても孤立しがちだ。これを防いで社会的に包摂するためには、心の拠り所となる居場所を確保し、楽しみや希望を持って毎日を過ごせる地域づくりが不可欠だろう。それを考える上で一助となりそうなのが、宮城県Ｏ町を拠点とする「ダンベル会」の活動ではないだろうか。

●公民館事業が発展して始まった「ダンベル会」

宮城県北東部の太平洋岸沿いに位置するＯ町は、２００５年に周辺の1市5町とともに広域合併された小さな町[1]である。長い歴史を誇る硯などの工芸品や天然スレートの屋根材として活用された石材の産地として、かつては有名だったが、現在は複雑に入り組んだリアス海岸の特性を生かし、ホタテ、銀鮭、カキ、ホヤ、ワカメなどの浅海養殖業が主要産業となっている。

ここを拠点とする「Ｏ町ダンベル会」は、介護予防が目的の公民館事業として始まった「健康教室」が原点だ。教室が終了した後も「ダンベル体操[2]を軸にして健康づくりの会を続けていこう」と有志でダンベル会を結成し、行政もこの活動を後押ししてきた。結成当初から会長としてダンベル会を牽引してきたＹさんは、町で手芸店と編み物教室を長年営んでおり、商売柄、Ｏ町在住の女性には顔見知りも多く、誰に対しても親身に接する一途な人柄で人望も厚い。地元商工会の女性部でも活躍した経験をもち、まとめ役にはうってつけだった。興味をもってくれそうな人に声をかけ、60～70代を中心に震災前は30人ほどのメンバーが集まっていた。月に2回ほどダンベル体操で汗を流し、その後はお互いの家を行き来して、お茶飲み会でおしゃべりを楽しみつつ交流を深めた。

●地縁より強かったダンベル体操の絆

そんな何気ない日常を一変させたのが東日本大震災だった。メンバーのＳさんは「地震の直後、海の底が見えるほど一気に潮が引いたと思ったら、巨大な津波が押し寄せた」と言い、Ｏ町の中心で海沿いの人口集中地域だったＯ地区を津波が直撃したあと、一帯は跡形なく流され、約２５０名の命が奪われるとともに7割の建物が損壊する被害を受けた。

ダンベル会の仲間も津波で6人が犠牲になった。「とてもダンベル体操を続けられる状況ではない」とＹさんは解散を決めたが、その矢先、家族とともに隣町に移り住んだメンバーのＫさんが「知り合いがいない土地で日中ずっと一人で家にいると、不安で頭がおかしくなってくる」とSOSを発信してきた。先が見えない閉塞された暮らしの中で、「同じ不安を抱える人は他にも大勢いるはず」とYさんがメンバーに呼びかけると、すぐに12人が集まった。「当時を思い出すだけで今も泣けてくる。『生かされた〜、生かされた〜』と12人で抱き合って、お互い生きて再会できたことを泣きながら喜んだ」とYさんは振り返る。その瞬間、「ダンベル会を続けるかどうかより、ダンベル体操をする仲間と集まって、お互いを支え合っていくことが大事なんだと痛感した」という。

その一方で、O町の復興は自治体と住民の意見がなかなか合致せず、計画策定に長い時間を要した。その間に多くの被災者が住み慣れた町を離れざるをえなくなり、地域住民の絆を育んでいた多くの町内会が解散する事態に追い込まれた。メンバーのTさんは、町内会野球大会やママさんバレー大会の思い出を懐かしそうに語ってくれたが、津波によって家が流され、その拠り所が一瞬にして雲散霧消した。震災を機にいっそう絆が強まった「ダンベル会」とは対照的な現実である。

●誰もがリーダーになれる〝スポーツ〟

ところで、「ダンベル体操はスポーツなのか?」という疑問をしばしば投げかけられる。スポーツをどのように定義するかにもよるが、プレイ（遊戯）の性格をもち、自由で自発的な身体活動をスポーツと捉えるなら、ダンベル体操もスポーツといえるのではないだろうか。高齢者を対象にした軽運動ではあるが、左右の手でダンベルを握りしめ、夢中になって身体を動かす人々の様子はまさに「プレイ」であり、当事者にとってのスポーツであることを認識させられる。また、ダンベル体操は運動能力や技能の優劣を競うものではなく、みんなが平等に参加して楽しめるものである。震災前からO町をはじめ、高齢化の進む町でダンベル体操の指導を続けてきたNPO法人わくわく元気ネットの鈴木玲子理事長（東北福祉大学特任教授）も、「ダンベル体操は誰もがリーダーになれるスポーツ」なのだという。こうした特性も、高齢者が孤立しがちな被災地におけるスポーツ享受のあり方にマッチしていたのかもしれない。

鈴木理事長によれば、「介護予防のために始まった運動教室が、震災後は被災地支援の運動教室にそのままスライドした」といい、わくわく元気ネットの仲間とともに多くの仮設住宅を回って被災者と一緒に楽しく身体を動かすことで、傷ついた人々がダンベル体操を通じて、エンパワーするよう努めてきた。「O町ダンベル会」のメンバーが多く入居していた仮設住宅の集会所にも足繁く通い、被災したメンバー自身がリーダーとなって、他の被災者をダンベル体操で元気づけられるよう指導し、鼓舞した。

こうした成果の一つが、震災の2年後から毎年〝体育の日（10月10日）〟に開催している「わくわく御達者交流会」という名の地域交流会だろう。今は「O町ダンベル会」が主体となって企画・運営する会となっており、参加者が同じ空間に会して一緒に身体を動かすことで、津波に引き裂かれた地域の絆を結び直す場になっている。「同一呼吸、同一姿勢は一体感を生む最大のものなんです」という鈴木理事長の言葉を裏づけるように、多くの参加者が「年に一度の交流会は毎年楽しみにしている。この会に参加すると懐かしい顔に会えてO町を実感するんです」と嬉々として語り、今も自分がO町の一員であることを再確認している。そこでは被災者同士が「プレイをともに共有する『親密圏』が創り出され、身体を媒介とする相互依存の関係（お互いを無条件に許容し合う関係）がみられるのである」（菊、2022、77頁）。

●スポーツ享受の新たなモデルケース

ここまで述べてきた「O町ダンベル会」の活動は、決して東日本大震災の被災地における特別な事例ではない。震災前にあった日常の延長上にあり、仲間と一緒に身体を動かすことで生まれる本能的な喜びや一体感は、被災して苦境に陥った時でも変わらず彼らとともにあった。「O町ダンベル会」のメンバーは、意識的であったにせよ無意識的であったにせよ、そうした体験に裏づけられた「価値」に気づいたことで自らを救い、被災で人間関係が分断されがちなO町の人々にもその価値を共有したのだろう。彼らのスポーツ享受のあり方は、「人間的存在に自然に内在する自由な運動の喜びを基盤にして、その喜びの経験を通じて洗練し、すべての人々によって共有されるものとしてのスポーツ」（佐伯、2006、8-9頁）と位置づけられるのではないだろうか。

自然災害や感染症などさまざまな生活課題が次から次へと襲いかかってくる今日において、「O町ダンベル会」のスポーツ享受のあり方は一つのモデルケースとして大いに参考になる。スポーツを日々の生活の中に取り入れて自分のものにしていれば、たとえ困難に直面しても乗り越えていく力を生み出せるし、他者と連携するきっかけにもなるからだ。結果的に、孤立を防ぐこともできる。「スポーツこそが人々を集わせ、共通の話題を提供し、共有体験を創造し、集い・話題・交流・共感の最も重要な公共空間創造のメディアとなる」（佐伯、2006、200頁）という言葉も、あながち大げさではないのかもしれない。

（茂木宏子）

■注

(1)震災前（2010年）のO町管内の人口は4366人だったが、2022年7月末現在の人口は1088人（男性514人、女性574人）と、復興が一段落した今も人口減少に歯止めはかかっていない。2005年に統合した1市5町の中でもO町の人口は突出して少ない。

(2)ダンベル体操とは、鈴木正成（筑波大学名誉教授）が考案したダイエットや健康づくりのための体操で、高齢者向けには玄米300gを布袋に詰めた玄米ダンベルを使用する。左右の手でダンベルを握って体操することで、握力と腕力が強化され、食事・移動・更衣・入浴・排泄などの基本生活行動力の低下を防ぎ、介護予防に効果があるとされる。

■文献

・菊幸一（2022）学校体育のプロモーション―体育社会学からのアプローチ．創文企画．

・佐伯年詩雄（2006）スポーツプロモーション・ビジョンの検討―生涯スポーツ論の系譜とビジョン構想の方法論から考える．佐伯年詩雄監修、菊幸一・仲澤眞編．スポーツプロモーション論．明和出版、8-9、200頁．

コラム3
ゆるい競技スポーツに向かって
――ママさんバレーがめざしたもの

1964年東京オリンピックでの女子バレーボール金メダル獲得を機に、ママさんバレーを筆頭として主婦の為の各種家庭婦人スポーツが一気に全国に広まった。その現象を主婦の解放と捉える一面があったが、長らくこのスポーツ活動に関わってきた筆者には、本当に主婦は解放されたのだろうかという問いが常にあった。以下にママさんバレーを例に考察結果を示し、現在の状況も加えて今後の活動を展望したい。

●ママさんバレーの制度的特性による「主婦性」の再生産

1960年代～1970年代の高度経済成長期においては、既婚女性は専業主婦として家事・育児を担当する性別役割分業が社会的規範とされており、夫は企業戦士として家を顧みない生活ぶりであった。そんな中、電化製品の登場で主婦に時間のゆとりが出てくると主婦たちは生活に閉塞感を感じ始め、それはウーマンリブ運動のように社会問題化された。ママさんバレーはこのような社会状況の中で誕生した。一方行政は地域過疎化等への対応策としてコミュニティスポーツの振興を図る必要があり、体育館建設や各種スポーツ教室開催が進められ、それに呼応する形で全国的にママさんバレーが浸透し、活動者は百万人規模と概算されていた。

全国に広まったママさんバレーを統一的な活動とするため日本バレーボール協会は全国大会開催を発案し、それを選手権ではなく交歓大会とすべく各種制度が検討された。盛り込まれた制度の特性は菊（1984）が示した規定を援用すると次のようにまとめられる。「イデオロギー」としては楽しみのための交歓大会とする、「シンボル」として「家庭婦人」を正式名に用い、明るさ・頼もしさを伝達する、「行動様式」としては家庭優先の活動とする、「文物」としては小・中学校区内など生活圏内の活動とする、「集団」の特性は自発的なものとし自由な入退会を保証する、「ルール」としては全国大会に出場した選手の再出場を制限するなど、競技スポーツではあっ

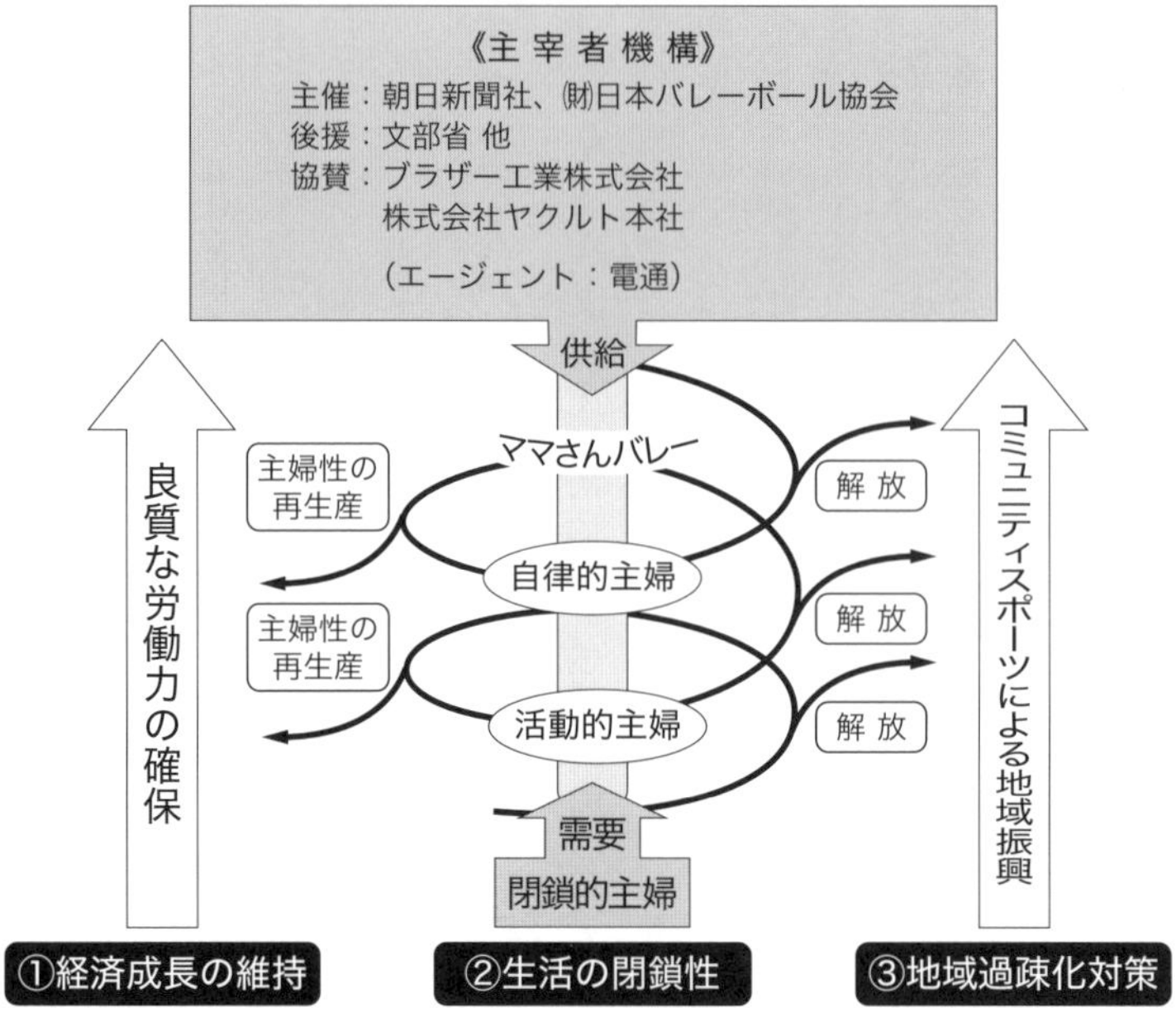

図1　スパイラル型主婦性再生産構造と1970年代3つの政治課題

ても社会体育・生涯スポーツ・地域コミュニティ活動として位置づける制度特性が採用された。このようにママさんバレーは主婦の範囲を越えないように制度化されていたことから、その構造として主婦を一時的に日常から解放はするものの、再度主婦役割への回帰を促す「主婦性」の再生産機能をもっていたと考えられよう。しかし主婦たちは制限されたスポーツ活動のなかでも、徐々に主婦像の変化を見せるようになる。それまで家庭を離れて外活動を楽しむという習慣がなかったので「閉鎖的主婦」からスポーツをする「活動的主婦」へ、またチーム作り・大会運営・県連盟組織化等への参画を通して「自律的主婦」へと新たな主婦像を獲得していった。循環を繰り返しつつ主婦像の発展的変化をもたらしたこの繰返しは、上昇型のスパイラル構造であったと考えられるので、これを「スパイラル型主婦性再生産構造」（以下再生産構造と略す）と呼ぼう（図1を参照）。

●スパイラル型主婦性再生産構造の社会的機能

さて再生産構造を駆動させたものは何か、また社会においてこの構造はどう機能したのかについて述べてみよう。全国家庭婦人バレーボール大会（1970年から）は以下のような各機関からなる主宰者機構によって供給された。主催者の日本協会は、正式大会名に「家庭婦人」を冠したように活動者に主婦であることから離脱しないよう、強度な競争を避け社会体育としての活動となるよう留意していた。共同主催者の朝日新聞社にとって社会体育は初の取り組みであったが、第3回大会以降は特集記事掲載により毎年4千万円を広告費として協賛会社から獲得した。後援の文部省は社会体育推進モデルとして本事業に着目した。1975年の国際女性年を契機に男女役割固定化への批判がある中でも文部省は主婦を「家庭生活経営者」（朝日新聞、1981年9月19日、朝刊15面）と表現して「主婦性」の再生産を支持していた。協賛会社のヤクルト本社とブラザー工業は合わせて6千万円を大会に協賛し、朝日新聞社への広告料を含めると毎年1億円あまりの投資をしていた。2社とも主婦に重点をおいた企業活動であり、「主婦性」を再生産するママさんバレーの活動は、それだけの投資価値があったのであろう。以上から主宰者機構は主婦性を再生産させるための同方向を向いたベクトルによって動いていたことが理解される。一方主婦たちは前述のように主婦像を変化させエンパワーメントを実現させていったものの、ママさんバレーは常に「家庭婦人」という冠用語とともに展開しており、活動者に「主婦性」の再生産を促して、主婦の枠からはみ出させないようにする社会的機能を有していたといえよう。

以上のように規定された枠組みの中での主婦の解放は、男女平等における女性の人権を問うような運動へは向きにくかったと考えられる。この再生産構造の中で男性主導によって供与された一時的解放は、女性の生き方の問題への凝視を遠ざけ、またそのような衝動的エネルギーの蓄積も回避させるものであったからである。すでに1963年には行政より、「主婦の余暇時間の増加に伴って、その過ごし方は一家庭内の問題だけでなく、次第に社会的な問題にまで発展することも考えられる」（労働省婦人少年局編、1963）と報告されていた。このような危うい状況を捉えて行政や企業は一体化して主婦層に閉塞感からの解放の場を提供し、一方主婦層は日常性の繰り返される生活の一部にスポーツ活動を取り込むことによって生活の充実感を獲得していった。ママさんバレーは社会との相互作用的な協働関係を成立させつつ社会に組み込まれ、その結果として政治的諸課題に対応していたものと思われる。図1は主婦性再生産の循環構造を、主宰者機構との関係性を表しながら社会に機能していた模様を図式化したものである。

●ゆるい競技スポーツへ

数十年間の地道な活動を経てママさんバレーは現在、各種大会開催を協賛会社選定も含めて一切の企画運営を独自に行うようになっている。丸山は、近代性がゆらぐなかで「『競技としてのスポーツ』がもつ目的志向的機能優先の価値観ではない、意味やこころの充実を優先する『遊びとしてのスポーツ』が求められている」（丸山、2001）と述べ、競争を強調しないスポーツ活動に着目している。ママさんバレーでは年代別の大会設定により競技性をゆるやかにして持続活動を促している。また遊び要素の濃い「Volleyball まーみんフェスタ」を2018年から開催している。大会要項の参加資格には「健康な人、ママさんバレーが好きな人、やってみたい人」とあり、しかもパパさんも参加可能となっている。ゆるやかな競技性を確保しつつ、遊びとしての要素も加味して多様性を実現させているママさんバレーの活動と、それを主導する全国ママさんバレーボール連盟の独自性に今後も注目していきたい。

（高岡治子）

■参考・引用文献
・菊幸一（1984）近代のプロ・スポーツの成立に関する歴史社会学的考察―我が国における戦前のプロ野球の成立を中心に．体育・スポーツ社会学研究、3：3-4頁．
・高岡治子（2008）家庭婦人スポーツ活動における「主婦性」の再生産―ママさんバレーボールの発展過程と制度特性を中心に．体育学研究、53：391-407頁．
・高岡治子（2010）主催者機構からみた家庭婦人スポーツ活動における「主婦性」の再生産―ママさんバレーボールを事例として．体育学研究、55：525-538頁．
・丸山富雄（2001）近代性のゆらぎと「遊びとしてのスポーツ」の復権．仙台大学紀要、32（2）：7頁
・労働省婦人少年局編（1963）昭和38年版婦人の現状．大蔵省印刷局、147頁．

第3部

「からだ」からみた スポーツ・体育の現在と未来

第19章 身体からのスポーツ・体育

1 身体の位置

これまでスポーツや体育は、「身体」の存在をもっとも自明な事実として扱ってきたといえよう。日本においては、1872年の学制以降、近代教育システムの中に「身体」を対象とした教科が一貫して存在してきた。教育の営み、つまり国家的な何らかの意図のもとに行われるシステムにおいて、「身体」は教育されるべき対象として君臨してきたといえる。

いわゆる「体育」という教科は、戦前の①身体の教育、戦後の②運動による教育、1970年代以降の③運動・スポーツの教育と称される理念転換を社会の変化とともに図り、教科としての存在意義を示し、そして果たしてきた。大きな理念転換はあったが、「体育」という教科は「身体」を対象とし、「する」(実技)ことを中心に成立してきたのである。近年(といっても2020年の学習指導要領の改訂以降[(1)])は、「する」だけでなく「みる・支える・知る」といった多様なスポーツとのかかわりが学習内容や目標に掲げられるようになってきた。しかし、多様なかかわりというにも「身体」の存在が大きな意味をなしている。

多くの人は、スポーツや体育といったとき「身体を動かす」ことをイメージするだろう。2021年に東京で開催されたオリンピック・パラリンピック競技大会をみても、「より速く・より高く・より強く」を具現化するアスリートのパフォーマンスがコロナ禍において、ある種別次元のものとして連日繰り広げられ、報道されていた。それぞれの種目に応じた身体のありようは、その種目のおもしろさを際立たせつつ、アスリートの体力や技術の限界だけでなく、正規のルールすれすれ（あるときには違反となり、あるときには許容される）のところに挑みながらのプレイを可能にするためにつくりあげられたものであった。

加えて、私たちの多くは体育の授業において「スポーツ」を経験している。それは、「スポーツ」が体育という教育の営みにおいて「教材」として扱われ、学ぶべき内容と位置づけられているからである。現在、体育という教科は小学校・中学校・高等学校において必修科目（誰もが学ぶべき科目）となっている。しかしながら、この「体育」の存在が曲者である。「体育」の授業において、ほぼすべての人が一律に、身体を動かし、何らかの評価をされる対象となってきた。楽しく体を動かし、スポーツを好きになった人もいれば、楽しさを感じることなく、単に必要だからという理由で体を動かすことをこなしてきた人もいる。後述するが、教育の営みとして「体育」という教科が必修という位置づけをされている限り、私たちは否が応でも自身の身体と向き合わなければならないのである。

本節では、身体と向き合うことの是非や体育の教科としての存在意義を問うのではなく、なぜスポーツや体育がこれほどまでに人々の生活の中に浸透し、現在も発展を続けているのかを身体から問い直す。

2 「体育」と「スポーツ」の関係

ここでは、一応の前提として「体育」は、嫌でも全員が受講するものであり教育上必要なもの、「スポーツ」はやりたい人が主体的に行うものであり、やりたくない人はやらないものと理解しておく。このような前提が生まれる背景には、前述したように「体育」が教育という制度において営まれる点と、スポーツそのものの誕生やその発展過程がある。

(1)強制される身体——体育的身体

歴史的にみると、日本は近代以降「富国強兵」「殖産興業」をスローガンとした西欧列強に対し、さまざまな点で追いつくことがめざされていた。教育政策も例外ではなく、逆に、より積極的に一貫して教育力を学校に集約化し、合理的、計画的、組織的な国家的教育を優先させてきた(菊、2022、15頁)。教育に対して政治の介入が大きく、その中で「身体」をめぐる「近代化」が問題とされてきた。身体が注目された背景には、国家がいかに近代的な軍隊を作り上げるかの問題と並行しており、フランスなどヨーロッパ諸国の軍隊に基礎を置いた軍事訓練(2)を専門的に行っていた官軍に対して1877年の西南の役で西郷隆盛が率いる薩摩軍がまったく歯が立たなかった事実も大きく影響している(武智、1969、15頁)。近代的軍隊は、集団行動や行進、駆け足、突撃、方向転換、匍匐前進などを訓練に取り入れ、集団での動きを行うための合理的な身体所作の獲得、号令(命令)に従うことのできる身体の獲得をめざすものであった。

このような中で、1886年の「諸学校令」により「体育」が必修化され、子どもたちの「身体」にも体操を通して規律・訓練的要素が取り込まれることになる。身体の重要性は、菊(2022)や清水(2001)が指摘するように、決められた(正しい)姿勢や身体所作は号令や(体操)図によって子どもたちの身体に刷り込まれ、外から見てすぐにわかる「身体」が(できている/できていない、正しい/正しくないなどの点から)評価される。軍隊(兵士)においても学校(子ども)においても、「身体」は常にみられる存在であった。そして、そこでの身体は、「みること」と「みられること」の緊張関係において各人の行動(身体所作)が決められ、確かな目的や支配のために服従することを受け入れざるをえなかった(ピルッコ・マルクラ/リチャード・プリングル=千葉訳、2021、36‐37頁)。つまり規律・訓練的な体育は、外部からの権力的に強制される力によって、身体を調教すること（教師の号令や命令に従う体操や集団行動などによって）で精神を支配しようとするものであった。

学校は、知識を供与する以上に、身体と精神をこの国のあるべき「形」にはめ込んでいく機能をもち、身体の規律・訓練化によって巧妙にその目的を隠しながら、身体と精神を再生産してきたのである（清水、２００１、92頁）。清水（２００１）が指摘するように、近代教育における体育の使命（存在意義）は、近代国民国家形成にむけた有用な身体の形成であった。

このような身体のありようは、戦前のみならず戦後にも脈々と受け継がれている。戦後、日本の教育は大きな転換をしたと語られる。しかしながら、体育という教科は、確かにその教材が「体操」（中心）から「スポーツ」へと置き換わったにもかかわらず、戦前の秩序正しい運動や教練を連想させる「集団行動」があり、「集団としての行動」という表現で「集合」「整列」「列の増減」「方向転換」などを取り扱うことが学習指導要領に明記されている（田端、２０１５、２２６頁）。また、身体を直接的な目的で刺激し鍛錬する「徒手体操」や「体操」は、１９９８年の学習指導要領改訂まで学習内容（運動領域）として位置づいていたし、新たに設けられた「体つくり運動」も体力の向上や健康の維持・増進という役割を引き受けている。

体力の向上や健康の維持・増進は、戦後一貫して子どもだけでなく国民にとって大きな課題とされてきた。学校期においては、「体力低下」が問題視され、体育の時間だけでなく学校活動全体を通して「体力」を高めていくことが１９６０年代前後から教育目標の一つとされた。１９６４年からは国民の体力・運動能力の現状を明らかにし、体育・スポーツ活動の指導と行政上の基礎資料として活用するために「（旧）スポーツテスト」が実施されるようになる。同テストは、名称や形を変えながら現在「全国体力テスト」として、すべての公立小・中学校が参加する悉皆調査方式で実施されている。子どもや国民がこのテストによって自身の「体力」（現状）を知ることは重要であるが、各項目を得点化し、過去の集団との比較を行い、「体力が低下している」「危機的な数値だ」と煽り、体育の存在意義を違った形で際立たせることになっている。体力や健康は、確かに私たちが生活する上で必要な力である。先述したように、体育の授業においてこれらを実践的に行っていくのが「体つくり運動」の領域である。この領域においては、主として体の動きの向上や健康の維持・増進を目的とした運動が扱われる。体育では、スポーツやダンスも学習内容として扱われる。これらの学習は「楽しさを求めて行う運動」と位置づけられ、「体操」や「体つくり運動」は「人間の必要を充足させる運動」とされる（島崎ほか、１９９７）。後述するが、１９７０年代以降の体育は、（運動やスポーツそのものがもつ）「楽しさ」（＝運動の機能的特性やプレイ論に基づく）を重視してきた。そこからすると、「体力を高める」「健康の維持・増進」と〇〇のために行われる運動は、楽しさを手段的に用いながらも、ゆるやかな身体の調教がみてとれる。

このように身体から「体育」をみたとき、戦前戦後を通して「従順な身体」を形成する装置の一つであったといえる。

⑵解放される身体――スポーツ的身体

体育の教材となる運動やスポーツは、１９４７年の「学校体育指導要綱」、１９４９年の「学習指導要領体育編（試案）」から現在に至るまで、スポーツに新たな種目や〇〇型というかたちで類似する種目が分類された形で示されるという変化はあるものの、大きな変化は見られない。体育の学習として扱われるスポーツは変わらないが、そのスポーツの捉え方は時代時代によって変化している。戦前は、体育においてスポーツよりも「体操」の教育的効果が高く評価され、スポーツは主たる教材とはならなかった（菊、２０２２、39頁）。

しかし、戦後の体育においては「スポーツ」が主たる教材となっていく。ＧＨＱの指導にもよるが、戦前の規律・訓練的な体育から脱却を図るため、子どもの「学習」や「自主性」が教育の柱となっていく。特に第二次世界大戦後、国家的要請として「国民の民主化」があり、体育においても民主的な人間の育成や社会性の育成が重視され、スポーツの教育的価値が高まっていった。

スポーツはプレイする際、ルールを守り、仲間と協力したりすることが求められる。このようなスポーツにおけるゲーム中のフェアプレイやスポーツマンシップの精神が、日常生活にも還元できるという考え[3]がある。体育でスポーツを通して学び、身につけたことが、スポーツや体育（学校）の場を離れても社会や日常生活においても役立つというわけである。スポーツは、民主的な人間の育成や社会性の育成をめざす時代に非常にマッチした教材という意味で評価された。ただ、ここではスポーツはあくまでもめざされるべき人間像を体現する上で手段として用いられていることを忘れてはならない。子どもたちにとって、規律・訓練的な「体操」よりも「スポーツ」は魅力的な教材であったことは間違いない。子どもたちは、スポーツがおもしろいから、あるいはもっとゲームを楽しみたいからルールに従い、友だちと協力しようと自ら望んでプレイしている。結果として、民主的な態度が身についたとしても、規律・訓練型の体育とは異なるものであることは理解できよう。

戦前の規律・訓練型の体育からは大きな転換をみせたが、スポーツはあくまでも社会的要請である人格陶冶的価値を具現化するための道具としての側面が強かった。このようなスポーツの位置づけが変化するのは、１９７７年の学習指導要領以降である。

日本は、高度経済成長期を経て、低経済成長期（＝脱工業化社会）に向け社会が変化していった。スポーツも同様に、人格陶冶的価値にのみ教育的価値を見出すという位置づけを脱却することになる（菊、２０２２、40頁）。１９７０年代以降、生涯教育の展開とともに、スポーツは人間のそれぞれのライフ・ステージに応じて、あるいはその生活局面の各構造や広がりに応じて、社会を統合する教育的機能として、また生活文化として位置づけられるようになった（菊、２０２２、41頁）。体育においては、１９７７年の学習指導要領以降「生涯スポーツ」がめざされるようになる。「生涯にわたって運動に親しむ」ためには、子どもたちがスポーツそのもののおもしろさを味わうことが重要であり、スポーツや運動への愛好的な態度の獲得や自主性や自発性が鍵概念となってくる。

体育における楽しさを重視して学習される「スポーツ」は、規律・訓練的な身体から子どもたちの身体を解放したのではないだろうか。スポーツそのもののおもしろさは、子どもたちをプレイに誘う。おもしろいからこそやってみる、もっとやってみたい、よりおもしろくするにはどのような工夫をしたらよいか、ゲームをよりおもしろくするために技能を駆使した戦術を考えたい…、といった子ども（学習者）の欲求がみえてくる。この欲求こそ、子どもたちの自発性や自主性、そしてスポーツの自由性によって生み出されるものであろう。しかし、このように自由にみえる「スポーツ」でさえ、身体からみた時、「現代の規律」と指摘されるようにスポーツする身体は管理されているのである（マルクラ／プリングル：千葉訳、62-63頁）。身体を強調することによって、人間の身体を支配するというベクトルから、精神を規制し、道徳的な主体として身体をコントロールするというベクトルをスポーツに読み取ることができる（中山、1996）。

3　可視化される身体

フーコーは、「身体は服従させられ、用いられ、変形させられ、向上させられるかもしれないほどに、従順である」（M・フーコー：田村訳、1991、136頁）と述べ、身体がいかに規律のための操作可能で効果的な手段になるかを例証するために「従順」という概念を用いた（マルクラ／プリングル：千葉訳、2021、111頁）。身体は常に権力の対象と標的とされ、身体活動は絶え間ない管理によって服従させられたとも言う。そして、従順な身体が空間の使用、適切な活動の選択、時間の形成、さまざまな力の組み立てを通して、いかに生み出されるかを『監獄の誕生』において例証している。身体や体育、スポーツに関する研究においても、スポーツする身体が従順な身体へと訓練されてきたかが明らかにされている。

ここでは、体育やスポーツにおける身体について「可視化される身体」を鍵にしてみていこう。フーコーがパノプティコン（一望監視装置）において暴き出した看守と囚人の〈みる／みられる〉という一対の関係の崩壊によって作り出される監視の自動化、自己規律化という視点が手掛かりとなる。フーコーは、中央に監視塔があり、その周辺を円形に配置された独房がある「パノプティコン」の構造に注目し、人が身体と精神の内部から社会に適合した主体として形成される過程を明らかにしている。具体的には、パノプティコンにおいて、囚人を監視する看守（監視者）は常に監視塔にいなくとも、囚人は「常に監視されているかもしれない」という不安をもち、いつしか自身の中に第二の監視者を生み出し、自身の身体をコントロールするようになる。このような従順な身体は、パノプティコンだけでなく、学校や工場、軍隊や病院においても形成されてきたことをフーコーは指摘する。

学校がそのような身体の形成装置であったという点から、体育やスポーツも同様の機能をもつ「装置」として位置づける試みを行う。フーコーが指摘したパノプティコンや学校、工場、軍隊、そして病院といった装置は、不可視的な支配者による被支配者に対する垂直的な監視が問題の中心なる。体育における身体は、垂直的な監視（視線）がより有効に働き、スポーツにおいては水平的な監視（視線）、つまり一緒にプレイする人々同士の視線や他者の視線がより有効に働いていると考えられる（図1）。

体育において行われるスポーツの場合、プレイしている子どもたちは教師の視線を意識するというよりはむしろ、同じようにゲームやスポーツを楽しんでいる子どもたち同士の視線を意識しているといえる。ここでの視線は、体操などの規律・訓練型の体育で強調される教師⇕子ども（学習者）との垂直的な権力の視線ではなく、プレイを楽しんでいる子ども同士（学習者同士）によって新たにつくりあげられる相互監視（衆人環視）という視線である。ゲームやスポーツを行う上で、子どもたちは「ルール」や「学習のめあて（目標）」という少なからず拘束性を体育の授業において受け入れなければならない。これらを受け入れた上で、自由に（逸脱しないように）プレイするのである。

支配者（権力者／教師）と被支配者（服従者／学習者）の一対の関係が大きな比重を占める規律・訓練型の体育では、体操が主教材として扱われ、そこでの身体は号令や（体操）図によって決められた（正しい）姿勢や身体所作を行うことが求められていた。めざされるべき「身体」が明確に示され、すべての学習者がその身体の獲

[体育の場合]

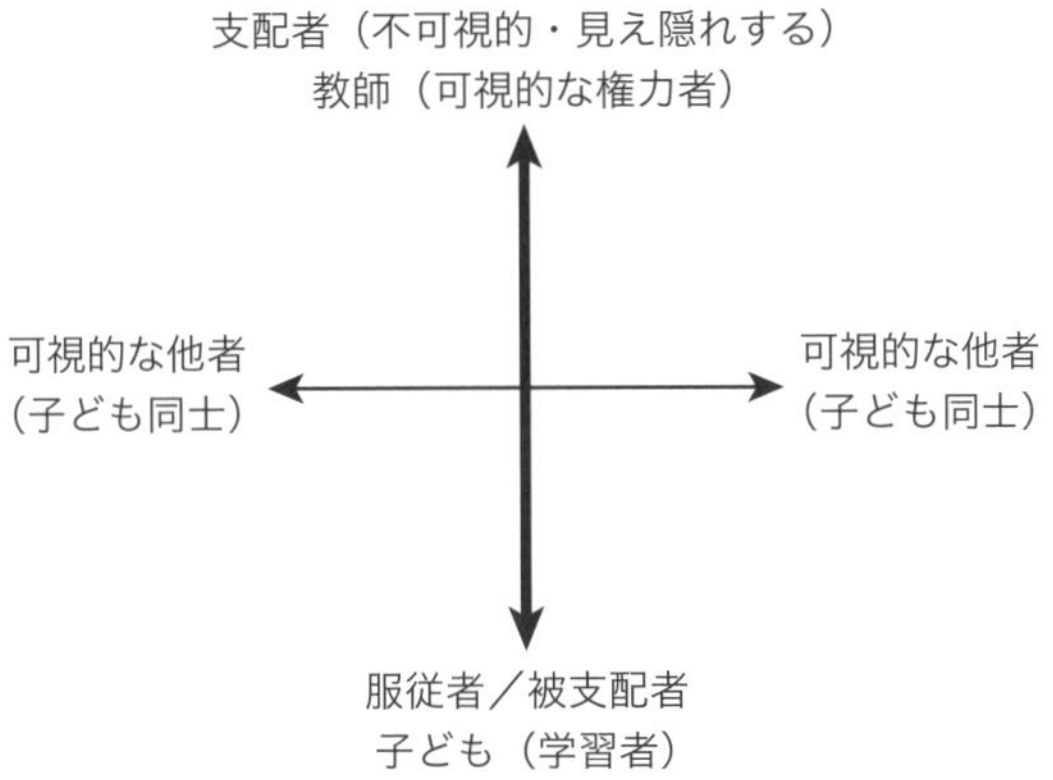

※教師は学習者へ教授を行いつつ、「評価」を行う主体でもある。

[スポーツの場合（体育の授業で行われる）]

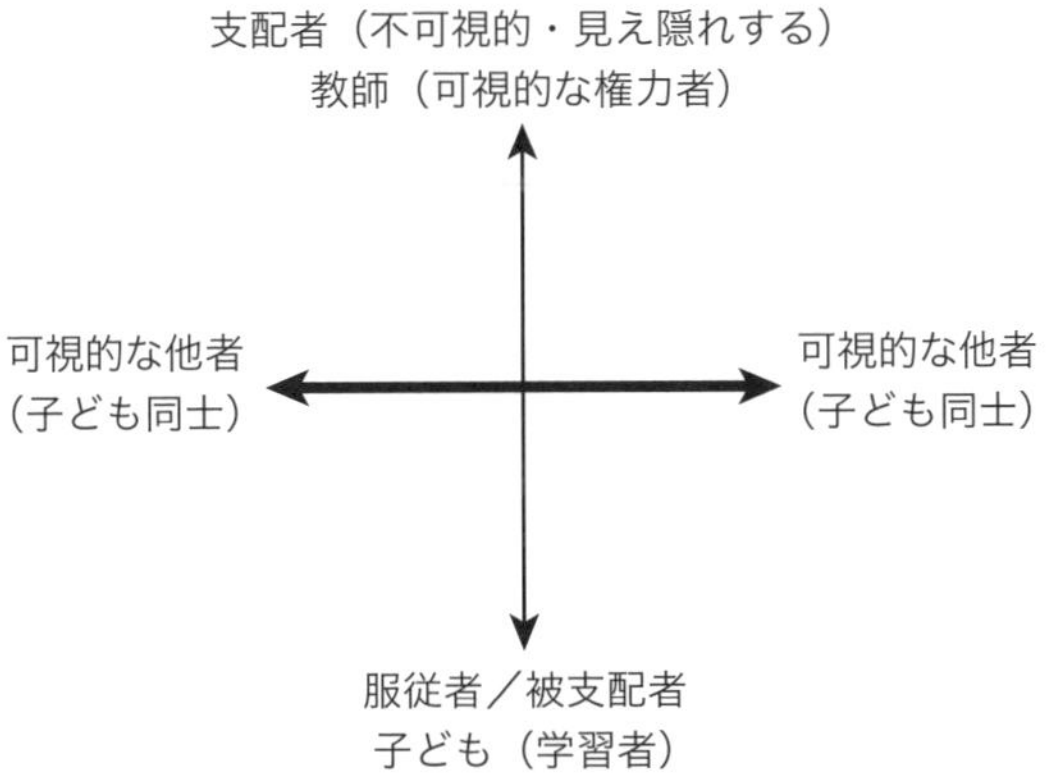

※教師の視線＋プレイする子ども同士の視線が存在。
※子どもたちは教師の視線とともに、子ども同士（他者）の視線もより意識する。

図1

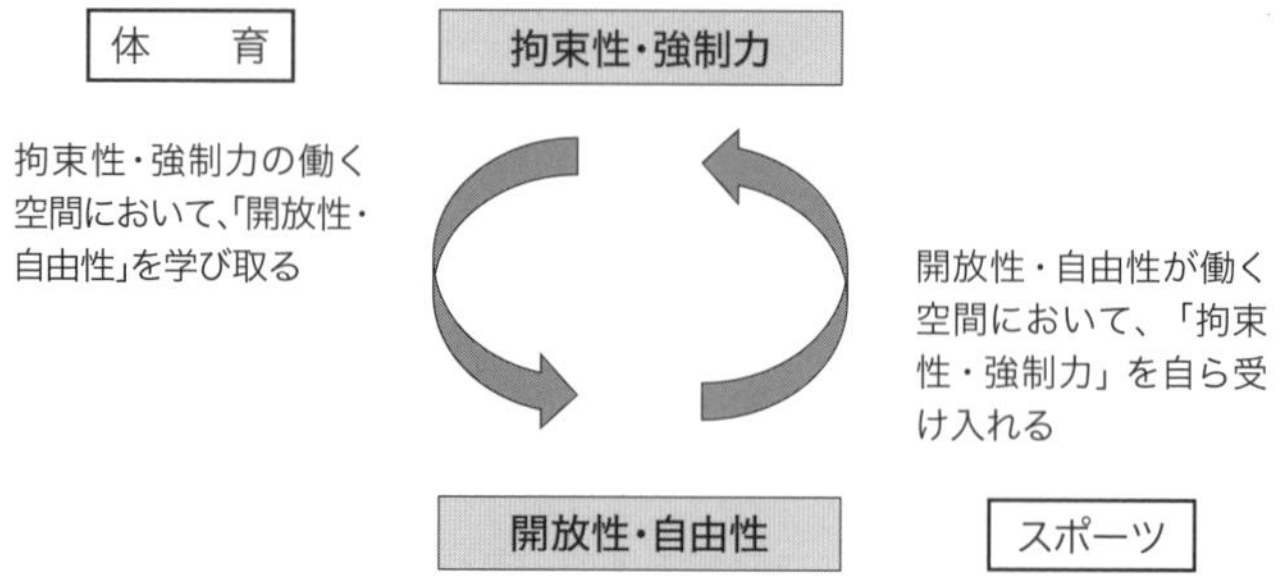
体　育
拘束性・強制力
拘束性・強制力の働く空間において､｢開放性・自由性｣を学び取る
開放性・自由性が働く空間において、「拘束性・強制力」を自ら受け入れる
開放性・自由性
スポーツ

図2　モデルになる人の自由性／拘束性
——同じ運動・スポーツ（行為）を行うとしても

得を強制されるのである。

一方、スポーツにおいては、めざされるべき「身体」よりも「ルールを守る」「仲間と仲良くする」といった態度の獲得が目的となっている。また、プレイを通して、学習者は「○○さんのようなプレイをしたい」「○○さんの動きはすごい」とモデルとなる身体を自ら選択していく。このようにスポーツにおいては、学習者だけでなく、プレイする人々は楽しむために自ら規則（規律）を遵守し、理想的な身体の獲得を自らめざすのである（図2）。

「体育」や「スポーツ」が従順な身体をつくりだすのかについて、可視的な他者の存在が重要であることを指摘できた。しかし、この議論は「学校」という組織化された抑圧の空間（監獄、パノプティコン、病院ほかの社会統制の制度）を前提としていることに注意しなければならない。子どもたちの身体は、学校における身体性だけがその生活を支配しているわけではない。子どもたちが学校の体育同様に運動やスポーツを行える空間はほかにも存在している。地域のスポーツクラブや民間のスポーツクラブ、中学校・高等学校における運動部活動などである。加えて、自由性が高く、多様な他者が存在する都市空間も、子どもだけでなく多くの人々にとって（一定の条件があるとはいえ）運動やスポーツが行える空間である。そこでの身体のありようは、どのように捉えられるのかを次節でみていく。

4 都市における身体

イギリスの地理学者のハーヴェイは、フーコーがもっぱら組織化された抑圧の空間にだけ焦点を当てることで議論の一般性を弱めていると指摘する（ハーヴェイ：吉原監訳、1999、274頁）。また、フランスの歴史家であるセルトーは、都市のパノプティコン的構成と権力に対して、「歩行者」が紡ぎだす日常的表現の技法に新しい身体の捉え方を見出している（大野ほか、2005、44頁）。さらに、ハーヴェイはセルトーに対して、「都市という特有の空間は、無数の行為によってつくりだされており、それらのすべてに人間の意図という刻印が押されているのである」とも言う（ハーヴェイ：吉原監訳、1999、274-275頁）。多くの人々は従順な身体を受け入れつつ、しかしながら現状に応じて楽しみ、何とかやっていくという工夫や選択を日常的に実践しているというのである。それらの工夫や選択は創造的で、柔軟である。このことは、身体からみたスポーツ・体育の未来（これから）を考える手掛かりとなる。

都市の空間秩序は「さまざまな可能性（歩きまわれる広場など）」と「禁止（それ以上前進できない壁など）」の総体を組織するという（加藤、2001、43-44頁）。このような都市において、歩行者は禁止を単に受け入れるのではなく、時には禁止を受け入れずに新たな可能性を作り上げるなどの姿をみることができる。これは「歩行者」に限られることではなく、都市においてスポーツや運動をしようとする人にも当てはまるといえる。セルトーやハーヴェイが指摘するように、都市における身体は、より自由な発想や実践を許容する。また、スポーツする人も工夫して新たなおもしろさや身体のありようを発見していくだろう。

都市における身体もやはり可視的な身体である。そこでも、スポーツや運動を楽しむ人同士の視線が重要になってこよう。というのは、都市を舞台に繰り広げられるスポーツ（アーバンスポーツ）の特徴がもともと順位を争うものではなく、自らが楽しみ、仲間や見る人たちも一体となって楽しむものだからである（Sports for Social,

2022)。自身や他者の振る舞い（パフォーマンス）を肯定的に評価し、一緒になって楽しみ、工夫し、新たな楽しみを構築していく姿がそこに見られる。

これらの身体のありようは、これまでの従順な身体と対峙するものではなく、身体からみた時、スポーツや体育は人々が思っているよりもずっと自由であることを示している。だからこそ、スポーツや体育が私たちの生活の中にこれほどまで浸透しているのだろう。

（小坂美保）

■注

(1)学習指導要領の改訂については、小学校が2017年告示2020年施行、中学校が2017年告示2021年施行、高等学校が2018年告示2022年施行となっている。

(2)清水は陸軍戸山学校などがフランスに基礎をおいた「歩兵操典」を用いて専門的に訓練していたことを指摘している（清水、2001、82頁）。

(3)スポーツ還元主義と呼ばれる。

■引用・参考文献

・D・ハーヴェイ：吉原直樹監訳（1999）ポストモダニティの条件．青木書店．

・今村仁司（1987）「解説」．M・セルトー：山田登世子訳、日常的実践のポイエティーク．国文社、442‐447頁．

・加藤政洋（1998）「他なる空間」のあわいに―ミシェル・フーコーの「ヘトロトピア」をめぐって―．空間・社会・地理思想、3：1‐17頁．

・加藤政洋（1999）ポストモダン人文地理学とモダニズム的「都市へのまなざし」―ハーヴェイとソジャの批判的検討を通して―．人文地理、51（2）：48‐66頁．

・加藤政洋（2001）都市と空間的実践―「時間地理学」とその周辺．流通科学大学論集―人文・自然編―、13（3）：37‐49頁．

・加藤政洋（2011）アンリ・ルフェーブルの中枢性概念に関するノート．空間・社会・地理思想、14：31‐39頁．

・菊幸一（2022）学校体育のプロモーション―体育社会学からのアプローチ．創文企画．

・ミシェル・ド・セルトー：山田登世子訳（１９８７）日常的実践のポイエティーク．国文社．
・M・フーコー：田村俶訳（１９７７）監獄の誕生―監視と処罰．新潮社．
・中山元（１９９６）フーコー入門．筑摩書房．
・大野道邦・油井清光・竹中克久編（２００５）身体の社会学　フロンティアと応用．世界思想社．
・ピルッコ・マルクラ／リチャード・プリングル：千葉直樹訳（２０２１）スポーツとフーコー―権力、知、自己の変革．晃洋書房．
・スコット・ラッシュ：田中義久監訳、清水瑞久ほか訳（１９９７）ポスト・モダニティの社会学．法政大学出版局．
・島崎仁ほか（１９９７）体育科教育の理論と実践―体育科教育法―．現代教育社．
・清水諭（２００１）係留される身体―身体加工の装置としての学校と消費社会における身体―．杉本厚夫編、体育教育を学ぶ人のために．世界思想社、81‐１０１頁．
・田端真弓（２０１５）保健体育科における集団行動の位置づけとあり方―戦後の論説にみる集団行動の必要・不要論の位相と論理．大分大学教育福祉科学部、大分大学教育福祉科学部研究紀要、37（２）：２２５‐２４０頁．
・武智鉄二（１９６９）伝統と断絶．風濤社．
・Sports for Social.「【３分解説】アーバンスポーツとは？ その意味をわかりやすく解説！」https://sports-for-social.com/3minutes/urban-sports/（参照２０２２年12月29日）

第20章 スポーツにおける女性の身体
――スポーツに〈女性〉の身体が必要とされるのはなぜか

1 問題意識

「生身のからだ」として身体を捉える重要性について論じた池井は、スポーツに登場する〈遊び〉の身体は、行動だけでなく、身体そのものが虚構であると述べている。なぜなら、我々のすべての対象は表象（＝言語）によってしか捉えられないからだ（池井、２０１３）。ジェンダー論は、「生身のからだ」をセックスと表現し、表象（＝言語）によって捉えられた身体をジェンダーと名づけることによって、我々の社会の中にある男女差の虚構性を指摘し、改変を求めてきた。

スポーツに関するジェンダー論においても、男性優位が担保される領域であることを批判し、また、時には男性性・男性学に焦点を当てることによって、その問題点について言及してきた[(1)]。それにより、無意識のうちに身体化されていた「あたりまえ」の区別が徐々に変化し始め、今ではさまざまなスポーツに多様な身体が関わるようになっている。その一方で、ではどこまでがセックスによる区別でどこからがジェンダーによる区別なのか、といった問題に対して、容易に答えが見出せない現状がある。

以前筆者（２００７）は、「生身のからだ」から行為の妥当／非妥当を区別する規範が生成される過程を大澤（１

990）の精緻な理論に依拠しながら、スポーツにおいて、これは妥当である（受け入れられる）／これは非妥当である（受け入れられない）という私たち自身の意識的あるいは無意識的な生きた感覚を伴う男女の区別の生成過程について論じた。その上で、「性差を超えて」という表現で期待されるのは、自己と他者の関係性それ自体について、優劣を超えた身体のありようをすくい出すことである、という見方を示した。すなわち、そこでは、能動性が期待される身体とは、受動的である身体に逆に自らの行為の妥当性を依存することによって主体化されてもいるのであり、「従属する喜び」や「従属される者がその関係の中でむしろ喜んで従属する者となる」といった、「いま、ここ」を生きる身体と身体の相補的な関わりの中から沸き起こるもの、といった身体のありように注目したのである。

本稿では、こうした見方に基づきながら、〈遊び〉がスポーツ化する過程において、〈遊び〉として戯れる身体がスポーツする能動的な身体──〈男〉の身体──となるために、むしろ積極的に受動的な身体──〈女〉の身体──を必要とした、という仮説について論じてみたい。こうした相補的な身体の関わりを論じることによって、どちらが優位な身体か、あるいは、どこまでがセックスによる区別でどこからがジェンダーによる区別なのか、という議論を乗り越える可能性を示したい。

2　〈遊び〉としてのスポーツにおける〈女〉の身体

(1)〈遊び〉としてのスポーツ

内田は、スポーツを考える上で重要な意味をもつ研究として井上俊と多木浩二の研究を取り上げ、なかでも井上（2000）によって、スポーツがひらく〈遊び〉の次元を問題化することの重要性が示されたことを論じている（内田、２０１３、41頁）。〈遊び〉の次元を問題化することには、①「スポーツが美的体験にひらかれた実践であり、その実践＝表現を通して、人は世界との身体的な関わりにおいて自分の生命がもちうる力と意味、あるいは無力と無意味を獲得する、という視点」及び、②「スポーツが既存の価値観・認知様式・感性を反映するだけでなく、それらを創造し、再形成していくという視点」という、二つの重要な視点が提起されているという（内田、２０１３、41‐42頁）。この二つの視点から、内田はスポーツ実践について次のような二つの見方を導いている。すなわち、(A)スポーツの実践は、種々の真面目な機能をもちうると同時に、芸術に似た表現的な活動でもあり、また(B)スポーツの実践は、規範的構造や知の様式や感受性の形式など人々が共有する社会性の基盤を確認しあうと同時に、組み替えていく、メタ社会的な活動でもある（内田、２０１３、42頁）と。

(2)〈他者〉のまなざし

スポーツ実践を(A)のように、芸術に似た実践＝表現と捉えるなら、スポーツは単に自己充足的・自己完結的な実践に終わらず、それを観察し、鑑賞する〈他者〉との関係を含んでいる。その体験を美的な基準や人間的な理想との関連で評価する〈他者〉のまなざしが関与しているのである。それ故、スポーツを実践する主体の体験に注目するだけでなく、スポーツの実践を観察・鑑賞する〈他者〉のまなざしの構造―関与的な〈他者〉の秩序―を焦点化する必要がある（内田、２０１３、43頁）。例えば具体的に想定され得るのは、同僚やライバルとなる他のスポーツ選手、コーチ、監督などの「現場」の人物たちであり、あるいは、家族、友人、知人などの「周囲」にいる人物たちである。

19世紀以降の西欧では、学校やスポーツ少年団などの「教育装置」を通じて、スポーツの実践をナショナリズムに結びつける力が強く働いていた。そこでのスポーツは規律訓練のシステム（＝主体化の装置）の一部となり、それらの実践において内面化される〈他者〉のまなざしは、健全な国民形成のために行使される規律訓練型の権力のまなざしであった。ところが高度大衆消費社会の成立は、スポーツの実践を「体育」という次元からもっと不安定で流動的な次元に拡散させていく。そこでは、スポーツの実践に深く関与する〈他者〉の位置を、「国家」とその教育装置のような目的志向的な主体だけでなく、もっと不安定で不定形の、そして膨大な「群衆」が占めるようになるからである。消費社会はスポーツを個人化し、多様な趣味の領域に解き放ち、その表現的な価値を楽しむという〈遊び〉の次元を拡大する。〈遊び〉はメディアに媒介されて表現的な価値を洗練させていくが、同時に多様な群衆がスペクテーターとして、それらの表現を観察・鑑賞する〈他者〉の位置を占めるようになるのである（内田、２０１３、43‐44頁）。

内田は、このように多様な群衆がスペクテーターとして観察・鑑賞する〈他者〉の位置を占めるようになったスポーツ実践において、スポーツを実践する主体が、これらの〈他者〉のまなざし、つまり多様なメディアやスペクテーター＝群衆や、種々の利益集団のまなざしを、どのような構造を介して内在化していくのかというプロセスを分析する必要があると指摘する。すなわち、

> 現代社会は、もはや明瞭な実体性やひとつの全体性においては捉えがたいものとなっている。この社会の同一性を実体的・一義的に前提し、それとの意味連関や機能的関係においてスポーツを捉えるのは、スポーツという現象を単純化しすぎることになる。
> 社会の同一性が曖昧に拡散している現代においては、スポーツがこの社会を機能させるさまざまな〈他者〉のまなざしや欲望の結節点になっていることに注意すべきである。種々のメディア、さまざまなスペクテーター、そして広告業界やさまざまな利益集団が、重要な〈他者〉として、さまざまな角度からスポーツを取り巻き、スポーツの実践に深く関与している。いいかえれば、表現的な〈遊び〉としてのスポーツは、現代社会をみたすさまざまな〈他者〉たちの入り組んだ関係がどのように編まれているのかを、つまり現代社会の具体的な様相を、可視化する舞台ともなっている。（内田、２０１３、46頁）

多木浩二（1995）は、近代スポーツの中に規律訓練型の「権力」による従順な身体の形成というメカニズムが作動していること、また、高度大衆消費社会のスポーツには、過剰で異様な身体を発生させる「資本」の力がはたらいていることに注目した。だが内田は、このように了解される歴史の流れにも〈遊び〉の次元が入り込んでおり、規律訓練型の権力が相関項とするまじめなスポーツにも、常にそれを〈遊び〉に変えてしまう回転扉が存在していたはずだと指摘する。実際、そのような〈遊び〉の次元がなければ、そもそも人々がスポーツに夢中になったことを理解することは難しく、それ故、近代スポーツは必ずしも監獄の矯正や学校の教育に還元されず、むしろ多義的な戯れの次元にひらかれていたという視点をもう少し強めに担保しておく必要があるという[2]（内田、2013、47頁）。

(3)〈女〉の身体の受動性と能動性

このように、規律訓練型の権力によってスポーツの暴力性が抑制され、そこで形成された「従順な身体」が近代スポーツを成立させてきた一方で、常にそれを〈遊び〉に変えてしまう回転扉が存在し、現代社会における表現的な〈遊び〉としてのスポーツは、さまざまな〈他者〉たちのまなざしに晒されていると考えられる。こうした〈遊び〉としてのスポーツの中で、身体はいかにして抑制され得るのだろうか。ベンサムが構想した監獄の中央監視塔のように、ルールの順守を一望監視する神のような外部性や超越的能力をもつ「超越的な視線」が存在しないとすれば、そこに形式化されたルールへの同調と従属が担保されているのはなぜか[3]。

筆者（2007）は以前、身体が規範を生成する過程についての大澤の理論を用いながら、スポーツという身体と身体の関わりあう場における求心化／遠心化作用を通じた感覚の共有によって、「他でもありえた（偶有性）が、もはや他ではありえない（必然性）」という「学習すべき妥当性」が受け止められること、その妥当／非妥当の区別が超越的な帰属点に「擬制」されることによって規範が生成されること、ジェンダーはそのような規範の一つであり、あたかも行為に先行的に存在していたかのように感知されることを論じた。「男らしさ」「女らしさ」の言説に、別様の可能性を無条件に排除してしまう妥当性を感知する場合、私たちの身体はその言説が示す拘束を自ら受け入れ、その言説に沿った振る舞いをする傾向が強まる。近代化の過程における性別役割分担によって、男性／女性の区別と言説化された振る舞いが「あたりまえ」のこととして共有されていた時には、スポーツにおいても身体を抑制する規範として有効に働き、また、逆にスポーツの中での身体感覚の共有によって、その規範はさらに強固なものとなっていった。しかし、性別役割分担の絶対性が薄れ、「男らしさ」や「女らしさ」の言説の絶対的な共有が期待できなくなった現代において、形式化されたルールへの同調と従属はいかにして担保され得るのだろうか。

ところで大澤は、河合隼雄の『昔話と日本人の心』を取り上げた著書の中で、女の主体性について、女の身体の受動的な対象性が「女のその受動的な身体の上に結果を残すような因果関係」自体を構成している、という見方を示している。すなわち、男の視線の受動的な対象として自ら積極的に供するとき、因果の関係が反転し、男の女の身体への働きかけ自体が、受動的な対象であるところの女の身体によって惹き起こされているというのである（大澤、２０１９、３７２-３７３頁）。

さらに、日本と西洋に共通して見出される「手なし娘」の形式の昔話を取り上げながら、次のように論じている。

> 手をもたないということは、ほとんど一切の能動的な活動ができない、純粋に受動的な身体である、ということの隠喩的な表現である。しかし、まさにその受動性が、王たち（男たち）の能動性を、つまり彼女の身体に働きかけ、彼女を救出する能動性を引き起こしているのだ。…中略…とすれば、手をもたないという受動性こそが能動性であり、主体性を構成している、と言えるのではないか。つまり、「手のない状態」こそが、手があるかのように――いやむしろ手をもつ以上に――能動的であることを保証しているのだ。（大澤、２０１９、３７４頁）

ここで示されているのは、徹底的に受動的であることが自身に働きかける能動性を引き起こしており、そのことによって自身の主体性を構成しているという、身体と身体の相補的な関わりである。「手なし娘」を救出するという行為を必然的な妥当性として王たち——〈男〉の身体——に感知させ動かしているのは、純粋に受動的な「手なし娘」——〈女〉の身体——のほうである、というのである。

ここで注意しなければならないのは、上記の〈男〉の身体、〈女〉の身体とは、セックスとしての男／女と結びつけて論じられているのではない、という点である。たとえば大澤（2021）は別の著書で、武家政権と朝廷の共存——武士はどうして天皇と公家システムを排除しなかったのか——という考察を行っているが、そこでは、天皇が——その生物学的な性別とは別に——女性性を帯びているということ、また、武士にとって「私のイエのため」を超えるような使命を自分にもたらすべく呼びかけてくる者はどこにもいない中で、その空所を埋める超越的な実体xとして「天皇（のためという大儀）」が想定されたこと、さらに、求心力と遠心力の両方が作用しているような武士と天皇のあいまいな依存関係において、徹底的に能動的とみられる武士のほうが、徹底的に受動的な天皇の存在を必要とし、自ら従属していたことが論じられている。[4]

こうした見方をふまえ、改めて現代のスポーツのなぞについて考えてみたい。ベンサムが構想した監獄の中央監視塔のようにルールの順守を一望監視する神のような外部性や超越的能力をもつ「超越的な視線」が存在しないにもかかわらず、また、性別役割分担の絶対性が薄れ「男らしさ」や「女らしさ」の言説の絶対的な共有によ る行為の抑制が期待できなくなったにもかかわらず、形式化されたルールへの同調と従属が担保されているのはなぜか、という問いである。ここで重要な役割を果たしているのは、純粋に受動的な身体であるスペクテーターから注がれる〈他者〉のまなざしではないか。すなわち、この〈他者〉のまなざしこそが、まさにその徹底的な受動性によって、スポーツする身体の能動性を引き起こしているのではないか、ということである。常にスポーツを〈遊び〉に変えてしまう回転扉が存在している中で、スポーツが「まじめな」スポーツとしてつなぎとめられているのは、この〈他者〉のまなざし＝受動的な対象性を帯びた、いわゆる〈女〉の身体だと考えられるのである。[5]〈女〉の身体が、まさにその受動性によって、スポーツする身体の能動性を引き起こし、逆にその受動性が、自身の能動性・主体性を構成しているのだ。もちろん、ここで言う〈女〉の身体は、セックスとしての女と結びつくものではまったくないことは改めて言うまでもない。

3 スポーツ化する〈遊び〉の中の身体――ブレイキンを例に

前節で論じた視点に基づいて、ここでは具体的にパリ２０２４オリンピックの正式種目として採用されたブレイキンについて考えてみよう（図１）。

ブレイキンについて、日本を代表する女性ブレイクダンサー・福島梨絵（活動名：ＮＡＲＵＭＩ）は、次のように解説している。

ブレイキンは、１９７０年代にニューヨークのブロンクスという地区の路上で生まれたストリートダンスです。当時、その地区ではギャング間の抗争が激しくて、たくさんの流血事件が起きていたそうで、そういった抗争を暴力ではなく、より平和的に解決する手段として、ダンスを用いてバトルをしたんですね。…中略…ＤＪは音楽を流す人で、ＭＣは司会進行のような役割を担っています。他のダンススポーツにはまったくない要素で、音楽は多くの場合、即興で流されます。ブレイキンのダンサーたちは、そのＤＪの音楽に合わせてダンスを踊り合い、勝負を決めていきます。これは、70年代の発祥当時とほとんど変わっていないスタイルで、ブレイキンを支える魅力の一つでもあります。（NHK Sports、２０２１）

図１　ブレイキン（写真：AP／アフロ）

芸術に似た実践＝表現として誕生したダンスバトルが、オリンピックという場に取り上げられることにより、まさに「スポーツ」へと変化しようとしているのである。では、ブレイキンのルールはどうなっているのだろうか。

パリオリンピックで採用されるのは1対1でダンスを競い合う「バトル」という形式だが、ダンサー同士が対面し、ＤＪの音楽に合わせてダンスを踊って勝負する。採点方法は、今に至るまで世界共通の基準がないという。ある国ではボクシングのように審査員の挙手制であり、また、別の国では細かい基準を設けて採点をしている。ブレイキンで重要なのは、技術的な面はもちろんだが、オリジナリティや即興性、その場をロックする（会場を巻き込み盛り上げたり見入ったりさせる）ことができたか、という点である。そのため、他人と同じような動きばかりだと減点対象になり、多彩なスタイルを自分なりに組み合わせて誰も見たことのないようなダンスにできるかどうかが、勝敗を決する鍵になる。また、ブレイキンには、他の競技に見られるような専属の「コーチ」という存在がいないため、自分の長所も短所も自分で把握し、自分で解決していくことになるのである。

このように、ブレイキンにおける審査とは会場に集まった〈他者〉の感覚を代表するものであり、ルールの順守を一望監視する神のような外部性や超越的な視線は存在しない。芸術に似た実践＝表現の要素を多分に含んだブレイキンには、その体験を美的な基準や人間的な理想との関連で評価する〈他者〉のまなざしが大きく関与しているのである。

実践するものとそれを受け止める〈他者〉たちの感覚にゆだねられ成立しているような遊びを、オリンピック競技というスポーツとして成立させるために、採点基準などの評価システムが作られていく。しかし、「オリジナリティや即興性、その場をロックする」という感覚的な快楽が原動力となっているブレイキンを、画一的な基準に基づいて一つひとつの技の難易度を数値化し優劣を判定するようなスポーツに変換することは、その重要な〈遊び〉の次元を抹消してしまうことになりはしないか。対戦するダンサーとＤＪの音楽が一体となり、対立を演じながら対話へと通じていく過程でその優劣を含めた関係性が感覚的に受容されている場において、数値化された別の基準＝ものさしが入り込むことは可能だろうか。

この主体同士の自由でのびやかな〈遊び〉の感覚の興奮と楽しさを、ルール化された判定基準によって優劣が決定されるスポーツの場にも存続させるためには、プレイヤーの能動性を引き起こす〈他者〉のまなざし＝〈女〉の身体が必要不可欠だと考えられる。その場をロックする＝〈他者〉を見入らせることを追い求める中で、逆にその〈他者〉のまなざしが演技する身体を承認し、まさにその受動性によって、スポーツする身体の能動性が引き起こされるのである。もしもこの一体感＝妥当性の共有とかけ離れた判定が出た場合には、観客は大きなブーイングを発し、審査員に代わって演技者を称えるだろう。それによって演技者は、芸術的な実践＝表現の要素を多分に含んだ〈遊び〉としてのブレイキンに対する、正当な評価を得ることができるのである。(6)

4　おわりに――新しいスポーツを語るジェンダー言説に向けて

パリ２０２４オリンピックにおいて、ブレイキンはどのようにスポーツとして変化し受容されていくのだろうか。オリンピックという世界的な大規模イベントでは、メディアに媒介されさまざまな物語が付与され表現され、多くのスペクテーターはそうした言説を通してブレイキンを受容することになる。そのため、ここで論じたようなプレイヤーとスペクテーターの身体と身体の直接的な関わりの瞬間をすくいとることは難しいかもしれない。それでもなお、表現的な〈遊び〉としてのスポーツであるブレイキンは、多義的な戯れの次元にひらかれており、純粋に受動的な身体であるスペクテーターから注がれる〈他者〉のまなざしとの交流によって、新しいスポーツの関係性が生まれることが期待される。それと同時に、このような優劣を超えて交流するスポーツにおける相補的な身体の関わりについて語り得るジェンダー言説が今後広がっていくことに期待したいと思う。

（谷口雅子）

■注

(1)2002年には日本スポーツとジェンダー学会が設立され、また、日本スポーツ社会学会の機関誌である『日本スポーツ社会学研究』においても、2010年と2019年において、それぞれ「ジェンダー論的まなざしと身体のゆらぎ」、「『男性性』からみたスポーツの現在」という特集を組み、スポーツにおけるジェンダー論の重要性について論じている。

(2)同様に菊は、「スポーツの公共性」について、経済的、社会的、教育的等々の供給サイドの論理や目的から手段的に定義するばかりでなく、スポーツを欲求し必要とする、いわば人々のニーズや需要サイドの論理、あるいはその自己目的性からも定義する必要があるとし、「新しい公共」を担保するスポーツ概念は、社会変化に伴って生じるからだや運動をめぐる人々の生活の中からの要求や課題（生活課題）に対応したものとして再定義される必要があると述べている（菊、2013）。

(3)内田は、近代スポーツは形式化されたルールへの同調と従属による身体の主体化をめざすようになったが、しかしながら、実際のゲームでは、ベンサムが構想した監獄の中央監視塔のようにルールの順守を一望監視する「超越的な視線」は存在しないこと、審判は中央監視塔の超越的な視点に比べれば、あまりにも不完全であり、神のような外部性や超越的能力をもたないことを指摘し、スポーツを規律訓練のモデルだけで一義的に理解するのは適切ではないと述べている（内田、2013、47-48頁）。

(4)しかし、日本の武家政権の歴史の中で、その空所を天皇が埋めるという移行が完全に果たされたことはない。武士の天皇に対するあいまいな依存関係が続いたのである（大澤、2021、194頁）。

(5)先に示したように、大澤は、女の主体性をセックスとしての女と結びつけて論じているのではない。そのことを明確に示すために、ここでは〈女〉という記載を用いている。

(6)東京２０２０オリンピックで初めて採用されたスケートボードにおいても、採点結果にかかわらず、選手同士が互いの演技の出来栄えを称えあっていた光景が注目を集めた。

■文献

・池井望（２０１３）スポーツというフィクション．日本スポーツ社会学会編、21世紀のスポーツ社会学．創文企画、66‐67頁．
・井上俊（２０００）スポーツと芸術の社会学．世界思想社．
・菊幸一（２０１３）スポーツにおける「新しい公共」の原点と可能性．日本スポーツ社会学会編、21世紀のスポーツ社会学．創文企画、１２０‐１２１頁．
・NHK Sports「特集　新競技『ブレイキン』がわかる！２０２４年パリ五輪で金メダルも期待」．https://www3.nhk.or.jp/sports/story/15848/（参照２０２２年5月14日）
・日本スポーツ社会学会編（２０１０）スポーツ社会学研究、18（２）：３‐66頁．
・日本スポーツ社会学会編（２０１９）スポーツ社会学研究、27（２）：３‐48頁．
・大澤真幸（１９９０）身体の比較社会学．勁草書房．
・大澤真幸（２０１９）コミュニケーション．弘文堂、３７２‐３７４頁．
・大澤真幸（２０２１）天皇　武士との不思議な共存．大澤真幸・本郷和人、〈女〉としての天皇．THINKING O 017、74‐２０６頁．
・多木浩二（１９９５）スポーツを考える．筑摩書房．
・谷口雅子（２００７）スポーツする身体とジェンダー．青弓社．
・内田隆三（２０１３）スポーツの夢と社会構造―神話作用とその消失点をめぐって―．日本スポーツ社会学会編、21世紀のスポーツ社会学．創文企画、44‐48頁．

第21章 声を上げる女性アスリートと「月経問題」

1 問題の背景

近年、主要メディアが「女性アスリート[1]」の月経（生理）を問題として取り上げるようになった。例えば「〝15年間、無月経だった〟千葉真子さん 若者へのメッセージ[2]」、「生理中の競技 不快なんです 女性アスリートの悩み[3]」、「若いうちに生理の知識を 女性アスリートへ『正しい知識』発信[4]」、「『生理が止まった私が伝えたいこと』北京目指すスキー選手の思い[5]」、「産婦人科医・スポーツドクター、能瀬さやかさん 女性アスリートを支えて[6]」など、2022年8月現在からの1年間を振り返るだけでも複数の媒体にわたる特集やテレビ放映の記事がみつかる。こうした記事では、競技の現場において月経に関する指導者の認識不足や本人の誤った理解のため女性アスリートの健康がおびやかされているという現状がデータとともに示され、オリンピアンをはじめとする女性たちが自らの経験に基づいて問題提起する。あるいは、主に若年層を対象とした正しい知識の普及に努める取り組みが紹介される。その際に見られるのは、おおむね医学的観点からのアプローチであり、女性アスリートの健康を守ることが、ひいてはオリンピックなどでの国際競技力の維持向上にもつながるという前提がうかがえる。

こうしたことは、欠落していた組織的・制度的な女性アスリート支援や当事者・関係者の意識改革が進行中であるという望ましい現象として、また、かつてタブー視されていた月経というトピックが公の場でまじめに語られるようになったという時代の変化として解釈しうるだろう。しかし本稿では、一連のできごとを別の文脈において考えてみたい。女性アスリートと月経をめぐる問題が一般に周知されるに至るプロセスで、スポーツ界にかかわる女性たちが各種メディアを通じて声を上げ、公に自分の意見を表明したことに注目するからである。現代の日本社会において、女性アスリートが声を上げるということが、また、そのテーマが「月経」であることが、どのような意味をもつのだろうか。どのような社会的文化的背景を想定しうるのだろうか。こうした関心に基づき、日本の女性アスリートたちによる問題提起について考察する。

2 アスリートのアクティビズム

トップアスリートたちの言動が、社会に及ぼすインパクトは小さくない。それが政治的なもの、社会問題に関するものであればなおさらであり、内容だけではなく政治的な主張をしたことそれ自体が意味をもち、メディアを通じて拡散し、大きな話題となる。とりわけブラック・ライブズ・マター（ＢＬＭ）と呼ばれる反人種差別運動の高まりは、声を上げるアスリートの姿が日本でも幅広く認知される契機となった。ＢＬＭ運動を推進するアスリートの代表的存在とされるコリン・キャパニックは、２０１６年当時プロアメリカンフットボールＮＦＬの選手として試合前の国歌斉唱で起立を拒否して地面に膝をつき、アメリカ社会が抱える人種差別に対する抗議の意を示した。その後、彼の「膝つき」パフォーマンスはソーシャルメディアを通じて拡散し、種目の境界を超えて多くのアスリートによって模倣されることになる。２０２０年には、プロテニスの大坂なおみが「私は声を上げる」とＢＬＭ運動への支持を表明した。ワシントンＤＣで行われた抗議デモに、プロバスケットボールＮＢＡの八村塁はチームメイトとともに参加した。２０２１年に開催された東京オリンピックでは、日本を含む女子サッカー各国代表チームが試合前に「膝つき」のパフォーマンスをした。

アスリートたちの政治的な言動には、賛同ばかりではなく、とりわけインターネット上では「スポーツと政治を混同するな」といったお決まりのフレーズを伴う強い非難も向けられる。キャパニックに至っては、当時のトランプ大統領からTwitterで「お前はクビだ!」などと罵倒された。こうしたネガティブな反応について、山本(2022)は、「アスリートは黙ってスポーツに専念していればいい」といった認識が背後にあることを指摘した上で、次のように述べる。

世の中の貧困や差別といった重要な問題があっても、アスリートたちはそれらに無関心で、ひたすら自分の身体と向き合い、キャリアをアップさせ、多額の報酬と人気を手にしていくことを善としている。……資本主義の競争からも国家の政治からも見放される領域、たとえば相互扶助や近隣のアソシエーションのようなものをかりに「社会的なもの」とするならば、現代スポーツとアスリートたちの世界に「社会的なもの」は決定的に不足している。(山本、2022、185頁)

これまでアスリートは社会問題に目を向けたり、異議申し立てをしたりすることなどない非政治的な存在とみなされ、多くのアスリートは自らに付与されたイメージを裏切ることなく「社会的なもの」から距離をおいてきた。そのなかで黙って問題を見過ごすことができず声を上げたアスリートは激しい非難を受け、チームあるいはスポーツ界から追放される。アスリートが声を上げるとき、そこには大きなリスクが伴うのである。

こうしたアスリートと「社会的なもの」との関係は、日本ではどのように表れるだろうか。NHKのドキュメンタリー番組『スポーツ×ヒューマン』で「#アスリートは黙らない」という回が放映されたのは、2021年5月のことである。番組は「人種差別」、「体罰」、「月経」という三つのテーマで構成され、それぞれのテーマに基づいてJリーグの鈴木武蔵、元バレーボール日本代表の益子直美、陸上女子1万メートルで放送当時五輪出場内定の新谷仁美が「心の傷に向き合い社会を変えようと行動する」姿を紹介した。人種差別及び体罰を含むハラスメントは、日本でもスポーツの枠を超えた社会問題として認知されており、有名アスリートがそれについて自らの言葉で考えを述べることは、海外でのそれと同様のインパクトをもちうる。

しかし番組は、人種差別や体罰という経験それ自体を問題化し、批判的まなざしを向けるものの、問題を維持してきた社会構造には言及しない。「日本に人種差別はない」、「愛のある体罰は問題ない」、「つらい経験によって成長する」といった言説が一定の存在感をもつ状況下で、人種差別を内包する日本社会、暴力やハラスメントを許容する日本社会に対して異議申し立てをするのは容易ではない。既存の社会のあり方やこれまで問題に気づかずにいた社会のマジョリティを批判するのではなく、自身の「心の傷に向き合う」姿を通じて問題を可視化する、そこに日本におけるアスリートと「社会的なもの」との関係の一端がみえる。

3 女性アスリートが「声を上げる」ということ

アスリートのアクティビズムにおいて、とりわけ女性アスリートが中心になって声を上げるとき、俎上に載るのはスポーツにおけるジェンダー問題であることが多い。例えばアメリカでは、女子サッカーの代表選手たちが報酬のジェンダー格差をめぐって訴訟を起こした。同じく女子サッカーのプロリーグＮＷＳＬや女子新体操の代表選手たちは、指導者やチームドクターによる性加害を告発し、被害者以外の選手たちも試合前のパフォーマンス等を通じて連帯の意を示した。東京オリンピックに出場した新体操ドイツ代表選手は、ビキニカットのレオタードではなく、足首まで布で覆われたユニフォームで出場し、女性アスリートの性的客体化を拒否した。

このようなスポーツ界の動向と並行するように、第四波フェミニズムと呼ばれる社会的文化的潮流においては、#MeToo運動などＳＮＳを駆使してセクシズムや家父長制への抗議を発信・共有・拡散するスタイルの社会運動がみられる。第一波フェミニズムの影響下で、女性たちはスポーツする権利と機会を求めて声を上げた。現代の女性アスリートもまた、ソーシャルメディアを通じて声を上げ、抗議する映像や画像を拡散し、自らの経験をフェミニズムの問題として位置づけ、幅広い社会的文化的文脈で連帯する可能性をひらいたのだといえる。

社会問題に対して声を上げることの意義は、当然ながら、ジェンダーにかかわらず存在する。それでもあえて本稿が女性をより重視するのは、和泉ほか（２０２２）が下記で述べるとおり、社会において女性が声を上げづらい状況や、上げた声をまともに受け止められない状況が、長らく続いてきたためである。

> 女性に対して何かと講釈を垂れる男性の言動を指した「マンスプレイニング（mansplaining）」という造語が世に広まるほど、女性は職場でも学校でも街でも家庭でも、男性によって日常的に声を遮られ、言葉を奪われ、沈黙を強いられている。そして、その理不尽な抑圧への忍耐が沸点に達し、さまざまなリスクを覚悟で勇気を振り絞って声を上げると、その発言の正当性を疑われたり、服装や容姿や話しかたを問題にされたり、……そうしたバックラッシュ（反発や反撃）によって発言者が傷つき、追い込まれていくだけでなく、発言そのものが葬られ、他の女性たちが発言する勇気も奪われてゆく。（和泉ほか、２０２２、13頁）

このような指摘はスポーツの領域にもあてはまる。例えば、日本のスポンサー企業が提示する「（強いだけでなく）かわいい」女性アスリートとしての大坂なおみ像について、田中（２０２２）は「女性アスリートの技芸、あらゆるアスリートのアクティビズムや政治的発言が、メディアでの取り上げ方によって、しばしば無力化され、脱政治化される」（田中、２０２２、53頁）と述べる。２０２０年８月の「ボイコット」に対する国内の反応についても同様のことがいえるだろう。全米オープンの前哨戦となる大会で、大坂は翌日の準決勝を延期する旨の声明をＷｅｂで発表した。同月に起きた、警察による黒人男性への銃撃事件に対する抗議表明のためである。アメリカではいくつものプロスポーツチームが同様の対応をし、大会を主催する女子テニス協会（ＷＴＡ）も大坂の意向に賛同していたという。ところが日本では、そうしたことがほとんど報道されないまま、「若い女性アスリートの単なる気まぐれやわがまま」（坂下、２０２２、22頁）として批判された。

国内で起きた２０２1年2月のいわゆる「森発言」も、この文脈に置くことができる。当時東京オリンピック・パラリンピック組織委員会の会長であった森喜朗氏は、公的な場で「女性がたくさん入っている会議は時間がかかる」、「女性は競争意識が強く、誰かが手をあげるとみんなが発言する」などと発言し、「女性蔑視」として問題視された。従来と比べて、ほんのわずか女性が発言の機会をもつようになったことで会議が思いどおりに進まない、その変化への忌避感や苛立ちが露わになったという点で、この件はスポーツ界で「女性の声」がいかにないがしろにされてきたかを示す好例ともいえる。

先述のとおり、アスリートが社会的なことがらに関心を示したり政治的な発言をしたりすることは、それが現状に対して批判的なものであればあるほど、ネガティブな反応を招いた。その上で、本節で示した、女性が声を上げることをめぐる困難を併せて考えれば、「女性」の「アスリート」が、いかに声を上げづらい状況にあるかがわかる。

4　スポーツの構造的問題としての「月経」

先に言及した「#アスリートは黙らない」に、再び目を向けよう。番組でスポーツ界の「月経問題」を指摘した陸上競技の新谷仁美は、かつて「生理なんか来なくていい」と考える指導者の下で心身を追い込み、9ヶ月間にわたる無月経を経て一度は競技を引退している。放映から遡ること1年4ヶ月、新谷は自身のTwitterアカウントで「私の経験談と月経について長文ではありますが書き留めたものです。人として強く生きていく全ての人へのメッセージだと思って頂ければ幸いです[7]」と、無月経や怪我をめぐる精神的苦悩の経験が記された画像を通じて問題提起している。多くの人にとって、三つのテーマのうち「人種差別」と「体罰」については、広く共有され議論されるべき深刻さをもつ問題として位置づけることに異論の余地はないだろう。一方で「月経」については、それが往々にして「女性の問題であり、男性には関係ない」とされることから、当該回のテーマに含まれていたことに違和感をもつ視聴者がいたかもしれない。しかし新谷の経験は、男性中心社会で女性の身体が周縁化されてきたことにより生じた問題であり、個人の不幸な経験にとどめるべきではない。

月経はさまざまな社会・文化圏において「不浄」、「ケガレ」とみなされてきた（杉田、2022）が、明治期以降の日本では、月経の医療化・病理化によってその意味付けが変化していった。とりわけ女学校での「良妻賢母」教育や女性雑誌を通じた医療化言説の啓蒙及び医学的調査と監視の受け入れによって、女性たちは、月経を秘匿すべきプライベートな問題、家族や友人ではなく医師に相談すべき問題とみなす観念を内面化した。一方で、女学校卒業生たちの一部は職業婦人として月経にかかわる身体的問題に直面し、その問題意識は母性保護運動をはじめとする婦人運動や労働運動といった「社会的なもの」へとつながっていく（田口、2004）。とはいえ一般的日常的な社会生活の範囲では、月経にかかわることがらは女性たち自身によって「秘匿」されるとともに、医療の範疇に留められたために不可視化され、おおかたの男性にとって月経は知る必要がないこと、誤った認識でいても問題のないことであったともいえる。

上記の傾向は、競技スポーツの領域においてより顕著であったと考えられる。[8] そもそもスポーツは、その近代化のはじまりからジェンダー化されており、担い手として男性のみを想定して設計及び制度化された男性中心文化である。競技パフォーマンスの向上をめざし選手の心身のあるべき状態を追究するいわゆるスポーツ医科学も、社会のマジョリティである男性の身体が標準（無徴）で、女性の身体は例外あるいは特殊（有徴）という知の構造を維持したまま、トレーニングやコンディショニング、コーチングなどに関するデータや科学的知見の蓄積にジェンダー格差をもたらした。そうした状況の中では月経のみならず、女性の身体において顕著となる現象は周縁化あるいは不可視化される。

女性アスリートが増加し、国際大会などで活躍する姿がめずらしくなくなった近年、それでも指導者や組織の意思決定層は月経について「知る必要のない」人々、すなわち男性が中心を占めており、適切な配慮や議論の必要性が認識されてこなかった。女性アスリートの側においても、その多くは月経について触れることをタブー視する観念を内面化しており、周囲と情報交換したり指導者に相談したりすることが困難で正しい知識にアクセスする機会に乏しい。そのため、女性スポーツの現場では、例えば以下に示すような弊害が生じている。

一方で、高校生アスリートの状況を見ると、無月経を治療せず放置している者が全体で4~5割にのぼり、特に無月経の頻度が高い中長距離等の選手や跳躍の選手では半数以上と、婦人科で早期に治療を受けるという意識付けが十分とは言えない状況といえる。（内閣府男女共同参画局、２０１８）

一部の女子スポーツ選手の間には、いまだ「月経が止まってからが一人前」、「月経があるうちはまだまだ練習不足」といった誤った認識がある。また、競技を行うにあたって「月経がない方が楽」と考える選手もいる。（春日、２０１９、71頁）

無月経は「女性アスリートの三主徴」と呼ばれる症状の一部であり、適切なタイミングで治療を受けなければ選手生命どころか引退後の人生にも影響が及びかねない。男性中心主義を背景とした無知や誤った理解が心身の健康を損ない、場合によっては妊娠や出産に関わるライフプランの妨げにもなる。

以上のことから、新谷を含む女性アスリートたちが直面してきた月経にかかわる問題は、たまたま環境や指導者に恵まれなかった個人の経験にとどまるものではないことがわかる。「月経問題」は女性だけの問題ではない。非対称的なジェンダー構造がもたらすスポーツ界全体の問題であり、社会における女性の身体の位置づけを問うフェミニズムとも問題意識を共有する「社会的なもの」でもあるのだ。

5 「月経」の位置づけの変化

では「月経」について声を上げた女性アスリートたちが、人種差別やジェンダー格差に対して抗議したアスリートたちと同じようなバックラッシュを受けたかというと、そうではない。というのもまず、ここでは「月経問題」がジェンダーの問題として位置づけられていないからである。女性アスリートたちの批判的まなざしは、もっぱら女性の身体に関するスポーツ医科学的知見の不足に向けられており、そのような状況に至ったスポーツの文化的歴史的背景や社会問題との接続については、その語りにおいても問題を報じるメディアにおいてもほとんど触れられていない。もちろん、これまで「月経問題」を認識してこなかった意思決定層への抗議もない。スポーツ界の「女性の声」は、誰を責めることもなく、競技成績のみならず妊娠・出産にまで影響が及ぶ健康問題として提示されたことで、まともに受け止められたのである。

また、さらに重要なことに、スポーツにおける「月経」の位置づけは、この10年余で大きく変わりつつある。2014年、国立スポーツ科学センターが日本産科婦人科学会との共同研究の結果を公表すると、「三主徴」に関わる女性アスリートの現状は衝撃をもって受け止められた。それ以降、女性アスリートのヘルスケアやコンディショニングへの問題意識は高まり、その文脈で「月経」は盛んに研究・議論され、新たな知見の普及が推進されている。有名アスリートが月経に関する正しい知識や適切なフィジカルケアの重要性を自らの経験に基づいて説く姿は、本稿の冒頭で示した記事だけではなく、若年層アスリートを対象とした講演や後述する「女性活躍」関連の文書においても頻繁にみられる。

政策面での後押しも大きい。2017年に策定された第2期スポーツ基本計画は「スポーツを通じた活力があり絆の強い社会の実現」に向けた施策の一つに、「スポーツを通じた女性の活躍促進」をおいた。ここでいう「活躍」とは、オリンピックなど主要国際大会でのメダル獲得にほかならない。国は女性アスリートの競技力向上と金メダル数の記録更新をめざし、そのために「女性特有の課題対応」を支援する。この文脈において「女性特有の課題」そのものである「月経」は、いまやスポーツ界においては「女性活躍」政策の下でタブーどころか積極的に語られるべきテーマになっている。

上記と時期を同じくして、フェムテック事業の興隆というグローバルな潮流もみられる。フェムテックとは女性（female）とテクノロジー（technology）からなる造語で、女性の健康に関する課題をテクノロジーで解決するサービスやプロダクトを指し、女性起業家の活躍が目立つところにも特徴がある（渡部、２０１２）。ここでも「月経」は、もはや社会におけるタブーでも「存在しないもの」でもなく、女性によるセルフマネジメントの対象であり、ビジネスの一要素である。欧米ではフェムテックの導入が進んでおり、アプリを用いた月経周期の把握、データに基づく体調管理やトレーニングの調整などをパフォーマンスや競技成績の向上につなげている。日本でも同様の動きが今後進んでいくと考えられるが、そうなれば、「月経問題」は社会構造をターゲットとするフェミニズムの問題ではなく、フェムテックを駆使して自己の身体を適切にマネジメントできるかという個人の意識や能力の問題とみなされるだろう。

以上の変化をふまえると、日本の女性アスリートによる「月経問題」の発信は、少なくとも現段階においては、「国家と資本主義とプライベート」（山本、２０２２）の領域に回収され、アスリートが「社会的なもの」と接続する機会を逸してしまったようにみえるのである。

6　まとめと今後の課題

本稿は、近年スポーツ界でみられる「月経」の問題化プロセスに女性アスリートによる発信が伴っていることに注目し、この現象がもつ意味やアクティビズムとしての可能性について社会的背景を踏まえて考察してきた。

女性アスリートが「月経問題」について声を上げることは、スポーツ界の男性中心主義に対する異議申し立てとなる可能性や、スポーツの枠を超えた女性の連帯や他の文脈と接続してより深い変化を求めるアクティビズムへと発展する可能性をもちながらも、そうはならなかった。「女性」の「アスリート」が上げた声は、「社会的なもの」あるいは政治的発言として解釈されないまま黙認され、耳を傾けられた。そして、スポーツにおけるジェンダー構造が問題化され、根本的な批判や議論がなされることによってではなく、「女性活躍」を掲げた国の女性スポーツ支援政策の推進や、フェムテックという新しい「女性活躍」ビジネスの興隆によって、スポーツにおける「月経問題」は遠からず解決されようとしている。

知識不足や問題認識の欠如によって苦しむ女性アスリートがいなくなることは、当然ながら歓迎されるべきである。ただし、上記のかたちでの問題解決によって、背景にある非対称なジェンダー構造は透明化され、それは男性中心文化としてのスポーツを女性アスリートの立場から批判的に問う回路が一つ閉じてしまうことを意味する。とはいえ「月経問題」について声を上げたという事実は、スポーツ界の女性たちにとってエンパワーメントとなるだけでなく、声を上げることへの「ハードルを下げた」可能性はある。また、このことは「女性たちの経験」として共有され、この先、何らかの問題に対して声を上げる女性たちにポジティブな影響を及ぼすことが期待できる。一方、そのとき社会は、声を上げた女性アスリートに対しどのような反応をみせるだろうか。「社会的なもの」へのスタンスが問われているのは、アスリートだけではない。

（稲葉佳奈子）

■注

(1)本稿では、女性アスリートのアクティビズムについて言及するため、選手を「アスリート」と記述している。
(2)ＮＨＫ ＷＥＢ ２０２２年7月26日 https://www.nhk.or.jp/citizenlab/seiri/kiji_20220722.html（参照２０２２年9月1日）
(3)ＮＨＫ ＷＥＢ ２０２２年6月22日 https://www3.nhk.or.jp/news/html/20220726/k10013728911000.html（参照２０２２年9月1日）
(4)朝日新聞２０２２年3月10日
(5)毎日新聞２０２１年12月16日

(6) 朝日新聞２０２１年７月10日

(7) ２０２０年１月31日のツイートより引用　https://twitter.com/iam_hitominiiya/status/1223105078254432257?s=20&t=eTtzILi6LsYZbFNNj573HQ（参照２０２２年９月１日）

(8) 日本の女子体育教育においては、月経時の運動をめぐって医学的・衛生学的観点から議論がなされている。１９００年に月経時の体操を休止する旨の文部省訓令が初めて成立したが、その背景には月経を「安静を要する病理」とみなす、明治期以降に登場した医学的言説がある（田口、２００４）。

■引用・参考文献

・稲葉佳奈子ほか（２０２０）女性スポーツ政策に内在する「排除」の可能性．スポーツとジェンダー研究，18：51-52頁．
・和泉真澄ほか（２０２２）はじめに―「Mr. Vice President, I'm speaking」．和泉真澄ほか，私たちが声を上げるとき　アメリカを変えた10の問い．集英社，10-18頁．
・春日芳美（２０１９）学校における女子スポーツと指導．青柳健隆・岡部祐介編著，部活動の論点：「これから」を考えるためのヒント．旬報社，63-80頁．
・内閣府男女共同参画局（２０１８）男女共同参画白書平成30年版．http://www.gender.go.jp/about_danjo/whitepaper/h30/zentai/pdf/h30_tokusyu.pdf（参照２０２２年９月１日）
・坂下史子（２０２２）大坂なおみ（22歳／２０２０年）．和泉真澄ほか，私たちが声を上げるとき　アメリカを変えた10の問い．集英社，19-41頁．
・杉田映理（２０２２）序論，杉田映理・新本万里子編，月経の人類学―女子生徒の「生理」と開発支援―．世界思想社，５-19頁．
・スポーツ庁（２０１７）第2期スポーツ基本計画．https://www.mext.go.jp/sports/content/jsa_kihon02_slide.pdf（参照２０２２年９月１日）
・田口亜紗（２００４）生理休暇の誕生．青弓社．
・田中東子（２０２２）大坂なおみ―政治的発言と勇敢さのゆくえ．山本敦久編，アスリートたちが変えるスポーツと身体の未来　セクシュアリティ・技能・社会．岩波書店，35-60頁．
・渡部麻衣子（２０１２）「フェムテック」とは何か？―その可能性と抱えるジレンマ．竹崎一真・山本敦久編，ポストヒューマン・スタディーズへの招待　身体とフェミニズムをめぐる11の視点．堀之内出版，54-63頁．
・山本敦久（２０２２）コリン・キャパニック―社会を編みなおすアスリート―．山本敦久編，アスリートたちが変えるスポーツと身体の未来　セクシュアリティ・技能・社会．岩波書店，１６９-１９３頁．

第22章
障害者の身体とスポーツ
——知的障害者のスポーツをめぐる「身体経験」の論理

1 知的障害者のスポーツの経験を問う

長野県に住む重度の知的障害があるNさん（男性・27歳）は、いつも無表情で、言葉を話すこと、文字を書くこと、身ぶり手ぶりでコミュニケーションすることができない。自分の意思を決定したり伝えたりするには、他者の援助が必要だ。そんなNさんは10歳のときから欠かさず、毎週土曜日に地元のプールで運動を続けている。プールに行く時は支援事業所のヘルパーさんが車で自宅に迎えにいき、一緒に更衣室で水着に着替える。Nさんは、顔に水がかかることが大嫌いだから、プールには潜らずに、水の中を歩いたり、飛び跳ねたり、犬かきみたいな動作をして、一人で1時間過ごす。ヘルパーさんは「プールはNさんの1番の楽しみだ」と言う。理由は、迎えにいくとプールに行く日だけ玄関から飛び出してくるから。知的障害者は、嫌いなことを何年も何年も続けたりはしないから。Nさんはヘルパーさんを通じて私たちに、知的障害があるかどうか、他者と意思疎通できるかどうかは関係なく、人間はスポーツを楽しむ存在だと教えてくれる。

けれども、これは裏を返せば、スポーツを楽しむ、それがどのような経験であるかと問われる時、私たちが言葉や文字の存在に依存していることを意味している。私たちは、コミュニケーションのない世界で、スポーツを楽しむNさんと、Nさんを支援するヘルパーさんを私たちとは違う特別な存在だと思い込んでいる。果たして、他者のスポーツをめぐる身体の経験を、言葉や文字に頼らないで理解することは、「特別」なことなのだろうか。

2 知的障害者の「身体経験」

(1)知的障害者の「身体経験」に注目する理由

２００６年国際連合が発効した「障害者権利条約」は、そのスローガンに「我らを抜きに我らのことを決めてはならない！」とあるように、障害者の人権と基本的自由のために、さまざまな活動に対して「当事者（のための）」視点を求めている。知的障害者のスポーツも例外ではない。しかしながら、今日の知的障害者のスポーツ活動の課題は「知的障害のある人が運動・スポーツを楽しむことができる存在として社会全体で認識すること」（澤江、２０１３）と指摘されており、スポーツ活動における知的障害者を「当事者」として理解しようとする他者からの視点が、どのような論理によって成立するのかについては、解決しないまま残されている。

一方、我が国では「スポーツ宣言日本」において、スポーツは「自発的な運動の楽しみを基調とする人類共通の文化である」（公益財団法人日本体育協会・公益財団法人日本オリンピック委員会、２０１３）と定義されている。この現代的定義の根幹には、スポーツとは生命体としての身体活動の喜びであり、すべての人の暮らしの中にかけがえのないものとなるよう、その文化的価値を高めるというねらいがある。このような現代的定義を用いるなら、知的障害者をスポーツ活動の当事者として捉えるためには、彼／彼女らが人類共通の身体運動の喜びを経験しているからこそ、スポーツに取り組む存在であるという社会的な認識が不可欠だといえる。とはいえ、現代社会における知的障害者のスポーツをめぐる社会的な認識は、健常者中心の社会で主流となっている、言語や文字を介して理解するあり方と無関係ではありえない。おそらく、一般的にスポーツ活動の当事者という時、そこにはルールや勝敗や記録に関係する運動を楽しむ能力をもち、それがいかなる経験であるのかについて他者に伝える能力を有する、自立した人間像が暗黙裡に想定されている。つまり、人間が人間を言語や文字を介して理解しようとする社会は、意思疎通に困難を抱え他者と共に行動する、知的障害者のスポーツをめぐる経験を共有することや、彼／彼女らの暮らしの中にスポーツを根づかせることを一層難しくする。私たちは、知的障害者がスポーツや運動を楽しむ存在であることについて、彼／彼女らの言語化する能力に左右されることなく、社会が後押しするという視点を見失ってはならない。

そこで本稿は、彼／彼女らが日常のスポーツ活動で経験していることを「身体経験」とし、この「身体経験」を社会がどのようにして担保し、人類共通の生命体の喜びとして後押しするのかという視点と、それを支えるために必要な論理は何かを考えてみたい。それは、知的障害者のスポーツをめぐる「身体経験」が、本人と他者の相互作用によって社会的に構築されるということを意味している。

(2)社会的に構築される「身体経験」

では、知的障害者のスポーツをめぐる「身体経験」が社会的に構築されるとはどのようなことをいうのだろうか。通常、「身体経験」とは誰のものかと問われれば、「当事者」のものだろう。だが、それがどのようなものかを問うとき、健常者を基準にした応答においては、「当事者」が「他者」に対し自分の経験を言語化する能力を有しているかが問われることになる。その時、私たちは冒頭のNさんの行動がそうであるように、その経験がいかなるものか知る由がなくなってしまう。ここではその要因を、知的障害者の言語化する能力の低さにではなく、言語化を不可欠とする社会の側に問うていきたい。

では、同じ社会の側に立つ冒頭のヘルパーさんは、Nさんの身体経験をどのように理解したのだろうか。例えば、玉置（２００７）は、知的障害者のスポーツ活動は、知的障害を持たない「非当事者」からの接近によって

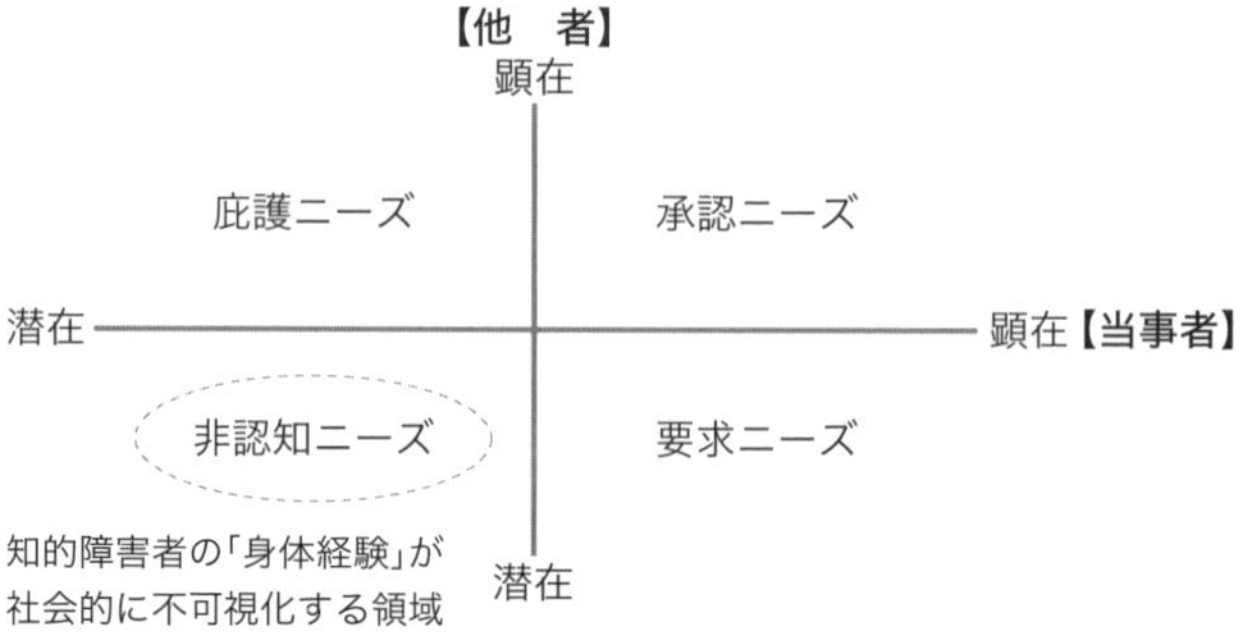

図1　社会福祉学における社会構築主義的ニーズと本稿の視点
（上野、2008、14-16頁に筆者加筆）

しか存在しえないと述べている。確かにNさんの身体経験は、ともに行動するヘルパーさんとの相互作用によって言語化され、その理解が可能となる。では、ヘルパーさんとの相互作用によって構築されると考える「身体経験」が、Nさんの「当事者性」に関係するのはなぜだろう。このことを明らかにするためには、これまで述べてきたような個の人間に対する普遍的で絶対的な「当事者性」の理解の仕方から一旦離れ、知的障害者にとっての「当事者」と「他者」との相互作用によって社会的に構築される「身体経験」の論理自体を問い直す必要性が出てくる。そこで本稿は、社会構築主義的視点に立ちながら、意思の伝達や決定に問題を抱える知的障害者のスポーツをめぐる身体経験にアプローチする論理を明らかにすることを目的とする。

　なぜ、社会構築主義的視点という枠組みが必要なのか。図1は、社会構築主義から見た「身体経験」の構図を示したものである。社会福祉学の「ニーズが帰属する主体」（上野、２００８）の概念によれば、社会におけるニーズは「当事者」と「他者」によって構築され、社会的に認知される「要求ニーズ」と「承認ニーズ」を派生させて、これを顕在化させるとする。同時に、「当事者」と「他者」は、当事者が望まない「庇護ニーズ」や、社会的に認知されない「非認知ニーズ」を生み出す。この時、当事者にも他者にも認知されない「非認知ニーズ」とは、健常者中心の社会では一般的な現象としてはあり得ない次元といえるが、Bradshaw（1972）は、この象限は実在する現象を指すのではなく、社会構築主義理論を前提として成り立つ認識的な理論的検討のための次元であると指摘する。つまり、言語化されない知的障害者の「身体経験」には、社会的にそれを不可視化させる仕組みが内在しており、それが構築されるプロセスを理論的に問う必要があるということである。

そこで、この第三象限の「非認知ニーズ」の存在に着目し、この認識的な次元の中心に「身体」をおいて、そこから導かれる「身体経験」の論理を問うてみたい。すなわち、今日のスポーツ社会学における「身体論」を知的障害者の視点をもって検討し、それが彼／彼女らの「経験」に対して、十分な考察を可能にしているのかを問い、そこから「経験」を後押しする新たな論理の可能性を論じたい。

3 身体論における「経験」

(1)「身体経験」に対する社会構築主義的視点

「非認知ニーズ」にアプローチする社会構築主義理論とは何か。北田（2003）によれば、社会構築主義は論者の問題関心によって狭義と広義に二分される。狭義のそれは「方法論的構築主義」といい、社会学の方法論的な問題関心によって導かれ、「問題がいかにして語られるか」の経験的記述である。これに対し、広義のそれは「政治的構築主義」といい、政治的な問題関心によって導かれ、物事の歴史的・文化的な限定性は言語が展開していると考える立場である。

この分類に従えば、前者の方法論的立場は「身体経験が言語によって記述される」という現象学的考察を前提とするから、知的障害者の言語化能力による記述可能性が理論的限界として示されることになる。これに対して、後者の立場は、知的障害者の「身体経験が不可視化される」ことは言語によって理論的に限定性がもたらされているに過ぎず、そこに健常者を基準とした人間像に対する政治性とその論理の影響を探っていくものである。つまり、知的障害者にとって「非認知ニーズ」を意味するところの「身体経験が社会的に不可視化させる領域」は、彼／彼女らの「身体経験」を政治的構築主義の視点からアプローチすることで、社会的に構築されたものとしてみることが可能になる。では、これまで人間の「身体経験」に対し、どのような問題が提起されてきたのであろうか。

(2) スポーツ社会学における「身体経験」

スポーツ社会学の「身体経験」の系譜を辿ると、それは１９９０年代に提唱されており、「現象学的社会学の特色のひとつは、社会現象や社会制度を単に外側から客観的にとらえるのではなく、それを経験する人びとの経験そのものからなるべく切り離さないようにしてとらえようとする点」にある。そして、その方法は「スポーツの体験というものを内側からとらえ、その意味を汲みとり、スポーツ社会学の理論のなかに組み込んでいくやりかた」（井上、１９９３）として集約される。スポーツ社会学にとっての「身体経験」とは、人間の「外側」であるスポーツ社会学の理論を補足する「内側」の論理としての現象学的身体論によって説明されるのである。

これに対して渡は、このような経験を捉える研究は成果をみせず、その要因は論理自体にあると指摘する。彼が主張する「スポーツ経験」は「個々のスポーツ実践とその実践に与える意味付けの総体」であり、それは「スポーツ実践の固有の論理」によって「社会的なるもの」へ達成されるのだと主張する（渡、２０１４、55‐56、63頁）。しかし、彼のいう「意味付けの総体」は、知的障害者の「身体経験」を社会的なるものへと向かわせる志向性をもつ一方、彼の「スポーツ経験」も「当事者」としてのものに限定されている（渡、２０１４、56頁）。では、現象学的身体論に対し、身体に対する認識論はどのように展開してきたのだろうか。

(3)「身体論」から「肉体論」へ

「肉体論」（池井、２００８／菊、２００８）としての認識を捉えるならば、その理論的特徴は、第一に身体論と対象が異なることにある。身体論が「主体」「客体」の二分法を用いるのに対し、肉体論における客体としての身体とは、「呼吸し、食事し、子どもを生み、ねむり、死んでいく『生きている身体』」であり、文化や社会や経済や政治システムに操作されてその鋳型どおりに作り出された人間像のことではない（池井、２００８、23‐24頁）と考えられる。肉体論では人間の身体について、「主体」にも「客体」にも把捉できない残余としての「超客体」＝「肉体」という視点を提供する。第二は、言語との関係性である。肉体論において、これまでの身体論における身体は「ことば」によって対象化された幻影のからだであるとされる（池井、２００８、11頁）。菊は、スポーツ社会学における身体論の関心はスポーツに注がれており、それが「文明化されたスポーツ」という意味を帯びれば帯びるほど、身体経験が理想化されて構築されることに対して身体論の認識論的限界を指摘し、身体の生体性（動物性）を文化や社会から見るという研究視点を失っていると考え、スポーツの立場からそれを乗り越える認識論として肉体論を位置づけようとした（菊、２００８、74‐79頁）。こうして、「肉体論」は、近代社会の「ことば」と現象学的身体との蜜月に対する批判を中心におく。第三は、人間観の違いである。肉体論的「人間」とは、「他の生物とは違う特別な行動」（池井、２００８、25頁）をとる生物であり、「人間は動物とどのように違うのか」（菊、２００８、90頁）という認識論的観点をもった人間像である。本来的には他の生物と同様に自然のものであるはずの人間の物質的な「肉体」が、文化や社会を通じて後づけの「身体」という認識を纏うことによって、言語が到達できない領域としての「超客体」を人間はもたざるを得ないと考えるのである。

この「超客体」を肉体論の構造の中に捉えてみよう。池井は、身体論が「主体」と「客体」の二層であるのに対し、肉体論のそれは「人の圏─ことばの圏─自然の圏」といった三層で構成されていると述べている。肉体論としての人間の構造は、まず主体（subject）の圏があって、そのまわりの圏に客体（object）と「にせ」の外界の対話をもち、この圏を「ことばの圏」と呼んで想像する自分と、想像される自分によって人格が成り立つと考える。そして、さらにその外側に「自然の圏」と名づけた圏をおき、その圏でのみ肉体は超客体（superobject）として息づくものとする（池井、２００８、15‐16頁）。このような肉体論の「超客体」から見た場合、主体／客体の二元論では説明できない知的障害者の「身体経験」は社会から不可視化される。つまり、肉体論の場合「ことばの圏」で顕在化できなかった「身体経験」は不可視化することなく、「超客体」において、他者との関係性をもつことで社会から可視化される可能性を示している。したがって、「身体経験が社会的に不可視化する領域」とは、政治的構築主義の視点に立つ際、「肉体論」と「身体論」からみた両者の「経験」を比較することによって、他者との関係性に対する新たな示唆を得ることができる。

4 肉体論における「経験」

人間にとって肉体論的「超客体」の「経験」とは何か。この点を肉体論的人間観について、その知的源泉の一つである哲学者ゲーレン（Gehlen）による著書『人間』に求め、肉体論的「身体経験」の構造について言及する。

ゲーレンは、生物学から考える人間は「まだ定まっていない動物」を意味する「未確定の存在」であり、その人間観は「動物」とは次のように異なるという。まず第一に、人間は他の動物ならばもちうる有効な適応的自然環境をもたず、「欠陥生物」として世界に開放されている。そのため、人間は危険にさらされ、無防備で、貧弱な存在であり、生きながらえるために、その感覚と運動の図式の中に人間独自の「負担免除」のカテゴリーをもつ生物である。第二に、人間はそのような自然環境と一体化していないが故に、動物にとっての「環境世界」の代わりに第二の自然としての「文化世界」をもち、それが生活の条件となる生物である。第三に、人間は「行動する存在」であり、出発点は「行動」である。彼はこのような「未確定の存在」としての身体を「肉体」と呼んで、第二の自然＝文化世界の身体とは異なるものと考えた（ゲーレン、２００８、４-16、29-32頁）。

このように肉体論的「人間」観とは、人間が動物より優位であるが故に、第二の自然としての文化世界を環境として社会を構成できる生物であると考えるのではなく、むしろ、自然環境と一体化できない人間の「肉体」的性質においては、常に失敗の可能性に晒されているという点で、人間は動物より劣位だという考え方である。このような人間観においては、人間は現代社会が求め続ける単独で自立した存在でいられるわけはなく、むしろ自然や社会という他者との共存可能な「環境」なしには生きながらえることができない特殊な動物だというのである。

では、このような人間観における「経験」の構造はどのようなものか。ゲーレンは、「経験」は「知覚、運動、ことばの関係」であり、一つを取り出して説明することは理論上不可能な構造だと述べている（ゲーレン、２００８、２０８-２１７頁）。そのことを裏づけるのは、「未確定の存在」としての人間が自分の生を長らえる条件を自分でつくり出さねばならない運命にあり、そのような「肉体」には「開かれた豊かな世界を手に入れる課題」と「運動制御能力の進化」といった実践的な二系列が課題とならざるをえない。ゲーレンはこのような課題に対し、前者を「コミュニケーション運動」、後者を「運動イメージ」とした「行動」を出発点として「肉体の未完成と適応能力」を発達させる人間観をつくり上げようとした（ゲーレン、２００８、１２５-１２７頁）。このようにゲーレンにとって「経験」は、人間の「行動」を出発点として、「ことば」のみに依拠することのない複合的な流れをもつ。

では、ゲーレンの「経験」にとって、「ことば」と「行動」が複合的に関係するとはどのようなことをいうのか。まず第一に、行動としての「コミュニケーション運動」は「ことば」に固有なものではなく、負担免除される人間の生活の特徴をいう。第二に、「ことば」とは人間の意図を伝達する特別な能力であり、人間が本来の自分の体験世界から解放され、他の人々の体験世界に基づいて行動することができるようになる能力である。だから、コミュニケーション運動の中心としての運動は、負担免除された動物の性質をもつ人間にとって、いつでも発動可能で発展可能なものとならねばならないから、重要になってくるのはコミュニケーションにおいて自分の活動と他者を受け入れる行動、すなわち内部の行動と生き生きとした交渉が深く結びついていることなのである(ゲーレン、２００８、39‐43、１３５‐１４２頁)。このようなゲーレンの言語観を通してみえてくるのは、人間の「相手に成り代わることのできる能力」「別の存在に身を移して見る能力」(池井、２００８、21‐22頁)である。この点を冒頭のNさんとヘルパーさんに見るならば、「未確定の動物」として「負担免除」された人間は、「行動」を核とする「コミュニケーション運動」を通じて他者を受け入れ、その「経験」を他者と共に発展可能にするということができる。すなわち、Nさんの「身体経験」をヘルパーさんとの相互作用の結果としてみる限りにおいて、Nさんの「当事者性」を社会が担保し、後押しすることが可能になると考えられる。

このように、肉体論の理論的背景から見た場合、「身体経験」は人間の「コミュニケーション運動」の「運動」に依拠すると同時に、「主体」と「客体」を超越する「超客体」を内在させた「複合的な流れ」をもつ。しかし、身体論を主流とした認識論を通じて「ことば」でこれを再現し、文化や社会で色づけされた「主体」の経験を把握する論理に限定してしまうと、肉体論的「経験」は見落とされてしまう。以上のことから、政治的社会構築主義的視点に立つことにより、知的障害者のスポーツをめぐる「身体経験」の理解に対して、「非認知ニーズ」として構築されてしまう仕組みが内在されているということができる。

5　知的障害者のスポーツをめぐる「身体経験」の展望

最後に、これまで述べてきた動物的生態の「環境世界」から見出された知的障害者のスポーツをめぐる「身体経験」の考え方について、障害学における既存の思想と関連づけることを通じて、その可能性を展望したい。

近年、障害学で展開されている思想の一つに「配慮の平等」がある。石川（２０１９）は、「配慮」という時、社会通念上「配慮を必要としない多くの人々と、特別な配慮を必要とする少数の人々がいる」と考えられてきたが、それは強固な固定観念に過ぎず、本来的には「すでに配慮されている人々と、いまだ配慮されていない人々がいる」ことが正しく、「配慮の平等」はそのことを見出す思想だという。彼は、健常者中心の社会の思想や実践にある「多数者への配慮は当然のこととされ、配慮とはいわれない。対照的に、少数者への配慮は特別なこととして可視化される」と、健常者中心の社会の「配慮」に対する無自覚さを指摘する。本稿が主題とした知的障害者の「身体経験」の論理を「配慮の平等」の思想から見た場合、身体運動の喜びの経験はすべての人に共有されるという普遍的なものであるはずなのだが、共に行動し意思決定する冒頭のヘルパーさんのような他者の存在を特別な「配慮」と見なす健常者中心の社会では、彼／彼女らの「身体経験」は包摂されるどころか、排除しようとすることに働いてしまうのだ。

これまで述べてきたように、欠陥動物である人間は、環境世界に対し等しく「配慮」を求め、同時に等しく「負担免除」される存在である。池井のいう「生きている体」（池井、２００８、23‐24頁）とは、単独で自立した人間の体ではなく、他者と共にある体である。したがって、今日的な自立した人間像とは幻想にすぎず、他者と共に行動する知的障害者は、ゲーレンの「環境」概念下では特別な人間なのではなく、むしろ他者と共にあることを生活の条件とするような人間を例外視してしまう現代の「文化世界」という環境にこそ問題があるという認識を可能にする。この考え方が現代社会における「配慮の平等」のあり方をさらに敷衍化して観察し、いかにスポーツの今日的なあり方を特徴づけていくことが可能なのかについては、今後の課題としたい。

（笠原亜希子）

〈付記〉本稿は、拙稿『知的障害者のスポーツをめぐる「身体経験」の論理』『スポーツ社会学研究』第29巻、２０２１年（55‐69頁）を加除修正したものである。

■文献

・Bradshaw, J. (1972) Taxonomy of Social need. In: McLachlan, G., (Ed) Problems and Progress in medical care: essays on current research, 7th Series, Oxford University Press, pp.71-82.

・ゲーレン：池井望訳（２００８）人間―その性質と世界の中の位置―．世界思想社、４３２頁．〈Gehlen, A. (1993) Der Mensch, Seine Natur und seine Stellung in der Welt, Athenaum, Frankfurt a. M/Bonn〉

・池井望（２００８）なぜ身体ではなく肉体か．池井望・菊幸一編、「からだ」の社会学―身体論から肉体論へ―．世界思想社、１-28頁．

・井上俊（１９９３）スポーツ社会学の可能性．スポーツ社会学研究、１：35-39頁．

・石川准（２０１９）見えないものと見えるもの―社交とアシストの障害学―．医学書院、２４２-２４４頁．

・菊幸一（２００８）スポーツ社会学における身体論の認識論的陥穽―肉体論的アプローチの可能性を探る―．スポーツ社会学研究、16：71-85頁．

・北田暁大（２００３）ジェンダーと構築主義―何の構築主義か―．江原由美子・山崎敬一編、ジェンダーと社会理論．有斐閣、25-36頁．

・公益財団法人日本体育協会・公益財団法人日本オリンピック委員会（２０１３）スポーツ宣言日本―二十一世紀におけるスポーツの使命―．創立１００周年記念事業実行委員会．

・澤江幸則（２０１３）知的障害のある人にとっての運動・スポーツの意味．現代スポーツ評論、29：82-90頁．

・玉置佑介（２００７）知的障害者の身体をめぐる認識と社会関係．年報社会学論集、20：84-95頁．

・上野千鶴子（２００８）当事者とは誰か？―ニーズ中心の福祉社会のために―．上野千鶴子ほか編、ニーズ中心の福祉社会へ―当事者主権の次世代福祉戦略―．医学書院、10-37頁．

・渡正（２０１４）スポーツ経験を社会学する―実践の固有な論理に内在すること―．スポーツ社会学研究、22（２）：53-65頁．

第23章　オリンピアンの身体からみたオリンピズム

1　二大会のオリンピック体験とオリンピズム

筆者は、オリンピアンとして2大会のオリンピックに参加した。初出場したロンドン2012オリンピック（以下、ロンドン大会と略す。その他も同様）では、「勝つことだけがすべて」と思っていた。また、近代オリンピック（以下、オリンピックと略す）の創始者であるピエール・ド・クーベルタン（以下、クーベルタンと略す）が提唱したオリンピックの哲学「オリンピズム」[2]という言葉さえ耳にしたことがなかった。一方、勝つことだけを追求してきた日々で挑んだロンドン大会での惨敗は、自身の存在を「無価値」とさえ思い込んだ体験だった。

しかし、その言葉を知ることのなかった筆者にとって、ロンドン大会から2度目のリオデジャネイロ2016オリンピックまでの4年間は、勝つことだけがすべてという思いから少しずつ心境に変化があり、勝つこと以外にも価値を感じるようになっていった経験があった。

そして、リオ2016オリンピックで頂点に立った瞬間、筆者には何とも不思議な違和感が沸き起こった。その瞬間にまず頭の中に思い浮かんだのは、これまでの「過程」の重要性だった。また、決勝戦で対戦したコロンビアの選手は、自分が敗れた直後にもかかわらず、日本語で「アリガトウ」と私に伝えてくれた。

図１　リオオリンピック表彰式直前の舞台裏

表彰式直前の舞台裏では、表彰台に立つ４人でお互いに讃えあい、誰に言われるまでもなく写真を撮った（図１）。メダルもなく４人が写るその写真に今もなお、特別な想いを感じている。筆者は彼女たちをとても尊敬し、コロンビアの選手も、他の選手らもまた、その心を体現してくれたように思う。

以上のようなオリンピックでの体験から、「勝つことだけがすべて」であった筆者に抱かせた何とも不思議な違和感とは、のちに知ることとなったオリンピズムというものに近い感情だったのではないかと思ったのである。筆者自身が感じたこの不思議な違和感の出所を探るべく、一人のオリンピアンがどのような過程を経てこのような感情に至ったのか、またそれはなぜなのか、について考える。

2　これまでのオリンピズム研究と「オリンピアンの身体」からみたオリンピズム

オリンピックは、国別のメダル数に一喜一憂するショーとして受容されてきた一方で、その理念であるオリンピズムの中身は社会の中で十分に理解されずに、ただぼんやりと受け取られてきたという（井上、２０１８）。

他方、おおまかな定義をされたのち、その言葉がクーベルタン本人の手を離れた現在、他人による解釈によって成り立っている歴史的な語句である「オリンピズム」について、和田（２０１０）は「現在、私たちが手にできるオリンピズムへの手がかりのほとんどが、この用語の創設者以外の者が用いたフィルターを通して生成されたものである」と述べている。

これらのことから、何を持って「オリンピズム」というべきなのかについては、その用語自体が曖昧であり、今日もなお創設者以外によって解釈され続けている状況であることが理解されよう。またそこでは、肝心のオリンピアンの立場からオリンピズムが議論され、考察されてはいないように思われる。

そこで、現代におけるオリンピズムとは何なのかを解く一つの鍵として、当事者としてのオリンピアンから、この問題にアプローチする可能性はないだろうか。佐伯ほか（２０１８）は、スポーツ教育のモラルの探求という観点から、それをアスリート自身で考え、自分たちでその思想を構築していくことの必要性を述べている。また、そうすることで「今の状況に合った彼らのライフスタイルに合ったモラルを作っていく」（佐伯ほか、２０１８、19頁）ことができるとも述べている。このことは、「オリンピアンの身体」によってオリンピズムを問う必要性を指摘していると考えることができよう。

本稿では、実際のオリンピックの舞台に立ったオリンピアン自らがどのような経験や思考をもって、どのようにオリンピズムを受け止め、その思考に至った過程の背景や要因をオリンピアンの立場から明らかにすることで、今後のオリンピズムのあり方を再検討する一助としたい。

3　自己（オート）エスノグラフィーという方法

自己エスノグラフィーとは「人が自分の行為を自ら報告すること」であり、のちに「人類学者が自分自身を文

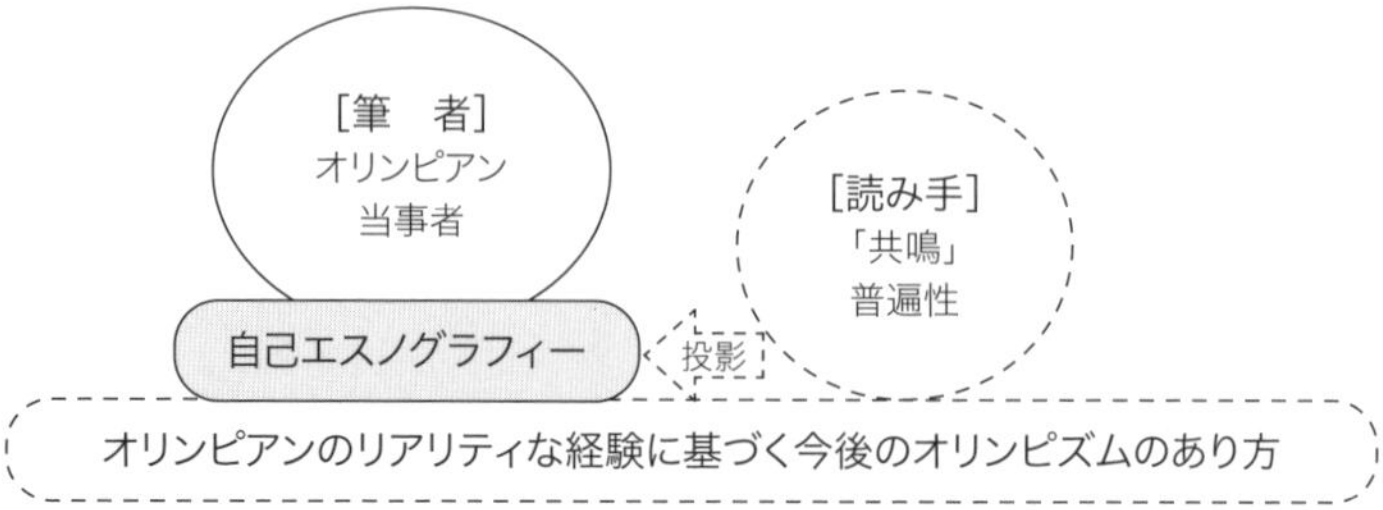

図2　自己エスノグラフィーによる分析の枠組み

化的レベルで研究すること」と定義された（エリス・ボクナー、２００６、１３６頁）方法である。自己エスノグラフィーは、通常一人称で書かれ、さまざまな形式をとるとされる。例えば、小説、詩、フォト・エッセイ、随筆、日誌などの形式である。これらのテクストには、具体的な行為、対話、感情、思想などが表現される。したがって、それは自らを対象化し、その想起による個人的語りや、自分の生活を自分の声で描くことであり、著者は「私」、読書は「あなた」となり、研究対象は「私たち」となる（エリス・ボクナー、２００６、１３６-１３９頁）。それらの記述は「経験された感情を生き戻すこと」（岡原、２０１４）でもある。

　読者も著者の世界に誘われ、描かれた出来事に感情レベルで反応し、読むことで知ったことを自らの生を振り返るために用いていく。研究成果としての自己エスノグラフィーとは、自分を理解したり、他者と倫理的なディスカッションを行ったりするための媒体として、利用されていくのである（エリス・ボクナー、２００６、１３９-１４８頁）。

　その一方で、語りの正確性については、過去の出来事が常に現在の立場から解釈されるため、ありのままに捉えられない。そのため「読み手」にとって、その内容の真偽、妥当性の判断に困難を伴うもの（伊藤、２０１５、29頁）と言える。

　しかしながら、語られた真実が求めているものは、「過去を正しく反映したものか」（エリス・ボクナー、２００６、１４５頁）ではなく、過去を現在に立ち上がらせ、語りが生み出す結末は何か、語りをどのように用いることができるのかを考えることであることから、語りに「よって」考えることが重要（エリス・ボクナー、２００６、１２９‐１６４頁）だと指摘されている。また、自己エスノグラフィーの可能性として、『当事者しか知りえない』ものとしての『当事者の視点』があり、それは事象の解明において、あるいはその視点の『実践への応用可能性』という意味においても、有益な知見の提供が期待されうる」（伊藤、２０１５、28頁）という。

このような自己エスノグラフィーの方法論的特徴から、オリンピアンである筆者の当事者としての記述や語り（自己エスノグラフィー）と、その「物語」に対する読み手の「共鳴」が投影される時、そこには語り手と読み手の中で共通の経験に基づく思考や感情の発生が期待されるということになる。それを分析の枠組みとして示すと図２のようになる。

具体的な自己エスノグラフィーの作成方法としては、自身の日記やノート等の内容を踏まえて自己の体験を反芻[3]し、随筆のような形で記述する。日記及び柔道ノートそのものは13歳頃から定期的に書き留めているが、それ以前の幼少期の頃については、当時の記憶を遡る形で記述する。このように自叙伝的な記述[4]形式によりライフステージ順に記載していき、特に本稿の主題であるオリンピックの体験部分については、〈ロンドン大会〉〈ロンドン大会後からリオ大会まで〉〈リオ大会〉として記述する。

4　自己エスノグラフィーの諸相

(1)〈小学校～大学〉時代

小学校低学年で柔道を始めた頃は試合時、周囲から小さな目標を課せられた。だから、試合に勝っても目標が達成できなければ注意されたこともあったし、その一方で、試合に負けても目標の内容がクリアできていたら褒められていた。

中学2年生の夏、2年連続で全国大会に出場し、その決勝戦で私の柔道人生最大のライバルとなる存在に出会うことになった。1歳年上のAさんである。決勝戦では、一本負けした。当時の日記には「悔しくて悔しくて」「2位なんて意味がない」「1位じゃないと意味がない」(2004・8・26)と綴ってある。

高校1年生の夏、全国高校総体の決勝戦でAさんと再戦した。また、完敗した。当時の日記には「中2の時と同じような負け方」「1位にならないと、2位も3位もベスト8も同じ」「いつかは絶対勝てるよう、研究して、追いつづけたい」「このことを忘れちゃいけない」(2006・8)と記している。

高校2年生の夏、2年連続の決勝戦の相手は、またもやAさんだった。この年も完敗だった。当時の写真には銀メダルを首にかけ、ふてくされた顔の自分が写っている。日記には「今までで一番悔しかった」「(これまでが)本当無駄だったのかな」と同時に、「けど、それはそうじゃないって言ってくれる人がいた。ちゃんと1年分がでた試合だったたって言ってくれた。安心した」(2007・8)と書いている。2年連続でAさんに負けたことによる失意の念も窺えるが、その敗戦に対し周囲が「内容」を見てくれていたことから、私自身も敗戦を前向きに捉えることができたことがわかる。

高校3年生の冬、国際大会でAさんに初めて勝てた。しかしながら、当時の日記には「初めてA(名字ではなく名前)さんに勝った。でも、内容はものすごく悪かった」「勝ちは勝ちだけど、やっぱりすっきりいかない」(2009・2・15)と記している。この心境の背景には、単に勝つことだけではなく、内容を重視してくれていた柔道を始めた時からの周囲の影響が伺える。

今振り返ると、この頃の日記からは、Aさんを名字ではなく名前で呼ぶようになっていた変化が見られた。ライバルという距離感は変わらなかったが、合宿などで顔を合わす中で関係性に変化があったように思われる。また、時系列が前後するが、2015年頃、彼女は現役として第一線から退く時に「中学から戦ってきて常に刺激をくれてありがとう」といったメッセージを私に送ってくれた。同じ思いを持っていてくれたことに、驚きと喜びを感じたことを覚えている。

大学2年の時、オリンピックに最も近いA強化選手に選ばれた。しかし、当時の日記には「ほめられる日、認められる日を夢みて」(2011・7・27) といった苦悩や葛藤が多く書かれていた。当時は、激しい代表争いの環境下で柔道への動機や目的を見失いつつあった。どうしたら先生方に認められ褒められるか、ということばかりを考えていた。その結果、自分の柔道をどうしていくかというより、先生方の求める柔道を行おうと必死だった。その中で見つけた答えは、「勝てば正解」だろうということだった。勝てば何も言われない、そのような心境になっていた。

(2)〈ロンドン大会〉

2012年5月12日、私はロンドンオリンピック最終選考会で優勝することができ、オリンピック代表に選出された。しかし、当時の日記には「今、様々な想いでいる。Bさんへの思いも、姉にも」(2012・5・17) という複雑な心境が書かれている。ともにオリンピックをめざしていた姉と、もう一人姉のように慕っていたB先輩とも「一緒に」という目標は叶わなかったからである。

2012年8月1日、初めてのオリンピックは準々決勝戦で敗れた。怪我もした。そこからは頭が真っ白になった。直後の取材では「次のオリンピック」なんて、直ぐに口に出せなかった。私にはそんなことを言える資格すらないと思えた。4年後に向けて「やり抜く自信と覚悟が今の私には出来ません」といった文章を恩師にメールしていた。当時の日記には「何にも考えたくなかった」「自分と向き合いたくなかった」(2012・8・3) と綴っている。自分自身に対して失望していたのである。

今、反芻すると、順調に勝っている時は何も問題を感じなかった。けれども、負けた時「勝つことだけがすべて」だという考えは自分自身を危うくさせていったように思う。自分で言い聞かせていたことが、負けた時に自分自身を苦しめていた。その言葉は言い換えれば「負ければ無意味」といっているようなものだったからである。オリンピックでメダルさえ持ち帰ることができなかった自分を価値がないと思うようになり、当時の私は、自分がオリンピックに出たことの意義や自信をすっかり見失っていた。そして、世間からもそう言われているようであった。帰国直後の空港の出口はメダリストとメダリストではない者が歴然と分けられた。明暗がはっきり別れた。メダルを取れなかった私たちの存在は、何事もなかったかのようにかき消される。しかし、当時はこれが現実だと思った。

(3)〈ロンドン大会後からリオ大会まで〉

何かを変えないといけないのに、何を変えたらいいのかがわからず、考える間もなく月日が過ぎていった。そんな姿を見かねた恩師に、2014年、環境を変えるべく英国武者修行を勧められた。現地では、英国の選手らが柔道に対して、生き生きと向き合っている姿に驚いた。わずか1週間ほど経った頃の日記に「少し試合をしたくなった。」(2014・6・12)と綴っている。そんな気持ちを久しく忘れていたが、彼女たちがあまりにも自発的に、楽しそうに柔道に取り組む姿を見て、私も、という気持ちが少しずつ芽生えてきたのである。

現地には、私と同じ階級で、何度も試合をしたことがある選手がいた。彼女はライバルであるにもかかわらず、私を遠ざけることなく、むしろ温かく迎えてくれた。表面的だけでなく、彼女の家にも招待してくれ、食事を振る舞ってくれた。彼女は世界選手権も控えていたため、試合が多く忙しいにもかかわらず、いろいろなところに連れて行ってくれた。私も彼女の練習相手として、激しい練習を何度も交わした。心地良い時間だった。新しいライバルとの関係を味わうことができた。

帰国後も彼女との交流は続き、国際大会で再会した際、私は彼女の部屋を訪ねたりもした。試合前に海外選手の部屋に出入りするようなことは、英国に行く前までは一切なかったことだが、当時、私にはそのひと時が居心地の良い時間だった。これまでの私にはない、大きな変化だった。

帰国後、ロンドン大会以降初めて、国内大会で復活優勝をした。実に2年ぶりだった。その勢いでリオ大会まで突っ走りたかった。しかしながら、思いがけない試練や体調不良が続き、私の心は沈んだ。そんな時、海外の仲間やライバルたちから「絶対大丈夫」「いつでも遊びにおいでよ」「お互いに頑張ろう」というメッセージが届いた。同じオリンピックレースを走っている姉とB先輩も、それぞれの階級で激しい国内争いの真っ只中にもかかわらず励ましてくれた。オリンピックに出られるかどうかわからない、そんな生きた心地がしない境地を味わえていることが、それだけでもう幸せだとも感じていた。大切な人たちと夢を追える幸せを感じ、何が何でも最後まで戦おうと決意した。このような日々は、人生においてもう二度と味わうことが出来ない時間だと悟っていたかのようだった。

(4)〈リオ大会〉

2016年4月、私は国内で行われた最終選考会で優勝し、2度目のオリンピック代表を決めることができた。当時の心境を「この日を思い出すと一生泣けると思う」(2016・4・2)と記している。この日から2週間後、姉の階級の最終選考会が行われた。私と姉はオリンピックへ姉妹出場をめざしていた。しかし、決勝戦で、姉は大怪我を負って敗れた。

当時の心境を「涙の1日となった」「2人じゃないと意味がない。けどこうなって終わらせるべきじゃない。姉のことが報われない」(2016・4・18)と綴っている。大会の帰路、姉は一人では歩けず、私が家まで送り届けた。落ち込む姉の背中はとても小さく見えた。私は現実を受け止められなかった。自分が必死で手にしたこの代表の権利でさえ、姉と一緒でないと意味がないとさえ考えてしまうほどだった。

だが、そんな私を前に進めてくれたのは、一番辛いはずの姉とB先輩だった。姉は1ヶ月ほど経ったとき「リオに応援に行く」と、ともに戦う覚悟を示してくれた。そしてB先輩からは想いのこもった手紙を受け取った。「柔道の神様は2回も遥をオリンピックにふさわしい選手として選んだ。選ばれた意味をこのリオオリンピックで見つけてきてください」「私は遥がオリンピックに出てくれて、心から嬉しい」「遥が勝つことは私が勝つことと同じ」（2016・7・26）だと。B先輩も姉と同じく、2大会に挑戦したが、オリンピックに行くことは叶わなかった。もし同じような立場になった時に、私はこの言葉を他者に送れるだろうか。誰かがオリンピックに出るということは、その裏で知られざる人々の心の葛藤もまた生まれるということである。それでも姉らはオリンピックに向かう年下の私を全力で支え、応援してくれている。その思い全てを受け止めて、私は戦う覚悟を決めた。私が、なぜ2度もオリンピックに行くことができたのか、その答えを掴みに行こうと誓ったのである。

2016年8月10日、私のオリンピックの日。どれも死闘であった。対戦したすべての選手からいつもの国際大会とは違う気迫を感じた。だが、それは私も同じであった。私のすべてをこの畳に置いてくるつもりで戦った。だが同時に、この舞台で彼女たちと戦えている喜びもあった。決勝戦の前、自分の気持ちを疑った。高まる気持ちというより、静かな鼓動だったからだ。もうメダルが確定していることに満足しているのではないか、と自分を疑ったのである。しかし、それは違うとはっきり分かった。この最高の舞台で最後の戦いができるその時を静かに噛みしめていたのである。相手は、コロンビアの彼女だった。日本人のコーチを持つ彼女とは、コーチを通しての交流があった。もう、すべてを出すだけだと思った。

そして、私の勝利が確定する試合終了のブザーと同時に顔をあげた時、ここまで歩んできたすべての出来事が走馬灯のように過ぎ去った。静かな感情だった。すべてここにつながっていたのだと思った。会場に居た姉は自分のことのように泣いて喜んでくれた。

決勝の相手である彼女とは畳の上で礼をし、その場で握手とハグをした。そして、彼女は耳元で「アリガトウ」と伝えてくれたのである。私は彼女が私の母国語で伝えようとしてくれたその心が嬉しかった。私は彼女から、敬う心を受け取った、そのような瞬間であった。

それから、表彰式の準備のため舞台裏へと誘導された。そこには、すでに3位決定戦を勝ち抜いた二人が居て、英国の盟友もいた。私たち4人は互いに「コングラッチュレーション」「ウエルダン」と言いながら握手やハグをし、自然と写真を撮ろうよ、という流れになった（図1）。戦いが終わった穏やかなひと時だった。皆、笑っていた。激しい競い合いをしてきたからこその、何ものにも代えがたい幸せなひと時だったように思う。

さらに、翌日の会場で、私に初戦で（彼女にとっての初戦）敗れた世界ランキング1位のオランダ選手が、私の元へ来て「コングラッチュレーション」と言いに来てくれた。驚いた。どんな気持ちでこの言葉を伝えに来てくれたのかを想像すると胸が熱くなった。

試合から3日後の日記には、「8月10日、私は人生をかけて戦った。そして手に入れることができた輝いたメダルを。だけど分かったことがある」と書き、「（メダルなしで）手ぶらでかえったとき、姉やBさんをみてきたとき、そして今、メダルを手にして思えること。ここまでの日々。そっちの方が濃くて輝いていると思う。大切なのは、そこに向かうまでの道のり」（２０１６・８・13）と記している。オリンピックに参加する意味の答えを私なりに見つけられたのである。「だからこそやりきって」「だからこそ、全員を称えるべき」（２０１６・８・13）と続くその日記からは、勝敗以外の「過程」という価値にも気づき、そのプロセスが既にもう十分輝きに満ちているということへの気づきがみられる。その気づきのために、私は違った角度から二度のオリンピックを体験させてもらえたのだろうと、そう思えた。

私はオリンピックで勝利する喜びと、もう一つの価値を見つけることができた。「勝つことだけがすべて」だと当たり前のように思っていた当時の私には、何とも「不思議な違和感」をもたらした体験だった。

5　自己エスノグラフィーによる反芻からみたオリンピズム

ＩＯＣによるOlympic Values Education Programme（以下、ＯＶＥＰと略す）において、オリンピズムの本質的価値は「卓越性」「敬意／尊重」「友情」の三つが挙げられている[5]（公益財団法人日本オリンピック委員会

〈以下、ＪＯＣと略す〉、online1、17頁）。前述した自己エスノグラフィーによる記述と照らし合わせると、試合の内容を評価してくれていた環境や、〈リオ大会〉の勝敗以外の価値への経験は「卓越性」に類似する要素と解釈できる。また、高校時代においてのＡさんというライバルの存在や、〈ロンドン大会後からリオ大会まで〉の間に試合から離れて英国で過ごしたひと時、あるいは〈リオ大会〉でのライバルらとの交流や、身近な存在（姉やB先輩）から励まし続けてもらったという経験は、「敬意／尊重」や「友情」に類似する要素と思われる。

しかしながら、このように従来のオリンピズムと類似する経験も見られる一方で、〈ロンドン大会〉後の葛藤や失望感から生み出された「無価値な存在」という意識が芽生えたのも事実であった。そして初めてのオリンピックでの惨敗は、渦中の本人にとっては克服するのに2年間という長い時間を要した。すなわち、オリンピアンの経験には、オリンピズム論だけでは収まらない出来事があり、さまざまな葛藤や深く傷つくような経験も常に隣り合わせであったということである。そういった出来事を経て、「卓越性」「敬意／尊重」「友情」といったオリンピズムの価値に類似した経験が起こっているということであろう。

では、なぜこのようなオリンピズムの価値に到達することができたのであろうか。荒井（１９８６）は、スポーツ空間を「コートの中」「コートの外」「実社会」に構成したモデル[(6)]において「『コートの外』空間にどのようにかかわるかを見ることで、その人のスポーツへのかかわり方の個性を読みとれる」（荒井、１９８６、14頁）という。

選手は「コートの外」での出来事とは切り離され、「コートの中」での結果のみを取り上げられることが多い。「コートの外」での出来事は、時に勝つことに専念していないことと見られることもある。しかしながら、〈ロンドン大会後からリオ大会まで〉の英国での経験を「居心地がよかった」と述べているように、このいわば「コートの外」での出来事が「コートの中」での良い結果をもたらしていた。「コートの外」での出来事は、「コートの中」で激しく競い合うためにも切り離せない空間ではないだろうか。また、その反対に厳しい真剣勝負をするからこそ「コートの外」で心通わすこともできるのではないかと考えられる。これは「コートの外」はgive and takeの関係（荒井、１９８６、15頁）であり、「コートの中」の出来事との往還関係が成り立っているからこその経験だと考えられる。オリンピズムの経験には、このような豊かな空間が成り立つ周囲の環境づくりの必要性が示唆される。

また、筆者はオリンピズムを知ることなく、オリンピックに参加したが、特に〈ロンドン大会〉の体験からは「どんな結果であろうが、自分の価値は決して変わらない」といった考え方を知っておくことは、重要なことだと考える。それは「コートの中」でたとえ思うような結果が出ず、失意の念に押しつぶされそうな時がきても、「コートの外」の出来事との関係やその過程から、勝ち負けという差異をどのように解釈していくかは競技者の自由であり、醍醐味だとも考えるからだ。したがって、その理念はオリンピアンにとって、より身近な共感できる内容であることが望まれるのではないか。そのためには、オリンピアンからの実体験に基づく、ありのままの発信がより求められるように思う。

他方、ＯＶＥＰには、アスリートたちが「オリンピック競技に参加すること」で、オリンピズムの本質的価値が体現されると記されているが（ＪＯＣ、online1、18頁）、〈リオ大会〉での試合後の「大切なのは、そこに向かうまでの道のり」「だからこそ、全員を称えるべき」という自己エスノグラフィーの記述からは、筆者がリオ大会で勝利した体験もロンドン大会での敗戦の体験も、そして身近な人たちがオリンピックに参加することができなかった体験も、どれも同じように価値のある過程であるということが読み取れる。

これらを踏まえてみると、クーベルタンの有名な格言[(7)]である「オリンピックで重要なことは勝つことよりも参加することである」（舛本、２０１８）という言葉に対しては、勝つことも参加することにも、そしてまた「オリンピックを目指すこと」にも既に価値があるということではないかと考えられる。クーベルタンの理想は時代に応じて解釈され続けてきた歴史的背景がある（來田、２０１２）ということならば、これらの価値は現代からの新たな解釈の一つであると考えられないだろうか。つまり、オリンピズムとはオリンピックの地で得られるというより、そこまでの過程の中で築き上げられているものだということである。これらはすべてのオリンピアンや選手一人ひとりにとっても、それぞれ意義のある過程や物語があるということであり、すなわち、すべての選手たちにとっても、その経験の束がオリンピズムを体現するものとして社会に積極的に発信される意義があるものだということなのである。

また、そのようなオリンピアンの「過程」というのは、誰しもがそれと完全一致ではないものの、自身の人生で辿り得る境地ではないかとも考えられる。したがって、オリンピズムとは、オリンピアンに限らず、すべての人に開かれた理念であり、人生の指針としても共通に捉えることができる（田原、２０１０）ことを、筆者の自己エスノグラフィーから読み取ることができるのではなかろうか。その意味で、オリンピズムとはオリンピアンだけでなく、すべての人が自身に当てはめることができる哲学であるということになるだろう。

これまでのようにオリンピズムを「客体」としてあれこれ客観的に論じるばかりではなく、オリンピアン自らがその経験を「言語化し、理論化して、社会変革のための『武器』にきたえあげていく、という実践性」（中西・上野、２００３）を担う役割が期待される。すなわち、アスリートに考えさせて発言させ、決めさせる（佐伯ほか、２０１８、19頁）というように、身体を操るアスリートこそが、身をもって経験してきたことを言語化し、それを「武器」として社会に発信することに大きな意義があるのではなかろうか。

（田知本 遥）

■注

(1)本稿ではオリンピズム体験と、その体験したものを反芻して意味付けていくことを経験と記述している。

(2)ＪＯＣによれば、オリンピズムとは「スポーツを通して心身を向上させ、さらには文化・国籍など様々な差異を超え、友情、連帯感、フェアプレーの精神をもって理解し合うことで、平和でよりよい世界の実現に貢献する」（ＪＯＣ、online2）ことであると記載されている。

(3)本稿では好井（２００２）による「調査する身体」の「反芻」が貴重な考察の対象となること（好井、２００２）を援用し、当事者である筆者の自己の経験への内省を「反芻」と表現し、自己エスノグラフィーとして記述した。

(4)自己エスノグラフィー内の提示において「筆者」は「私」と表現され、日記・手紙の引用部分は『　』で表記する。（　）内は日記を記録した年月の表記である。

(5)「卓越性」とは、ベストを尽くすことを意味し、重要なのは勝つことではなく、参加すること、進歩すること等であるとされる。また「敬意／尊重」には、自分自身、他者等への敬意／尊重が含まれ、「友情」はオリンピック・ムーブメントの中心にあり、世界中の人々の相互理解に役立つことを教えてくれるものである（ＪＯＣ、online 1、17頁）。

(6)「コートの外」とは「コートの中」と「実社会」をつなぐ場であり、「コートの中」の外部空間という意味合いでもある。「コートの外」は競争の場と隣接した自由空間であり、「コートの中」との往還関係にある空間でもある（荒井、１９８６、12－19頁）。

(7)この言葉は、ペンシルベニアのエチュルバート・タルボット主教が発端だと言われている（舛本、２０１８）。

文献

・荒井貞光（１９８６）これからのスポーツと体育．道和書院、12－19頁．
・エリス＆ボクナー：藤原顕訳（２００６）自己エスノグラフィー・個人的語り・再帰性―研究対象としての研究者、質的研究ハンドブック３．北大路書房、１２９－１６４頁．
・井上洋一（２０１８）オリンピズムを問うことの意義、小路田泰直ほか編、〈ニッポン〉のオリンピック―日本はオリンピズムとどう向き合ってきたのか―．青弓社、23頁．
・伊藤精男（２０１５）人材育成研究における「自己エスノグラフィー」の可能性．経営学論集、25：25－43頁．
・公益財団法人日本オリンピック委員会（online 1）「オリンピック価値教育の基礎」
https://www.joc.or.jp/olympism/ovep/pdf/ovep2017.pdf　17－18頁（参照２０１８年12月8日）
・公益財団法人日本オリンピック委員会（online 2）「クーベルタンとオリンピズム」
https://www.joc.or.jp/olympism/coubertin/（参照２０１８年9月1日）
・舛本直文（２０１８）決定版これがオリンピックだ―オリンピズムがわかる１００の真実―．講談社、27頁．
・中西正司・上野千鶴子（２００３）当事者主権．岩波書店、16頁．
・岡原正幸（２０１４）喘息児としての私―感情を生きもどすオートエスノグラフィー．岡原正幸編、感情を生きる―パフォーマティブ社会学へ．慶應義塾大学三田哲学会、78頁．
・來田享子（２０１２）ヒトラーのオリンピック、井上俊・菊幸一編、よくわかるスポーツ文化論．ミネルヴァ書房、44頁．

・佐伯年詩雄・友添秀則・清水諭（２０１８）求められるスポーツのモラル教育とは．現代スポーツ評論、38：16‐31頁．
・田原淳子（２０１０）オリンピックの意義ってなんだろう．高峰修編、スポーツ教養入門．岩波ジュニア新書、39頁．
・和田浩一（２０１０）オリンピズムという思想―新しいオリンピズムの構想への序章．現代スポーツ評論、23：68頁．
・好井裕明（２００２）「こわばる」ということ―「調査する身体」を反芻する手がかりとして―．スポーツ社会学研究、10：16‐25頁．

第24章 おどる以前の「からだ」――からだをみつめつきあうことから

1 問題意識

筆者は舞踊教育学科[1]を卒業し、中学高校で保健体育教員として働き、ダンサー、振付家として海外にて暮らした経験を持つ。その後、日本に戻り、大学、短大で幼児教育やスポーツ・健康分野の授業科目を担当したり、スポーツクラブ、カルチャーセンター等で幅広くダンスを広める活動に勤しむ中、スポーツプロモーションコース[2]の学生として短い期間ではあったが、菊氏の講義を受け、多くの示唆を得た。現在は大学の芸術文化センターに籍を置く。

自身の経歴に似て、ダンスは長く芸術と体育の間にあり続けてきた。2008年の学習指導要領改訂により中学1、2年生のダンスは男女必修となった（2012年に完全実施）。教科としての保健体育において、ダンスは人気のある種目であり、テレビやインターネットを通じて多くのダンスが氾濫している。ダンスコンクールも多数あり、パリ2024オリンピックの正式種目にダンススポーツが入ることになった。ダンスはいつしかスポーツへと取り込まれつつある。確かにダンスは体育の1種目であった。しかし、私をはじめとしたダンサー、観客の多くがダンスは芸術の一つとして認識しているだろう。ましてや、スポーツではなかったはずだ。実際、お茶の水女子大学の学科名の変遷[1]にその影響はみてとれる。

2　ダンスと体育とスポーツ

カイヨワ（1990）は遊びを分類する中で、ダンスをミミクリ（模倣）とイリンクス（目眩）に基づく遊びであるとしている。ダンスは競うものではなく、多くの祭や民俗芸能、宗教的な祈りにあるように、「生命の躍動（エランヴィタール）」を生み出してきた。おそらくその発生は、言葉の生まれる前、有史以前のことだろう。動物の骨や石などで笛を生み出したのが4万年前とされていることを考えると、それに等しく、もしくはもっと古いものと考えられる。

一方、スポーツはアゴン（競争）に依拠しており、古代オリンピックを振り返るまでもなく、長い歴史を有しているが、平等を示すためにさまざまなルールを決め、「より速く、より高く、より強い」身体をめざすようになったのは近代に入ってからのことである。パラリンピック、マスターズをはじめとして、ルールや種別を細分化することで、年齢や障害を問わずさまざまな人々が楽しめるように工夫された結果、広がり続けている。それはまた、観客や支える人（ボランティアを含むスタッフワーク）と合わせてスポーツ文化とも呼ばれ、世界中の人々の注目を集めている。

スポーツという言葉はラテン語の「deportare」が語源であり、「気晴らし」や「遊び」の要素を含むと言われているが、1968年の国際スポーツ・体育協議会（ICSPE）による「スポーツ宣言」においては「遊技の性格を持ち、自己または他人との競争、あるいは自然の障害との対決を含む運動」（傍線部は筆者による）と定義されている。現在では「広義に捉えれば、スポーツは競技として行うものだけでなく、健康維持のための運動、古来、人々に親しまれてきた伝統的なスポーツ、さらには、新たなルールやスタイルで行うニュースポーツており、「競争」の概念は広がり、身体活動全般を包摂するようになりつつある。」（日本体育協会ＨＰ）といわれ も含め、体育や身体活動の概念を包摂しているものと考えられるようになった」（日本体育協会ＨＰ）といわれており、「競争」の概念は広がり、身体活動全般を包摂するようになりつつある。

菊（２０２２）は体育とスポーツとの違いを度々力説してきた。日本体育協会は２０１８年に日本スポーツ協会に名称変更したが、その後の２０２１年には日本体育学会が日本体育・スポーツ・健康学会[3]へと名称を変更している。後者の学会に「体育」という名称が残ったのは、体育が単純に競い合う競技を内容とするのみならず、それを通じて心と身体を育てる科目であり、コミュニケーションや互いを認め合うことなどに重きを置いてきたその背景を重視してのことであろう。日本女子体育連盟が発行する機関誌『女子体育』も、ダンスがもつコミュニケーション能力の向上や表現力の向上、心の発達といった側面を強調し、日々現場での研究は続いている。近年重視されている創造性（Creativity）を育む上で創作ダンス教材は見直されて良いであろうし、アーティスト派遣事業なども積極的に取り入れられていくだろう。学校現場にはさまざまな学生がおり、心身の発達を担う体育において、勝ち負けとは関係のないダンス[4]という教材は、今後も一層重視される必要があると感じている。

日本の学校体育におけるダンスには、「創作ダンス」「フォークダンス」「現代的なリズムのダンス」があり、各校の事情に合わせ、それらを組み合わせて設定することができる。筆者自身も「創作ダンス」の延長にあるコンテンポラリーダンスの作家であり、「日本の民俗芸能」への取材をもとに作品制作や論文執筆を行ってきており、それが近年重視されている創造性（Creativity）やコミュニケーション能力の向上、地域コミュニティづくりに役立っていることはよく理解している。しかし、発表学習にとらわれすぎていないだろうかと考えることもある。また、そこに評価を伴わせることにより、ダンスの可能性が狭まってしまっていると言えないだろうか。私自身がダンス教育を受けてきた中で感じてきた大きな違和感がそこにある。ダンスは競い合うものだったのだろうか。身体を使った自己表現というが、良いダンスとは「わかりやすく、主題、テーマが伝わるダンス」となってしまっていないだろうか。わかる／わからないを問うのであれば、演劇のように言葉を用いたほうが効率は良いだろう。そもそもダンスとは自己表現なのだろうか？

先に挙げたダンススポーツや芸術スポーツ（フィギュアスケートやアーティスティックスイミングなど）では速・高・強に追加して「より美しく」が求められるようになっているが、美しいとは何を指すものであるかは時代によって変遷していく概念であり、どれだけ審査員が努力をしても、主観が混ざらざるを得ないジャンルでもある。美しいとは何であろうか。樋口（２０２０）は「スポーツは人間の身体のみごとさを開花させる現代のアートなのです」（１３１頁）というが、既存の美の概念を覆し、新たな美のあり方、生の形を生み出す行為が芸術であったはずである。アートという言葉はそれを柔らかくする一方、ある種の異常性（狂気ともいえよう）を見えにくくする。芸術とはその異常性の中に人間を超える何ものかを見出していくものであるが、芸術スポーツの身体は表現をしているが、価値観の転換や狂気は求めていないし、それらが顕れることもない。

3　自己表現ではなく身体に向き合うことから生まれ出づるダンス

ダンスに長年関わってきた身として、ダンスは自己表現だけではないと感じている。私自身も自己表現の欲求や他者からの承認欲求のみであれば、ここまで長くは続けてこなかっただろう。ダンスの根底にあるのは「自分の身体と向き合う」ことである。ダンスとは自分の身体のありようを自分で認めていく作業であり、その上で人に出会い触れ合っていくものであったのではないだろうか。

最近、身体がどのような状態にあるのか気がつけず、身体に歪みを抱えた人が増えている。子どもとはいえ、肩こりや身体の不調を訴えるものは多い。また、そのせいかさまざまな家庭環境の中、自己肯定感の低い子どもも多い。

私たちは日頃どのように歩き、呼吸しているのだろうか。

雨が降ると身体が重く感じる。

気圧が下がり、血圧も下がる。

季節が変わるときには身体も変化する。

そのような変化に耐え、「気がつかないことにして」学校に行くこと、会社に行くことが現代社会では求められるし、そのような社会構造に合わせられる「健康な」身体を作ることが「体操」であり「体づくり運動」であった。それは、社会生活を営む上では重要なこととして、集団行動と合わせて体育科で重視されている。効率よく合理的に社会（学校、会社など）を運営できるようにと考案され、トレーニングや健康法が流行している。ラジオ体操のように長く続く運動習慣や、中高年齢層の運動嗜好が高まっているのも医療費削減などの視点から好ましいことであろう。ただ「健康維持」のために社会に合わせるのではなく、楽しいから行うことが大事であり、さらにいうと自分自身の身体の「快」から見直してみる視点が必要ではないだろうか。

人間も動物であり、快、不快がある。自分がどんな時に「心地よい（快である）」と感じるか、そのことに気がつくことの方がどんな運動技術を身につけることよりもはるかに重要である。個人事ではあるが、自身が脳梗塞を起こしたり、リウマチを発症した際に、ダンスを通じて身体を意識して暮らしているせいか、早期に変化に気がつくことができた経験をもつ。自分の身体を知覚する力をもつことの大切さ、年齢を重ねる上での変化を感じる感性と想像力がこれからの時代には必要なのではないだろうか。年々増加する高齢者や障害をもつ方への配慮ができ、ともに生きていくことができる人を育てていくことは、自分の記録が良ければいいという次元ではないはずだ。成長だけではなく、いつしか変わっていく自身の身体をも視野に入れていくことが大切だろう。

フリースタイルを追い求めた大野一雄(5)らの舞踏(6)はそのような歩みでもあったように思う。だからこそ学校教育を離れ、年を経たのちも続けることができたのであろうし、老いていく暮らしの中から顕われ出てきたものが作品とされて評価されていくようになったといえよう。

4 自分の身体に向き合うためのダンストレーニング

日々の暮らしの中で、自分の身体の現在の状態に気がつくことの重要性はダンスのクラスで当たり前のこととして扱われてきた。クラシックバレエのバーレッスンや、ストレッチ、ヨギーによる太陽崇拝のように基本になる運動を（多少バリエーションを加えることはあったとしても）継続していくことで気がつくことがある。もっと言えば、瞑想のように運動でなくても構わない。身体の変化に気がつくこと、身体に対する解像度を上げることが重要であり、ゆっくりと丁寧に自分の身体と向き合うことが大切である。例えば、一本の線の上をできる限りゆっくり歩いてみる。[7] 思っているよりぐらついてしまう自分に気がつくだろう。また、呼吸はどう変化するだろうか。動きは小さくとも、身体に気がつくための時間が必要なのではないだろうか。矢田部（２０１１）はたたずまいに着目するが、自分に合う姿勢や歩き方、呼吸の仕方、そのような基本に出会う場こそが求められていくのではないだろうか。

実際に、このような身体知覚への働きかけはダンスクラスでは当たり前のように行われており、フェルデンクライスメソッド[8]、Body mind centering[9]、GAGA[10]、野口体操[11]、野口整体[12]など、さまざまな形でアレンジを加えながら取り入れられてきた。研究者の中では、これらに対する調査・研究が行われてはいるが、その成果は実際の現場にはおりてきていない。高橋（２００５）は「からだ気づき」を提唱しているが、「体づくり運動」や「ダンス」の授業の中にごく一部が導入されているにすぎず、「身体を通して自己を探求していく作業」よりは、協働して行う身体感覚の言語化[13]に重きがあり、年間を通じて継続的に実施することはできていない。

これらの身体知覚に関する内容の導入が難しいのは、カリキュラム上そぐわないことや専門性によるものというよりも、既存の「より速く、より高く、より強い」健康な身体観とは真逆の価値観に基づくものだからではないだろうか。運動量を担保できず、技術の向上などにはつながらないのである。「より弱い」身体に気がつき周囲の変化に感じやすくなることや、「弱い」身体に対する想像力をもつことは、数値目標を決めて行う一般的なトレーニングなどと比べ成果が出にくく、わかりにくい。そもそも主観が問われる内容である。しかし、今後の長い人生を考える上で、弱さへの視点をもつことから、養生や他者への配慮[14]の気持ちが芽生えていくのではないだろうか。この三年ほどの新型コロナウイルス[15]との共存は、そのような思考の転換を促しているようにも感じられる。

5 ダンスにおける芸術性とは

ダンスはもともと祭や宗教的な祈りとともにあり、スピリチュアルな部分を多く含む。ＷＨＯの健康の定義[16]からは外されているスピリチュアルという言葉だが、三木（１９８３）の言う身体の中にある先祖からの声、38億年の歴史を読み解いていくことがダンスの元々であったように思う。そして、その種子はすべての人が有しており、特定の選手やダンサーのみに与えられるものではなかった。また、自身の意思を超える環境の影響を受けて私たちが存在しているということを、私たちは新型コロナウイルスとの共存により知ることとなった。そのような「自己表現」というよりは、情報の「受け取り手」やメディウム（媒介）としての身体性、言い換えれば、周囲を含む環境の影響を受け続けざるを得ない弱い身体をもう一度見直していく必要を感じている。

芸術としての舞踊は、「見えないものをみようとする」努力により成り立ってきた。ある種の霊性へと向かっていく行為であり、長い歴史的背景をもつ。その流れの中で、少しずつ多様性のある身体や弱さが着目されるようになっている。その差異を明らかにする目的で、職業としてのダンサーは無個性な身体――つまりはバレエをはじめとした共通のベースを持ち、多様な運動に素早く対応できる身体を求められてはいるが、一方で、さまざまな障害を生かした表現のあり方を問う作品制作や、市民参加型の作品制作が増えている。これらコンテンポラリーダンスの視野の広がりは、身体運動ではないところに行きついており、そもそも生きるとは何か？身体とは何か？という哲学的な問いにまでつながっている。明らかに競争の視座のみでは論ずることができない現象であり、自己肯定や認知といった側面でセラピーに通ずる効果を持っている。

かつて美学者としてコンテンポラリーダンスに関わっていた伊藤亜沙（２０１８、２０２０）は「どもり」や「ふれる・さわる」といった踊る以前の身体に目を広げており、その視点は示唆に富んでいる。そして、それらは実はすでにダンスと呼ぶべきものではないだろうか。

6　まとめにかえて——おどる以前のからだをみつめる

スポーツは文化である。スポーツ文化は本来文化全体の一つにすぎないはずなのだが、他の芸術文化全体の経済規模のおよそ3分の1を占める。なぜ国を挙げて経済支援が行われるのかといえば、スポーツプロモーション、マネジメント分野での努力が大きい。ダンスは体育の枠に組み込まれ、その恩恵を受けてきた部分がある。その昔、ダンスを保健体育に組み込んだのは、すべての子ども達がダンスをする喜びに出会えるように、また教師として踊り続ける人を育てていけるようにするためと言われてきた。その点ではスポーツプロモーションの事例を参考に、より多くの子ども達がダンスに触れるきっかけを作っていくことが大切であろう。

一方で、自らの所属及びアイデンティティを踏まえてあえていうならば、ダンスの芸術文化としての側面も忘れてはいけないと考える。アメリカなど多くの国ではダンス専攻[17]があるのみならず、芸術と身体教育（体育）の両方にダンスの専門科がある。木場（２０２１）は、ウィスコンシン大学マディソン校においてダンスという学問分野がいかに変遷してきたかを取り上げている。女子身体教育プログラムにダンス専攻が設定されたのは１９２６年。その後１９６０年代から80年代にかけて多くの芸術系ダンスデパートメントが生まれたにもかかわらず、同校では2010年になるまでダンスデパートメントはできなかったという。木場はその背景にテニュアの数など集団の問題を取り上げているが、創始者ドゥブラーのアマチュアリズムに基づいたダンスを用いた全人的教育思考は、現代の「Dance for All」に通ずるインクルーシブなものであり、そこから抜け出すことに躊躇もあったのではないだろうか。そこで、プロの上演家や振付家の育成、あるいは技術習得に意識が向かうようになる様子は、ダンスのスポーツ化と構図が似ており、ハイアートとしてのダンス、特殊技能をもつ人へのダンスに偏ってしまいかねないという危惧である。実際のダンスがスポーツ化してきたことは、すでに先に指摘した。進化とも言えるが芸術として重要な自由度が狭まってしまう。

国立大学においてダンス専門教員のほとんどが教育学（保健体育）にいる日本の現状は、1960年代のアメリカの状況に近く、今後芸術志向は高まっていくに違いないが、「売れる」、「映える」といった見た目や短絡的な経済活動をめざしていくことには疑問が残る。現代の日本においては、運動以前の身体知覚やコンセプトを掘り下げていく思想や哲学といった複合的な観点をもち、深い身体文化を学ぶ時間としてダンスを維持していく必要があるのではないだろうか。今後のIT化に伴う身体感覚の希薄化を考慮すれば、ダンスは日々の読書やスポーツ習慣を身につけることと同じくらい重要となっていくだろう。芸術文化としてのダンスもまた人々の暮らしに不可欠で、心と身体を満たし、生きがいを作り出してきたはずである。また、それは特別な技術をもつ人のみのものではなかったはずだ。健やかな人生を送る上で、運動・スポーツとしてだけではなく、さらなる精神性への広がりという観点から、今後もダンスのさらなる可能性を考えていきたい。

（木野彩子）

■注

(1)お茶の水女子大学（旧東京女子師範学校）が初めて西洋舞踊を授業内に取り入れたとされる。国語體育専修科→表現体育学科→舞踊教育学科→芸術・表現行動学科と変化しており、筆者は舞踊教育学科時代、入学試験で実技試験の配点がない時代の最後の学生であった。大学時代にダンス技術の有無に囚われず多様な発想がある豊かさを体感して育ったといえる。なお、国語體育専修科をつくった井口阿くりは「ダンスはちょいちょいやるもの」と生理学的に有効な瑞典式体操（スウェーデン体操）の指導を優先させていたという。

(2)筑波大学社会人大学院人間総合科学研究科スポーツプロモーションコース。筑波大学は旧東京師範学校であり、お茶の水女子大学とともに茗荷谷にある。

(3)1950年に前身の日本体育学会が発足、2021年名称変更した。菊はその際の学会長を務めた。定款第3条、目的には「体育・スポーツ・健康に関わる諸活動を通じた個人の幸福と公平かつ公正な共生社会の実現に寄与する」とある。

(4)一方、ダンスのスポーツ化は進行している。先に紹介したオリンピック種目化のみならず、「All Japan Dance Festival」をはじめとしたコンクールの熱狂にもそれを見ることができるであろう。カッコよさ、テクニックを競う争いは年々白熱している。本来ミミクリ（模倣）とイリンクス（目眩）の遊びに準拠するダンスが競い合うものとなったのは「見映え」による評価によるところが大きい。TikTokなどSNSにおける承認欲求も大きく作用しているだろう。

(5)舞踏家（1906‐2010）。体育教師であったが女子校の捜真女学校に赴任したことからダンスを始め、石井漠、江口隆哉・宮操子に師事。土方巽の師として脚光を浴び、女学校退職後に世界デビューを果たす。103歳で亡くなるまで精力的に舞台公演活動を続け、世界中のダンサーに多大な影響を与えた（http://www.kazuoohnodancestudio.com）。筆者は2016年レクチャーパフォーマンス『ダンスハ體育ナリ。体育教師トシテノ大野一雄ヲ通シテ』を制作し、彼の人生と自身の教育歴を重ね合わせながら、なぜダンスが体育の中にあるのかを体操の復刻などと合わせ解説した。その後『ダンスハ體育ナリ？ 其ノ二 建国体操ヲ踊ッテミタ』初演2018年）『ダンスハ體育ナリ？ 其ノ三 2021年：踊ル？ 宇宙ノ旅』（初演2021年）と合わせ、改訂再演を繰り返しながら、体操とダンスの境目、スポーツとダンスの境目、そもそもダンスとは何かを考察し続けている。

(6)1960年代に日本から発生したダンスのジャンル。土方巽は日本人の身体性に着目し、ガニ股や猫背といった自らの弱さをさらけ出すように作品を制作した。振付家ごとに身体メソッドを開発し続けており、亡くなるまでそれぞれの探求を続けているところがそれまでの西洋舞踊とは大きく異なっていた。土方巽の活動は慶應大学にてアーカイブが作成されている（http://www.art-c.keio.ac.jp/archives/list-of-archives/hijikata-tatsumi/）。

(7)ピーター・ブルック（1925‐2022、演出家）のワークショップより。息子サイモン・ブルックにより映像化されている（『ピーター・ブルックの世界一受けたいお稽古』2012）。

(8)モシェ・フェルデンクライスによる動きのメソッド。自身の大怪我克服のため、運動から脳の運動学習中枢へと働きかけようと試みた。国内にもプラクティショナー養成コースが開設されている。筆者の所属していたイギリスのRussell Maliphant dance companyでは基礎トレーニングとして取り入れていた。

(9)日本では福本、原田らの先行研究がある。福本（２０２０）はフェルデンクライスメソッド、アレクサンダーテクニックなどとあわせ多様なボディワークを「ソマティクス」という一つの領域としてアメリカでの広がりを紹介している。日本の教育に導入するとした場合に生まれる危惧や懸念をアメリカではどのように受け入れていったかも指摘している。

(10)イスラエルの振付家オハッド・ナハリンが考案した身体トレーニング法。もともとはダンサー向けのものであったが、その後一般の人に向けて「GAGA people」を制作、全世界で展開している。映画『Mr. GAGA』（２０１５、トメル・ハイマン監督）でも紹介されている。

(11)野口三千三が考案したメソッド。体育教師として東京芸大に着任、身体を緩めほぐすことの重要さを簡易な言葉とものを使用しながら伝えた。羽鳥操、新井英夫らがその後を引き継ぎ、現在も広まっている。現在、日本で活動する舞踏家の多くがこのメソッドの影響を受けていると考えられる他、注(10)のオハッド・ナハリンも影響を受けたと聞く。

(12)野口晴哉が考案したメソッド。福本（２０１９）がボディマインドセンタリングへの影響を示唆している。

(13)平田オリザらの演劇を用いたコミュニケーション教育のワークショップの中でもシアターゲームと呼ばれる身体を用いたワークショップが多く行われている。エア縄跳びなど保健体育教材として古くから扱われている内容を多く含む。ただダンスのワークショップよりも、創作作業においてはエンパシーを重視し、違いを言語化し、理解し合うことに意識が向けられているように思われる。ダンスは言語を用いない点で、どちらかというと言葉を超えて理解できるシンパシー力を重視しているように思われ、それ故、異文化理解や国際交流の現場で重要な役割を果たしているようにも思う。

(14)近年体育教材として着目されている「スポーツ共創」の考え方は、スポーツ分野に創造性（Creativity）を取り入れることで、スポーツが苦手な子どもたちも参加しやすい環境づくりを促している。eスポーツ黎明期を支えてきた犬飼ら（２０２０）は運動会協会、ＹＣＡＭ（山口情報芸術センター）と協働でメディアアートとともに「未来の運動会」をつくるプロジェクトを行っている。頭と身体とともに動かすことと、人々とともに創り続けることにeスポーツを超える可能性を見出している。また「未来の体育を構想する」プロジェクト（代表理事：神谷潤、お茶の水女子大附属小）など、現職教員の中からも単純な競争だけではない視点が熟成されつつある（https://future-pe.org/about-us/）。

(15)２０２０年より始まった新型コロナウイルスの流行はオンライン授業や会議、リモートワークなど私たちの生活を変化させた。また、東京２０２０オリンピックも延期になった。２０２２年の時点でもその流行は収束していないが、生活の仕方が大きく変化したことは事実であり、今後も継続していくものと考えられる。

(16)世界保健機関ＨＰによれば「健康とは、病気でないとか、弱っていないということではなく、肉体的にも、精神的にも、そして社会的にも、すべてが満たされた状態にあることをいいます」（日本WHO協会訳）。１９９８年に「spiritual（霊的）とdynamic（動的）」を加えた新しい健康の定義が検討されたものの採択は見送られた経緯がある。

⒄ドウブラーによるウィスコンシン大学マディソン校女性身体教育プログラムは松本千代栄らに影響を与え、お茶の水女子大のカリキュラム作成においても生かされた。アメリカのダンス教育については大西ほか（２０２０）に詳しい。掲載誌はスポーツ教育学ではあるが、そこに挙げられているアメリカのカリキュラムは芸術科のナショナルスタンダードであることにも注意が必要である。

■文献

・福本まあや（２０１９）野口整体とボディ―マインド・センタリングの比較研究．人文科学研究、15：２０３‐２１６頁．
・福本まあや（２０２０）米国ダンス教育におけるソマティクスの適用に関する一考察、日本女子体育連盟学術研究、36：１‐15頁．
・原田奈名子（２０１７‐）ダンス教育で育てるからだを問う―ソマティクスとボディ・ワークのかかわりから．（科研基盤研究Ｃとして現在研究中）
・羽鳥操（２０２２）「野口体操」ふたたび．世界文化社．
・樋口聡（２０２０）スポーツの美学．井上俊・菊幸一編、よくわかるスポーツ文化論改訂版、１３０‐１３１頁．
・犬飼博士、吉見紫彩（２０２０）つくるスポーツ／するアート．中尾拓哉編、スポーツ／アート．森話社．
・伊藤亜沙（２０１８）どもる体．医学書院．
・伊藤亜沙（２０２０）手の倫理．講談社．
・カイヨワ：多田道太郎訳（１９９０）遊びと人間．講談社．
・木場裕紀（２０２１）学問としてのダンスの歴史的変容―ウィスコンシン大学マディソン校のダンスの１００年．春風社．
・菊幸一（２０２２）学校体育のプロモーション―体育社会学からのアプローチ．創文企画．
・野口三千三（２００３）原初生命体としての人間―野口体操の理論．岩波書店．
・三木成夫（１９８３）胎児の世界．中央公論新社．
・大西祐司、栗田昇平、岡出美則（２０２０）アメリカのナショナルスタンダードに見るダンス教育のシークエンスの検討．スポーツ教育学研究、40（１）：１‐17頁．
・高橋和子（２００５）「からだ気づき」教育の構想と展望．人体科学、14（１）：13‐25頁．
・矢田部英正（２０１１）たたずまいの美学．中央公論社．

第25章 「ダンスする身体」からの学び

——『すぐCOCOアート!!』の実践から

1 生活から生まれたダンスへの問い

(1)ダンスは不自由だと思った

1990（平成2）年にダンサーとして活動を始めた頃の筆者は、極めて限定的な視点でダンスと向き合っていた。「自発的な身体活動を通じての表現は、子供にとっては呼吸のように自然である」。これは、『舞踊学原論』（1962）の著者マーガレット・N・ドゥブラーの言葉である。筆者も幼い頃は嬉しいと全身でジャンプしその喜びを自然に表現していたものだが、プロダンサーをめざすようになると様式や型、求められる技術やプロとしての経歴の獲得を目標とするため、自身の身体は心との乖離を実感した結果、ダンスは不自由で楽しくないものだと思う期間もあった。しかしながら、活動し始めたその当時は、純粋芸術と言われる「意義と価値は、実生活から切り離されたところに成り立つ美的な自立性に求められている」（三木、2013）環境でのダンス活動に憧れを抱いたため、トップダウン的な発想で「ダンスする身体」を考え、その芸術性を高めていく活動に不自由さを感じながらも目標の実現に向け日々努力していた。その当時は作品における主役をめざしたほかに、有名で大規模な企画に挑戦したり、舞踊コンクールでは日本一をめざしたりした。その過程で筆者は、自身が国内外で活躍していけるダンサーとして生き残っていくための「プロモーション」、つまり外向けの「ＰＲ」という意味合いで「ダンスする身体」を捉えていたのである。

(2)ダンス生活に変化が訪れる

そのような活動が30年ほど経過し、現在では大学に職を得て学生にこれまで培ってきたダンステクニックやスキルの指導を行いながら、ダンサー・振り付け家としても舞台芸術に携わり「ダンスする身体」の当事者としてダンスを職業としている。しかし、その活動過程において大きな変化が起こり始めた。それは、結婚し娘を授かった頃を境に生まれた地域の保護者との交流によるものであった。

娘の保育園行事における「おやじの会」の集まりなど保護者同士の交流に、はじめは気が進まなかったが、少しずつ参加するようになっていった。その中でも特に印象深い交流となったのは、保育園の謝恩会の総合演出を担当したことである。その内容は、保護者と協働し、保育園の年間行事（運動会の組体操・お泊まり保育の川遊び・餅つき大会など）から楽しかった思い出のいくつかを抜粋し、ママとパパがダンスを創って再現するという出し物の発表であった。お世話になった先生方に「感謝の気持ちを伝えたい」という保護者と実際に「ダンス」を創作し発表までに至ったその過程は、筆者の中にこれまでの純粋芸術への追求とは異なるダンス創作の「喜び」を生み出し、新たなダンスの文化的享受となる体験となった。

(3)『すぐCOCOアート!!』の誕生

筆者は、上記の創作過程にダンスがもつプリミティブな、何か原点のようなものがあるのではないかということに気づかされた。そこで地域から生まれるダンスの「喜び」の享受とそのプリミティブなダンスの楽しさの原点を求めて、２０１４年A区芸術文化振興財団（以下、A財団という）の企画公募に『すぐＣＯＣＯアート!!』（以下、本企画という）を応募し、A財団共催事業として採択された。

２０１４年当初の本企画のキャッチフレーズは、「ダンスワークショップに参加して、プロのアーティストと一緒に舞台に立ってみませんか」であり、地域の子どもとアーティストがワークショップから創作した作品を発表する内容であった。日常では関わりの薄いプロのアーティストが身近な場所にやってくるという、ある意味非日常の特別感を強調したキャッチフレーズであったが、そこには「プロから子どもへ」といったトップダウン的な発想が内在していたように思う。しかし、筆者自身もその他のアーティストも子どもと一緒に本企画を進めていくうちにダンスの「喜び」を「共」に求める方向に徐々に変化していることを実感し始めた。そして、筆者やアーティストは、ワークショップにおける子どもとの関わりの中から、少しずつ子どもの発想力や想像力を大切にするようになり、アーティスト自身も変化していったのである。

⑷大学生の思わぬ言葉から生まれた問いと研究課題

筆者はこの企画の実践からダンスの「喜び」の享受とそのプリミティブなダンスの楽しさの原点に気づいた。一方で、２０１７年に着任した大学で当時3年生であった舞台表現学科ダンスコースの学生に卒業後の進路を尋ねたところ「プロダンサーになるのは諦めて一般就職にします」という答えが返ってきた。筆者は、学生自身が「ダンスと一般社会がつながっていない」という考えをもつことがよく理解できた。なぜなら、ダンスを始めた当時の筆者自身も、「ダンスする身体」を発展させていくためには、非日常的で特別に選ばれた者（ダンサー）にならない限り、その継続は困難であるという危機感を身をもって感じていたからである。それ故、その学生に共感すらできた。

このように、一方ではダンスと子どもたちとの関係からその自由な身体的喜びの享受を実感しながら、他方ではダンスを専門的に行ってきた学生がダンスで生きることに不自由さを感じている現実に直面したのである。なぜ後者の「ダンスする身体」に不自由さがあるのか、という問いが生まれてこざるをえない状況があったのだ。

その問いに1つの回答を与えてくれたのが、以下の菊ほか（2015）の記述であった。「ダンスは、そもそも誰かに強制されて行われてきた身体運動文化ではない。日常生活における人々の（身体を使って遊びたいという）プレイ欲求によって支えられてきた。まさに、アクティブラーニングという方法によって文化として成立してきたのである」と。

プレイとしてのこのダンス論が、大学院で改めてスポーツプロモーションを学び直し、その学びから「ダンスプロモーション」について考えるスタートとなった。さらに関連した文献を読み進めていくと、未来を担う児童生徒が自発的に参加し、自己充足を繰り返し、その過程で自己実現を果たすために、「学校期は単なる労働期の準備ではなく、生涯の一ステージと位置付け、児童・生徒が自発的に運動やスポーツを組織できることが重要である」（新開谷、1994）との記述があった。『すぐCOCOアート!!』の企画も取り組み方によっては、子どもたちの成長期において重要な役割を果たす可能性があるのではないかと考えるに至ったのである。

2　『すぐCOCOアート!!』を事例にした研究の試み

『すぐCOCOアート!!』の企画と実践には、スポーツプロモーションの概念を基盤とした新たなボトムアップ的な観点に基づく「ダンスプロモーション」の成果が求められていると思われた。それ故、これを事例としてダンスプロモーションの実践が地域文化推進に対して与える影響と意義を考え、その可能性を明らかにする研究に取り組む必要性を強く感じた。

そこで本稿では、①本企画が主催事業に至るまでのA財団による地域文化推進に対する考え方の変化と本企画に対する評価、及び②本企画の成果に対するステークホルダー（A財団職員、保護者や子どもたち、あるいはダンサー等）の評価を明らかにする過程で、その意義と可能性を探ってみたい。

⑴プロモーションの概念を内包するダンス

菊（２００５）は「これからのスポーツは、スポーツそれ自体と人々が直接関わる実感や受け止め方（＝当事者性）を大切にし、その中でその意味や価値を明らかにしながら、必要な考え方や思想を促進し、発展させていくこと、すなわちプロモーションという概念が重要になってくると考えられる」という。ここでは、スポーツに関連させた「プロモーション」の概念の重要性が指摘されている。また、佐伯ほか（２０１６）は、「新しい風を生み出す魅力あるコンセプトが求められており、（中略）スポーツの主体性、内在的発展の力を強調する『スポーツプロモーション』を提唱する」と述べている。つまり、これまでのような行政主導の「振興」概念ではなく、スポーツそれ自体と人々が直接関わる実感や受け止め方（＝当事者性）を大切にし、その主体性や内在的発展の力を重視したプロモーションの概念が重要なのである。

ダンスでは「ダンスの内在的価値としてお互いに共有者となる関係を創り出す可能性」や「共感的理解によってお互いを『わかりあう』』、そしてさらに共感的理解は認知的理解を補足し、人間同士の理解はいっそう深まりを増す」（片岡、１９９５、１４１頁）と指摘されている。また、片岡（１９９５、１３５‐１３６頁）は、生活文化とダンスの密接なかかわりについて、これからのダンスにはその質的な深まりが他者と交流するコミュニティにも開かれ、それがダンスライフの発展につながることを指摘している。さらに、ダンスはそもそも人間の生活を豊かにするために開発された文化であり、その社会的役割や機能を果たすことができる文化であることも強調している。このように、ダンスにはプロモーションの概念が豊かに内包されていると考えられた。

以上のことから、本企画が取り組んでいるダンスの中核には、「わかりあう」という共感的理解に基づいて、人間同士の理解を深めることができるという社会的役割や機能の可能性が指摘され、参加者をはじめとするステークホルダーの生活を豊かにする役割を果たすことが期待されている。

⑵主催のA財団と『すぐCOCOアート!!』との関係

A財団は、芸術文化の振興を図り、地域社会の発展と区民生活の向上に資することを目的として、A区に1998年に設立された。その主な事業内容は、①芸術文化振興のための情報提供、②相談事業や人材育成に関する事業、③地域活動支援に関する事業、④講座、展示会、鑑賞会等の事業、⑤指定管理を受けた施設の管理運営、⑥タウン情報紙の発行、等となっている。

『すぐCOCOアート!!』の企画ではA財団の主催で、公募により集った小・中学生30名程度の子どもたちとダンスや音楽などの専門性の高いアーティストたちが一堂に会して、10回のワークショップを行う。そして、その体験からさまざまな模倣やアイデアによって創作された作品を舞台で発表する。

2019年にA財団に提出した企画書には、以下のように記載されている。

小・中学生対象のダンスワークショップを行い、その成果を舞台上で表現する企画です。公募により集った小・中学生が、世界中で活躍しているプロのアーティストによるワークショップを通じて、ダンスや音楽、そして表現と出会い、模倣や創作活動体験の中から「生み出す力」「コミュニケーション力」を楽しく体験します。様々な発想をモチーフに創作された「独自のダンス作品」を舞台で表現し、子供達の成長とその活動の成果を広く発信していきます。その中で、たくさんのアイデアが生まれる瞬間を体験し、思ったことや感じたことをみんなで創りだしていきます。「うわっ！すごい！できた！」そんなワクワクする時間の中で、子供にしかできないこと、大人だからできること、それぞれの今を重ね、冒険の扉を開け進んでいきます。

2014年当初の企画では「子供達が、これまでアーティストの培ってきた技術に触れ体験する」という目的が掲げられていたが、2019年では上記のように互いの関わり合いから生まれる活動の経過を大切にするよう

図1　ダンスワークショップでの活動の様子

に変化している。

振り返ると本企画は、A区でダンスの活動を具体的に進めていくために、A財団の企画公募事業「文化イベント企画応援プロジェクト2014」への公募から始まった。A財団が企画した当初のプロジェクトは、「区民の皆様から芸術文化イベントの企画を募集し、その中からグランプリ・準グランプリ企画を選出し、区内での実施を支援する」という事業であり、芸術文化イベントを通して、区の芸術文化活動をさらに盛り上げようとする趣旨であった。

本企画はグランプリ企画として2014年度に採択され、A財団共催事業期間を経て、2019年からはA財団の自主事業（主催事業）として実施されることになった。その間、A財団の本企画に対する考え方は着実に変化するとともに、筆者をはじめとする本企画のステークホルダーの意識も変化していった。その結果、上記のような2019年の企画書になったと考えられる。なお、本企画はその後、2022年度現在まで毎年A財団の自主事業として採択されてきたものの、コロナ禍の影響で実践自体は2020年度以降、すべて中止となっている。

⑶「ダンスする身体」からの学び

①A財団における地域芸術文化に対する考え方の変化

A財団職員へのインタビューからは、現在、A財団が芸術活動を生活に取り入れていく活動の継続化を求めていることが理解された。「今後、芸術文化が生活に身近にある状態で大人になっていく環境があると、人生がより豊かになっていく」（職員A）という『すぐCOCOアート!!』の取り組みは、「今、絶対行政だけではできないこと」（職員B）であり、A財団にとって、「必要な活動をされる方に必要な支援ができる」（職員B）ことは、A財団の成果の一つであると語っている。ここではA財団が芸術活動を支援し、芸術活動がより生活に身近な地域の環境において、継続実施された。その芸術活動をきっかけにして、A財団とその地域の子どもや保護者、そしてそれ以外の地域の方々と一緒に取り組まれていくこと、つまりプロモーションの概念をもった取り組み方が求められていた。

インタビューによって、これまでA財団は本企画も含めた地域における芸術文化を「振興」させようとしてきたが、2014年から2018年までの主催事業（子供参加型ワークショップ体験事業）において変容があったことがわかった。その変容については、外部委託団体と積極的に直接関わる実感や受け止め方をこれまで以上に大切にし、制作過程においては子どもの発想を生かしていくことを重要な課題として柔軟な作品づくりをめざすようになったことに現れている。また、子どもとの直接的な関わりの中で作品を創り上げていく楽しさやおもしろさを子ども自身が享受できることが財団の成果と考えるように変容していったのである。すなわち、2014年から2018年までの主催事業(子供参加型ワークショップ体験事業)の取り組みを通じてプロモーション(「推進」）の概念を大切にするようになっていったのである。

さらに、A財団職員が「芸術文化が生活に身近にある」環境によって「人生がより豊かになっていく」と述べているように、ダンスに内在する特性にふれる取り組みによる地域文化推進の可能性として、ダンスにはノンバーバル・コミュニケーションのルーツ、すなわち共感的理解によって「わかりあう」という、人間同士の理解を一層深める内在的価値の存在が理解された。したがって、A財団職員からも本企画に対して、このダンスの特性に子どもたちがふれることによって地域文化を推進していく要素をもつようになるという期待が込められるようになっていったのである。

②本企画に対するステークホルダーからの評価

本企画の成果に対するステークホルダー（保護者や子どもたち、あるいはダンサー等）の評価については、ダンスプロモーションを包摂する本企画の実践が地域文化推進の一端を担うことができたと考えられる結果となった。

この結果は次のような方法によって導かれた。ステークホルダーに対するインタビュー調査結果から、木下（2007）による修正版グラウンデッド・セオリー・アプローチ（M‐GTA）による探索的な分析を行った。具体的には、コア・カテゴリーになり得る「ダンスの特性」と「プロモーションの概念」が抽出され、そこから四つの視点として「共感的理解によってお互いを『わかりあう』」「お互いに共有者となる関係を創り出す可能性」「人との関わりから生まれる意義」「人間的成長の可能性」が定められた。そして、この視点に基づき17の概念名が生成された。特徴的な概念名としては、例えば「認め合う人と過ごす楽しさ」「大人の真剣な姿」「プロアーティスト・大人としての責任」「柔軟性が面白い」「職員の願いが現場を作る」「子どもの家庭における変化」「子どもの成長がアートを作り出す」などが生成されたのである。

そして、これらの17の概念名と概念名より生成された9つのカテゴリーの中で特徴的なものとしては、例えば「アーティストの本企画から生まれた特別な思い」「保護者は目に見えないものから子どもの成長を感じている」などが挙げられる。「アーティストの本企画から生まれた特別な思い」とは、アーティストがこれまで取り組んできたダンスや芸術性を高めていく活動に対して、むしろ「子どもの成長から、可能性は無限なのだと子どもたちから教わる」ことができたと語られ、子どもに対する敬意と子どもの成長を見守っていくことができる環境が本企画にはあるという特別な思いを意味している。これまでのような特別で非日常的な立場としてではなく、逆にアーティスト自身が最大限の能力を子どもたちに注ぎ込んでいけるよう「輝き続ける人間でいたい」という目標をもつことができ、その結果、子どもの成長のみならずアーティスト自身も互いの関わりを大切にする姿勢や気持ちが生まれるプロモーションの概念の視点である「人間的成長の可能性」を実感していたということである。

保護者の語りからは、アーティストが「子どもを子ども扱いしない、子どもに寄り添うんだけど、本物志向であり、ちゃんと本気で大人が向き合っている感じがある」という「大人の真剣な姿」が受け止められ、子どもたちとともに練習を重ねその舞台に臨むアーティストの緊張やまなざしが子どもたちの心にも深く刻まれて、ダンスの特性である「共感的理解によってお互いを『わかりあう』」という視点が述べられていた。

生成されたカテゴリーからもう一つ例を挙げると、現場にいない保護者からは現場での子どもの様子が「目に見えないもの」ではあるが、子どもの様子から感じ取れる次のような記述が見られた。「表情や子どもたちの笑顔から、家に帰ってきてから感じ取れるものが日々ありましたね。だから今日、何やった、これやったって言わなくても、よかったんだな、とにかくよかったんだな、満たされたんだなと感じます。」このように子どもの家庭における変化を子どもの態度で感じ取っていることから「保護者は目に見えないものから子どもの成長を感じている」というカテゴリーが生成されており、保護者は日常における子どもたちの変化や成長の成果を述べているのである。

③『すぐCOCOアート!!』を通じた「ダンスする身体」の成果

以上のようなM‐GTAによって探索的に生成された概念、カテゴリー、コア・カテゴリーになり得るダンスの特性とプロモーションの概念の相互関係をまとめた結果、図2のような関係図が得られることとなった。

A財団からは、「芸術文化が生活に身近にある」環境によって「人生がより豊かになっていく」という可能性が述べられ、主催事業（子ども参加型ワークショップ体験事業）の取り組みを通じて、プロモーションの概念を大切にする変容が確認できた。またアーティストからは、子どもに対する敬意と子どもの成長を見守っていくことができる環境が本企画にはあるという「アーティストの本企画から生まれた特別な思い」、そして保護者からは「保護者は目に見えないものから子どもの成長を感じている」あるいは「アーティストや子どもたちから生まれる人間的成長の可能性」というカテゴリーが生成された。

図2に示す結果として、本企画は、ダンスの特性とプロモーションの概念を包摂する実践と捉えられ、最終的には、まるで一本の木が水分や養分と太陽の光を巡らせ、それらを変容させながら成長していくような人々の多様なかかわりあいを通じて、参加する子どもたちとその保護者に「喜び」や「感動」の実感を生み出していたといえる。

よって、『すぐCOCOアート!!』の実践は、ダンスプロモーションにおける一つの実践事例として、地域文化推進に対する影響力の一端を担うことができたと考えられる。また、実践を通してプロモーションの概念やダンスの内在的価値が、今後地域文化を推進していく原動力として波及していく可能性も示唆できたと思われる。さらに、本企画により、これからの地域文化の担い手である子どもたち、保護者、アーティスト、そして地域住民が、プレイ欲求に支えられたダンスの楽しさに触れる実践的活動によって、家族の絆や地域交流が豊かになり、地域文化の推進へつながる「ダンスする身体」の可能性をも期待することができるといえよう。

3　「ダンスする身体」の内なる思い

筆者は、これまでのダンス活動の中で、地域の保護者との交流から生まれた『すぐCOCOアート!!』の実践や学生の言葉から生まれた問いを通じて、またそのような問いが発端となったダンスプロモーションに対する研究を通じて、多くを学ぶことができた。そのような学びによって、ダンサーとして頂点をめざしていた筆者の「ダンスする身体」の追求は、それが広く地域社会に求められるダンス活動を契機として、保護者から「良かったん

保 保護者
子 子供
ア アーティスト
1) 本企画が主催事業に至るまでのA財団による地域文化推進に対する考え方の変化と本企画に対する評価
2) 本企画の成果に対するステークホルダー（A財団職員・保護者・子供達・ダンサー等）の評価
A財団主催事業
すぐCOCO
アート!!
2.1.5 親の願い
2.3.2 子供の家庭における変化
3.9 保護者は目に見えないものから子供の成長を感じている
3.5 保護者が求める子供との楽しさの享受
2.2.1 プロアーティスト・大人としての責任について
2.1.1 認め合う人と過ごす楽しさ
3.1 アーティストの本企画から生まれた特別な思い
2.1.6 本企画の活動が広がることへの願い
2.1.3 助け合い支え合う感動
2.1.2 過程から生まれる達成感
2.1.4 大人の真剣な姿
2.3.1 子供の成長がアートを作り出す
2.4.1 柔軟性が面白い
3.6 A 財団が本企画に求める関係性
2.4.4 制作的な視点
2.3.3 ワークショップでの子供の変化
3.2 アーティストから見た子供達の創り出す主体的な行動
2.4.3 職員の願いが現場を作る
3.7 A財団とアーティストの連携の成果と A 財団職員の願い
3.8 A財団職員の直接的な目に見える成果
3.3 アーティストや子供達から生まれる人間的成長の可能性
2019
ダンスの特性
2020
プロモーションの概念
共感的理解によってお互いを「わかりあう」
人間的成長の可能性
地域文化推進
人との関わりから生まれる意義
お互いに共有者となる関係を創り出す可能性
2030

図2　ダンスプロモーションの実践における地域文化推進の可能性の関係図

だな、とにかく良かったんだな、満たされたんだ」というダンスを通じたフィジカルハッピネスを明らかにする研究へとつながっていった。

「ダンスする身体」を通じて人間同士の理解を深める可能性や、それに関わるステークホルダーの生活を豊かにする可能性があるダンスの社会的役割は、特に専門的なダンスに取り組んでいるダンサーやアーティストがその理解を深めて、今後の活動に生かしていくことで果たされていくものと考えられる。

筆者は、今後とも主体的にダンスに関わる環境を整備し、子どもを含めた地域の人々がそこを起点として自発的に運動やスポーツを広げてそれらを自らが組織できるような実践的活動が重要であると考えている。そのためには、『すぐＣＯＣＯアート!!』の実践を契機として、人々が直接関わる実感や受け止め方（＝当事者性）を大切にした活動のプロセスから課題を見出し、協働してその問題解決に向かえる資質や能力を身につけることを大切にしていきたい。また、アーティストの社会的役割や学生が取り組んでいるダンス活動の社会との関わりへの理解を深めながら、これからのライフステージを豊かに生きていけるようなダンス企画と具体的な実践のあり方等の研究を地域の人々とともにさらに進めていきたいと考えている。

（清水典人）

■参考文献
・片岡康子（１９９５）舞踊におけるコミュニケーション―伝達の枠を超えた共有の拡がり―．中村敏雄編、スポーツ文化論シリーズ⑥ スポーツコミュニケーション論．創文企画．
・菊幸一（２００５）我が国のスポーツプロモーション．公益財団法人日本体育協会編・発行、公認スポーツ指導者養成テキスト共通科目Ⅱ、21‐31頁．
・菊幸一ほか（２０１５）今こそ「楽しい体育」の原点に立ち返って．子どもと体育、１６９：14頁．
・木下康仁（２００７）ライブ講義M‐GTA 実践的質的研究法　修正版グラウンデッド・セオリー・アプローチのすべて．弘文堂．
・佐伯年詩雄・菊幸一・仲澤眞（２０１６）スポーツプロモーション論．明和出版、ⅱ頁．
・新開谷央（１９９４）社会変化と学校体育．立木正ほか編、小学校体育科授業研究．教育出版、２‐11頁．

・ドゥブラー：松本千代栄訳（1962）舞踊学原論―創造的芸術経験―．大修館書店、xiii頁．
・三木順子（2013）芸術における周縁的なものと人間の生―「限界芸術」の概念を手掛かりに．デザイン理論、61：77-90頁．

コラム4　国際スポーツ大会における通訳ボランティア育成——全国外大連合のこれまでの成果と展望

はじめに

近年、日本のボランティア活動はグローバルな環境の下で行われることが多くなっている。日本で開催される国際的なイベントや会議などの運営においても、多様な文化・宗教的な背景を理解した多言語ボランティアが必要とされている。スポーツ界においてもグローバル化の波は必然であり、大会の円滑な運営には外国語を駆使できるボランティアの存在は欠かせない。国際大会の円滑な運営のためにも、外国人選手や関係者のニーズに対応できるボランティア人材を適所に送り出し、活躍してもらうことは重要な要素である。

スポーツ庁は、東京2020オリンピック・パラリンピック競技大会（以後、東京2020大会という）のスポーツ・ボランティアの募集に際し、「学生が、大学等での学修成果等を生かしたボランティア活動を行うことは、将来の社会の担い手となる学生の社会への円滑な移行促進の観点から意義があるもの」とし、東京2020大会に合わせて学事暦等の変更を各大学等に提案した。大学生にとって、スポーツ・ボランティア活動への参加経験は、身につけた言語や異文化の知識を実践する貴重な機会という教育的な意義があり、実社会の中でボランティア活動を経験することが将来の職業生活においても有益であることがこれまでの取り組みの結果から示されている。

神田外語大学では、2007年9月から、学生の外国語修得への支援や言語運用の経験など、語学学習意欲の向上に向けた取り組みを推進してきた。以来、2021年9月まで167回に及ぶ国際大会（オリンピック・パラリンピックやワールドカップ、世界選手権大会等）に、英語を中心に学生の専攻言語を含めた多言語対応ができるボランティア1661名を送り出してきた。

2013年に学内でボランティアセンターが設立されてから2022年で10年目を迎え、これまでの参加学生数は延べ4791名となった。本学が展開するボランティア活動は、外国語を学ぶ多くの学生のニーズに合った実践的な自立活動となっており、グローバル人材に求められる資質や能力を養成する極めて有効な学習機会になっている。

●国際スポーツ大会における通訳ボランティアの取り組みの背景

東京2020大会の開催が決まった翌年の2014年6月、日本にある七つの外国語大学（関西外国語大学、神田外語大学、京都外国語大学、神戸市外国語大学、東京外国語大学、長崎外国語大学、名古屋外国語大学（五十音順））により「全国外大連合憲章」が締結された。目的は、21世紀のグローバル社会に相応しい人材育成のために、さまざまな連携を図ることであり、同年11月に京都で開催された「全国外大学長会議」において、神田外語大学は、外大生の育成を目的とした連携による通訳ボランティアの育成事業を提案した。2015年2月には神田外語大学ボランティアセンター内に、晴れて「全国外大連合通訳ボランティア支援事務局」が立ち上がった。東京2020大会に向けて、全国にある外国語大学の連合による「全国外大連携プログラム通訳ボランティア育成セミナー」という大学生向けの人材育成の取組みを、毎年、神田外語大学が幹事校として運営し、これまで数々の国際大会などで学生がボランティアとして活躍する機会を提供してきた。

●これまでの全国外大連携通訳ボランティア育成セミナーの成果

本セミナーにおいては、その目的に相応しい講演者を招き、大学の教育者や研究者のみならず、国やグローバル企業の関係者による特別講演も実施している。セミナーの内容は、スポーツや文化を中心に他大学のさまざまな専門分野の研究者と連携を図り、幅広い分野の知識修得に及んでいる。また、実際に活躍されているプロの通訳による現場でのスキルなどがグループワークを通じて伝達され、語学を学ぶ学生たちにとって極めて効果の高

図　第６回全国外大連携通訳ボランティア育成セミナー

いプログラムとなっている。

２０１５年８月より２０２１年９月までの「全国外大連携通訳ボランティア育成セミナー」に参加した延べ２３９６名のアンケート調査から以下の意識変化が窺える。第９回目の学生の参加動機（回答数１３６名）として、一番多かったのは「さまざまな分野の通訳ボランティアに参加したい」で37％、学生たちは授業外の普段体験できない環境下、自己成長と新たな自己発見をしたいと思っていることがわかった。２番目に多かったのは、「自分自身の成長につながる」で25％。次いで「グローバルに活躍したい」が16％の順であり、その他「自分の英語力を知ることができ、またいろいろな方と交流し意見を聞ける貴重な機会だと思ったから」、「コロナで多くの心配があるにもかかわらず、日本に来てくださる外国人の助けになりたいと感じたから」など国際スポーツ大会に参加する外国人選手や大会運営に語学を介したボランティア活動に興味や関心を示していることがわかった。

第８回目からは、新型コロナウイルス感染拡大防止に伴いオンラインでの開催となった。当初、希望者は減るかと思われたが、このような状況でもさまざまな場面において、ボランティアとして貢献したいと考える学生は多く、定員１５０名を大きく上回る２８４名が受講した。参加後の感想としては、「今後、ボランティア実践や様々な活動に今より積極的にチャレンジしてみたいか」の質問に対して、「今までまったく経験のない分野だったが、自分の中で少し通訳ボランティアというものに対してのイメージができるようになった」など受講生のほぼ全員から肯定的な回答があり、座学のセミナーだけに満足せず、次の国際大会に向けて、ボランティアとして積極的にチャレンジする意識に変わったことが明らかになった。また、「参加する前より語学を学ぶ意義と学習意欲が高まったか」の質問に対し、より高まったとの回答が95％を占めており、語学学習を主たる目的とする外大生にとってセミナーへの参加は、語学を学ぶ意義と更なる学習へのモチベーション向上に役立っていることが明確となった。加えて、「グローバル人材とは何か、そのために何をすべきかが明確になったか」の質問に対しては、98％に及ぶ受講者が単に語学を介したボランティアのスキルや技法を学ぶだけでなく、グローバルなマインドやグローバル人材になるための資質と条件等について理解を深めていることが明らかになった。

本事業は、セミナーを受講した学生に対して、実践活動機会としてさまざまな国際大会におけるボランティア活動の機会を提供している。これまでの全国外大連合の主な実績としては、２０１６年10月に文部科学省が主催し、京都及び東京で開催された「スポーツ・文化・ワールドフォーラム」に39名、２０１７年2月の「札幌冬季アジア大会」に86名、また２０１８年2月には平昌（ピョンチャン）にて冬季オリンピックが開催されることになり、大会組織委員会に掛け合ったところ、全国からおよそ１００名の学生を大会ボランティアとして送り出すことができた。北朝鮮の政治的問題や極寒の環境等、大会組織委員会も運営面で混乱をきたしていた中で、26日間、ボランティアとして本当にやり切れるのかといった懸案はあったが、有志の学生たちは誰一人としてあきらめることはなかった。言語は英語のみならず、多言語に対応し、活動地域はピョンチャン、カンヌン、チョンソンという3つの会場で約30名ずつのユニットで活躍した。活動の内容は、インフォメーションセンターや紛失物センターでの対応、観客案内、誘導、出入統制、関係者入口対応等広範囲にわたる活動であった。参加した学生からは、「海外にいるときは海外のルールや言語を積極的に取り入れ、いかに自分のものにするか、ということが大事になってくる。その国のことを知り、言語を使ってコミュニケーションを取っていく中で、ボランティアをする意義を見つけることができた」「言語が通じない時にボディーランゲージや表情がとても大切だと痛感した。英語通訳で参加したが、韓国語もある程度勉強していけばもっとコミュニケーションがスムーズだったと思うので、次にこういった機会があればその国の言語を学んでいきたい」「英語のネイティブの方々はやはり話すスピードが早く聞き取れないことが何度かあり、まだまだ、英語力が足りないと実感することが出来た。このボランティアを通じて、人とのつながりを感じることができ、それを通じてもっと言語を学びたいという気持ちが湧いてきた」などの感想が寄せられ、参加した学生たちの活動の充実さが窺える。

●今後の展望

国際スポーツ大会における通訳ボランティア経験を通じ、語学力やコミュニケーション力を向上させ、より豊かな人間性の醸成と社会に貢献できる人材が輩出されることは、日本の教育分野において貴重な経験となる。また、通訳ボランティア活動は学習定着という観点から見ても有効と考えられる。例えば、外国語を学ぶ学生たちにとっても教室や英語学習カリキュラムとは異なる形で、実践的なコミュニケーションを行うことで、異文化理解を深めるとともに日本人としてのアイデンティティについて考えられるきっかけとなり、他人と協調性を保ちながら働くことの大切さと喜びを体得することで、さらなる学習意欲の向上とともに新たな自己発見につながっている。

スポーツのグローバル化は今後益々加速するであろう。２０２４年にはフランスのパリや、２０２６年はイタリアのミラノ・コルティナダンペッツォ大会、続いて２０２８年アメリカのロサンゼルス大会等が開催される。世界中で新型コロナウイルス感染の収束が見えない中、本学をはじめとする全国外大連合で取り組んできたオンライン教育の可能性をボランティア現場でも十分に生かすことができる。具体的には、現地で活動する学生たちの様子をリアルタイムのオンラインで行ってもらうこともできる。ボランティア参加前の心構えや活動に必要な知識など、現場の雰囲気を伝えてもらえれば、次回、参加する学生たちに大きく響くものがある。

こうした取り組みは、日本の国際スポーツ大会への円滑な運営支援によって、試合に臨む選手たちの競技力向上や観客とサポーターへのおもてなしとなり、大会全体のイメージアップにつながる。また、学生たちの貴重な実践経験の場が確保され、この取り組みの教育的な意義やその効果が日本のグローバル社会で活躍する人材育成につながっていくことを期待したい。

（朴ジョンヨン）

あとがき

本書は、現代社会を生きる人々がスポーツのもつ意味や価値を多様な人々と分かち合いながら自ら考え、実践していくことを基盤に置き、地域スポーツクラブや学校における体育及び運動部活動の現状、そしてスポーツ統括団体や体育に関する政策展開について、それぞれのレベルでの課題と可能性について論じている。さらに、スポーツや体育及び運動部活動が人々の身体に深く関わる活動であることから、スポーツにおける女性の位置や女性アスリートのアクティブな活動、障害者の身体経験などを取り上げることで、現在のスポーツや体育がもつ問題点を指摘している。すなわち、身体を拠り所として、スポーツや体育を問い直し、かつそれらの文化の将来をまなざすことを含んで『現代社会におけるスポーツと体育のプロモーション――スポーツ・体育・からだからの展望』としてまとめたものである。

各章は執筆者がそれぞれの視点で論じているが、本書は以下の特徴をもっている。

第一に、日常生活において、人権の保障、そして多様性と調和に関する議論が高まる中、Society 5.0の時代に向けて「サイバー空間とフィジカル空間を高度に融合させたシステム」の重要性が議論されている現在、改めてスポーツの公共的意味を論じている点である。スポーツの活動が私的欲望に端を発するものとしつつ、豊かなスポーツ体験を生み出す地域あるいは学校におけるクラブのあり方とともに、スポーツ統括団体や企業の支援が社会的な政治課題の解決に貢献する主体を生み出すことに向けた議論がなされている。その際、社会的課題の解決にとって、スポーツが歴史的に内包しているジェンダー、セクシュアリティ、人種、階級、障害に関する問題が複雑に絡み合い、相互に関係していることを認識した上で、スポーツ統括団体などの施策の実践、及び組織体制に対する評価のありようが問われるところである。

第二に、こうしたスポーツを楽しみたいという私的欲望は、スポーツそのもの、スポーツの自己目的的な活動に由来しているという考え方を共有している点である。その一方で、技術を身につけるにあたって、規律訓練的な反復練習が行われ従属的な身体性が求められるスポーツは、自由で開放的な特徴とどのような関係性にあるのかが問われてきた。スポーツする能動的な身体を美的観点から鑑賞する他者のまなざしがスポーツする身体に存在し、特にダンスのような身体表現が益々重視される現在、楽しい遊びとしての側面と規律訓練的な権力作用との関係性といった身体性の議論を深めることは、スポーツの意味と価値を探求する上で重要な示唆を与えよう。

第三は、地域におけるクラブ運営や体育の実践、そして女性アスリートが月経問題から声を挙げる活動、さらにオリンピアンとしての体験からオリンピズムを問うものなど、当事者としての視点から実践の現場を捉え、かつ現状を変革しようとする事象を追っている点である。特に、体育についてはパブリックスクールからの歴史性を踏まえつつ、「相互尊敬」「自制の作法」「寛容の精神」を内包する行動のあり方が生徒の自主的、主体的な体育実践からどのように創造されるのかが問われるところである。ルールをお互いが認識しながら競争する営みの中に、人と人とを結びつける「結合の原理」ともいえるものがどのように構築されるのかは重要なテーマであり、小学校から高校に至るまでの体育実践のありようは常に問われ続けられる。また、運動部活動改革が進む中で、運動部の意味や価値が「人間教育」として捉えられていくプロセスについての考察も重要な視点を提示している。このように本書は、スポーツと体育及び運動部活動の実状、そして身体に対する捉え方の変容について、それぞれの現場から問題点を指摘し、その先に向けた議論が展開されている。

本書は、菊幸一氏の退職を記念し、職場の同僚やスポーツ社会学研究室の後輩、また大学院修了後、主に大学に奉職している教え子のほか、文部科学省科学研究費による研究や全国体育学習研究会等における共同研究者によって執筆がなされた。それぞれが菊氏の研究に触れ、スポーツや体育、そして身体について論考している。

菊氏は、２００３（平成15）年４月に筑波大学人間総合科学研究科スポーツ健康システム・マネジメント専攻に赴任され、大学院の組織再編が行われたのち、人間総合科学学術院スポーツウエルネス学学位プログラムに至るまで、博士前期課程及び後期課程において、多くの学生を指導してこられた。ここにスポーツ・体育・からだに関する多様かつ重層的な論稿が集約され得たのも、菊氏の研究の幅広さと先見性を示すものと考えることができよう。

二〇二三年三月

編集代表　清水　諭

奈良光晴（なら みつはる）……コラム1
所属：日本スポーツ協会総務部付特命課長／筑波大学人間科学研究科体育科学専攻（博士課程）

鈴木秀人（すずき ひでと）……第10章
所属：東京学芸大学教育学部 教授

松尾哲矢（まつお てつや）……第11章
所属：立教大学コミュニティ福祉学部 教授

高橋豪仁（たかはし ひでさと）……第12章
所属：奈良教育大学教育学部 教授

長見　真（ながみ まこと）……第13章
所属：帝京科学大学教育人間科学部 教授

木原慎介（きはら しんすけ）……第14章
前掲

佐々木浩（ささき ひろし）……第15章
所属：国士舘大学文学部 教授

原　悦子（はら えつこ）……第16章
所属：中央学院大学 非常勤講師・元横浜市立高等学校保健体育研究会 理事長

下竹亮志（しもたけ りょうじ）……第17章
前掲

松田雅彦（まつだ まさひこ）……第18章
所属：大阪教育大学附属高等学校平野校舎 教諭

茂木宏子（もぎ ひろこ）……コラム2
所属：筑波大学大学院人間総合科学研究科 非常勤研究員・フリーランスライター

高岡治子（たかおか はるこ）……コラム3
所属：元日本家庭婦人バスケットボール連盟

小坂美保（おさか みほ）……第19章
所属：神戸女学院大学体育研究室 准教授

谷口雅子（たにぐち まさこ）……第20章
所属：奈良女子大学大学院 博士学位取得

稲葉佳奈子（いなば かなこ）……第21章
所属：成蹊大学文学部 准教授

笠原亜希子（かさはら あきこ）……第22章
所属：金沢星稜大学人間科学部 講師

田知本遥（たちもと はるか）……第23章
所属：筑波大学大学院人間総合科学研究科 修士課程修了・オリンピアン（柔道）

木野彩子（きの さいこ）……第24章
所属：鳥取大学地域学部 准教授

清水典人（しみず ふみひと）……第25章
所属：尚美学園大学芸術情報学部 准教授・舞踊家・振付家

朴ジョンヨン（ぱく じょんよん）……コラム4
所属：神田外語大学体育・スポーツセンター 准教授／ボランティアセンター 副センター長・リベラルアーツ学術院 代表・学術院長

■編者一覧

清水　諭（しみず さとし）＊編者代表
所属：筑波大学体育系 教授
専門分野：スポーツ社会学、身体文化論

髙橋義雄（たかはし よしお）
所属：筑波大学体育系 准教授
専門分野：スポーツ社会学、スポーツ産業学

下竹亮志（しもたけ りょうじ）
所属：筑波大学体育系 助教
専門分野：スポーツ社会学

木原慎介（きはら しんすけ）
所属：東京国際大学人間社会学部 准教授
専門分野：体育教師教育論、体育科教育学

笠野英弘（かさの ひでひろ）
所属：山梨学院大学スポーツ科学部 准教授
専門分野：スポーツ組織論、スポーツ社会学

■執筆者一覧（掲載順）

菊　幸一（きく こういち）……序章
所属：筑波大学体育系 教授

清水　諭（しみず さとし）……第1章
前掲

髙橋義雄（たかはし よしお）……第2章
前掲

水上博司（みずかみ ひろし）……第3章
所属：日本大学文理学部 教授

日比野暢子（ひびの のぶこ）……第4章
所属：桐蔭横浜大学スポーツ健康政策学部 教授

三宅　仁（みやけ ひとし）……第5章
所属：平成国際大学スポーツ健康学部 教授

海老島均（えびしま ひとし）……第6章
所属：成城大学経済学部 教授

笠野英弘（かさの ひでひろ）……第7章
前掲

ライトナー カトリン ユミコ……第7章
所属：立教大学コミュニティ福祉学部 准教授

奥田睦子（おくだ むつこ）……第8章
所属：京都産業大学現代社会学部 教授

童　安佚（どう あんい）……第9章
所属：鳴門教育大学 学校教育研究科グローバル教育コース 国際交流アドバイザー・嘱託講師

現代社会《げんだいしゃかい》におけるスポーツと体育《たいいく》のプロモーション
――スポーツ・体育《たいいく》・からだからの展望《てんぼう》

NDC780/x, 381p/21cm

初版第一刷――二〇二三年三月三一日

編著者――清水《しみず》諭《さとし》、髙橋《たかはし》義雄《よしお》、下竹《しもたけ》亮志《りょうじ》、木原《きはら》慎介《しんすけ》、笠野《かさの》英弘《ひでひろ》
発行者――鈴木一行
発行所――株式会社大修館書店
〒一一三-八五四一　東京都文京区湯島二-一-一
電話 03-3868-2651（販売部）　03-3868-2299（編集部）
振替 00190-7-40504
[出版情報] https://www.taishukan.co.jp

装丁――島内泰弘
組版――加藤智
印刷――八光印刷
製本所――ブロケード

ISBN978-4-469-26957-4　Printed in Japan